面向"十二五"高职高专土木与建筑规划教材

建设工程法规

王 维 主编
代莎莎 副主编

清华大学出版社
北 京

内 容 简 介

本书依据最新颁布的《中华人民共和国建筑法》和《中华人民共和国城乡规划法》等法律法规、规范、标准中的规定，对建筑从业人员在建设工程项目全过程中应遵守的法律、法规作了详细的介绍，全书共分为 9 章，主要内容包括建设工程从业资格制度、工程招标投标法律制度、建设工程合同法律制度、劳动合同法律制度、建筑法律制度、建设工程质量法律制度、建筑安全法律制度、建设工程施工环境保护、节约能源和文物保护法律制度、解决建设工程纠纷法律制度。

本书的编排顺序遵循了建筑工程的全过程，内容以"必需、够用"为准，添加了"知识拓展"部分，有助于学习者对所学内容的理解和知识面的拓宽，可作为高职高专建筑工程技术等相关专业的教材，也可供建筑业相关专业人员参考使用。

本书封面贴有清华大学出版社防伪标签，无标签者不得销售。
版权所有，侵权必究。举报：010-62782989，beiqinquan@tup.tsinghua.edu.cn。

图书在版编目(CIP)数据

建设工程法规/王维主编. —北京：清华大学出版社，2019（2022.1 重印）
(面向"十二五"高职高专土木与建筑规划教材)
ISBN 978-7-302-51573-9

Ⅰ. ①建… Ⅱ. ①王… Ⅲ. ①建筑法—中国—高等职业教育—教材 Ⅳ. ①D922.297

中国版本图书馆 CIP 数据核字(2018)第 257416 号

责任编辑：桑任松
封面设计：刘孝琼
责任校对：李玉茹
责任印制：刘海龙

出版发行：清华大学出版社
    网　　址：http://www.tup.com.cn, http://www.wqbook.com
    地　　址：北京清华大学学研大厦 A 座　　邮　　编：100084
    社 总 机：010-62770175　　邮　　购：010-62786544
    投稿与读者服务：010-62776969, c-service@tup.tsinghua.edu.cn
    质量反馈：010-62772015, zhiliang@tup.tsinghua.edu.cn
    课件下载：http://www.tup.com.cn, 010-62791865

印 装 者：三河市龙大印装有限公司
经　　销：全国新华书店
开　　本：185mm×260mm　　印　张：17.25　　字　数：419 千字
版　　次：2019 年 1 月第 1 版　　印　次：2022 年 1 月第 4 次印刷
定　　价：49.00 元

产品编号：077539-01

前　　言

近年来，随着人们生活水平的提高，城市化进程的加快，带动了我国建筑行业以及相关工程类行业的快速发展；国家提出"一带一路"的倡议也给建筑业带来了新的发展机遇。

为了让土木、建筑类专业学生掌握将来工作所必需的建筑法规知识、规范从业者的行为、提高工程建设人员的素质、保障工程的质量和安全，特成立由教学经验丰富的教师组成的编写团队。团队成员在多年教学经验积累的基础上，从建筑业对技能型人才的需求出发，在内容的选取上紧扣建筑行业从业者所需，依据最新修订的相关法律、法规、规范和相关标准，根据人才培养要求和工程应用需求，突出案例教学和教学做一体化的特色，编写了这本教材。

1. 根据岗位所需，精选教材内容

根据现阶段建筑行业对从业人员岗位技能和职业素质的要求，依据最新修订的法律、行业法规、部门规章、行业规范和标准，结合国家注册建造师考试的要求，以够用为原则，精选内容编入本书。

2. 注重教学做一体化，理论与实践相结合

根据高职高专学生的学习能力和特点，在教学改革的基础上，每个模块均通过大量的真实案例进行讲解，有助于学习者对知识的理解；在课后设置了有针对性的练习题和实训项目，有利于提高学习者对所学知识的应用能力。

3. 模块编排新颖，激发学习兴趣

每个模块(即每章)在设计上遵照学习者的认知规律，由学习任务、学习目标、核心概念、引导案例、具体内容、课后习题、实训项目等内容组成，中间穿插了"知识链接"内容，拓宽了学生的视野，有助于学生对法律条文的解读，具有内容新、案例新、形式新的特点，达到了增强学习效果的目的。

课时分配建议(注：模块一至九对应第1～9章)

章　节	内　　容	建议课时
1	建设工程从业资格制度	2
2	工程招标投标法律制度	4
3	建设工程合同法律制度	4
4	劳动合同法律制度	2
5	建筑法律制度	2
6	建设工程质量法律制度	6

续表

章 节	内 容	建议课时
7	建筑安全法律制度	6
8	建设工程施工环境保护、节约能源和文物保护法律制度	4
9	解决建设工程纠纷法律制度	2
总学时		32

本书可作为高职高专建筑类专业及相关专业的教材,亦可作为成人教育土建类及相关专业的教材,可供建筑业的从业人员参考使用。

本书由日照职业技术学院王维老师担任主编,代莎莎老师担任副主编,张培、王秀丽、王宁、李宗玲为参编。本书编写任务分工为:日照职业技术学院王维老师编写第1、8章并负责全书的统稿和审核,日照职业技术学院王秀丽老师编写第2章,日照职业技术学院代莎莎老师编写第3~5章,日照职业技术学院张培老师编写第6章,桂林航天工业学院李宗玲老师编写第7章,日照职业技术学院王宁老师编写第9章。

本书在编写过程中参考了许多国内专家、学者的研究成果,各高职院校同类教材以及全国注册一级、二级建造师考试资料,行业案例等资料,一并作为参考文献附于教材后,在此向相关作者致以衷心的感谢。除参考文献中所列的署名作品外,部分作品的名称及作者由于无法详细核实,未予注明,在此表示歉意,特此说明。

由于编者水平有限,书中难免有不足和疏漏之处,敬请各位专家、同行和广大读者提出宝贵意见,我们定将不断进行修正和改进。

编 者

目 录

第1章 建设工程从业资格制度 1

1.1 工程建设从业资格制度概述 2
1.1.1 建立从业资格制度的意义 2
1.1.2 从业单位资质管理 2
1.1.3 专业技术人员资格管理 3

1.2 从业单位执业资质等级许可制度 3
1.2.1 从事建筑活动单位的条件 3
1.2.2 从业单位执业资质等级许可制度内容 3

1.3 专业技术人员执业资格等级许可制度 4
1.3.1 注册建造师制度 4
1.3.2 注册建筑师制度 5
1.3.3 注册结构工程师制度 7
1.3.4 注册造价工程师制度 8

1.4 八大员从业资格许可制度 9

习题 10

实训1.1 申请建筑业企业资质 13

实训1.2 报考、注册建造师 13

第2章 工程招标投标法律制度 15

2.1 建设工程招投标概述 16
2.1.1 工程招投标的概念 16
2.1.2 招标投标活动应遵循的基本原则 16

2.2 建设工程项目招标 17
2.2.1 必须招标的工程建设项目范围和规模标准 17
2.2.2 建设工程招标基本条件 18
2.2.3 建设工程招标方式 19
2.2.4 建设工程招标程序 19

2.3 建设工程项目投标 22
2.3.1 投标人 22
2.3.2 投标联合体 22
2.3.3 投标要求 23
2.3.4 参加资格预审 25
2.3.5 组织投标班子概述 26
2.3.6 踏勘工程现场和参加投标预备会 27
2.3.7 编制、递交投标文件 27

2.4 开标、评标和定标 31
2.4.1 建设工程项目的开标 31
2.4.2 建设工程项目的评标 32
2.4.3 定标 35
2.4.4 《招标投标法》规定的法律责任 37
2.4.5 中标无效的情况及其处理办法 39

习题 40

实训2.1 编制招标日程 44

实训2.2 编制招标公告 44

实训2.3 编制招标文件 45

实训2.4 编制投标文件 46

实训2.5 模拟开标会 47

第3章 建设工程合同法律制度 49

3.1 建设工程合同法概述 50
3.1.1 合同的概念 50
3.1.2 合同的分类 51

3.2 合同的订立 52
3.2.1 合同订立的形式 52
3.2.2 要约 53

  3.2.3 承诺 55
  3.2.4 合同的内容 56
 3.3 合同生效 58
  3.3.1 合同的成立 59
  3.3.2 合同生效要件 59
 3.4 无效合同和效力待定合同 60
  3.4.1 无效合同概述 60
  3.4.2 无效合同的原因 60
  3.4.3 无效的免责条款 61
  3.4.4 合同无效的法律后果 61
  3.4.5 效力待定合同 62
 3.5 合同的履行 62
  3.5.1 合同履行的原则 63
  3.5.2 合同履行的主体 63
  3.5.3 合同条款空缺 64
  3.5.4 合同履行的抗辩权 64
 3.6 合同的变更 66
  3.6.1 合同变更的类型 66
  3.6.2 合同变更的条件 66
  3.6.3 合同变更的效力 66
 3.7 合同的可撤销 67
  3.7.1 可撤销合同的概念及特征 67
  3.7.2 可撤销合同的类型及其原因 67
  3.7.3 可撤销合同的法律后果 68
 3.8 合同的转让 68
  3.8.1 合同转让的类型 69
  3.8.2 合同转让的特征 69
  3.8.3 债权转让 69
  3.8.4 债务转移 70
  3.8.5 合同权利义务概括转移 71
 3.9 合同的终止 71
  3.9.1 权利义务终止的几种情形 71
  3.9.2 施工合同的解除 73
 3.10 合同的担保 73
  3.10.1 担保的形式 74

  3.10.2 保证 74
  3.10.3 抵押 76
  3.10.4 质押 77
  3.10.5 留置 77
  3.10.6 定金 77
 3.11 违约责任 79
  3.11.1 违约责任的概念和特征 79
  3.11.2 承担违约责任的种类 79
 习题 81

第 4 章 劳动合同法律制度 86
 4.1 劳动合同的订立 87
  4.1.1 劳动合同订立的原则 87
  4.1.2 劳动合同的种类 87
  4.1.3 劳动合同的基本条款 88
  4.1.4 订立劳动合同应当注意的
     事项 89
  4.1.5 集体合同 90
 4.2 劳动合同的履行、变更、解除和
   终止 90
  4.2.1 劳动合同的履行和变更 90
  4.2.2 劳动合同的解除和终止 91
 4.3 劳动保护 93
  4.3.1 劳动者的工作时间和休息
     休假 94
  4.3.2 劳动者的工资 95
  4.3.3 劳动者的社会保险与福利 96
 4.4 劳动争议的解决 99
  4.4.1 劳动争议的范围 99
  4.4.2 劳动争议的解决方式 99
  4.4.3 集体合同争议的解决 100
 4.5 工伤处理 100
  4.5.1 工伤认定 100
  4.5.2 劳动能力鉴定 101
  4.5.3 工伤保险待遇 101

习题 102

第5章 建筑法律制度 108

5.1 建筑许可法律制度 109
- 5.1.1 施工许可证的申领范围 109
- 5.1.2 不需要办理施工许可证的建设工程 109
- 5.1.3 施工许可证的申请主体 110
- 5.1.4 施工许可证的申请条件 110
- 5.1.5 施工许可证的申请程序 113
- 5.1.6 施工许可证的时间效力 114

5.2 工程发包与承包 115
- 5.2.1 建设工程总承包 115
- 5.2.2 建设工程共同承包 117
- 5.2.3 建设工程分包的规定 118

5.3 建设工程监理制度 120
- 5.3.1 建设工程监理制度概述 120
- 5.3.2 建设工程监理的范围 120
- 5.3.3 建设工程监理的依据 121
- 5.3.4 建设工程监理的工作内容 122
- 5.3.5 工程监理单位的质量责任和义务 122

习题 123

第6章 建设工程质量法律制度 127

6.1 建设工程质量管理概述 128
- 6.1.1 工程质量的概念 128
- 6.1.2 工程质量的特点 128
- 6.1.3 影响工程质量的因素 129
- 6.1.4 工程质量法律体系 129

6.2 工程建设标准 130

6.3 建设工程质量各方的责任和义务 134
- 6.3.1 建设单位质量责任和义务 134
- 6.3.2 施工单位质量责任和义务 136
- 6.3.3 勘察、设计单位质量责任和义务 141
- 6.3.4 工程监理单位质量责任和义务 143

6.4 建设工程竣工验收制度 144
- 6.4.1 竣工验收的主体和法定条件 144
- 6.4.2 施工单位应提交的档案资料 145
- 6.4.3 规划、消防、节能、环保等验收的规定 146
- 6.4.4 竣工结算、质量争议的规定 149
- 6.4.5 竣工验收报告备案的规定 152

6.5 建设工程质量保修制度 153
- 6.5.1 质量保修书 153
- 6.5.2 质量责任的损失赔偿 154

习题 156

实训 建设工程质量保修 159

第7章 建筑安全法律制度 160

7.1 建筑安全生产管理概述 161
- 7.1.1 建筑行业常见事故 161
- 7.1.2 建设工程安全生产管理方针 164
- 7.1.3 对工程项目参与各方的规定 164

7.2 施工安全生产许可证制度 165
- 7.2.1 建筑施工企业取得安全生产许可证的条件 166
- 7.2.2 安全生产许可证的有效期和政府监管的规定 166
- 7.2.3 安全生产许可证违法行为应承担的法律责任 167

7.3 施工安全生产责任制 169
- 7.3.1 施工单位的安全生产责任制度 169

7.3.2 施工项目负责人的安全生产
责任 171
7.3.3 施工总承包和分包单位的
安全生产责任 171
7.3.4 施工作业人员安全生产的
权利和义务 173
7.3.5 施工管理人员、作业人员
安全生产教育培训的规定 175
7.3.6 违法行为应承担的法律
责任 177
7.4 施工现场安全防护制度 179
7.4.1 安全技术措施、专项施工
方案和安全技术交底的
编制 179
7.4.2 施工现场安全防护的规定 182
7.4.3 施工现场消防安全职责和
应采取的消防安全措施 185
7.4.4 办理意外伤害保险的规定 186
7.4.5 违法行为应承担的法律
责任 188
7.5 施工安全事故的应急救援与
调查处理 190
7.5.1 生产安全事故的等级划分
标准 190
7.5.2 施工生产安全事故应急救援
预案的规定 191
7.5.3 施工生产安全事故报告及
采取相应措施的规定 194
7.5.4 违法行为应承担的
法律责任 199
7.6 建设单位和相关单位的建设工程
安全责任制度 200
7.6.1 建设单位相关的安全责任 200
7.6.2 勘察、设计单位相关的
安全责任 203

7.6.3 工程监理、检验检测单位
相关的安全责任 205
7.6.4 政府部门安全监督管理的
相关规定 208
习题 209
实训 212

**第8章 建设工程施工环境保护、节约
能源和文物保护法律制度** 214

8.1 建设工程施工环境保护法律制度 215
8.1.1 施工现场噪声污染防治的
规定 215
8.1.2 施工现场废气、废水污染
防治的规定 217
8.1.3 施工现场固体废物污染防治的
规定 220
8.2 施工节约能源制度 222
8.2.1 节约能源的规定 222
8.2.2 施工节能技术进步和激励
措施的规定 226
8.2.3 违法行为应承担的法律
责任 228
8.3 施工文物保护制度 229
8.3.1 受国家保护的文物范围 229
8.3.2 在文物保护单位保护范围和
建设控制地带施工的规定 230
8.3.3 施工发现文物报告和保护的
规定 232
8.3.4 违法行为应承担的法律
责任 233
习题 234
实训 8.1 准备建筑施工噪声排放申报
材料 237
实训 8.2 制定施工现场扬尘污染防治
方案 237

第9章 解决建设工程纠纷法律制度 238

9.1 建设工程纠纷主要种类和法律解决途径 239
9.1.1 建设工程纠纷的主要种类 239
9.1.2 民事纠纷的法律解决途径 241
9.1.3 行政纠纷的法律解决途径 243

9.2 民事诉讼制度 244
9.2.1 民事诉讼的法院管辖 244
9.2.2 民事诉讼当事人和代理人 245
9.2.3 民事诉讼证据的种类、保全和应用 245
9.2.4 民事诉讼时效 247
9.2.5 民事诉讼的审判程序 249
9.2.6 民事诉讼的执行程序 251

9.3 仲裁制度 252
9.3.1 仲裁协议 252
9.3.2 仲裁的申请和受理 253
9.3.3 仲裁的开庭和裁决 253
9.3.4 仲裁裁决的执行 254

9.4 调解与和解制度 255
9.4.1 调解 255
9.4.2 和解 257

9.5 行政复议和行政诉讼 258
9.5.1 行政复议范围和行政诉讼范围 258
9.5.2 行政复议的申请、受理和决定 259

习题 260

实训 模拟法庭 264

参考文献 265

第1章 建设工程从业资格制度

学习任务

- ◆ 了解工程建设从业资格制度的意义。
- ◆ 掌握工程建设从业单位的从业条件。
- ◆ 掌握工程建设从业单位资质管理制度。
- ◆ 掌握工程建设专业技术人员执业资格管理制度。
- ◆ 熟悉八大员从业资格管理制度。
- ◆ 能够胜任从业单位资质的申请和合法承接业务。
- ◆ 能够胜任从业人员执业资格证书和从业资格证书的考取和管理工作。

学习目标

知识要点	能力目标
从业企业的资质管理	
从业单位执业资质等级许可制度	能够区分从业单位资质等级的区分和申请资质
专业技术人员资格管理	
从事建筑活动单位的条件	
企业资质的法定条件和等级划分	资质申请与许可
注册建造师制度	
注册建筑师制度	
注册造价工程师制度	能够独立考取二级建造师
注册结构工程师制度	
八大员类别	
八大员岗位职责	能够尽快胜任将来的职业岗位

核心概念

从业资格制度、从业条件、从业单位资质、专业技术人员执业资格、八大员

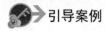引导案例

2016年5月,国家住房和城乡建设部(简称住建部)工程质量治理两年行动督查组对部分省(区、市)工程质量安全和建筑市场情况进行了执法检查。通报质量安全违法违规典型案例

9 例，建筑市场违法违规典型案例 6 例。通报中，质量安全违法违规典型案例 9 例，违法违规原因大部分为不按工程规范施工，以及个别单位施工设计图未经审查合格即进行施工。建筑市场违法违规典型案例 6 例，违法违规原因有转包行为、违法分包、施工单位超越资质承揽工程、项目经理超越个人执业资格范围执业、挂靠行为(出借资质证书)等，应承担相应的法律责任。

2017 年 7 月 12 日，住建部再发通报，处罚了 8 家建筑业企业资质申报弄虚作假的企业。根据《中华人民共和国建筑法》(简称《建筑法》)和《中华人民共和国行政许可法》及《建设工程企业资质申报弄虚作假行为处理办法》(建市[2011] 200 号)等规定，对资质申报弄虚作假的建筑业企业予以通报批评，不批准其资质申请，并将其不良行为在全国建筑市场监管公共服务平台予以公布。自通报印发之日起 1 年内不受理企业申请该项行政许可。

建筑企业在进行承包活动时，必须严格遵守资质许可制度，在核准的资质等级范围内承揽业务，严禁超资质承建工程。本章主要介绍工程建设从业资格相关的法律法规知识。

1.1 工程建设从业资格制度概述

1.1.1 建立从业资格制度的意义

《建筑法》第十三条规定："从事建筑活动的建筑施工企业、勘察单位、设计单位和工程监理单位，按照其拥有的注册资本、专业技术人员、技术装备和已完成的建筑工程业绩等资质条件，划分为不同的资质等级，经资质审查合格，取得相应的等级证书后，方可在其资质等级许可证的范围内从事建筑活动。"

《建筑法》第十四条规定："从事建筑活动的专业技术人员，应当依法取得相应的执业资格证书，并在执业资格证书许可的范围内从事建筑活动。"

建筑活动的专业性、技术性要求都很强，且建设工程投资大、周期长，一旦发生问题，将给社会和人民的生命财产安全造成极大损失。因此，为保证建设工程的质量和安全，对从事建设活动的单位和专业技术人员必须实行从业资格管理。

1.1.2 从业单位资质管理

从事建筑工程活动的企业或单位，应当向工商行政管理部门申请设立登记，并由建设行政主管部门审查，颁发资质证书，在资质等级许可证的范围内从事建筑活动。

建筑工程的种类很多，对于不同的建筑工程，其建设规模和技术要求的复杂程度也会有很大的区别。而从事建筑活动的施工企业、勘察单位、设计单位、工程咨询机构的情况也各有不同，有的资本雄厚，专业技术人员也较多，技术装备齐全，有较强的经济和技术实力；有的经济和技术实力则相对较弱。为此，我国在对建筑活动的监督管理中，将从事建筑活动的单位按其具有的不同经济、技术条件，划分为不同的资质等级，对不同资质等级的单位所从事的建筑活动范围作出明确的规定。

1.1.3　专业技术人员资格管理

专业技术人员职业资格是对从事某一职业所必备的学识、技术和能力的基本要求，包括从业资格和执业资格。职业资格分别由国务院劳动、人事行政部门通过学历认定、资格考试、专家评定、职业技能鉴定等方式进行评价。经资格考试合格的人员，由国家授予相应的职业资格证书。资格证书是证书持有人专业水平能力的证明，可作为求职、就业的凭证和从事特定专业的法定注册凭证。

1.2　从业单位执业资质等级许可制度

1.2.1　从事建筑活动单位的条件

我国《建筑法》规定，从事建筑活动的建筑施工企业、勘察单位、设计企业和工程监理企业，应当具备下列条件。

(1) 有符合国家规定的注册资本。
(2) 有与其从事的建筑活动相适应的具有法定执业资格的专业技术人员。
(3) 有从事相关建筑活动所应有的技术装备。
(4) 法律、行政法规规定的其他条件。

1.2.2　从业单位执业资质等级许可制度内容

在建筑市场中，围绕工程建设活动的主体主要有三方，即业主、承包商、工程咨询服务机构。我国《建筑法》第十二条规定，对从事建筑活动的施工企业、勘察单位、设计单位和工程咨询机构(含监理单位)实行资质管理。

1. 建筑业企业资质管理

依法取得工商行政管理部门颁发的《企业法人营业执照》的企业，在中华人民共和国境内从事土木工程、建筑工程、线路管道设备安装工程、装修工程的新建、扩建、改建等活动，应当申请建筑业企业资质。企业应当按照其拥有的资产、主要人员、已完成的工程业绩和技术装备等条件申请建筑业企业资质，经审查合格，取得建筑业企业资质证书后，方可在资质许可的范围内从事建筑施工活动。

2. 工程勘察、设计企业资质管理

从事建设工程勘察、工程设计活动的企业，应当按照其拥有的资产、专业技术人员、技术装备和勘察设计业绩等条件申请资质，经审查合格，取得建设工程勘察、工程设计资质证书后，方可在资质许可的范围内从事建设工程勘察、工程设计活动。

3. 工程建设监理企业资质管理

从事建设工程监理活动的企业，应当按照本规定取得工程监理企业资质，并在工程监理企业资质证书许可的范围内从事工程监理活动。

4. 工程招标代理机构资质管理

工程建设项目招标代理，是指工程招标代理机构接受招标人的委托，从事工程的勘察、设计、施工、监理以及与工程建设有关的重要设备(进口机电设备除外)、材料采购招标的代理业务。

从事工程招标代理业务的机构，应当依法取得国务院建设主管部门或者省、自治区、直辖市人民政府建设主管部门认定的工程招标代理机构资格，并在其资格许可的范围内从事相应的工程招标代理业务。

5. 工程造价咨询企业资质管理

工程造价咨询企业，是指接受委托，对建设项目投资、工程造价的确定与控制提供专业咨询服务的企业。工程造价咨询企业应当依法取得工程造价咨询企业资质，并在其资质等级许可的范围内从事工程造价咨询活动。

1.3 专业技术人员执业资格等级许可制度

《建筑法》规定从事建筑活动的专业技术人员，应当依法取得相应的执业资格证书，并在执业资格证书许可的范围内从事建筑活动。

1.3.1 注册建造师制度

注册建造师是指以专业技术为依托、以工程项目管理为主业的执业注册人员，是懂管理、懂技术、懂经济、懂法规、综合素质较高的复合型人员，既要有理论水平，也要有丰富的实践经验和较强的组织能力。建造师受聘注册后，可以以建造师的名义担任建设工程项目施工的项目经理。注册建造师分为一级注册建造师和二级注册建造师。

1. 注册建造师的资格考试

1) 报考专业

一级建造师专业分为：建筑工程、机电工程、市政公用工程、公路工程、水利水电工程、铁路工程、民航机场工程、港口与航道工程、通信与广电工程、矿业工程 10 个专业。

二级建造师专业分为：建筑工程、机电工程、市政公用工程、公路工程、水利水电工程、矿业工程 6 个专业。

2) 考试科目

注册建造师要通过考试获取执业资格。考试成绩实行 2 年为一个周期的滚动管理办法，且必须在连续 2 个考试年度内通过全部科目。

一级注册建造师执业资格考试实行全国统一大纲、统一命题、统一组织的考试制度，由人事部(现为人力资源和社会保障部)、建设部(现为住房和城乡建设部)共同组织实施，原则上每年举行一次考试。一级建造师考试科目有《建设工程经济》《建设工程项目管理》《建设工程法规及相关知识》和《专业工程管理实务》。

二级注册建造师执业资格考试实行全国统一大纲，各省、自治区、直辖市命题并组织的考试制度。二级建造师考试科目有《建设工程施工管理》《建设工程法规及相关知识》

和《专业工程管理与实务》。

2. 注册建造师的报考条件

(1) 凡遵守国家法律、法规,具备下列条件之一者,可以申请参加一级建造师执业资格考试:①取得工程类或工程经济类大学专科学历,工作满 6 年,其中从事建设工程项目施工管理工作满 4 年;②取得工程类或工程经济类大学本科学历,工作满 4 年,其中从事建设工程项目施工管理工作满 3 年;③取得工程类或工程经济类双学士学位或研究生班毕业,工作满 3 年,其中从事建设工程项目施工管理工作满 2 年;④取得工程类或工程经济类硕士学位,工作满 2 年,其中从事建设工程项目施工管理工作满 1 年;⑤取得工程类或工程经济类博士学位,从事建设工程项目施工管理工作满 1 年。

(2) 凡遵守国家法律、法规,具备下列条件之一者,可以申请参加二级建造师执业资格考试:①具备工程或工程经济类中专及以上学历并从事建设工程项目施工管理工作满 2 年;②具备其他专业中专及以上学历并从事建设工程项目施工管理工作满 5 年;③从事建设工程项目施工管理工作满 15 年。

3. 注册

取得建造师执业资格证书且符合注册条件的人员,必须经过注册登记后,方可以建造师名义执业。建设部或其授权机构为一级建造师执业资格的注册管理机构;各省、自治区、直辖市建设行政管理部门制定本行政区内二级建造师执业资格的注册办法,报建设部或其授权机构备案。

准予注册的申请人员,分别获得中华人民共和国一级建造师注册证书、中华人民共和国二级建造师注册证书。建造师执业资格注册有效期为 3 年,期满前 3 个月办理延续注册手续。

4. 执业范围

注册建造师的执业范围包括担任建设工程项目施工的项目经理,从事其他施工活动的管理工作;法律、行政法规或国务院建设行政管理部门规定的其他业务。

不同级别的建造师,其执业范围是不同的:在行使项目经理职责时,一级注册建造师可以担任《建筑业企业资质等级标准》中规定的必须由特级、一级建筑业企业承建的建设工程项目施工的项目经理;二级注册建造师只可以担任二级及以下建筑业企业承建的建设工程项目施工的项目经理。

取得建造师执业资格的人员能否担任项目经理,应由建筑业企业自主决定,按照国家规定要参加市一级组织的"安全人员生产考核"考试,考试合格获得建筑施工企业项目负责人"安全生产考核合格证书"(安全员 B 证),获得证书才能够在项目经理岗位从事相关管理工作。

1.3.2 注册建筑师制度

注册建筑师,是指经考试、特许、考核认定取得中华人民共和国注册建筑师执业资格证书,或者经资格互认方式取得建筑师互认资格证书,并注册取得中华人民共和国注册建筑师注册证书和中华人民共和国注册建筑师执业印章,从事建筑设计及相关业务活动的专业技术人员。注册建筑师分为一级注册建筑师和二级注册建筑师。

1994年9月我国实行注册建筑师制度,并成立了全国注册建筑师管理委员会。1995年国务院颁布了《中华人民共和国注册建筑师条例》。自2008年3月15日起施行《中华人民共和国注册建筑师条例实施细则》(由中华人民共和国建设部令第167号发布)。国务院决定,将中国注册建筑师的审批权授予中国建筑师管理委员会,进一步与国际接轨,更加便利于国际建筑师的互认工作。

1. 注册建筑师资格考试

注册建筑师考试分为一级注册建造师考试和二级注册建筑师考试。注册建筑师考试实行全国统一考试,一般每年进行一次。注册建筑师考试由全国注册建造师管理委员会统一部署,省、自治区、直辖市注册建筑师管理委员会组织实施。

1) 一级注册建筑师考试科目

①设计前期与场地设计(知识);②建筑设计(知识);③建筑结构;④建筑物理与设备;⑤建筑材料与构造;⑥建筑经济、施工及设计业务管理;⑦建筑方案设计(作图);⑧建筑技术设计(作图);⑨场地设计(作图)。

科目考试合格有效期为8年。

2) 二级建筑师执业资格考试科目

①场地与建筑设计(作图);②建筑构造与详图(作图);③建筑结构与设备;④法律、法规、经济与施工。

科目考试合格有效期为4年。

2. 报考条件

(1) 符合下列条件之一的,可以申请参加一级注册建筑师考试:①取得建筑学硕士以上学位或者相近专业工学博士学位,并从事建筑设计或者相关业务2年以上的;②取得建筑学学士学位或者相近专业工学硕士学位,并从事建筑设计或者相关业务3年以上的;③具有建筑学专业大学本科毕业学历并从事建筑设计或者相关业务5年以上的,或者具有建筑学相近专业大学本科毕业学历并从事建筑设计或者相关业务7年以上的;④取得高级工程师技术职称并从事建筑设计或者相关业务3年以上的,或者取得工程师技术职称并从事建筑设计或者相关业务5年以上的;⑤不具有前四项规定的条件,但设计成绩突出,经全国注册建筑师管理委员会认定达到前四项规定的专业水平的。

(2) 符合下列条件之一的,可以申请参加二级注册建筑师考试:①具有建筑学或者相近专业大学本科毕业以上学历,从事建筑设计或者相关业务2年以上的;②具有建筑设计技术专业或者相近专业大学毕业以上学历,并从事建筑设计或者相关业务3年以上的;③具有建筑设计技术专业4年制中专毕业学历,并从事建筑设计或者相关业务5年以上的;④具有建筑设计技术相近专业中专毕业学历,并从事建筑设计或者相关业务7年以上的;⑤取得助理工程师以上技术职称,并从事建筑设计或者相关业务3年以上的。

3. 注册

经注册建筑师考试,在有效期内全部科目合格的,获得注册建筑师执业资格证书。

取得一级注册建筑师资格证书并受聘于中华人民共和国境内的一个建设工程勘察、设计、施工、监理、招标代理、造价咨询、施工图审查、城乡规划编制等单位，通过聘用单位向单位工商注册所在地的省、自治区、直辖市注册建筑师管理委员会提出申请；省、自治区、直辖市注册建筑师管理委员会受理后提出初审意见，并将初审意见和申请材料报全国注册建筑师管理委员会审批；符合条件的，由全国注册建筑师管理委员会颁发一级注册建筑师注册证书和执业印章。经注册后方可从事相应的执业活动。

二级注册建筑师的注册办法由省、自治区、直辖市注册建筑师管理委员会依法制定。

4. 执业范围

一级注册建筑师的执业范围不受工程项目规模和工程复杂程度的限制。二级注册建筑师的执业范围只限于承担工程设计资质标准中建设项目设计规模划分表中规定的小型规模的项目。注册建筑师的执业范围不得超越其聘用单位的业务范围。

注册建筑师的执业范围具体包括以下内容。

(1) 建筑设计。
(2) 建筑设计技术咨询。
(3) 建筑物调查与鉴定。
(4) 对本人主持设计的项目进行施工指导和监督。
(5) 国务院建设主管部门规定的其他业务。

1.3.3　注册结构工程师制度

注册结构工程师是指经全国统一考试合格，依法登记注册，取得中华人民共和国注册结构工程师执业资格证书和注册证书，从事房屋结构、桥梁结构及塔架结构等工程设计及相关业务的专业技术人员。注册结构工程师分为一级注册结构工程师和二级注册结构工程师。

1. 注册结构工程师的资格考试

注册结构工程师考试实行全国统一大纲、统一命题、统一组织的办法，原则上每年举行一次。

一级注册结构工程师资质考试由基础考试和专业考试两部分组成。通过基础考试的人员，从事结构工程设计或相关业务满规定年限，方可申请参加专业考试。

基础考试科目包括：高等数学、普通物理、普通化学、理论力学、材料力学、流体力学、计算机应用基础、电工电子技术、工程经济、土木工程材料、工程测量、职业法规、土木工程施工与管理、结构设计、结构力学、结构试验、土力学与地基基础。

专业考试科目包括：钢筋混凝土结构、钢结构、砌体结构与木结构、地基与基础、高层建筑、高耸结构与横向作用、桥梁结构。

二级注册结构工程师资格考试只有专业考试。

专业考试科目包括：钢筋混凝土结构、钢结构、砌体结构与木结构、地基与基础、高层建筑、高耸结构与横向作用。

2. 报考条件

报考条件分三种情况：①一级注册结构工程师基础考试报考条件；②一级注册结构工

程师专业考试报考条件；③二级注册结构工程师专业考试报考条件。具体规定详见1997年9月9日建设部、人事部下发的《建设部、人事部关于印发〈注册结构工程师执业资格制度暂行规定〉的通知》(建设办[1997]222号)。

3. 注册

取得注册结构工程师执业资格证书者，应当受聘于一个勘察设计单位，通过单位申请注册。

注册结构工程师注册有效期为2年，有效期届满需要继续注册的，应当在期满前30日内办理延续注册手续。

4. 执业范围

注册结构工程师的执业范围包括结构工程设计；结构工程设计技术咨询；建筑物、构筑物、工程设施等调查和鉴定；对本人主持设计的项目进行施工指导和监督；建设部和国务院有关部门规定的其他业务。

一级注册结构工程师的执业范围不受工程规模及工程复杂程度的限制。二级注册工程师的勘察设计范围仅限于承担国家规定的民用建筑工程三级及以下或工业小型项目。

1.3.4 注册造价工程师制度

注册造价工程师是指由国家授予资格并准予注册后执业，专门接受某个部门或某个单位的指定、委托或聘请，负责并协助其进行工程造价的计价、定价及管理业务的工程经济专业人员。国家在工程造价领域实施造价工程师执业资格制度。凡从事工程建设活动的建设、设计、施工、工程造价咨询、工程造价管理等单位和部门，必须在计价、评估、审查(核)、控制及管理等岗位配套有造价工程师执业资格的专业技术人员。

1. 注册造价工程师的资格考试

全国造价工程师执业资格考试由国家建设部与国家人事部共同组织。实行全国统一大纲、统一命题、统一组织的办法，原则上每年举行一次，一般只在省会城市设立考点。考试成绩管理以两年为一个周期，参加全部科目考试的人员须在连续两个考试年度内通过全部科目考试。免试部分科目的人员须在一个考试年度内通过应试科目。

考试科目包括①工程造价管理基础理论与相关法规；②工程造价计价与控制；③建设工程技术与计量(分土建和安装两个专业，考生可任选其一)；④工程造价案例分析。

2. 注册造价工程师的报名条件

(1) 凡中华人民共和国公民，遵纪守法并具备以下条件之一者，均可申请参加造价工程师执业资格考试：①工程造价专业大专毕业，从事工程造价业务满5年；工程或工程经济类大专毕业，从事工程造价业务工作满6年；②工程造价专业本科毕业，从事工程造价业务满4年；工程或工程经济类本科毕业，从事工程造价业务满5年；③获上述专业第二学士学位或研究生班毕业和获硕士学位，从事工程造价业务工作满3年；④获上述专业博士学位，从事工程造价业务满2年。

(2) 上述报考条件中有关学历的要求是指经国家教育部承认的正规学历，从事相关工作经历年限要求是指取得规定学历前、后从事该相关工作时间的总和。

3. 注册

取得资格证书的人员，可自资格证书签发之日起 1 年内申请初始注册，逾期未申请者，须符合继续教育的要求后方可申请初始注册。初始注册的有效期为 4 年。

4. 执业范围

根据《注册造价工程师管理办法》(由建设部 150 号令发布)规定，造价工程师只能在一个单位执业。造价工程师执业范围包括以下内容。

(1) 建设项目建议书、可行性投资估算的编制和审核，项目经济评估，工程概、预、结算、竣工结(决)算的编制和审核。

(2) 工程量清单、标底(或者控制价)、投标报价的编制和审核，工程合同价款的签订及变更、调整、工程款支付与工程索赔费用的计算。

(3) 建设项目管理过程中设计方案的优化、限额设计等工程造价分析与控制，工程保险理赔的核查。

(4) 工程经济纠纷的鉴定。

知识链接 1-1

申请从事建筑施工特种作业的人员，应当具备下列基本条件：
① 年满 18 周岁且符合相关工种规定的年龄要求；
② 经医院体检合格且无妨碍从事相应特种作业的疾病和生理缺陷；
③ 初中及以上学历；
④ 符合相应特种作业需要的其他条件。

建筑施工特种作业人员的考核内容应当包括安全技术理论和实际操作。

1.4　八大员从业资格许可制度

建筑与市政工程施工现场专业人员包括施工员、质量员、安全员、标准员、材料员、机械员、劳务员、资料员，也称八大员。其中，施工员、质量员、标准员可分为土建施工、装饰装修、设备安装和市政工程四个子专业。

八大员是施工企业工程管理的关键岗位，必须持证上岗。根据工程项目特征、工程项目所在地关于建设工程施工现场管理人员配备的管理规定、《建筑施工企业安全生产管理机构设置及专职安全生产管理人员配备办法》，确定施工项目部现场管理人员的岗位分工及其资格。

为更好地贯彻实施职业标准，住房和城乡建设部将对相关职业岗位培训考核实行全国统一标准、统一大纲、统一证书式样；省级住房城乡建设行政主管部门实行岗位培训的统一管理、统一考核。各省级住房城乡建设行政主管部门要规范开展专业人员岗位培训考核工作，实行考培分开，培训由企事业单位或具有培训资格的单位组织实施。

通过省级住房城乡建设行政主管部门统一组织考核评价的合格人员，可颁发《住房和城乡建设领域专业人员岗位培训考核合格证书》，表明其已具备从事相关职业岗位的知识和能力，可受聘承担相应的专业技术管理工作。证书由住房城乡建设部制定统一式样，省级住房城乡建设行政主管部门监制和管理，省级培训考核评价管理机构核发。证书实行统一编号，可上网查询验证。对持有《住房和城乡建设领域专业人员岗位培训考核合格证书》的人员，各地不得要求其进行相同职业岗位的重复考核取证。持证人员应该按国家有关规定参加继续教育。

凡年满18周岁，在国家法定退休年龄以下，且具备下列基本条件之一者，可自愿报名参加一个或多个岗位的培训与考核。

(1) 具有土建类本专业及相近专业专科(高职)及以上学历，且从事本岗位相关专业技术或管理工作满1年。

(2) 具有土建类相关专业专科(高职)及以上学历，且从事本岗位相关专业技术或管理工作满2年。

(3) 具有土建类本专业及相近专业中职学历，且从事本岗位相关专业技术或管理工作满3年。

(4) 具有土建类相关专业中职学历，且从事本岗位相关专业技术或管理工作满4年。

(5) 具有非土建类中职及以上学历，且从事本岗位相关专业技术或管理工作4年，可报名参加材料员、资料员或劳务员的培训考核。

(6) 大专院校和职业院校土建类专业应届毕业生在企业顶岗实习时间计入职业实践年限，符合要求的，可由学校统一组织申请参加相关职业岗位培训考核。

住房和城乡建设领域现场专业人员统一考核评价采取网上报名方式，由报考人员、所在企业或培训机构登录各省"住房和城乡建设领域专业人员管理信息系统"报名。

考核科目分《专业知识》和《专业实务》，满分均为100分，每门考核得分达到60分为合格。两门考核需同时合格，方为考核合格。单门考核合格的，成绩有效期为1年。

考试合格，获得住房和城乡建设部监制，各省、自治区、直辖市住房城乡建设主管部门颁发的《住房和城乡建设领域专业人员岗位培训考核合格证书》，有效期为3年。有效期内，持证人参加继续教育学习并经考试合格后，证书有效期延续3年。

安全员为建筑工程中重要的岗位，按照国家规定还应参加市一级组织的"安全人员生产考核"考试，考试合格获得《建筑施工企业专职安全生产管理人员安全生产考核合格证书》(也称安全员C证)，持双证上岗。

习　　题

一、单项选择题

1. 建筑业企业资质分为(　　)、专业承包和劳务分包三个序列。
　　A. 施工总承包　　　B. 技术承包　　　C. 设计承包　　　D. 装备承包

2. 获得(　　)资质的企业，可以承接施工总承包企业分包的专业工程或者建设单位按照规定发包的专业工程。
　　A. 劳务分包　　　B. 技术承包　　　C. 专业承包　　　D. 技术分包

3. 依据《工程监理企业资质管理规定》，甲级工程监理企业的企业负责人和技术负责人应当具备的条件是(   )。
   A. 具有 15 年以上从事工程建设工作的经历，企业技术负责人暂无监理工程师注册证书
   B. 具有 10 年以上从事工程建设工作的经历，企业技术负责人应当取得监理工程师注册证书
   C. 具有 8 年以上从事工程建设工作的经历，企业技术负责人应当取得监理工程师注册证书
   D. 具有 15 年以上从事工程建设工作的经历，企业技术负责人应当取得监理工程师注册证书

4. 通过考核认证或考试合格取得中华人民共和国建造师资格证书的人员，可以(   )。
   A. 以建造师的名义担任各类工程项目负责人
   B. 以建造师的名义从事其他施工活动的管理工作
   C. 通过注册以建造师的名义执业
   D. 在全国范围内以建造师名义执业

5. 取得了二级建造师资格证书的李某因故未能在 3 年内申请注册，3 年后申请注册时必须(   )。
   A. 从新取得资格证书   B. 提供达到继续教育要求的证明材料
   C. 提供新的业绩证明   D. 符合延续注册的条件

6. 赵某于 2005 年 9 月通过考试取得了二级建造师资格证书后。2006 年 8 月受聘并注册于具有二级资质的蓝天建筑公司，2007 年 9 月因工作变动而注册于田源建筑公司，赵某变更注册后其注册证书和执业印章的有效期截止到(   )。
   A. 2008 年 9 月   B. 2009 年 8 月   C. 2009 年 9 月   D. 2010 年 9 月

7. 因变更注册申报不及时影响建造师执业并导致工程项目出现损失的，(   )。
   A. 由建造师和聘用单位共同承担责任
   B. 作为不良记录记入建造师信用档案
   C. 由建造师本人承担责任
   D. 由建造师聘用单位承担责任

8. 多专业注册的注册建造师，其中一个专业注册期满仍需要以该专业继续执业和以其他专业执业的，应及时办理(   )。
   A. 变更注册   B. 延期注册   C. 增项注册   D. 重新注册

9. 注册建造师的执业凭证是指其(   )。
   A. 继续教育证明   B. 建造师资格证书
   C. 注册证书和执业印章   D. 聘用合同

10. 建筑与市政工程施工现场专业人员包括施工员、质量员、安全员、(   )、材料员、机械员、劳务员、资料员八大员。
    A. 试验员   B. 标准员   C. 测量员   D. 预算员

二、多项选择题

1. 从事建筑活动的建筑施工企业应当具备的条件，下列说法正确的有(   )。
   A. 有符合国家规定的注册资本
   B. 有与其从事的建筑活动相适应的具有法定执业资格的专业技术人员
   C. 有向发证机关申请的资格证书
   D. 有从事相关建筑活动所应有的技术装备
   E. 法律、行政法规规定的其他条件

2. 获得施工总承包资质的企业，可以(   )。
   A. 对工程实行施工总承包
   B. 对主体工程实行施工承包
   C. 对所承接的工程全部自行施工
   D. 将劳务作业分包给具有相应资质的企业
   E. 将主体工程分包给其他企业

3. 获得专业承包资质的企业，可以(   )。
   A. 对所承接的工程全部自行施工
   B. 对主体工程实行施工承包
   C. 承接施工总承包企业分包的专业工程
   D. 承接建设单位按照规定发包的专业工程
   E. 将劳务作业分包给具有劳务分包资质的其他企业

4. 王某于2006年11月通过全国统考取得了二级建造师资格证书，2007年6月1日进行了初始注册，并取得注册证书，则说法正确的有(   )。
   A. 王某必须在3年内不改变执业范围
   B. 王某申请延续注册时应提交原注册证书
   C. 2007年11月王某变更到另一家施工企业，则变更后的有效期到2010年11月止
   D. 王某的初始注册有效期至2010年5月31号
   E. 因增加执业专业，王某申请专业增项注册

5. 按照《注册建造师执业管理办法》，在下列情况下，不予进行注册的包括(   )。
   A. 甲曾于1年前因犯罪被判处管制两年
   B. 乙5年前因故意伤害罪被判处拘役6个月
   C. 丙今年63周岁
   D. 丁去年担任项目负责人期间，该项目发生重大安全事故
   E. 戊因在事故中受伤，被鉴定为限制民事行为能力人

三、思考题

1. 某建筑大学要建设两栋学生宿舍，投资约2000万元人民币，每栋建筑面积约15000m^2，设计图纸已经完成审核，对承担该工程的施工总承包企业的资质应有什么要求？担任该项目的项目经理应有什么资格要求？

2. 假设上述工程在济南市，根据工程项目特征、《济南市建设工程施工项目部关键岗

位人员配备数量最低标准》《建筑施工企业安全生产管理机构设置及专职安全生产管理人员配备办法》，对确定施工项目部现场管理人员配备(岗位、人数及资格)有何要求？

实训 1.1　申请建筑业企业资质

一、目的和要求

(1) 熟悉建筑业企业资质分类、资质等级标准、承接业务范围、资质申请办理工作流程。

(2) 掌握建筑业企业资质申请所需资料。

(3) 能从事企业资质申请工作。

二、情景描述

新成立的某建筑公司根据企业发展，需要申请办理建筑工程施工总承包三级资质。作为公司档案管理员的小王负责该项工作。

三、方法与步骤

(1) 熟悉建筑业企业资质管理相关的法律法规。

(2) 明确申请的企业资质类别和等级，准备相关申请材料，填写《建筑业企业资质申请表》。

(3) 检查申请材料的有效性、完整性。

(4) 提交申请材料，拿到受理回执(凭回执取资质证书)。

四、注意事项

(1) 平时做好企业资质申请通用资料的积累工作。

(2) 认真填好《建筑业企业资质申请表》。

五、应交成果

申请建筑施工总承包三级资质应提交的申请材料。

实训 1.2　报考、注册建造师

一、目的和要求

(1) 熟悉一级和二级建造师报考、注册条件、执业范围，熟悉建造师考试报名、注册流程，掌握报名、注册所需资料。

(2) 能从事建造师报考、注册等相关管理工作。

二、情景描述

某建筑公司根据企业发展需要，新招聘 1 名持有建筑工程专业一级建造师资格证书的专业技术人员赵龙，施工员王明想要通过公司报考机电工程专业二级建造师。公司档案管

理员小王负责建造师的报考、注册工作。

三、方法与步骤

(1) 熟悉建造师执业资格管理相关的法律法规。

(2) 明确申请报考的建造师专业和等级，当地建造师考试报名期间，网上填写并打印《二级建造师执业资格考试报名表》，准备相关申请材料；检查申请材料的有效性、完整性；提交申请材料、现场资格审查确认；网上缴费、报名成功；网上打印准考证。

(3) 明确申请的注册建造师专业和等级，登录"中国建造师网"，进入"注册建造师管理信息系统"，单击"一级建造师注册管理系统"，单击"个人版登录入口"，在页面左侧"建造师初始注册登录入口"处根据提示操作。

进入企业版，在申报状态下拉列表框中选择"审查中"，将审查中的人员信息显示出来，单击人员后面的"查看"按钮，弹出"一级建造师初始注册申请表"，单击"打印"按钮。

准备相关申请材料：

① 网上填写并打印《一级建造师初始注册申请表》；

② 资格证书、学历证书和身份证明复印件；

③ 申请人与聘用企业签订的聘用劳动合同复印件或申请人所在企业出具的劳动、人事、工资关系证明；

④ 逾期申请初始注册的，应当提供达到继续教育要求证明材料复印件；检查申请材料的有效性、完整性。

向企业工商注册所在地省级建设主管部门提交申请材料，拿到受理回执。

四、注意事项

(1) 平时做好建造师报名、注册申请通用资料的积累工作。

(2) 认真填好《二级建造师执业资格考试报名表》《一级建造师初始注册申请表》。

五、应交成果

二级建造师报名材料、一级建造师注册材料。

第 2 章　工程招标投标法律制度

学习任务

- ◆ 了解工程招标投标的概念及基本原则。
- ◆ 熟悉建设工程招标的范围、规模标准、基本条件、方式、程序。
- ◆ 掌握工程招标、投标、开标、评标活动中的法律规定。
- ◆ 理解违反《招标投标法》有关规定的法律责任。
- ◆ 能够编制招标文件。
- ◆ 能够编制投标文件。
- ◆ 能够组织开标。

学习目标

知识要点	能力目标
工程招投标的概念 招标投标相关法律法规 招投标活动基本原则	能够运用招投标相关知识及法律规定解决企业招投标过程中遇到的实际问题
招标范围和规模标准 建设工程招标基本条件 建设工程招标方式 建设工程招标程序	编制招标日程 编制招标公告 编制招标文件
投标人 投标联合体 投标要求 参加资格预审 组织投标班子 踏勘现场、参加投标预备会 编制、递交投标文件	能够参与或组织投标活动 制定投标策略 编制投标文件
开标、评标、定标 招投标法规定的法律责任 中标无效的情况及处理办法	组织或参加开标会

核心概念

工程招标、招标条件、招标方式、招标程序、招标文件、资格审查、工程投标、投标文件、投标担保、联合体投标、开标、评标、定标

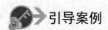

 引导案例

某市职业技术学院要建设学生宿舍楼(3栋)，投资约4500万元人民币，建筑面积约25 000平方米。完成图纸设计任务后，学院委托招标代理机构进行施工招标。招标代理机构组织完成施工招标文件的编写任务，招标文件通过招标管理机构中心的审查，并在住建部门的相关网站上发布招标信息，同时出售招标文件3天。某施工单位投标报名，对招标文件仔细分析，参加标前答疑会、现场踏勘后，按招标文件要求编制投标文件，并在标书外包封口处加盖单位公章和项目经理签字，在投标截止日前1天递交。因交通堵塞开标会主持人未能按时到场，开标时间推迟15分钟。开标会由该市教育局办公室主任主持，市公证处有关人员到会，各投标单位代表均到场。开标前，有关人员对各投标单位进行资格审查，并对所有投标文件进行审查，确认所有投标文件有效后正式开标，宣读投标单位名称、投标价格、投标工期等有关投标文件的重要说明，按照报价最低原则确定中标人。招标人在中标公示2天后发中标通知书，35日内签合同。签合同后10日内向投标人退投标保证金，并进行招标结果的备案。

在本案例中，招标投标活动中存在若干问题，如工程招标条件、招标的程序、投标书的编制、开标时间、开标主持人、评标、确定中标人、中标公示、签合同等，要规范建筑招标投标活动，必须遵循招标投标法律法规的相关规定。本章主要介绍工程招标投标相关的法律法规知识。

2.1 建设工程招投标概述

2.1.1 工程招投标的概念

建设工程招标投标是在市场经济条件下，通过公平竞争机制，进行建设工程项目发包与承包时所采用的一种交易方式。

工程招标是指招标人在发包建设项目之前，通过发布招标公告或发出投标邀请书，吸引潜在投标人参加投标，对参与竞争的投标人进行审查、评选，从中择优选定项目建设承包人的活动。

工程投标是工程招标的对称概念，指具有合法资格和能力的投标人根据招标条件，在指定期限内填写标书，提出报价，并等候开标，以期承包到该招标项目的活动。

通过招标投标，招标单位可以对符合条件的各投标竞争者进行综合比较，从中选择报价合理、技术力量强、质量和信誉可靠的承包商作为中标者签订承包合同，有利于保证工程质量和工期、降低工程造价、提高投资效益，也有利于防范建设工程发承包活动中的不正当竞争行为和腐败现象。

实行建设项目的招标投标是我国建筑市场趋向规范化、完善化的重要举措，对于择优选择承包单位、全面降低工程造价，进而使工程造价得到合理有效的控制，具有十分重要的意义。

2.1.2 招标投标活动应遵循的基本原则

招标和投标都是民事主体的民事法律行为，均应遵循《民法通则》的基本原则。《招标投标法》第五条规定:"招标投标活动应当遵循公开、公平、公正和诚实信用的原则。"

1. 公开原则

公开原则,就是要求招标投标活动应有透明度。招标投标应当遵循公开原则,这是为了保证招投标活动的广泛性、竞争性、透明性和公平性等。具体表现在建设工程招标投标的信息公开、过程公开、结果公开。

2. 公平原则

公平原则,要求给予所有投标人平等的机会,使其享有同等的权利,履行同等的义务。例如,《招标投标法》明确规定:"依法必须进行招标的项目,其招标投标活动不受地区或者部门的限制,任何单位和个人不得违法限制或者排斥本地区、本系统以外的法人或者其他组织参加投标,不得以任何方式非法干涉招标投标活动。"

为保证招标投标活动的公正性、公平性,标底和评标委员会专家名单在中标结果确定前不能公布。

3. 公正原则

公正原则,要求招标人在招标投标活动中应当按照统一的标准衡量每一个投标人的优劣。进行资格审查时,招标人应当按照资格预审文件或招标文件中载明的资格审查的条件、标准和方法对潜在投标人或者投标人进行资格审查,不得改变载明的条件或者以没有载明的资格条件进行资格审查。《招标投标法》还规定评标委员会应当按照招标文件确定的评标标准和方法,对投标文件进行评审和比较。评标委员会成员应当客观、公正地履行职务,遵守职业道德。

4. 诚实信用原则

诚实信用原则,是我国民事活动所应当遵循的一项重要基本原则。我国《民法通则》和《合同法》等民事法律中都明确规定这一原则。招标投标活动作为订立合同的一种特殊方式,同样应当遵循诚实信用原则。招标投标活动中的诚实信用原则是指招标投标当事人应以诚实、善意的态度行使权利,履行义务,以维持双方利益平衡,以及自身利益与社会利益的平衡。在当事人之间的利益关系中,诚信原则要求尊重他人利益,以对待自己事务的态度对待他人事务,保证彼此都能得到自己应得的利益。在当事人与社会的利益关系中,诚信原则要求当事人不得通过自己的活动损害第三人和社会的利益,必须在法律范围内以符合其社会经济目的的方式行使自己的权利。

2.2 建设工程项目招标

2.2.1 必须招标的工程建设项目范围和规模标准

1. 必须招标的工程建设项目范围

根据《招标投标法》第三条规定,在中华人民共和国境内进行下列工程建设项目,包括项目的勘察、设计、施工、监理以及与工程建设有关的重要设备、材料等的采购,必须进行招标。

(1) 大型基础设施、公用事业等关系社会公共利益、公众安全的项目。

(2) 全部或者部分使用国有资金投资或者国家融资的项目。

(3) 使用国际组织或者外国政府贷款、援助资金的项目。

2. 必须招标的工程建设项目的规模标准

《工程建设项目招标范围和规模标准规定》规定的上述各类工程建设项目，包括项目的勘察、设计、施工、监理以及与工程建设有关的重要设备、材料等的采购，达到下列标准之一的，必须进行招标：

(1) 施工单项合同估算价在 200 万元人民币以上的；

(2) 重要设备、材料等货物的采购，单项合同估算价在 100 万元人民币以上的；

(3) 勘察、设计、监理等服务的采购，单项合同估算价在 50 万元人民币以上的；

(4) 单项合同估算价低于第 1、2、3 项规定的标准，但项目总投资额在 3000 万元人民币以上的。

《招标投标法》规定，任何单位和个人不得将依法必须进行招标的项目化整为零或者以其他任何方式规避招标。

3. 可以不进行招标的工程建设项目

如果建设项目不属于必须招标的项目，可以招标也可以不招标。

即使符合必须招标项目的范围和规模标准，但属于下列特殊情形的，按照《招标投标法》规定，经有关主管部门批准，可以直接发包。

2.2.2 建设工程招标基本条件

1. 招标组织形式的确定

招标组织形式包括自行招标和代理招标(委托招标)，如果必须进行招标，则考虑是自行招标还是委托招标。

依法必须进行招标的工程，招标人如果具有编制招标文件和组织评标能力的，可以自行招标，对其条件要求包括以下内容。

(1) 具有项目法人资格；

(2) 具有与招标项目规模和复杂程度相适应的工程技术、概预算、财务和工程管理等方面专业技术力量；

(3) 有从事同类工程建设项目招标的经验；

(4) 设有专门的招标机构或者拥有 3 名以上专职招标业务人员；

(5) 熟悉和掌握《招标投标法》及有关法律法规。

《招标投标法》还规定，依法必须进行招标的项目，招标人自行办理招标事宜的，应当向有关行政监督部门备案。招标人自行办理施工招标事宜的，应当在发布招标公告或者发出投标邀请书的 5 日前，向工程所在地县级以上地方人民政府建设行政主管部门备案。招标人不具备自行办理施工招标事宜条件的，建设行政主管部门应当自收到备案材料之日起 5 日内责令招标人停止自行办理施工招标事宜。

不具备自行招标条件的，招标人可以自行选择并委托具有相应资格的工程招标代理机构代理招标。

2. 工程招标条件

依法必须招标的工程建设项目，应当具备下列条件才能进行施工招标。
(1) 招标人已经依法成立；
(2) 初步设计及概算应当履行审批手续的，已经批准；
(3) 招标范围、招标方式和招标组织形式等应当履行核准手续的，已经核准；
(4) 有相应资金或者资金来源已经落实；
(5) 有招标所需的设计图纸及技术资料。

2.2.3 建设工程招标方式

《招投标法》明确规定了招标方式有两种：公开招标和邀请招标。议标方式不是法定的招标形式，然而，议标作为一种简单、便捷的方式，目前仍在我国建设工程咨询服务行业被广泛采用。

公开招标和邀请招标作为主要的招标方式，是由招标投标的本质特点决定的。这两种招标方式都具有竞争性，体现了招标投标本质特点的客观要求。

1. 公开招标

公开招标，也称无限竞争性招标，是指招标人按照法定程序，以招标公告的方式邀请不特定的法人或者其他组织投标。一般是在规定的媒体上发布招标公告，公开提供招标信息，使所有符合条件的潜在投标人都可以平等参加投标竞争，招标单位从中择优选定中标人的一种招标方式。

2. 邀请招标

邀请招标，也称有限竞争性招标，是指招标人以投标邀请书的方式邀请特定的法人或者其他组织投标的一种发包方式。招标单位根据自己掌握的情况，预先确定一定数量的符合招标项目基本要求的潜在投标单位，并向其发投标邀请书，由被邀请的潜在投标单位参加投标竞争。邀请招标一般在开标后进行资格审查，招标单位经过评审标书从中择优确定中标单位。一般邀请5~10家承包商参加投标，最少不得少于3家。

2.2.4 建设工程招标程序

建设工程招标程序，是指建设工程招标活动按照一定的时间和空间应遵循的先后顺序，是以招标单位和其代理人为主进行的有关招标的活动程序。

建设工程招标程序包含下列三个阶段。
(1) 招标准备阶段。主要工作有办理工程报建手续、选择招标方式、审查招标单位资质、编制招标有关文件和标底、办理招标备案手续等。
(2) 招标投标阶段。主要包括发布招标公告或发出投标邀请书、投标资格预审、发放招标文件和有关资料、组织现场勘察、标前会议和接受投标文件等。
(3) 定标签约阶段。主要工作包括开标、评标、定标和签约等。

1. 招标准备阶段

1) 工程项目报建、确定招标方式

拟建工程到计划管理部门立项批准后,到招投标管理机构或建设工程交易中心办理报建备案手续。报建时应填写建设工程报建登记表,连同应交验的资料主要有立项批准文件(概算批准文件、年度投资计划)、固定资产投资许可证、建设工程规划许可证、土地使用权证、资金证明文件等。

报建工程由招标监督部门依据《招标投标法》和有关规定确认招标方式。

2) 审查招标单位资质

招投标管理机构依据《招投标法》,审查招标单位是否具备招标条件。具备自行招标条件的招标人可自行办理招标事宜,并按规定向其招投标管理机构备案;不具备自行招标条件的招标人必须委托具有相应资质的中介机构代理招标,招标单位与中介机构就代理招标事宜签订委托代理合同,并向招投标管理机构备案。

3) 编制招标文件

由招标人组成符合要求的招标工作班子或招标人委托的具有相应资质的招标代理机构编制招标文件。招标有关文件包括资格预审文件、招标文件、标底、招标控制价等。这些文件都应采用工程所在地通用的格式文件编制。

4) 申请招标

招标人向招投标管理机构申请招标,填写建设工程招标申请表,申请书主要内容包括:建设单位的资格、招标工程具备的条件、拟采用的招标方式、对投标人的要求、评标方式等,并附招标文件。经招投标管理机构批准后方可进行招标。招投标管理机构在审查招标单位的资格、招标工程的条件和招标文件等的过程中,发现有违反法律法规内容的,应当责令招标单位改正。

2. 招标投标阶段

1) 发布招标公告或发出投标邀请书

实行公开招标的,应在国家或地方指定的报刊、信息网或其他媒介发布招标公告或资格预审公告,邀请一切愿意参加工程投标的不特定承包商申请投标资格审查或申请投标,资格预审公告或招标公告发布有效期至少 5 日;实施邀请招标的应向三个以上符合资质条件、资信良好的承包人发送投标邀请书。

2) 资格审查

招标单位或招标代理机构可以根据招标项目本身的要求,对潜在的投标单位进行资格审查。资格审查分为资格预审和资格后审两种。

3) 发售招标文件

招标单位或招标代理机构按照资格预审确定的合格投标单位名单或投标邀请书发放招标文件。

(1) 关于招标文件发放的规定。

根据《工程建设项目施工招标投标办法》第 15 条的规定,招标人应当按招标公告或者投标邀请书规定的时间、地点出售招标文件。对招标文件的收费应当合理,不得以营利为目的。招标人在发布招标公告、发出投标邀请书后或者售出招标文件或资格预审文件后不得擅自终止招标。招标文件售出后，不予退还。自招标文件出售之日起至停止出售之日止，最短不得少于 5 个工作日。

(2) 关于招标人澄清、修改招标文件的时间规定。

《招标投标法》第二十三条规定："招标人对已发出的招标文件进行必要的澄清或者修改的，应当在招标文件要求提交投标文件截止时间至少十五日前，以书面形式通知所有招标文件收受人。该澄清或者修改的内容为招标文件的组成部分。"

(3) 关于投标人质疑招标文件的时间规定。

此外，根据《工程建设项目施工招标投标办法》第三十三条规定，对于潜在投标人在阅读招标文件和现场踏勘中提出的疑问，招标人可以书面形式或召开投标预备会的方式解答，但需同时将解答以书面方式通知所有购买招标文件的潜在投标人。该解答的内容同样作为构成招标文件的组成部分。投标人对招标文件有异议的，应当在投标截止时间 10 日前提出。

(4) 关于确定编制投标文件的时间规定。

《招标投标法》第二十四条规定："招标人应当确定投标人编制投标文件所需要的合理时间；但是，依法必须进行招标的项目，自招标文件开始发出之日起至投标人提交投标文件截止之日止，最短不得少于二十日。"

(5) 关于投标有效期的规定。

投标有效期是招标文件中规定的投标文件有效期。

《工程建设项目施工招标投标办法》第二十九条规定："招标文件应当规定一个适当的投标有效期；以保证招标人有足够的时间完成评标和与中标人签订合同。投标有效期从投标人提交投标文件截止之日起计算。"

在原投标有效期结束前，出现特殊情况的，招标人可以书面形式要求所有投标人延长投标有效期。投标人同意延长的，不得要求或被允许修改其投标文件的实质性内容，但应当相应延长其投标保证金的有效期；投标人拒绝延长的，其投标失效，但投标人有权收回其投标保证金。因延长投标有效期造成投标人损失的，招标人应当给予补偿，但因不可抗力需要延长投标有效期的除外。

4) 组织现场踏勘

招标人根据招标项目的具体情况，可以组织潜在投标人踏勘项目现场，向其介绍工程场地和相关环境的有关情况。潜在投标人依据招标人介绍情况做出的判断和决策，由投标人自行负责。招标人不得单独或者分别组织任何一个投标人进行现场踏勘。现场踏勘可安排在投标预备会前 1～2 天进行，以便在会上解答现场踏勘提出的疑问。

投标单位参加现场踏勘的费用，由投标单位自己承担。招标单位一般在招标文件发出后，就着手考虑安排投标单位进行现场踏勘等准备工作，并在现场踏勘中对投标单位给予必要的协助。

5) 召开投标预备会

招标文件中规定召开投标预备会的，招标人按规定时间和地点召开投标预备会，解答投标人对招标文件和在现场踏勘中所提出的各种问题，并对图纸进行交底和解释。预备会后，招标人要在招标文件规定的时间之前，对投标人所提出问题的澄清以书面形式通知所有购买招标文件的投标人。

(1) 投标单位有关招标文件和现场勘察的疑问，应在招标预备会议前以书面形式提出。

(2) 对于投标单位有关招标文件的疑问，招标单位只能采取会议形式公开答复，不得私下单独作解释。

(3) 标前会议应当形成书面的会议纪要，并送达每一个投标单位。它与招标文件具有同等的效力。

6) 接收投标文件，准备开标会

经过现场踏勘和投标预备会后，投标单位可以着手编制投标文件。投标人根据招标文件要求，编制投标文件，并进行密封和标记，在投标文件提交截止时间前按规定的地点提交至招标人。招标人应当如实记载投标文件的送达时间和密封情况，并存档备查；完成开评标室的预约工作和评审专家申请、抽选工作等开标前的准备工作。

3. 定标签约阶段

定标签约阶段包括开标、评标、定标、签约 4 项工作，详见本章 2.4 节。

2.3　建设工程项目投标

2.3.1　投标人

1. 投标人概念

建设工程的投标人是建设工程招标投标活动中的另一方当事人，它是指响应招标，并按照招标文件的要求参与工程任务竞争的法人或者其他组织。

建设工程投标单位的范围，主要有勘察设计单位、施工企业、建筑装饰企业、工程材料设备供应(采购)单位、工程总承包单位以及咨询、监理单位等。

2. 投标人应具备的资格条件

根据《招标投标法》第二十六条规定："投标人应当具备承担招标项目的能力，国家有关规定对投标人资格条件或者招标文件对投标人资格条件有规定的，投标人应当具备规定的资格条件。"对投标人必须具备以下基本条件。

(1) 必须有与招标文件要求相适应的人力、物力、财力。

(2) 必须有符合招标文件要求的资质等级和相应的工作经验与业绩证明。

(3) 符合法律、法规、规章和政策规定的其他条件。

投标人在向招标人提出投标申请时，应附带有关投标资格的资料，以供招标单位审查，这些资料应表明自己存在的合法地位、资质等级、技术与装备水平、资金与财务状况、近期经营状况、以前所完成的与招标工程项目有关的业绩、信誉等。

根据《工程建设项目施工招标投标办法》第三十五条的规定，招标人的任何不具独立法人资格的附属机构(单位)，或者为施工招标项目的前期准备或者监理工作提供设计、咨询服务的任何法人及其任何附属机构(单位)，都无资格参加该招标项目的投标。

2.3.2　投标联合体

大型建设工程项目，往往不是一个投标单位所能完成的，所以，法律允许几个投标单位组成一个联合体,共同参与投标,并对联合体投标的相关问题作出了明确规定。

1. 联合体的法律地位

联合体是由多个法人或经济组织组成,但它在投标时是作为一个独立的投标单位出现的,具有独立的民事权利能力和民事行为能力。

2. 联合体的资格

《招标投标法》对于联合体各方资质要求如下。

(1) 联合体各方均应当具备承担招标项目的相应能力。

(2) 国家有关规定或者招标文件对投标人资格条件有规定的,联合体各方均应当具备规定的相应资格条件。

(3) 专业的单位组成的联合体,按照资质等级较低的单位确定资质等级。

这是为了促使资质优秀的投标单位组成联合体,防止以高等级资质获取招标项目,而由资质等级低的投标单位来完成的行为。

3. 联合体各方的责任

联合体各方应当签订共同投标协议,明确约定各方在拟承包的工程中所承担的工作和责任,并将共同投标协议连同投标文件一并提交招标人,联合体投标时不提交共同投标协议书的标书为废标。

(1) 联合体各方签订共同投标协议后,不得再以自己名义单独投标,也不得组成新的联合体或参加其他联合体在同一项目中投标。

(2) 联合体参加资格预审并获通过的,其组成的任何变化都必须在提交投标文件截止之日前征得招标人的同意。如果变化后的联合体削弱了竞争,含有事先未经过资格预审或者资格预审不合格的法人或者其他组织,或者使联合体的资质降到资格预审文件中规定的最低标准以下,招标人有权拒绝。

(3) 联合体各方必须指定牵头人,授权其代表所有联合体成员负责投标和合同实施阶段的主办、协调工作。

(4) 联合体中标的,联合体各方应当共同与招标人签订一个合同,明确约定各方在拟承包的工程中所承担的义务和责任,就中标项目向招标人承担连带责任。

2.3.3 投标要求

1. 投标文件内容的要求

《招标投标法》规定:"投标文件应当对招标文件提出的实质性要求和条件作出响应。"实质性要求和条件,是指招标项目的价格、项目进度计划、技术规范、合同的主要条款等,投标文件必须对其作出响应,不得遗漏、回避,更不能对招标文件进行修改或提出任何附带条件。

对于建设工程施工招标,投标文件还应包括拟派出的项目负责人与主要技术人员的简历、业绩和拟用于完成工程项目的机械设备等内容。投标人拟在中标后将中标项目的部分非主体、非关键性工作进行分包的应在投标文件中载明。

我国法律也规定，投标文件送交后，投标单位可以在投标文件提交截止时间前进行补充、修改或撤回，但必须以书面形式通知招标单位。补充、修改的内容亦为投标文件的组成部分。修改是对投标文件内容进行修订。撤回是指收回全部投标文件，或者放弃或者重新投标。

在提交投标文件截止时间后到招标文件规定的投标有效期终止之前，投标人不得补充、修改、替代或者撤回其投标文件。投标人补充、修改、替代投标文件的，招标人不予接受；投标人撤回投标文件的，其投标保证金将被没收。

2. 投标时间的要求

《招标投标法》规定，投标人应当在招标文件要求提交投标文件的截止时间前，将投标文件送达投标地点；在截止时间后送达的投标文件，招标人应当拒收。如果以邮寄方式送达的，投标人必须留出邮寄的时间，保证投标文件能够在截止日之前送达招标人指定的地点。投标人不能将投标文件在提交投标文件的截止时间前送交招标文件规定的地方，如发生地点方面的错送、误送，将被视为无效标而拒收，其后果由投标单位自行承担。

投标单位对投标文件的补充、修改、撤回通知，也必须在所规定的投标文件的截止时间前，送至规定地点。

3. 投标行为的要求

对于投标中各方的行为，《招标投标法》也有明确的规范要求。

(1) 保密要求。由于投标是一次性的竞争行为，为保证其公正性，就必须对当事人各方提出严格的保密要求：投标文件及其修改、补充的内容都必须以密封的形式送达，招标单位签收后必须原样保存，不得开启。对于标底和潜在投标单位的名称、数量以及可能影响公平竞争的其他有关招标投标的情况，招标单位都必须保密，不得向他人透露。

(2) 合理报价。《招标投标法》规定："投标人不得以低于成本的价格报价、竞标。"所谓"成本"，应指投标人的个别成本，该成本是根据投标人的企业定额测定的成本。如果投标人低于成本的报价竞标时，一旦中标，必然会采取偷工减料、以次充好等非法手段来避免亏损，以求得生存，将很难保证建设工程的安全和质量。这将严重破坏社会主义市场经济秩序，给社会带来隐患，必须予以禁止。但投标单位从长远利益出发，放弃近期利益，不要利润，仅以成本价投标，这是合法的竞争手段，法律是予以保护的。

(3) 诚实信用。从诚实信用的原则出发，《招标投标法》还规定："投标人不得相互串通投标；也不得与招标人串通投标，损害国家利益、社会公共利益和他人合法利益；还不得向招标人或评标委员会成员行贿以谋取中标；同时，还不得以他人名义投标或以其他方式弄虚作假、骗取中标。"

《工程建设项目施工招标投标办法》第四十六条规定，下列行为均属于投标人串通投标报价：①投标人之间相互约定抬高或降低投标报价；②投标人之间相互约定，在招标项目中分别以高、中、低价位报价；③投标人之间先进行内部竞价，内定中标人，然后再参加投标；④投标人之间其他串通投标报价行为。

《工程建设项目施工招标投标办法》第四十七条规定，下列行为均属于招标人与投标人串通投标：①招标人在开标前开启投标文件，并将投标情况告知其他投标人，或者协助投标人撤换投标文件，更改报价；②招标人向投标人泄露标底；③招标人与投标人商定，投标时压低或抬高标价,中标后再给投标人或招标人额外补偿;④招标人预先内定中标人;⑤其他串通投标行为。

以他人名义投标指投标人挂靠其他施工单位,或从其他施工单位通过转让或借租的方式获取资格或资质证书或者由他单位及其法定代表人在自己编制的投标文件上加盖印章或签字等行为。

4. 投标单位数量的要求

《招标投标法》规定:"投标人少于三个的,招标人应当依照本法重新招标。"当投标单位少于三个时,就会缺乏有效竞争,投标单位可能会提高承包条件,损害招标单位利益,从而与招标目的相违背,所以必须重新组织招标。

2.3.4 参加资格预审

投标单位在获悉招标资格预审公告或投标邀请后,应当按照资格预审公告或投标邀请书中所提出的资格审查要求,向招标单位申报资格审查,资格审查是投标单位投标过程中的第一关。

1. 投标单位应提交的资格预审资料

为了证明自己符合资格预审须知规定的投标资格和合格条件要求,具备履行合同的能力,参加资格预审的投标单位应在向招标人提交的资格预审申请文件里提供下列资料,附有关资料证明文件的复印件(加盖公章),并在资格审查时按要求提供原件。

(1) 确定投标单位法律地位的原始文件:有效的营业执照、资质证书、银行开户许可证、安全生产许可证等。

(2) 履行合同能力方面的资料:①管理和执行本合同的管理人员及主要技术人员的情况:拟派项目经理的注册建造师证书、安全生产考核合格证(B 证)、学历证书、职称证、以往工程业绩证明,技术负责人的注册证书、学历证书、职称证、以往工程业绩证明,其他主要技术人员的岗位证、学历证书、职称证、以往工程业绩证明等;②为完成本合同拟采用的主要技术装备情况:自有设备提供购置发票,租赁设备提供租赁合同或借用协议等;③为完成本合同拟分包的项目及分包单位的情况。

(3) 项目经验方面的资料:过去几年完成的与本合同类似工程项目的情况和现在履行合同的情况,已完工程提供发包人出具的工程交工验收证书,在建和新承接工程提供中标通知书或合同协议书、合同备案表,近几年较好的安全记录,没有发生重大质量和特大安全事故等。

(4) 财务状况的资料:提供开户银行资信证明、近几年经审计的财务报表,没有处于财产被接管、破产或其他关、停、并、转状态承诺书等。

(5) 企业信誉方面的资料:目前和过去几年参与或涉及仲裁和诉讼案件的情况,过去几年中发包人对投标人履行合同的评价等。

投标单位申报资格审查,应当按资格预审公告或投标邀请书的要求,向招标人提供有关资料。经招标单位审查后,招标单位应将符合条件的投标单位的资格审查资料,报建设工程招标投标管理机构复查。经复查合格的,就具有了参加投标的资格。

2. 投标单位准备和提交资格预审资料的注意事项

在准备和提交资格预审资料时应注意下列事项。

(1) 应在平时做好资格预审通用资料的积累工作。

(2) 认真填好资格预审表的重点部位。例如，施工招标，招标单位在资格审查中考虑的重点一般是投标单位的施工经验、施工水平和施工组织能力等方面，投标单位应通过认真阅读资格预审须知，领会招标单位的意图，认真填好资格预审表。

(3) 通过决策确定投标项目后，应立即动手做资格预审的申请准备，以便在资料准备中能及时发现问题并及早解决。如果有本公司不能解决的问题，也有时间考虑联合投标等事宜。

(4) 按时提交资格预审资料，并做好提交资格预审表后的跟踪工作。通过跟踪，及时发现问题，及时补充资料。

2.3.5 组织投标班子概述

投标单位在通过资格审查、购领了招标文件和有关资料之后，就要按招标文件确定的投标准备时间着手开展各项投标准备工作。投标准备时间是指从开始发放招标文件之日起至投标截止时间为止的期限，它由招标单位根据工程项目的具体情况确定。

1. 组织投标班子

为了按时进行投标，并尽最大可能使投标获得成功，投标单位在购领招标文件后就需要有一个强有力的、内行的投标班子，以便对投标的全部活动进行通盘筹划、多方沟通和有效组织实施。投标单位的投标班子一般都是常设的，但也有的是针对特定项目临时设立的。

投标单位组织什么样的投标班子，对投标成败有直接影响。从实践来看，承包商的投标班子一般应包括下列三类人员。

(1) 经营管理类人员。这类人员一般是从事工程承包经营管理的行家里手，熟悉工程投标活动的筹划和安排，具有相当的决策水平。

(2) 专业技术类人员。这类人员是从事各类专业工程技术的人员，如建筑师、监理工程师、结构工程师、造价工程师等。

(3) 商务金融类人员。这类人员是从事有关金融、贸易、财税、保险、会计、采购、合同、索赔等项工作的人员。

2. 投标代理机构

投标单位如果没有专门的投标班子或有了投标班子还不能满足投标工作的需要，就可以考虑委托投标代理机构，即在工程所在地区找一个能代表自己利益而开展某些投标活动的咨询中介机构。

工程投标单位在选择代理机构时，必须注意以下两点。

第一，所选的代理人一定要完全可靠，有较强的活动能力并在当地有较好的声誉及较高的权威性。

第二，应与代理机构签订代理协议。根据具体情况，在协议的条文中恰当地明确规定

第 2 章 工程招标投标法律制度

代理人的代理范围和双方的权利、义务，以利双方互相信任，默契配合，严守条约，保证投标各项工作顺利进行。

投标代理机构的职责有以下内容。

(1) 向投标单位传递并帮助分析招标信息，协助投标人办理、通过招标文件所要求的资格审查。

(2) 以投标单位名义参加招标单位组织的有关活动，传递投标单位与招标单位之间的对话。

(3) 提供当地物资、劳动力、市场行情及商业活动经验，提供当地有关政策法规咨询服务等，协助投标单位做好投标书的编制工作，帮助递交投标文件。

(4) 在投标单位中标时，协助投标单位办理各种证件申领手续，做好有关承包工程的准备工作。

(5) 按照协议的约定收取代理费用。通常，如代理机构协助投标单位中标的，所收的代理费用会高些，一般为合同总价的 1%~3%。

2.3.6 踏勘工程现场和参加投标预备会

为获取与编制投标文件有关的必要的信息，投标单位要按照招标文件中注明的现场踏勘和投标预备会的时间和地点，积极参加现场踏勘和投标预备会。投标单位递交的投标文件一般被认为是在现场踏勘的基础上编制的，投标书递交之后，投标单位无权因为现场踏勘不周、情况了解不细或因素考虑不全而提出修改投标书、调整报价或提出补偿等要求。因此，现场踏勘是投标单位正式编制、递交投标文件前必须做的重要的准备工作，投标单位必须予以高度重视。

投标单位在去现场踏勘之前，应先仔细研究招标文件有关概念的含义和各项要求，特别是招标文件中的工作范围、专用条款以及设计图纸和说明等，然后有针对性地拟定出踏勘提纲，确定重点需要澄清和解答的问题，做到心中有数。

投标单位进行现场踏勘的内容，主要包括以下几个方面。

(1) 工程的范围、性质以及与其他工程之间的关系。

(2) 投标单位参与投标的那一部分工程与其他承包商或分包商之间的关系。

(3) 现场地貌、地质、水文、气候、交通、电力、水源等情况，有无障碍物等。

(4) 进出现场的方式、现场附近有无食宿条件、料场开采条件、其他加工条件、设备维修条件等。

(5) 现场附近治安情况。

投标预备会，又称答疑会、标前会议，一般在现场踏勘之后的 1~2 天内举行。答疑会的目的是解答投标单位对招标文件和在现场踏勘中所提出的各种问题，并对图纸进行交底和解释。

2.3.7 编制、递交投标文件

建设工程投标文件是招标单位判断投标单位是否愿意参加投标的依据，也是评标委员会进行评审和比较的对象，中标的投标文件还和招标文件一起成为招标单位和中标人订立合同的法定根据，因此，投标单位必须高度重视建设工程投标文件的编制和递交工作。

1. 投标文件的组成

建设工程投标文件，是建设工程投标单位单方面阐述自己响应招标文件要求，旨在向招标单位提出愿意订立合同的意思表示，是投标单位确定、修改和解释有关投标事项的各种书面表达形式的统称。

建设工程投标文件是由一系列有关投标方面的书面资料组成的。一般来说，投标文件由以下几个部分组成。

(1) 投标函及附录。
(2) 法人代表身份证明。
(3) 授权委托书。
(4) 联合体协议书。
(5) 投标保证金。
(6) 已标价工程量清单。
(7) 施工组织设计。
(8) 项目管理机构。
(9) 拟分包计划表。
(10) 资格审查资料。
(11) 按招标文件规定提交的其他资料。

投标单位必须使用招标文件提供的投标文件表格格式，但表格可以按同样格式扩展。

2. 投标文件的编制

投标单位在领取招标文件以后，应进行全面细致的调查研究。如对招标文件有疑问需要澄清，应于收到招标文件后在规定的时间内以书面形式向招标单位提出。为获取与编制投标文件有关的必要信息，投标单位要按照招标文件中注明的时间和地点，积极参加现场踏勘和投标预备会。

经过现场踏勘和投标预备会后，投标单位可以着手编制投标文件。编制投标文件的具体步骤和要求如下。

(1) 结合现场踏勘和投标预备会的结果，进一步分析招标文件。招标文件是编制投标文件的主要依据，因此，必须结合已获取的有关信息认真细致地加以分析研究，特别是要重点研究其中的投标须知、合同条件、设计图纸、工程范围以及工程量表等，要弄清到底有没有特殊要求或有哪些特殊要求。

(2) 校核招标文件中的工程量清单。投标单位是否校核招标文件中的工程量清单或校核得是否准确，直接影响到投标报价和中标机会。因此，投标单位应认真对待。通过认真校核工程量，投标单位在大体确定了工程总报价之后，估计某些项目工程量可能增加或减少的，就可以相应地提高或降低单价。如发现工程量有重大出入的，特别是漏项的，可以找招标单位核对，要求招标单位认可，并给予书面确认。这对于总价固定合同来说，尤其重要。

(3) 根据工程类型编制施工规划或施工组织设计。施工规划和施工组织设计都是关于施工方法、施工进度计划的技术经济文件，是指导施工生产全过程组织管理的重要设计文件，是进行现场科学管理的主要依据之一。但两者相比，施工规划的深度和范围没有施工组织设计详尽、精细，施工组织设计的要求比施工规划的要求详细得多，编制起来要比施工规划复杂些。所以，在投标时，投标单位一般只要编制施工规划即可，施工组织设计可以在中标以后再编制。这样，就可避免未中标的投标单位因编制施工组织设计而造成人力、物力、财力上的浪费。但在实践中，有时招标单位为了让投标单位更充分地展示实力，常常要求投标单位在投标时就要编制施工组织设计。

施工规划或施工组织设计的内容，一般包括施工程序、方案，施工方法，施工进度计划，施工机械、材料、设备的选定和临时生产、生活设施的安排，劳动力计划，以及施工现场平面和空间的布置。施工规划或施工组织设计的编制依据，主要是设计图纸、技术规范，复核了的工程量，招标文件要求的开工、竣工日期，以及对市场材料、机械设备、劳动力价格的调查。编制施工规划或施工组织设计，要在保证工期和工程质量的前提下，尽可能使成本最低、利润最大。具体要求是根据工程类型编制出最合理的施工程序，选择和确定技术上先进、经济上合理的施工方法，选择最有效的施工设备、施工设施和劳动组织，周密、均衡地安排人力、物力和生产，正确编制施工进度计划，合理布置施工现场的平面和空间。

(4) 根据工程价格构成进行工程估价，确定利润方针，计算和确定报价。投标报价是投标的一个核心环节，投标人要根据工程价格构成对工程进行合理估价，确定切实可行的利润方针，正确计算和确定投标报价。投标单位不得以低于成本的报价竞标。

(5) 形成、制作投标文件。投标文件应完全按照招标文件的各项要求编制。投标文件应当对招标文件提出的实质性要求和条件作出响应，一般不能带任何附加条件，否则将导致投标无效。

3. 投标保证金

投标保证金是指在招标投标活动中，投标人随投标文件一同递交给招标人的一定形式、一定金额的投标责任担保。其主要保证投标人在递交投标文件后投标有效期内不得撤销投标文件，中标后不得无正当理由不与招标人订立合同，在签订合同时不得向招标人提出附加条件，或者不按照招标文件要求提交履约保证金，否则，招标人有权不予返还其递交的投标保证金。

招标人可以在招标文件或资格预审文件中要求投标申请人提交投标保证金，投标保证金一般不得超过投标总价的 2%，最高不得超过 80 万元人民币。投标保证金有效期应当超出投标有效期 30 日。投标人应当按照招标文件要求的方式和金额，将投标保证金随投标文件提交给招标人。投标人不按招标文件要求提交投标保证金的，该投标文件将予以否决。投标人在投标截止时间之前撤回投标文件，招标人不得没收保证金。投标人最迟应当在书面合同签订后 5 日内，向中标人和未中标人一次性退还投标保证金。

1) 投标保证金的形式

投标保证金可以是现金、银行汇票、银行本票、支票或投标保函。

(1) 现金。

对于数额较小的投标保证金而言，采用现金方式提交是一个不错的选择。但对于数额较大(如万元以上)采用现金方式提交就不太合适了。因为现金不易携带，不方便递交，在开标会上清点大量的现金不仅浪费时间,操作手段也比较原始,既不符合我国的财务制度,也不符合现代的交易支付习惯。

(2) 银行汇票。

银行汇票是汇票的一种,是一种汇款凭证,由银行开出,交由汇款人转交给异地收款人,异地收款人再凭银行汇票在当地银行兑取汇款。对于用作投标保证金的银行汇票而言则是由银行开出,交由投标人递交给招标人。招标人再凭银行汇票在自己的开户银行兑取汇款。

(3) 银行本票。

本票是出票人签发的,承诺自己在见票时无条件支付确定的金额给收款人或者持票人的票据。对于用作投标保证金的银行本票而言则是由银行开出,交由投标人递交给招标人,招标人再凭银行本票到银行兑取资金。

银行本票与银行汇票、转账支票的区别在于银行本票是见票即付。而银行汇票、转账支票等则是从汇出、兑取到资金实际到账有一段时间。

(4) 支票。

支票是出票人签发的,委托办理支票存款业务的银行或者其他金融机构在见票时无条件支付确定的金额给收款人或者持票人的票据。支票可以支取现金(即现金支票),也可以转账(即转账支票)。对于用作投标保证金的支票而言则是由投标人开出,并由投标人交给招标人,招标人再凭支票在自己的开户银行支取资金。

(5) 投标保函。

投标保函是由投标人申请银行开立的保证函,保证投标人在中标人确定之前不得撤销投标,在中标后应当按照招标文件和投标文件与招标人签订合同。如果投标人违反规定,开立保证函的银行将根据招标人的通知,支付银行保函中规定数额的资金给招标人。

2) 投标保证金的作用

(1) 投标保证金对投标人的投标行为产生约束作用,保证投标活动的严肃性。投标人的投标是一种要约行为。投标人作为要约人,向招标人(受要约人)递交投标文件之后,即意味着向招标人发出了要约。在投标文件递交截止时间至招标人确定中标人的这段时间内,投标人不能要求退出竞标或者修改投标文件;而一旦招标人发出中标通知书,作出承诺,则合同即告成立,中标的投标人必须接受,并受到约束。否则,投标人就要承担合同订立过程中的缔约过失责任,就要承担投标保证金被招标人没收的法律后果。这实际上是对投标人违背诚实信用原则的一种惩罚。

(2) 在特殊情况下,可以弥补招标人的损失。投标保证金一般定为投标报价的2%,这是个经验数字。因为通过对实践中大量的工程招标投标的统计数据表明,通常最低标与次低标的价格相差在2%左右。因此,如果发生最低标的投标人反悔而退出投标的情形,则招标人可以没收其投标保证金并授标给投标报价次低的投标人,用该投标保证金弥补最低价与次低价两者之间的价差,从而在一定程度上可以弥补或减少招标人所遭受的经济损失。

(3) 督促招标人尽快定标。投标保证金对投标人的约束作用是有一定时间限制的,这一时间即是投标有效期。如果超出了投标有效期,则投标人不对其投标的法律后果承担任何义务。所以,投标保证金只是在一个明确的期限内保持有效。从而可以防止招标人无限期地延长定标时间,影响投标人的经营决策和合理调配自己的资源。

(4) 从一个侧面反映和考察投标人的实力。投标保证金采用现金、支票、汇票等形式，实际上是对投标人流动资金的直接考验。投标保证金采用银行保函的形式，银行在出具投标保函之前一般都要对投标人的资信状况进行考察，信誉欠佳或资不抵债的投标人很难从银行获得经济担保。由于银行一般都对投标人进行动态的资信评价，掌握着大量投标人的资信信息，因此，投标人能否获得银行保函，能够获得多大额度的银行保函，这也可以从一个侧面反映投标人的实力。

4. 投标文件的递交

投标单位应在招标文件规定的日期内将投标文件递交给招标单位，并按招标文件的要求提交投标保证金。在投标截止日期以后送达的投标文件，招标单位应当拒收。

投标单位可以在递交投标文件以后，在规定的投标截止时间之前，采用书面形式向招标单位递交补充、修改或撤回其投标文件的通知。在投标截止日期以后，不能更改投标文件。投标单位的补充、修改或撤回通知，应按招标文件中投标须知的规定编制、密封、加写标志和递交，并在内层包封标明"补充""修改"或"撤回"字样。补充、修改的内容为投标文件的组成部分。

投标单位递交投标文件不宜太早，一般在招标文件规定的截止日期前一两天内密封送交指定地点比较好。

5. 完成开标前的准备工作

投标单位在编制、递交了投标文件后，要积极准备出席开标会议，严格按照招标文件的内容准备开标时所需携带的证件及相关资料。实际投标人在参加开标会时，没仔细阅读招标文件和检查携带资料是否齐全，可能导致未能准时参加开标会。参加开标会议对投标单位来说，既是权利也是义务。按照国际惯例，投标单位不参加开标会议的，视为弃权，其投标文件将不予启封，不予唱标，不允许参加评标。

2.4 开标、评标和定标

2.4.1 建设工程项目的开标

开标是指招标人在招标文件确定的投标截止时间和地点，在要求投标人参加的情况下，当众公开拆开所有投标人提交的投标文件，宣布各投标人的名称、投标报价、工期等主要内容的活动。

公开招标和邀请招标均应举行开标会议，体现招标的公平、公开和公正原则。

1. 开标的时间和地点

开标应当在招标文件确定的提交投标文件截止时间的同一时间公开进行。这样规定的目的是使每一个投标人都能事先知道开标的准确时间，确保开标过程的公开、透明，可防止有些投标人在投标截止后到开标前这段时间对已经提交的投标文件进行暗箱操作等违法违纪行为。

开标地点应当为招标文件中预先确定的地点。这样可使所有投标人都能事先知道开标

地点，做好充分准备。

如果招标人违反上述要求，投标人可以申诉或起诉。

2. 参加开标会议的人员

开标会议由招标人或委托的招标代理机构主持，并邀请所有投标人的法人代表或其代理人参加。此外，为了保证开标的公正性，一般还邀请相关单位的代表参加，如招标项目主管部门的人员、监察部门代表等。有些招标项目，招标人还可以委托公证部门的公证人员对整个开标过程依法进行公证。

3. 开标程序

开标会议按下列程序进行。

(1) 招标人签收投标人递交的投标文件。
(2) 投标人出席开标会的代表签到。
(3) 开标会主持人宣布开标会开始，介绍主要与会人员，宣布开标人、唱标人、记录人和监督人员。
(4) 主持人宣布开标会程序、开标会纪律和当场废标的条件。
(5) 核对投标人授权代表的身份证件、授权委托书及出席开标会人数。
(6) 主持人介绍招标文件、补充文件或答疑文件的组成和发放情况，投标人确认。
(7) 主持人宣布投标文件截止和实际送达时间。
(8) 招标人和投标人的代表共同(或公证机关)检查各投标书密封情况。
(9) 主持人宣布开标和唱标次序。
(10) 唱标人依唱标顺序依次开标并唱标。
(11) 公布标底。
(12) 开标会记录签字确认。
(13) 投标文件、开标会记录等送封闭评标区封存。
(14) 开标会结束。

2.4.2 建设工程项目的评标

招标人根据招标文件的要求，对投标人所报送的投标资料进行审查，对工程施工组织设计、报价、质量、工期等条件进行评比和分析，这个过程叫作评标。

1. 评标委员会

1) 组建评标委员会

《招标投标法》规定，评标由招标人依法组建的评标委员会负责。评标委员会向招标人推荐中标候选人或者根据招标人的授权直接确定中标人。

评标委员会由招标人或其委托的招标代理机构熟悉相关业务的代表以及有关技术、经济等方面的专家组成，成员为 5 人以上单数，其中技术、经济等方面的专家不得少于成员总数的三分之二。评标委员会设负责人的，负责人由评标委员会成员推举产生或者由招标人确定，评标委员会的负责人与评标委员会其他成员有同等的表决权。

技术、经济等方面的评标专家应当从省级以上人民政府有关部门提供的专家名册或者招标代理机构的专家库的相关专业的专家名单中确定。一般招标项目采取随机抽取方式，技术特别复杂、专业性要求特别高或者国家有特殊要求的招标项目，采取随机抽取方式确定的专家难以胜任的，可以由招标人直接确定。评标委员会成员名单在开标前确定，在中标结果确定前应当保密。

2) 评标委员会成员的条件

《评标委员会和评标方法暂行规定》规定，评标委员会成员应符合下列条件：①从事相关专业领域工作满 8 年，并具有高级职称或者同等专业水平；②熟悉有关招标投标的法律法规，并具有与招标项目相关的实践经验；③能够认真、公正、诚实、廉洁地履行职责；④有下列情形之一的，不得担任评标委员会成员，并应主动提出回避：第一，投标人或者投标人主要负责人的近亲属。第二，项目主管部门或者行政监督部门的人员。第三，与投标人有经济利益关系，可能影响对投标公正评审的。第四，曾因在招标、评标以及其他与招标投标有关活动中从事违法行为而受过行政处罚或刑事处罚的。

2. 评标方法

由于工程项目的规模不同、各类招标的标的不同，评审方法可以分为定性评审和定量评审两大类。具体评标方法由招标单位决定，并在招标文件中载明。为了保证评标的公正和公平性，评标委员会应当严格按照招标文件规定的评标标准和方法，对投标文件进行系统的评审和比较。不得采用招标文件中没有规定的标准和方法，也不得改变招标确定的评标标准和方法。

1) 定性评审

对于标的额较小的中小型工程评标可以采用定性比较的专家评议法，评标委员通过对投标人的投标报价、施工方案、业绩等内容进行定性的分析与比较，选择投标人在各项指标都较优良者为中标人，也可以用表决的方式确定中标人。这种方法评标过程简单，在较短时间内即可完成，但科学性较差。

2) 定量评审

定量的评标方法一般包括经评审的最低投标价法、综合评估法。

(1) 经评审的最低投标价法。

经评审的最低投标价法，简称为最低投标价法，能够满足招标文件的实质性要求，并经评审的投标价格最低(低于成本的除外)应推荐为中标人的方法。

根据招标文件规定，将投标书评审要素(投标书承诺的工期、质量标准、合理化建议、施工组织设计、管理体系、安全施工措施等)折算为货币价值，进行价格量化工作，然后结合经济标报价进行全面的统计，最终得出该投标书的经评审的投标价。

所以，最低投标价既不是投标价，也不是中标价，它是将一些因素折算为价格，用价格指标作为评审标书优劣的衡量方法，经评审的投标价最低的投标书为最优。定标签订合同时，仍以投标价作为中标的合同价。

这种方法适用范围包括具有通用技术、性能标准，或者招标人对其技术、性能标准没有特别要求的项目，如一般住宅工程的施工项目。

(2) 综合评估法。

综合评标法是指通过分析比较找出能够最大限度地满足招标文件中规定的各项综合评

价标准的投标,并推荐为中标候选人的方法。

这种方法评审的要点有以下内容。

第一,评标委员会根据招标项目的特点和招标文件中规定的需要量化的因素及权重(评分标准),将准备评审的内容进行分类,各类中再细划成小项,并确定各类及小项的评分标准。

第二,评分标准确定后,每位评标委员独立地对投标书各小项分别打分,按照评分设置标准综合每位评委打分,得出投标书该小项得分。

第三,进行综合评分,将各小项分数统计之和即为该投标书的得分。

第四,评标委员会拟定"综合评估比较表",表中载明以下内容:投标人的投标报价,对商务偏差的调整值,对技术偏差的调整值,最终评审结果等,以综合评分最高的投标人为中标人。

所以,综合评估法在评定因素较多而且繁杂的情况下,可以综合地评定出各投标人的素质情况和综合能力,长期以来一直是建设工程领域采用的主流评标方法,适用于大型复杂的工程施工评标。

3. 评标程序

评标活动将按以下四个步骤进行:评标准备、初步评审、详细评审、推荐中标候选人或者直接确定中标人及提交评标报告。

1) 评标准备

评标委员会成员在正式对投标文件进行评审前,应当认真研究招标文件,熟悉以下内容:①招标的目标;②招标项目的范围和性质;③招标文件中规定的主要技术要求、标限和商务条款;④招标文件规定的评标标准、评标方法和在评标过程中考虑的相关因素。

招标人或其委托的招标代理机构应当向评标委员会提供所需的重要信息和数据,准备供评标使用的各种表格资料。

2) 初步评审

初步评审也称为响应性审查,是以招标文件为依据,检查各投标文件是否响应招标文件的各项要求,确定各投标文件是否有效。

初步评标的内容包括投标人资格是否符合要求,投标文件是否完整,是否按规定方式提交投标保证金,投标文件是否响应招标文件的实质性要求,有无计算上的错误等。如果投标人资格不符合规定,或投标文件未做出实质性的反映,都应作为无效投标处理,不得允许投标人通过修改投标文件或撤销不合要求的部分而使其投标具有响应性。

评标委员会可以书面方式要求投标人对投标文件中含义不明确、对同类问题表述不一致或者有明显文字和计算错误的内容作必要的澄清、说明或者补正。澄清、说明或者补正应以书面方式进行并不得超出投标文件的范围或者改变投标文件的实质性内容。

评标委员会在对实质性响应招标文件要求的投标报价进行评估时,除招标文件另有约定外,应当按下述原则进行修正:投标文件中的大写金额和小写金额不一致的,以大写金额为准;总价金额与单价金额不一致的,以单价金额为准,但单价金额小数点有明显错误的除外;对不同文字文本投标文件的解释发生异议的,以中文文本为准。

经审查,评标委员会审查投标文件是否响应招标文件实质性要求和条件,并逐项列出投标文件的全部投标偏差。投标偏差分为重大偏差和细微偏差两种。未对招标文件实质性响应的偏差称为重大偏差,对所有存在重大偏差的投标文件,按有关规定认定为废标。

下列情况属于重大偏差:①未按招标文件要求由投标人授权代表签字并加盖公章;②未按规定的格式填写,内容不全或关键字迹模糊、无法辨认的;③投标人递交两份或多份内容不同的投标文件,或在一份投标文件中对同一招标项目报有两个或多个报价,且未声明哪一个有效,按招标文件规定提交备选投标方案的除外;④投标人名称或组织结构与资格预审时不一致且未提供有效证明的;⑤没有按照招标文件要求提供投标担保或者所提供的投标担保有瑕疵;⑥联合体投标未附联合体各方共同投标协议的;⑦明显不符合技术规范、技术标准的要求;⑧投标文件载明的招标项目完成期限超过招标文件规定的完成期限;⑨投标文件附有招标人不能接受的条件;⑩不符合招标文件中规定的其他实质性要求。

细微偏差是指投标文件在实质上响应招标文件要求,但在个别地方存在漏项或者提供了不完整的技术信息和数据等情况,并且补正这些遗漏或者不完整不会对其他投标人造成不公平的结果。细微偏差不影响投标文件的有效性。

评标委员会应当书面要求存在细微偏差的投标人在评标结束前予以补正。拒不补正的,在详细评审时可以对细微偏差作不利于该投标人的量化,量化标准应当在招标文件中规定。

3) 详细评审

经初步评审合格的投标文件,评标委员会应当根据招标文件确定的评标标准和方法,对其技术部分和商务部分做进一步的评审、比较,推荐出合格的中标候选人或在招标人授权的情况下直接确定中标人。

4) 编写评标报告

完成评标后,评标委员会应当向招标人提交书面评标报告。评标报告是评标委员会经过对各投标文件评审后得出的结论性报告,报告阐明评标委员对各投标文件的评审和比较意见,作为招标人定标的依据,主要包括以下内容:①基本情况和数据表;②评标委员会成员名单;③标记录;④合要求的投标一览表;⑤废标情况说明;⑥评标标准、评标方法或者评标因素一览表;⑦经评审的价格或者评分比较一览表;⑧经评审的投标人排序;⑨推荐的中标候选人名单与签订合同前要处理的事宜;⑩澄清、说明、补正事项纪要。

评标报告由评标委员会全体成员签字。对评标结论持有异议的评标委员会成员可以书面方式阐述其不同意见和理由。评标委员会成员拒绝在评标报告上签字且不陈述其不同意见和理由的,视为同意评标结论。评标委员会应当对此做出书面说明并记录在案。

推荐的中标候选人应为1~3个,并排列顺序。招标人不得在中标候选人之外选取中标人。

2.4.3 定标

招标人根据评标委员会提出的书面评标报告和推荐的中标候选人确定中标人为定标,又称决标。

1. 确定中标人

根据《招标投标法》及其配套法规和有关规定,确定中标人应满足下列要求。

(1) 评标委员会经评审,认为所有投标都不符合招标文件要求的,可以否决所有投标。

依法必须进行招标的项目的所有投标被否决的，招标人应当依照本法重新招标。

(2) 在确定中标人前，招标人不得与投标人就投标价格、投标方案等实质性内容进行谈判。

(3) 评标委员会提出书面评标报告后，招标人一般应当在 15 日内确定中标人，但最迟应当在投标有效期结束日 30 个工作日前确定。

(4) 评标委员会推荐的中标候选人应该为 1~3 人，并且要排列先后顺序，招标人优先确定排名第一的中标候选人作为中标人。对于使用国有资金投资和国际融资的项目，如排名第一的投标人因不可抗力不能履行合同、自行放弃中标或没按要求提交履约保证金的，招标人可以选取排名第二的中标候选人作为中标人，以此类推。

(5)《中华人民共和国招标投标法实施条例》第五十四条规定，依法必须进行招标的项目，招标人应当自收到评标报告之日起 3 日内公示中标候选人，公示期不得少于 3 日，有异议的应当在公示期间提出。公示结束后，招标人方可向中标人发出中标通知书。

2. 发中标通知书

根据《招标投标法》及《工程建设项目施工招标投标办法》的有关规定，招标人发出中标通知书应当遵守如下规定。

(1) 中标人确定后，招标人应当向中标人发出中标通知书，并同时将中标结果通知所有未中标的投标人。

(2) 招标人不得向中标人提出压低报价、增加工作量、缩短工期或其他违背中标人意愿的要求，以此作为发出中标通知书和签订合同的条件。

(3) 中标通知书对招标人和投标人具有法律效力。中标通知书发出后，招标人改变中标结果的，或者中标人放弃中标项目的，应当依法承担法律责任。

中标人收到中标通知书后，按招标文件的规定提交履约保函或履约担保，并在规定的时间、地点与招标人签订书面合同。

3. 签订合同

(1)《招标投标法》第四十六条规定："招标人和中标人应当自中标通知书发出之日起三十日内，按招标文件和中标人的投标文件订立书面合同。招标人和中标人不得再行订立背离合同实质性内容的其他协议。招标文件要求中标人提交履约保证金的，中标人应当提交。"

中标人应当按照合同约定履行义务，完成中标项目。中标人不得向他人转让中标项目，也不得将中标项目肢解后分别向他人转让。中标人按照合同约定或者经招标人同意，可以将中标项目的部分非主体、非关键性工作分包给他人完成。分包商应当具备相应的资格条件，并不得再次分包。中标人应当就分包项目向招标人负责，并就分包项目承担连带责任。

招标文件要求中标人提交履约保证金或者其他形式履约担保的，中标人应当提交；拒绝提交的，视为放弃中标项目。招标人要求中标人提供履约保证金或其他形式履约担保的，招标人应当同时向中标人提供工程款支付担保。招标人不得擅自提高履约保证金，不得强制要求中标人垫付中标项目建设资金。

(2) 订立书面合同后 7 日内，中标人应当将合同送县级以上工程所在地的建设行政主管部门备案。中标人不与招标人订立合同的，投标保证金不予退还并取消中标资格，给招标人造成的损失超过投标保证金数额的,应当对超过部分予以赔偿;没有提交投标保证金的,应当对招标人的损失承担赔偿责任。招标人无正当理由不与中标人签订合同,给中标人造成损失的应当给予赔偿。

(3) 招标人与中标人签订合同后 5 个工作日内,应当向中标人和未中标的投标人退还投标保证金。

4. 招投标情况书面报告备案

依法必须进行招标的项目,招标人应当自确定中标人之日起 15 日内,向工程所在地县级以上建设行政主管部门提交招标投标情况的书面报告。招投标情况书面报告一般包括以下内容:①招投标基本情况:包括招标范围、招标方式、资格审查、开标评标过程、定标的原则等;②相关的文件资料:包括招标公告或投标邀请书、投标报名表、资格预审文件、招标文件、评标报告、中标人的投标文件及评标结果公示(公告)等。

2.4.4 《招标投标法》规定的法律责任

1. 招标人违法行为应承担的法律责任

(1) 违反《招标投标法》规定,必须进行招标的项目而不招标的,将必须进行招标的项目化整为零或者以其他任何方式规避招标的,责令限期改正,可以处项目合同金额千分之五以上千分之十以下的罚款;对全部或者部分使用国有资金的项目,可以暂停项目执行或者暂停资金拨付;对单位直接负责的主管人员和其他直接责任人员依法给予处分。

(2) 招标人以不合理的条件限制或者排斥潜在投标人的,对潜在投标人实行歧视待遇的,强制要求投标人组成联合体共同投标的,或者限制投标人之间竞争的,责令改正,可以处一万元以上五万元以下的罚款。

(3) 依法必须进行招标的项目的招标人向他人透露已获取招标文件的潜在投标人的名称、数量或者可能影响公平竞争的有关招标投标的其他情况的,或者泄露标底的,给予警告,可以并处一万元以上十万元以下的罚款;对单位直接负责的主管人员和其他直接责任人员依法给予处分;构成犯罪的,依法追究刑事责任。

前款所列行为影响中标结果的,中标无效。

(4) 依法必须进行招标的项目,招标人违反本法规定,与投标人就投标价格、投标方案等实质性内容进行谈判的,给予警告,对单位直接负责的主管人员和其他直接责任人员依法给予处分。

前款所列行为影响中标结果的,中标无效。

(5) 招标人在评标委员会依法推荐的中标候选人以外确定中标人的,依法必须进行招标的项目在所有投标被评标委员会否决后自行确定中标人的,中标无效,责令改正;可以处中标项目金额千分之五以上千分之十以下的罚款;对单位直接负责的主管人员和其他直接责任人员依法给予处分。

(6) 招标人与中标人不按照招标文件和中标人的投标文件订立合同的,或者招标人、中标人订立背离合同实质性内容的协议的,责令改正;可以处中标项目金额千分之五以上千分之十以下的罚款。

2. 投标人违法行为应当承担的法律责任

（1）投标人相互串通投标或者与招标人串通投标的，投标人以向招标人或者评标委员会成员行贿的手段谋取中标的，中标无效，处中标项目金额千分之五以上千分之十以下的罚款，对单位直接负责的主管人员和其他直接责任人员处单位罚款数额百分之五以上百分之十以下的罚款；有违法所得的，并处没收违法所得；情节严重的，取消其一年至二年内参加依法必须进行招标的项目的投标资格并予以公告，直至由工商行政管理机关吊销营业执照；构成犯罪的，依法追究刑事责任。给他人造成损失的，依法承担赔偿责任。

（2）投标人以他人名义投标或者以其他方式弄虚作假，骗取中标的，中标无效，给招标人造成损失的，依法承担赔偿责任；构成犯罪的，依法追究刑事责任。

依法必须进行招标的项目的投标人有前款所列行为尚未构成犯罪的，处中标项目金额千分之五以上千分之十以下的罚款；对单位直接负责的主管人员和其他直接责任人员处单位罚款数额百分之五以上至百分之十以下的罚款；有违法所得的，并处没收违法所得；情节严重的，取消其一年至三年内参加依法必须进行招标的项目的投标资格并予以公告，直至由工商行政管理机关吊销营业执照。

3. 中标人违法行为应承担的法律责任

（1）中标人将中标项目转让给他人的，将中标项目肢解后分别转让给他人的，违反本法规定将中标项目的部分主体、关键性工作分包给他人的，或者分包人再次分包的，转让、分包无效，处转让、分包项目金额千分之五以上千分之十以下的罚款；有违法所得的，并处没收违法所得；可以责令停业整顿；情节严重的，由工商行政管理机关吊销营业执照。

（2）中标人不履行与招标人订立的合同的，履约保证金不予退还，给招标人造成的损失超过履约保证金数额的，还应当对超过部分予以赔偿；没有提交履约保证金的，应当对招标人的损失承担赔偿责任。

中标人不按照与招标人订立的合同履行义务，情节较为严重的，取消其二年至五年内参加依法必须进行招标的项目的投标资格并予以公告，直至由工商行政管理机关吊销营业执照。

因不可抗力不能履行合同的，不适用前两款规定。

4. 招标代理机构违法行为应当承担的法律责任

招标代理机构违反本法规定，泄露应当保密的与招标投标活动有关的情况和资料的，或者与招标人、投标人串通损害国家利益、社会公共利益或者他人合法权益的，处五万元以上二十五万元以下的罚款，对单位直接负责的主管人员和其他直接责任人员处单位罚款数额百分之五以上百分之十以下的罚款；有违法所得的，并处没收违法所得；情节严重的，暂停直至取消招标代理资格；构成犯罪的，依法追究刑事责任。给他人造成损失的，依法承担赔偿责任。

前款所列行为影响中标结果的，中标无效。

5. 评标委员会违法行为应承担的法律责任

评标委员会成员收受投标人的财物或者其他好处的，评标委员会成员或者参加评标的有关工作人员向他人透露对投标文件的评审和比较、中标候选人的推荐以及与评标有关的其他情况的,给予警告,没收收受的财物,可以并处三千元以上五万元以下的罚款,对有所列违法行为的评标委员会成员取消担任评标委员会成员的资格,不得再参加任何依法必须进行招标的项目的评标;构成犯罪的,依法追究刑事责任。

6. 国家机关工作人员违法行为应当承担的法律责任

对招标投标活动依法负有行政监督职责的国家机关工作人员徇私舞弊、滥用职权或者玩忽职守,构成犯罪的,依法追究刑事责任,不构成犯罪的,依法给予行政处分。

7. 单位或个人非法干涉招标投标活动应负的法律责任

任何单位违反本法规定,限制或者排斥本地区、本系统以外的法人或者其他组织参加投标的,为招标人指定招标代理机构的,强制招标人委托招标代理机构办理招标事宜的,或者以其他方式干涉招标投标活动的,责令改正;对单位直接负责的主管人员和其他直接责任人员依法给予警告、记过、记大过的处分,情节较重的,依法给予降级、撤职、开除的处分。

个人利用职权进行前款违法行为的,依照前款规定追究责任。

投标人和其他利害关系人认为招标投标活动不符合本法有关规定的,有权向招标人提出异议或者依法向有关行政监督部门投诉。

2.4.5 中标无效的情况及其处理办法

1. 中标无效的情况

(1) 投标人相互串通投标或者与招标人串通投标的、投标人以向招标人或者评标委员会成员行贿的手段谋取中标的,中标无效。

(2) 投标人以他人名义投标或者以其他方式弄虚作假,骗取中标的,中标无效。

(3) 招标人在评标委员会依法推荐的中标候选人以外确定中标人的,依法必须进行招标的项目在所有投标被评标委员会否决后自行确定中标人的,中标无效。

(4) 招标代理机构违反招投标法规定,泄露应当保密的与招标投标活动有关的情况和资料,或者与招标人、投标人串通损失国家利益、社会公共利益或者他人合法权益的行为,影响中标结果的,中标无效。

(5) 依法必须进行招标的项目的招标人向他人透露已获取招标文件的潜在投标人的名称、数量或者可能影响公平竞争的有关招标投标的其他情况,或者泄露标底的行为,影响中标结果的,中标无效。

(6) 依法必须进行招标的项目,招标人违反规定,与投标人就投标价格、投标方案等实质性内容进行谈判的行为,影响中标结果的,中标无效。

2. 必须进行招标的项目在中标无效后的处理办法

依法必须进行招标的项目违反《招标投标法》规定中标无效的,应当依照本法规定的中标条件,从其余投标人中重新确定中标人或者依照本法重新进行招标。

习 题

一、单项选择题

1. 《中华人民共和国招标投标法》自(　　)开始施行。
   A. 1999 年 10 月 1 日　　　　　B. 1999 年 12 月 1 日
   C. 2000 年 1 月 1 日　　　　　　D. 2000 年 3 月 1 日
2. 下列施工项目不属于必须招标范围的是(　　)。
   A. 大型基础设施项目
   B. 使用世界银行贷款建设项目
   C. 政府投资的经济适用房建设项目
   D. 施工主要技术采用特定专利的建设项目
3. 《工程建设项目招标范围和规模标准规定》中规定重要设备、材料等货物的采购，单项合同估算价在(　　)万人民币以上的，必须进行招标。
   A. 20　　　　　B. 50　　　　　C. 150　　　　　D. 100
4. 招标投标活动的(　　)原则首先要求招标活动的信息公开。
   A. 公开　　　　B. 公平　　　　C. 公正　　　　D. 诚实信用
5. 在招标中，邀请招标又称为(　　)。
   A. 无限竞争性招标　　　　　　　B. 有限竞争性招标
   C. 非竞争性招标　　　　　　　　D. 以上都不对
6. 招标人或其委托的招标代理机构应至少在(　　)家指定的媒介发布招标公告。
   A. 2　　　　　B. 3　　　　　C. 5　　　　　D. 1
7. 自招标文件出售之日起至停止出售之日止，最短不得少于(　　)个工作日。
   A. 3　　　　　B. 5　　　　　C. 10　　　　　D. 15
8. 招标人对已发出的招标文件进行必要的澄清或者修改的，应以书面形式通知所有招标文件收受人，通知的时间应在要求提交投标文件截止时间至少(　　)。
   A. 5 日前　　　B. 10 日前　　　C. 15 日前　　　D. 20 日前
9. 招标人应当确定投标人编制投标文件所需要的合理时间；但是，依法必须进行招标的项目，自招标文件开始发出之日起至投标人提交投标文件截止之日止，最短不得少于(　　)。
   A. 10 日　　　　B. 15 日　　　　C. 20 日　　　　D. 25 日
10. 招标文件应当规定一个适当的投标有效期，以保证招标人有足够的时间完成评标和与中标人签订合同。在此时间内，投标人有义务保证投标文件的有效性。投标有效期的起始计算时间为(　　)。
    A. 投标人提交投标文件截止之日　　B. 招标人确定评标之日
    C. 投标人接到招标文件之日　　　　D. 招标文件开始发出之日
11. 投标保证金一般不得超过投标总价的(　　)；但最高不得超过(　　)万元人民币。
    A. 2%；80　　　B. 3%；80　　　C. 2%；60　　　D. 3%；60

12. 投标保证金有效期应当超出投标有效期( )。
    A. 15 天　　　　　B. 21 天　　　　　C. 30 天　　　　　D. 45 天
13. 关于联合体投标，下列表述中正确的是( )。
    A. 联合体中应当至少有一方具备承担招标项目的相应能力
    B. 由同一专业的单位组成的联合体，按照资质等级较高的单位确定资质等级
    C. 联合体内部应当签订共同投标协议，并将共同投标协议连同投标文件一并提交招标人
    D. 联合体中标的，联合体应当指定一方与招标人签订合同
14. 下列选项中，不属于投标人实施的不正当行为的是( )。
    A. 投标人以低于成本的报价竞标
    B. 招标者预先内定中标者，在确定中标者时以此决定取舍
    C. 投标人以高于成本10%以上的报价竞标
    D. 投标者之间进行内部竞价，内定中标人，然后再参加投标
15. 根据我国《招标投标法》的有关规定，下列选项中不符合开标程序的是( )。
    A. 开标应当在招标文件确定的提交投标文件截止时间的同一时间公开进行
    B. 开标地点应当为招标文件中预先确定的地点
    C. 开标由招标人主持，邀请部分投标人参加
    D. 开标时都应当当众予以拆封、宣读
16. 评标委员会由招标人的代表和有关技术、经济方面的专家组成，成员为5人以上，其中经济、技术等方面的专家不得少于成员总数的( )。
    A. 2/3　　　　　B. 1/2　　　　　C. 1/3　　　　　D. 3/4
17. 下列关于评标报告的说法中，错误的是( )。
    A. 评标委员会完成评标后，应当向招标人提出书面评标报告
    B. 评标委员会完成评标后，应当向投标人提出书面评标报告
    C. 评标报告由评标委员会全体成员签字
    D. 评标委员会成员拒绝在评标报告上签字且不陈述其不同意见和理由的，视为同意评标结论
18. 依法必须进行招标的项目，招标人应当自确定中标人之日起( )日内，向有关行政监督部门提交招标投标情况的书面报告。
    A. 20　　　　　B. 15　　　　　C. 25　　　　　D. 30
19. 某招标人于2007年4月1日向中标人发出了中标通知书。根据相关法律规定，招标人和中标人应在( )前订立书面合同。
    A. 2007年4月15日　　　　　B. 2007年5月1日
    C. 2007年5月15日　　　　　D. 2007年6月1日
20. 退还的时间应在招标人与中标人签订合同后的( )个工作日内。
    A. 3　　　　　B. 5　　　　　C. 7　　　　　D. 10

二、多项选择题
1. 招标投标活动应遵循( )的原则。
    A. 公平　　　　　B. 公正　　　　　C. 公开
    D. 诚实信用　　　E. 择优

2. 招投标活动包括( )。
   A. 招标　　　　　　B. 投标　　　　　　C. 评标
   D. 开标　　　　　　E. 定标
3. 符合下列( )情形之一的，经批准可以进行邀请招标。
   A. 国际金融组织提供贷款的
   B. 受自然地域环境限制的
   C. 涉及国家安全、国家秘密，适宜招标但不适宜公开招标的
   D. 项目技术复杂或有特殊要求只有几家潜在投标人可供选择的
   E. 紧急抢险救灾项目，适宜招标但不适宜公开招标的
4. 建设工程施工招标的必备条件有( )。
   A. 招标所需的设计图纸和技术资料具备
   B. 招标范围、招标方式和招标组织形式等应当履行核准手续的，已经核准
   C. 招标人已经依法成立
   D. 资金来源已经落实
   E. 初步设计及概算应当履行审批手续的已经批准
5. 下列可以做投标保证金的有( )。
   A. 现金支票　　　　B. 银行保函　　　　C. 银行汇票
   D. 担保单位的信用担保　　E. 保兑支票
6. 根据《招标投标法》规定，建设工程招标方式有( )。
   A. 公开招标　　　　B. 议标　　　　　　C. 国际招标
   D. 行业内招标　　　E. 邀请招标
7. 资格预审文件一般包括( )。
   A. 申请人须知　　　B. 资格要求　　　　C. 资格预审邀请书
   D. 评审办法　　　　E. 工程概况
8. 招标文件一般包括以下哪些内容？( )
   A. 投标文件格式　　B. 合同主要条款　　C. 技术标准和要求
   D. 投标人须知　　　E. 评标办法
9. 重大偏差的投标文件包括以下情形( )。
   A. 没有按照招标文件要求提供投标担保或提供的投标担保有瑕疵
   B. 没有按照招标文件要求由投标人授权代表签字并加盖公章
   C. 投标文件记载的招标项目完成期限超过招标文件规定的完成期限
   D. 明显不符合技术规格、技术标准的要求
   E. 投标附有招标人不能接受的条件
10. 符合( )情形之一的标书，应作为废标处理。
    A. 逾期送达的
    B. 按招标文件要求提交投标保证金的
    C. 无单位盖章并无法定代表人签字或盖章的
    D. 投标人名称与资格预审时不一致的
    E. 联合体投标附有联合体各方共同投标协议的

三、思考题

1. 简述公开招标这种招标方式的特点。
2. 招标人对投标人进行资格预审的要求有哪些？
3. 指出下述发包代理单位编制的招投标日程安排的不妥之处，并简述理由。

某发包代理单位在接受委托后根据工程的情况，编写了招标文件，其中的招标日程安排如下。

序号	工作内容	日期
(1)	发布公开招标信息	2017.6.12—2017.6.14
(2)	公开接受施工企业报名	2017.6.12—2017.6.14
(3)	发放招标文件	2017.6.12—2017.6.14
(4)	答疑会	2017.6.19 9:00—11:00
(5)	现场踏勘	2017.6.20 13:00
(6)	投标截止	2017.7.11 9:00
(7)	开标	2017.7.12 9:00
(8)	评标	2017.7.12
(9)	定标	2017.7.12 17:00
(10)	发中标通知书	2017.7.13 14:00
(11)	签订施工合同	2017.8.20
(12)	退投标保证金	2017.8.30

四、案例分析

某建设工程的建设单位自行办理招标事宜。由于该工程技术复杂，建设单位决定采用邀请招标，共邀请 A、B、C 三家国有特级施工企业参加投标。

投标邀请书中规定：6 月 1 日至 6 月 3 日 9:00~17:00 在该单位总经济师室出售招标文件。招标文件中规定：6 月 30 日为投标截止日；投标有效期到 7 月 20 日为止；投标保证金统一定为 100 万元，投标保证金有效期到 8 月 20 日为止；评标采用综合评价法，技术标和商务标各占 50%。

在评标过程中，鉴于各投标人的技术方案大同小异，建设单位决定将评标方法改为经评审的最低投标价法。评标委员会根据修改后的评标方法，确定的评标结果排名顺序为 A 公司、C 公司、B 公司。

建设单位于 7 月 15 日确定 A 公司中标，于 7 月 16 日向 A 公司发出中标通知书，并于 7 月 18 日与 A 公司签订了合同。在签订合同过程中，经审查，A 公司所选择的设备安装分包单位不符合要求，建设单位遂指定国有一级安装企业 D 公司作为 A 公司的分包单位。建设单位于 7 月 28 日将中标结果通知了 B、C 两家公司，并将投标保证金退还给该两家公司。

建设单位于 7 月 31 日向当地招标投标管理部门提交了该工程招标投标情况的书面报告。

问题：

1. 招标人自行组织招标需具备什么条件？要注意什么问题？
2. 对于必须招标的项目，在哪些情况下可以采用邀请招标？
3. 该建设单位在招标工作中有哪些不妥之处？请逐一说明理由。

实训 2.1　编制招标日程

一、目的和要求

(1) 掌握建设工程项目公开招标的程序。
(2) 掌握《招标投标法》关于招标相关的时间要求。

二、情景描述

某职业技术学院要建设一栋实验实训楼，投资约 1350 万人民币，经当地发改委立项，资金为财政拨款。工程位于校园内，现浇全框架结构，建筑面积 8035 平方米；工期 200 天，拟于 2017 年 12 月 10 日开工，要求必须按期完工；施工图的设计审图已完成，拟发包图纸范围内所有土建工程，采用公开招标(资格预审)。2017 年 8 月 10 日学院委托某招标代理机构办理招标相关事宜，招标代理机构小王接到编制该工程招标日程的任务。

三、方法与步骤

(1) 明确编制招标日程工作任务所处的招投标阶段。
(2) 根据《房屋建筑和市政工程标准施工招标资格预审文件(2010 年版)》和《房屋建筑和市政基础设施工程标准施工招标文件(2010 版)》的投标须知，将招标工作内容进行细化：发布资格预审公告信息、公开接受施工企业报名、发放招标文件、对招标文件进行澄清修改、对招标文件提出疑问、召开答疑会、现场踏勘、预约评审专家、投标截止、开标、评标、中标公示、发中标通知书、签订施工合同、退投标保证金、发放资格预审文件、对资格预审文件进行澄清修改、对资格预审文件提出疑问、资格审查会、提交资格预审申请文件、发放资格预审合格通知。
(3) 根据公开招标(资格预审)程序，确定本次任务的招标工作内容的正确顺序。
(4) 根据招投标法律法规相关要求安排每项工作持续时间，完成公开招标(资格预审)工作约 1.5～2 月，完成公开招标(资格后审)工作约 1 个月，合理安排招标日程工作开始时间。
(5) 进行检查核验。

四、注意事项

(1) 招标工作的顺序符合招标投标相关法律法规的规定。
(2) 招标工作的时间安排符合招标投标相关法律法规的规定。

五、应交成果

合理的招标日程安排。

实训 2.2　编制招标公告

一、目的和要求

(1) 熟悉招标公告的内容，掌握工程招标的条件，掌握投标人资格的确定。
(2) 掌握招标公告的编制。

二、情景描述

某建筑大学要建设两栋学生宿舍，投资约 2000 万人民币，经当地发改委立项，资金为财政拨款 50%，自筹 50%。工程位于校园内，现浇全框架结构，建筑面积 30000m^2；计划工期 210 天，拟于 2017 年 12 月 12 日开工，要求必须按期完工；施工图的设计审图已完成，拟将图纸范围内所有土建、安装工程作为一个标段发包，采用公开招标(资格后审)。2017 年 8 月 10 日学校委托某招标代理机构办理招标相关事宜，招标代理机构小陈接到编制该工程招标公告的任务。

三、方法与步骤

(1) 熟悉《房屋建筑和市政基础设施工程标准施工招标文件(2010 版)》的内容，参照招标公告格式。

(2) 编制本工程招标日程。招标工作内容：发布招标、公开接受施工企业报名、发放招标文件、对招标文件进行澄清修改、对招标文件提出疑问、现场踏勘、召开答疑会、预约评审专家、投标截止、开标、评标、中标公示、发中标通知书、签订施工合同、退投标保证金。

(3) 根据编制的招标日程填写招标公告的"投标报名与招标文件的获取、投标文件的递交、发布日期"。

(4) 根据项目背景资料，结合《建筑业企业资质标准》、专业技术人员执业资格等级许可制度等，填写"投标人资格要求"。

(5) 根据项目背景资料合理填写"招标条件、项目概况与招标范围、投标人资格要求、发布公告的媒介、联系方式"。

(6) 进行检查核验。

四、注意事项

(1) 招标文件内容很多，内容要统一，避免前后章节之间的矛盾。招标公告是招标文件的组成部分，招标日程的安排要合理，保证招标公告各章节相关的招标工作时间统一。

(2) 招投标工作的时间安排符合招标投标相关法律法规的规定。

五、应交成果

合理的招标公告。

实训 2.3　编制招标文件

一、目的和要求

(1) 熟悉招标文件内容。
(2) 掌握招投标工作相关的法律法规。
(3) 掌握招标文件的编制。

二、情景描述

济南历下区某大学要建设一栋学生公寓楼，经当地发改委立项，资金为自筹。工程位于校园内，单体工程，地上6层，地下0层，框架结构，无特殊施工工艺，建筑面积4000m^2；质量标准为合格，计划工期380天，拟于2017年12月12日开工，要求必须按期完工，工期每拖延一天罚款1000元，工期每提前一天奖励100元；施工图的设计审图已完成，拟将图纸范围内所有土建、安装工程作为一个标段发包，采用公开招标，招标控制价为600万元。

学校委托某招标代理机构办理招标相关事宜，经过建设单位的努力，本工程自2017年9月15日即能具备招标条件。项目计划在2017年12月1日前完成全部招投标工作，并开始实施进场准备工作。

综合考虑本工程项目情况，招标形式采用资格后审(综合评估法)的形式进行公开招标；为了确保该工程招投标活动的严肃性，需投标人提交投标保证金，投标保证金形式、金额及有效期按相关法律规定执行。合同格式采用《建设工程施工合同(示范文本)》(GF-2013-0201)，内容符合相关法律法规要求。工程量清单已由招标代理机构的本工程负责人根据招标人提供的相关图纸编制审核完成。

招标代理机构小陈接到利用公司的广联达招投标编制软件完成该工程招标文件的编制任务。

三、方法与步骤

(1) 熟悉工程背景资料，合理安排招标日程。
(2) 利用招标文件编制软件完成招标公告、招标人须知。
(3) 确定招标文件中合同各类条款内容(技术条款、商务条款、市场条款)。
(4) 确定本工程评标办法，包括评标委员会组成、标书评审分值构成、技术标评审方法、经济标评审方法、资信标评分标准等。
(5) 导入工程量清单和图纸。
(6) 标书检查。
(7) 签字盖章，导出电子版招标文件。

四、注意事项

(1) 熟悉《建设工程施工合同(示范文本)》(GF-2013-0201)的内容。
(2) 熟练操作招标文件编制软件。

五、应交成果

完整的电子版招标文件。

实训2.4　编制投标文件

一、目的和要求

(1) 熟悉投标文件内容。
(2) 掌握招投标工作相关的法律法规。
(3) 掌握投标文件的编制。

二、情景描述

济南某施工单位获得某大学建设一栋学生公寓楼的招标信息，决策参与该工程的投标工作，通过报名获取了电子版招标文件，组织了投标班子。该投标班子参加工程现场踏勘和标前会议，并利用广联达系列软件完成投标文件的施工组织设计和投标报价文件部分，总报价 575 万元。该投标班子的小李接到利用公司的广联达招投标编制软件完成该工程投标文件的编制任务。

三、方法与步骤

(1) 利用投标文件编制软件打开招标文件，熟悉招标文件的内容。
(2) 导入已标价的工程量清单(投标报价文件部分)。
(3) 响应招标文件的要求，利用招标文件编制软件完成商务标部分(投标函部分、投标保证金、资格审查资料等)。
(4) 导入技术标(施工组织设计文件)。
(5) 标书检查。
(6) 签字盖章，导出电子版投标文件。

四、注意事项

(1) 熟悉投标函、资格审查文件的内容。
(2) 熟练操作投标文件编制软件。

五、应交成果

完整的电子版投标文件。

实训 2.5　模拟开标会

一、目的和要求

(1) 熟悉开标工作流程。
(2) 掌握开标会的策划。
(3) 能组织开标会。

二、情景描述

某大学要建设一栋学生公寓楼，工程位于校园内，框架结构，建筑面积 4000m^2；质量标准为合格，工期不超过 380 天，拟于 2017 年 12 月 12 日开工；图纸范围内所有土建、安装工程作为一个标段发包，采用公开招标(资格后审)，招标控制价为 600 万元。学校委托某招标代理机构办理招标相关事宜，按照招标工作进度将于 2017 年 10 月 15 日 9:00 开标，招标代理机构小赵接到组织开标会的任务。

三、方法与步骤

(1) 熟悉开标会工作流程和工作内容。

(2) 策划开标会。

(3) 根据拟定的开标策划，进行开标会准备。

(4) 组织开标会。

四、注意事项

(1) 编制详细可行的开标会策划。

(2) 模拟前准备好签到表、投标文件、投标文件签收记录表、开标会议记录表等相关资料。

(3) 做好出席开标会人员的分工。

五、应交成果

开标会策划、开标会议记录和模拟开标会的视频。

第3章 建设工程合同法律制度

学习任务

- 了解合同的概念、合同的分类及合同调整的类型。
- 熟悉合同的订立形式及合同订立的程序。
- 掌握缔约过失责任的概念及情形。
- 熟悉合同的一般条款和施工合同的内容。
- 掌握合同成立的一般要件、合同成立的时间和地点。
- 掌握合同生效的要件、无效合同的原因、建设工程无效施工合同的情形、无效合同的法律后果、无效施工合同工程款结算。
- 理解合同变更和撤销的原因和行使权的撤销。
- 掌握合同履行原则、合同条款空缺、抗辩权。
- 掌握合同终止的情形。
- 掌握担保的方式。
- 熟悉建设工程相关的其他合同。

学习目标

知识要点	能力目标
合同的分类及合同的原则 要约邀请、要约、承诺 缔约过失责任 合同的内容	能够按照订立程序订立合同 能够根据合同条款拟定合同内容 能够承担缔约过失责任
合同的生效要件 无效合同 效力待定合同	能够辨析合同类型 能够处理无效合同 能够处理效力待定合同
合同的履行 抗辩权、同时履行抗辩权、先履行抗辩权、代位权、撤销权 合同的变更、合同的撤销 合同的转让、合同的终止	能够按照合同内容履行合同，正确行使抗辩权、代位权和撤销权 能够进行合同的变更和撤销 能够进行合同的转让和终止
担保的方式 与建设工程相关的其他合同	能够根据实际进行合同的担保并根据工程实际制定与建设工程相关的合同

核心概念

合同、要约、承诺、缔约过失责任、合同生效、无效合同、效力待定合同、合同的履行、合同条款空缺、抗辩权、同时履行抗辩权、先履行抗辩权、后履行抗辩权、代位权、撤销权、保证、抵押、质押、留置、定金、合同的终止、解除合同

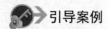
引导案例

甲建筑公司(以下简称甲公司)拟向乙建材公司(以下简称乙公司)购买一批钢材。双方经过口头协商,约定购买钢材100吨,单价每吨3500元人民币,并拟定了准备签字盖章的买卖合同文本。乙公司签字盖章后,交给了甲公司准备签字盖章。由于施工进度紧张,在甲公司催促下,乙公司在未收到甲公司签字盖章的合同文本情况下,将100吨钢材送到甲公司工地现场。甲公司接受了并投入工程使用。后因拖欠货款,双方产生了纠纷。

问题:甲乙公司的买卖合同是否成立?

3.1 建设工程合同法概述

3.1.1 合同的概念

合同是平等主体的自然人、法人、其他组织之间设立、变更、终止民事权利义务关系的协议。

合同有广义和狭义之分,狭义的合同是指债权合同,即两个以上的民事主体之间设立、变更、终止债权关系的协议。广义的合同是指两个以上的民事主体之间设立、变更、终止民事权利义务关系的协议,广义的合同除了民法中债权合同之外,还包括物权合同、身份合同,以及行政法中的行政合同和劳动法中的劳动合同等。

1. 合同法的调整范围

合同法的调整范围是指我国合同法调整对象的范围,并非所有的合同都受合同法调整,现行合同法只调整一部分合同,即狭义的合同。

2. 不受合同法调整的主要合同类型

有些"合同(协议)",不受合同法调整,主要有以下几类。

1) 有关身份关系的合同

如婚姻合同(婚约)适用《婚姻法》、收养合同适用《收养法》等专门法。

2) 有关政府行使行政管理权的行政合同

政府依法进行社会管理活动,属于行政管理关系,适用各行政管理法,不适用合同法。例如,政府特许经营合同、公务委托合同(如税款代扣合同)、公益捐赠合同、行政奖励合同、行政征用补偿合同等。这些合同不是基于平等自愿的原则订立的,因此不是民事合同。

但是,当政府作为平等的民事主体与他人订立有关民事权利义务的合同时,应受合同

法调整,例如,一般政府采购行为(诸如新建大楼、修缮房屋、购买办公文具等)所订立的合同。再如,国家以国有资产所有者身份参与出资、转让股权所订立的合同。

3) 劳动合同

劳动者与用人单位之间的劳动合同适用《劳动法》《劳动合同法》等专门法。

4) 政府间协议

国家或者特别地区之间的协议,适用国际法,如国家之间各类条约、协定、议定书等。

3.1.2 合同的分类

合同的分类是指按照一定的标准,将合同划分成不同的类型。合同的分类,有利于当事人找到能达到自己交易目的的合同类型,订立符合自己愿望的合同条款,便于合同的履行,也有助于司法机关在处理合同纠纷时准确地适用法律,正确处理合同纠纷。

1. 有名合同与无名合同

根据法律是否明文规定了一定合同的名称,可以将合同分为有名合同与无名合同。

有名合同(典型合同),是指法律上已经确定了一定的名称及具体规则的合同。如建设工程合同。

无名合同(非典型合同),是指法律上尚未确定一定的名称与规则的合同。合同当事人可以自由决定合同的内容,即使当事人订立的合同不属于有名合同的范围,只要不违背法律的禁止性规定和社会公共利益,仍然是有效的。

2. 双务合同与单务合同

根据合同当事人是否互相负有给付义务,可以将合同分为双务合同和单务合同。

双务合同,是指当事人双方互负给付义务的合同,即双方当事人互享债权、互负债务,一方的合同权利正好是对方的合同义务,彼此形成对价关系。例如,建设工程施工合同中,承包人有获得工程价款的权利,而发包人则有按约支付工程价款的义务,大部分合同都是双务合同。

单务合同,是指合同当事人中仅有一方负担义务,而另一方只享有合同权利的合同。例如,在赠予合同中,受赠人享有接受赠予物的权利,但不负担任何义务。无偿委托合同、无偿保管合同均属于单务合同。

3. 诺成合同与实践合同

根据合同的成立是否需要交付标的物,可以将合同分为诺成合同和实践合同。

诺成合同(不要物合同),是指当事人双方意思表示一致就可以成立的合同。大多数的合同都属于诺成合同,如建设工程合同、买卖合同、租赁合同等。

实践合同(要物合同),是指除当事人双方意思表示一致以外,尚须交付标的物才能成立的合同,如保管合同。

4. 要式合同与不要式合同

根据法律对合同的形式是否有特定要求,可以将合同分为要式合同与不要式合同。

要式合同,是指根据法律规定必须采取特定形式的合同。如《合同法》规定,建设工

程合同应当采用书面形式。

不要式合同,是指当事人订立的合同依法并不需要采取特定的形式,当事人可以采取口头方式,也可以采取书面形式或其他形式。

要式合同与不要式合同的区别,实际上是一个关于合同成立与生效的条件问题。如果法律规定某种合同必须经过批准或登记才能生效,则合同未经批准或登记便不生效;如果法律规定某种合同必须采用书面形式才成立,则当事人未采用书面形式时合同便不成立。

5. 有偿合同与无偿合同

根据合同当事人之间的权利义务是否存在对价关系,可以将合同分为有偿合同与无偿合同。

有偿合同,是指一方通过履行合同义务而给对方某种利益,对方要得到该利益必须支付相应代价的合同,如建设工程合同等。

无偿合同,是指一方给付对方某种利益,对方取得该利益时并不支付任何代价的合同,如赠予合同等。

6. 主合同与从合同

根据合同相互间的主从关系,可以将合同分为主合同与从合同。

主合同是指能够独立存在的合同;依附于主合同方能存在的合同为从合同。例如,发包人与承包人签订的建设工程施工合同为主合同,为确保该主合同的履行,发包人与承包人签订的履约保证合同为从合同。

7. 格式合同与非格式合同

按条款是否预先拟定,可以将合同分为格式合同与非格式合同。

格式合同,又称为定式合同、附和合同或一般交易条件,它是当事人一方为与不特定的多数人进行交易而预先拟定的,且不允许相对人对其内容作任何变更的合同。反之,为非格式合同。

对格式条款的理解发生争议的,应当按照通常理解予以解释。对格式条款有两种以上解释的,应当作出不利于提供格式条款一方的解释。格式条款和非格式条款不一致的,应当采用非格式条款。

3.2 合同的订立

合同订立,是指缔约人进行意思表示并达成一致意见的状态,包括缔约各方自接触、协商、达成协议前讨价还价的整个动态过程和静态协议。合同订立是交易行为的法律运作。合同的成立一般要经过要约和承诺两个阶段。

3.2.1 合同订立的形式

合同的形式指订立合同的当事人达成一致意思表示的表现形式。合同是当事人的民事权利义务关系,合同形式是当事人权利义务关系的体现,根据我国《合同法》规定,合同形式可以以口头形式、书面形式和其他形式来体现。

口头形式合同是当事人以言语而不以文字形式作出意思表示订立的合同。口头合同在现实生活中广泛应用,凡当事人无约定或法律未规定特定形式的合同,均可采取口头形式,如买卖合同、租赁合同等。

书面形式是指合同书、信件和数据电文(包括电报、电传、传真、电子数据交换和电子邮件)等可以有形地表现所载内容的形式。《合同法》第十条规定,"法律、行政法规规定采用书面形式的,应当采用书面形式。"根据法律规定,建设工程施工合同应当采用书面形式。《合同法》第三十六条规定,法律、行政法规规定或者当事人约定采用书面形式订立合同,当事人未采用书面形式但一方已经履行主要义务,对方接受的,该合同成立。

其他形式,是口头形式、书面形式之外的合同形式,即行为推定形式。行为推定形式只适用于法律明确规定、交易习惯许可时或者要约明确表明时,并不能普遍适用。

3.2.2 要约

1. 要约的概念

要约是希望和他人订立合同的意思表示。发出要约的人称为要约人,接受要约的人称为受要约人。在国际贸易实务中,也称为发盘、发价、报价。要约是订立合同的必经阶段,不经过要约,合同是不可能成立的。

2. 要约的构成要件

(1) 要约人是特定当事人以缔结合同的目的向相对人所作的意思表示。

特定当事人是指作出要约的人是可以确定的主体。要约的相对人一般是特定的人,但也可以是不特定人,例如,商业广告内容符合要约其他条件的,可以视为要约。

(2) 要约内容应当具体确。

所谓"具体"是指要约的内容必须能够包含使合同成立的必要条款,但不要求要约包括合同的所有内容。所谓"确定",是指要约内容必须明确,不能含混不清。

(3) 要约应表明一旦经受要约人承诺,要约人受该意思表示约束。

要约应当包含要约人愿意按照要约所提出的条件同对方订立合同的意思表示,要约一经受要约人同意,合同即告成立。要约人就要受到约束。

3. 要约的方式

除法律明确规定外,要约人可以视具体情况自主选择要约形式。要约的方式包括以下三种。

(1) 书面形式,如寄送订货单、信函、电报、传真、电子邮件等在内的数据电文等。

(2) 口头形式,可以是当面对话,也可以打电话。

(3) 行为。

4. 要约的生效

要约的生效是指要约开始发生法律效力。自要约生效起,其一旦被有效承诺,合同即告成立。

《合同法》第十六条规定,要约到达受要约人时生效。要约可以以书面形式作出,也可以以口头对话形式,而书面形式包括信函、电报、传真、电子邮件等数据电文等可以有形地表现所载内容的形式。除法律明确规定外,要约人可以视具体情况自主选择要约的形式。

生效的情形具体可表现为以下内容。

(1) 口头形式的要约自受要约人了解要约内容时发生效力。

(2) 书面形式的要约自到达受要约人时发生效力。

(3) 采用数据电子文件形式的要约,当收件人指定特定系统接收电文的,自该数据电文进入该特定系统的时间(视为到达时间),该要约发生效力;若收件人未指定特定系统接收电文的自该数据电文进入收件人任何系统的首次时间(视为到达时间),该要约发生效力。

5. 要约的撤回

要约的撤回,指在要约发生法律效力之前,要约人使其不发生法律效力而取消要约的行为。

《合同法》第十八条规定,要约可以撤回。撤回要约的通知应当在要约到达受要约人之前或者与要约同时到达受要约人。

6. 要约的撤销

要约的撤销,指在要约发生法律效力之后,要约人使其丧失法律效力而取消要约的行为。

《合同法》第十八条规定,要约可以撤销。撤销要约的通知应当在受要约人发出承诺通知之前到达受要约人。

为了保护当事人的利益,下列要约不得撤销。

(1) 要约人确定了承诺期限或者以其他形式明示要约不可撤销。

(2) 受要约人有理由认为要约是不可撤销的,并已经为履行合同作了准备工作。要约的撤回与要约的撤销在本质上是一样的,都是否定了已经发出去的要约。其区别在于,要约的撤回发生在要约生效之前,而要约的撤销则是发生在要约生效之后。

7. 要约的消灭

要约的消灭即要约的失效,是指要约生效后,因特定事由而使其丧失法律效力,要约人和受要约人均不受其约束。要约消灭原因如下。

(1) 要约人依法撤销要约。

(2) 拒绝要约的通知到达要约人。

(3) 承诺期限届满,受要约人未作出承诺。

若要约人在要约中确定了承诺期间,则该期间届满要约丧失效力;若要约人未确定承诺期间,则在经过合理期间后要约丧失效力。

(4) 受要约人对要约内容作出实质性变更。

在受要约人回复时,对要约的内容作实质性变更的,视为新要约,原要约失效。

8. 要约邀请

要约邀请也称"要约引诱",是指行为人作出的邀请他方向自己发出要约的意思表示。

要约邀请虽然也是为订立合同作准备,但是为了引发要约,而本身不是要约,例如,招标公告、拍卖公告、一般商业广告、寄送价目表、招股说明书等。但商业广告的内容符合要约规定的，视为要约。

3.2.3 承诺

1. 承诺的概念

承诺，是指受要约人同意要约的意思表示，即受要约人同意接受要约的条件以成立合同的意思表示。一般而言，要约一经承诺并送达于要约人，合同即告成立。

2. 承诺的构成要件

承诺必须具备以下条件。

(1) 承诺必须由受要约人向要约人作出。

受要约人或其授权代理人可以作出承诺，除此以外的第三人即使知道要约的内容并作出同意的意思表示，也不是承诺。承诺是对要约的同意，承诺只能由受要约人向要约人本人或其授权代理人作出，才能导致合同成立；如果向受要约人以外的其他人作出的意思表示，不是承诺。

(2) 承诺应在要约规定的期限内作出。

要约以信件或者电报作出的，承诺期限自信件载明的日期或者电报交发之日开始计算。信件未载明日期的，自投寄该信件的邮戳日期开始计算。要约以电话、传真等快速通信方式作出的，承诺期限自要约到达受要约人时开始计算。只有在规定的期限到达的承诺才是有效的。超过期限到达的承诺，其有效与否要根据不同的情形具体分析。

(3) 承诺的内容应当与要约的内容一致。

承诺是完全同意要约的意思表示，承诺的内容应当与要约的内容一致，但并不是说承诺的内容对要约内容不得作丝毫变更，这里的一致是指受要约人必须同意要约的实质性内容。

实质性变更是指有关合同标的、质量、数量、价款或酬金、履行期限、履行地点和方式、违约责任和争议解决办法等的变更。若受要约人对要约的上述内容作变更，则不是承诺，而是受要约人向要约人发出的新要约。

若承诺对要约的内容作出非实质性变更的，除要约人及时表示反对或者要约表明承诺不得对要约的内容作出任何变更的以外，该承诺有效，合同的内容以承诺的内容为准。

(4) 承诺的方式必须符合要约要求。

《合同法》第二十二条："承诺应当以通知的方式作出，但根据交易习惯或者要约表明可以通过行为作出承诺的除外。"

以行为承诺，如果要约人对承诺方式没有特定要求，承诺可以明确表示，也可由受要约人的行为来推断。行为通常是指履行的行为，比如，预付价款、装运货物或在工地上开始工作等。

缄默是不作任何表示，即不行为，与默示不同。默示不是明示但仍然是表示的一种方法，而缄默与不行为是没有任何表示，所以不构成承诺。但是，如果当事人约定或者按照当事人之间的习惯做法，承诺以缄默与不行为来表示，则缄默与不行为又成为一种表达承诺的方式。但是，如果没有事先的约定，也没有习惯做法，而仅仅由要约人在要约中规定如果不答复就视为承诺是不行的。

3. 承诺生效

《合同法》规定，承诺应当在要约确定的期限内到达要约人。承诺不需要通知的，根据交易习惯或者要约的要求作出承诺的行为时生效。

采用数据电文形式订立合同的，收件人指定特定系统接收数据电文的，该数据电文进入该特定系统的时间，视为到达时间，未指定特定系统的，该数据电文进入收件人的任何系统的首次时间，视为到达时间。

要约没有确定承诺期限的，承诺应当依照下列规定到达。
(1) 要约以对话方式作出的，应当即时作出承诺，但当事人另有约定的除外。
(2) 要约以非对话方式作出的，承诺应当在合理期限内到达。

4. 承诺超期与承诺延误

承诺超期是指受要约人主观上超过承诺期限而发出承诺导致承诺迟延到达要约人。

受要约人超过承诺期限发出承诺的，除要约人及时通知受要约人该承诺有效的以外，为新要约。

承诺延误是指受要约人发出的承诺由于外界原因而延迟到达要约人。

受要约人在承诺期限内发出承诺，按照通常情形能够及时到达要约人，但因其他原因承诺到达要约人时超过承诺期限的，除要约人及时通知受要约人因承诺超过期限不接受该承诺的以外，该承诺有效。

5. 承诺的撤回

承诺的撤回，是指承诺发出后，承诺人阻止承诺发生法律效力的意思表示。

承诺可以撤回。撤回承诺的通知应当在承诺通知到达要约人之前或者与承诺通知同时到达要约人。

要约可以撤回，也可以撤销，但是承诺却只可以撤回，而不可以撤销。

3.2.4 合同的内容

1. 合同的一般条款

合同的内容是指合同当事人的权利、义务，除法律规定的以外，主要由合同的条款确定。合同的内容由当事人约定，一般包括以下条款。

1) 当事人的名称或者姓名和住所

这是合同必备的条款，要把各方当事人的名称或者姓名和住所都规定准确、清楚。

2) 标的

常见的标的有：有形财产指具有价值和使用价值并且法律允许流通的有形物；无形财产指具有价值和使用价值并且法律允许流通的不以实物形态存在的智力成果，如商标、专利、著作权、技术秘密等；劳务指不以有形财产体现其成果的劳动与服务，如运输合同中承运人的运输行为；工作成果指在合同履行过程中产生的、体现履约行为的有形物或者无形物，如承包人完成的建设工程项目。

3) 数量

数量是合同的重要条款。一般而言，合同的数量要准确，选择使用共同接受的计量单位、计量方法和计量工具。

4) 质量

合同中应当对质量问题尽可能规定细致、准确和清楚。国家有强制性标准的必须按照强制性标准执行。当事人可以约定质量检验方法、质量责任期限和条件、对质量提出异议的条件与期限等。

5) 价款或报酬

价款或报酬是指一方当事人向对方当事人所付代价的货币支付。在合同中，应当规定清楚计算价款或报酬的方法。

6) 履行期限、地点和方式

履行期限，是指合同中约定的当事人履行自己的义务，如交付标的物、价款或者报酬，履行劳务、完成工作的时间界限等。履行地点，是指当事人履行合同义务和对方当事人接受履行的地点，履行地点是在发生纠纷后确定由哪一地法院管辖的依据。履行方式，是指当事人履行合同义务的具体做法。

7) 违约责任

违约责任，是指当事人一方或者双方不履行合同或者不适当履行合同，依照法律规定或者合同约定应当承担的法律责任。为了保证合同义务的严格履行，及时解决合同纠纷，可以在合同中约定定金、违约金、赔偿金额以及赔偿金的计算方法等。

8) 解决争议的方法

解决争议的方法，是指合同争议的解决途径，对合同条款发生争议时的解释以及法律适用等。常见的途径主要有双方协商和解、第三人调解、仲裁、诉讼。当事人可以约定解决争议的方法。如若通过诉讼解决争议则不用约定。当事人在合同中特别约定的条款，也作为合同的主要条款。

2. 建设工程施工合同的内容

1) 工程范围

工程范围是指施工的界区，是施工人进行施工的工作范围。

2) 建设工期

建设工期是指施工人完成施工任务的期限。在实践中，有的发包人常常要求缩短工期，施工人为了赶进度，往往导致严重的工程质量问题。因此，为了保证工程质量，双方当事人应当在施工合同中确定合理的建设工期。

3) 中间交工工程的开工和竣工时间

中间交工工程是指施工过程中的阶段性工程。为了保证工程各阶段的交接，顺利完成工程建设，当事人应当明确中间交工工程的开工和竣工时间。

4) 工程质量

工程质量条款是明确施工人施工要求，确定施工人责任的依据。施工人必须按照工程设计图纸和施工技术标准施工，不得擅自修改工程设计，不得偷工减料。发包人也不得明示或者暗示施工人违反工程建设强制性标准，降低建设工程质量。

5) 工程造价

工程造价是指进行工程建设所需的全部费用，包括人工费、材料费、施工机械使用费、措施费等。在实践中，有的发包人为了获得更多的利益，往往压低工程造价，而施工人为了盈利或不亏本，不得不偷工减料、以次充好，结果导致工程质量不合格，甚至造成严重的工程质量事故。因此，为了保证工程质量，双方当事人应当合理确定工程造价。

6) 技术资料交付时间

技术资料主要是指勘察，设计文件以及其他施工人据以施工所必需的基础资料。当事人应当在施工合同中明确技术资料的交付时间。

7) 材料和设备供应责任

材料和设备供应责任，是指由哪一方当事人提供工程所需材料设备及其应承担的责任。材料和设备可以由发包人负责提供，也可以由施工人负责采购。如果按照合同约定由发包人负责采购建筑材料、构配件和设备的，发包人应当保证建筑材料、构配件和设备符合设计文件和合同要求。施工人则须按照工程设计要求、施工技术标准和合同约定，对建筑材料、构配件和设备进行检验。

8) 拨款和结算

拨款是指工程款的拨付。结算是指施工人按照合同约定和已完工程量向发包人办理工程款的清算。拨款和结算条款是施工人请求发包人支付工程款和报酬的依据。

9) 竣工验收

竣工验收条款一般应当包括验收范围与内容、验收标准与依据、验收人员组成、验收方式和日期等内容。

10) 违约责任

违约责任是指合同当事人不履行合同或者履行合同不符合约定而应承担的民事责任。违约责任是财产责任。这种财产责任表现为支付违约金、定金、赔偿损失、继续履行、采取补救措施等。尽管违约责任含有制裁性，但是，违约责任的本质不完全在于对违约方的制裁，也在于对被违约方的补偿，即表现为补偿性。

11) 质量保修范围和质量保证期

建设工程质量保修范围和质量保证期，应当按照《建设工程质量管理条例》的规定执行。

12) 双方相互协作条款

双方相互协作条款一般包括双方当事人在施工前的准备工作，施工人及时向发包人提出开工通知书、施工进度报告书、对发包人的监督检查提供必要协助等。

3.3 合同生效

合同只有具备一定的条件才能成为有效的合同，这些条件我们称为合同生效的要件。如果不具备这些要件，则合同不能直接被认定为有效的合同。

合同不具备生效的要件的根源是多方面的，例如，基于重大误解，基于显失公平等都会使得合同欠缺生效的要件。这些不直接具有法律效力的合同就是根据这些具体的根源的不同而分为无效的合同、可变更可撤销的合同、效力待定的合同。

3.3.1 合同的成立

合同成立是指当事人完成了签订合同过程,并就合同内容协商一致。合同成立不同于合同生效。合同生效是法律认可合同效力,强调合同内容合法性。因此,合同成立体现了当事人的意志,而合同生效体现国家意志。合同成立是合同生效的前提条件,如果合同不成立,是不可能生效的。但是合同成立也并不意味着合同就生效了。

1. 合同成立的一般要件

(1) 存在订约当事人。

合同成立首先应具备双方或者多方订约当事人,只有一方当事人不可能成立合同。例如,某人以某公司的名义与某团体订立合同,若该公司根本不存在,则可认为只有一方当事人,合同不能成立。

(2) 订约当事人对主要条款达成一致。

合同成立的根本标志是订约双方或者多方经协商,就合同主要条款达成一致意见。

(3) 经历要约与承诺两个阶段。

《合同法》规定,当事人订立合同,采取要约、承诺方式。缔约当事人就订立合同达成合意,一般应经过要约、承诺阶段。若只停留在要约阶段,合同根本未成立。

2. 合同成立时间

合同成立时间关系到当事人何时受合同关系拘束,因此合同成立时间具有重要意义。确定合同成立时间,遵守以下规则。

(1) 当事人采用合同书形式订立合同的,自双方当事人签字或者盖章时合同成立。各方当事人签字或者盖章的时间不在同一时间的,最后一方签字或者盖章时合同成立。

(2) 当事人采用信件、数据电文等形式订立合同的,可以在合同成立之前要求签订确认书。签订确认书时合同成立。此时,确认书具有最终正式承诺的意义。

3. 合同成立地点

合同成立地点可能成为确定法院管辖的依据。确定合同成立地点,遵守以下规则。

(1) 承诺生效的地点为合同成立的地点。

(2) 采用数据电文形式订立合同的,收件人的主营业地为合同成立的地点。

(3) 没有主营业地的,其经常居住地为合同成立的地点。

(4) 当事人另有约定的,按照其约定。

(5) 当事人采用合同书形式订立合同的,双方当事人签字或者盖章的地点为合同成立的地点。

3.3.2 合同生效要件

合同生效,是指法律按照一定标准对合同评价后而赋予强制力。已经成立的合同,必须具备一定的生效要件,才能产生法律拘束力。合同生效要件是判断合同是否具有法律效

力的评价标准。

合同的生效要件有以下 4 方面。

(1) 订立合同的当事人必须具有相应的民事权利能力和民事行为能力。

(2) 意思表示真实。

所谓意思表示真实,是指表意人的表示行为真实反映其内心的效果意思,即表示行为应当与效果意思相一致。

(3) 不违反法律、行政法规的强制性规定,不损害社会公共利益。

(4) 具备法律所要求的形式。

3.4 无效合同和效力待定合同

3.4.1 无效合同概述

无效合同是指合同内容或者形式违反了法律、行政法规的强制性规定和社会公共利益,因而不能产生法律约束力,不受到法律保护的合同。

无效合同具有以下特征。

(1) 合同自始无效。

无效合同自订立时起就不具有法律效力,而不是从合同无效原因发现之日或合同无效确认之日起,合同才失去效力。

(2) 合同绝对无效。

合同自订立时起就无效,当事人不能通过同意或追认使其生效。

(3) 合同当然无效。

无论当事人是否知道其无效情况,无论当事人是否提出主张无效,法院或仲裁机构可以主动审查决定该合同无效。

(4) 合同无效,可能是全部无效,也可能是部分无效,如果合同部分无效,不影响其他部分效力的,其他部分仍然有效。

(5) 合同无效不影响合同中独立存在的有关解决争议方法的条款的效力。

3.4.2 无效合同的原因

1. 一方以欺诈、胁迫的手段订立合同,损害国家利益

所谓欺诈,是指故意隐瞒真实情况或者故意告知对方虚假的情况,欺骗对方,诱使对方做出错误的意思表示而与之订立合同。所谓胁迫,是指行为人以将要发生的损害或者以直接实施损害相威胁,使对方当事人产生恐惧而与之订立合同。

2. 恶意串通,损害国家、集体或者第三人利益

所谓恶意串通,是指合同双方当事人非法勾结,为牟取私利而共同订立的损害国家、集体或者第三人利益的合同。例如,甲企业的产品质量低劣,销不出去,就向乙企业的采购人员或者其他订立合同的主管人员行贿,相互串通订立合同,将次品当成合格产品买入。

在实践中，常见的还有代理人与第三人勾结，订立合同，损害被代理人利益的行为。

3. 以合法形式掩盖非法目的

以合法形式掩盖非法目的，又称伪装合同，即行为人为达到非法目的以迂回的方法避开法律或者行政法规的强制性规定。例如，当事人通过虚假的买卖行为达到隐匿财产、逃避债务的目的。

4. 损害社会公共利益

损害社会公共利益的合同，实质上是违反了社会主义的公共道德，破坏了社会经济秩序和生活秩序。例如，与他人签订合同出租赌博场所。

5. 违反法律、行政法规的强制性规定

法律、行政法规中包含强制性规定和任意性规定。强制性规定排除了合同当事人的意思自由，即当事人在合同中不得协议排除法律、行政法规的强制性规定，否则将构成无效合同；对于任意性规定，当事人可以约定排除，如当事人可以约定商品的价格等。

法律是指全国人大及其常委会颁布的法律，行政法规是指由国务院颁布的法规。在实践中，有的将仅违反地方规定的合同认定为无效是违法的。

3.4.3 无效的免责条款

免责条款，是当事人在合同中确立的排除或限制其未来责任的条款；免责条款无效，是指没有法律约束力的免责条款。合同中的下列免责条款无效。

1. 造成对方人身伤害的

生命健康权是不可转让、不可放弃的权利，因此不允许当事人以免责条款的方式事先约定免除这种责任。

2. 因故意或者重大过失造成对方财产损失的

财产权是一种重要的民事权利，不允许当事人预先约定免除一方故意或重大过失而给对方造成损失，否则会给一方当事人提供滥用权利的机会。

3.4.4 合同无效的法律后果

由于无效合同具有不得履行性，因此不发生当事人所期望的法律效果；但是，并非不产生任何法律效果，而是产生包括返还财产、损害赔偿以及其他法定效果。

1. 返还财产

合同被确认无效后，因该合同取得的财产，应当予以返还。

2. 折价补偿

不能返还或者没有必要返还的，应当折价补偿。例如，建设工程施工合同无效但是工程已经竣工验收合格，如果采用返还财产、恢复原状处理规则，就要将工程拆除使之恢复到缔约之前，这样既不利于当事人，对社会利益也是损失。

3. 赔偿损失

赔偿损失以过错为要件，有过错的一方应当赔偿对方因此所受到的损失，双方都有过错的，应当各自承担相应的责任。

4. 收归国库所有

当事人恶意串通，损害国家、集体或者第三人利益的，因此取得的财产收归国家所有或者返还集体、第三人。收归国有又称为追缴。追缴的财产包括已经取得的财产和约定取得的财产。对于施工合同而言违法分包或转包就属恶意串通，损害国家、集体或者第三人利益的，人民法院可以根据民法通则收缴当事人已经取得的非法所得。

3.4.5 效力待定合同

效力待定合同是指合同虽然已经成立，但因其不完全符合有关生效要件的规定其合同效力能否发生尚未确定，一般须经有权人表示承认才能生效。

《合同法》规定的效力待定合同有三种，即限制行为能力人订立的合同，无权代理人订立的合同，无处分权人处分他人的财产订立的合同。

1. 限制行为能力人订立的合同

《合同法》规定，限制民事行为能力人订立的合同，经法定代理人追认后，该合同有效，但纯获利益的合同或者与其年龄、智力、精神健康状况相适应而订立的合同，不必经法定代理人追认。

相对人可以催告法定代理人在 1 个月内予以追认。法定代理人未作表示的，视为拒绝追认。合同被追认之前，善意相对人有撤销的权利。撤销应当以通知的方式作出。

2. 无权代理人订立的合同

行为人没有代理权、超越代理权或者代理权终止后以被代理人名义订立的合同，未经被代理人追认，对被代理人不发生效力，由行为人承担责任。

相对人可以催告被代理人在 1 个月内予以追认。被代理人未作表示的，视为拒绝追认。合同被追认之前，善意相对人有撤销的权利。撤销应当以通知的方式作出。

3. 无权处分行为

无处分权的人处分他人财产，经权利人追认或者无处分权的人订立合同后取得处分权的，该合同有效。无处分权人与相对人订立的合同，若未获追认或者无权处分人在订立合同后未获处分权，则该合同不生效。

3.5 合同的履行

合同履行，是指债务人全面地、适当地完成其合同义务，债权人的合同债权得以完成实现。如建设工程施工合同中完成约定工作并交付工作成果。

3.5.1 合同履行的原则

合同当事人履行合同时，应遵循以下原则。

1. 全面、适当履行的原则

全面、适当履行，是指合同当事人按照合同约定全面履行自己的义务，包括履行义务的主体、标的、数量、质量、价款或者报酬以及履行的方式、地点、期限等，都应当按照合同的约定全面履行。

2. 遵循诚实信用的原则

诚实信用原则，是我国《民法通则》的基本原则，也是《合同法》的一项十分重要的原则，它贯穿于合同的订立、履行、变更、终止等全过程。因此，当事人在订立合同时，要讲诚实，要守信用，要善意，当事人双方要互相协作，合同才能圆满地履行。

3. 公平合理，促进合同履行的原则

合同当事人双方自订立合同起，直到合同的履行、变更、转让以及发生争议时对纠纷的解决，都应当依据公平合理的原则。按照《合同法》的规定，根据合同的性质、目的和交易习惯善意地履行通知、协助和保密等附随义务。

4. 当事人一方不得擅自变更合同的原则

合同依法成立即具有法律约束力，因此，合同当事人任何一方均不得擅自变更合同。《合同法》在若干条款中根据不同的情况对合同的变更，分别作了专门的规定。这些规定更加完善了我国的合同法律制度，并有利于促进我国社会主义市场经济的发展和保护合同当事人的合法权益。

3.5.2 合同履行的主体

合同履行的主体包括完成履行的一方(履行人)和接受履行的一方(履行受领人)。

完成履行的一方首先是债务人，也包括债务人的代理人。但是法律规定、当事人约定或者性质上必须由债务人本人亲自履行者除外。另外，当事人约定的债务人之外第三人也可为履行人。但是，约定代为履行债务的第三人的不履行责任却要由原债务人承担。《合同法》规定，第三人不履行债务或者履行债务不符合约定，债务人应当向债权人承担违约责任。

接受履行的一方首先是债权人，由债权人享有给付请求权及受领权。但是，在某些情况下，接受履行者也可以是债权人之外的第三人。如当事人约定由债务人向第三人履行债务。但是，债务人如果没有向约定受偿的第三人履行债务，却要向原合同的授权人承担违约责任。《合同法》规定，债务人未向第三人履行债务或者履行债务不符合约定，应当向债权人承担违约责任。

3.5.3 合同条款空缺

合同条款空缺是指所签订的合同中约定的条款存在缺陷或者空白点，使得当事人无法按照所签订的合同履约的法律事实。

1. 解决合同条款空缺的原则

为了解决合同条款空缺的问题，《合同法》规定，合同生效后，当事人就质量、价款或者报酬、履行地点等内容没有约定或者约定不明确的，可以协议补充；不能达成补充协议的，按照合同有关条款或者交易习惯确定。

2. 解决合同条款空缺的具体规定

1) 适用于普通商品的具体规定

(1) 质量要求不明确的，按照国家标准、行业标准履行；没有国家标准、行业标准的，按照通常标准或者符合合同目的的特定标准履行。

(2) 价款或者报酬不明确的，按照订立合同时履行地的市场价格履行；依法应当执行政府定价或者政府指导价的，按照规定履行。

(3) 履行地点不明确，给付货币的，在接受货币一方所在地履行；交付不动产的，在不动产所在地履行；其他标的，在履行义务一方所在地履行。

(4) 履行期限不明确的，债务人可以随时履行，债权人也可以随时要求履行，但应当给对方必要的准备时间。

(5) 履行方式不明确的，按照有利于实现合同目的的方式履行。

(6) 履行费用的负担不明确的，由履行义务一方负担。

2) 适用于政府定价或者政府指导价商品的具体规定

政府定价是指对于一些特殊的商品，政府不允许当事人根据供给和需求自行决定价格，而是由政府直接为该商品确定价格。

政府指导价是指对于一些特殊的商品，政府不允许当事人根据供给和需求自行决定价格，而是由政府直接为该商品确定价格的浮动区间。

政府定价或者政府指导价的商品由于其具有自身的特殊性，《合同法》作出了单独规定：执行政府定价或者政府指导价的，在合同约定的交付期限内政府价格调整时，按照交付时的价格计价；逾期交付标的物的，遇价格上涨时，按照原价格执行；价格下降时，按照新价格执行。逾期提取标的物或者逾期付款的，遇价格上涨时，按照新价格执行；价格下降时，按照原价格执行。

3.5.4 合同履行的抗辩权

合同一旦有效成立，当事人应当按照合同约定履行自己的义务。一方不履行合同或不适当履行合同，损害了对方利益，受损害方可寻求公力救济。但在双务合同履行中，如果一方或双方具有法律规定的事由的话，法律授权当事人可以私力救济，即可以拒绝履行自己的义务来保护自己的合法权益，而不承担违约责任，这就是双务合同履行中的抗辩权。

1. 同时履行抗辩权

同时履行是指合同订立后，在合同有效期限内，当事人双方不分先后地履行各自的义务的行为。

同时履行抗辩权，是指在没有规定履行顺序的双务合同中，当事人一方在当事人另一方未为对待给付以前，有权拒绝先为给付的权利。

《合同法》规定，当事人互负债务，没有先后履行顺序的，应当同时履行。一方在对方履行之前有权拒绝其履行要求。一方在对方履行债务不符合约定时，有权拒绝其相应的履行要求。

同时履行抗辩权的成立要件包括以下4项。

(1) 由同一双务合同产生互负的债务。
(2) 在合同中未约定履行顺序。
(3) 当事人另一方未履行债务。
(4) 对方的对待给付是可能履行的义务。

同时履行抗辩权有阻却对方请求权的效力，没有消灭对方请求权的效力。即在对方没有履行或提出履行前，可以拒绝履行；当对方履行或提出履行时，应当恢复履行。

2. 先履行抗辩权

先履行抗辩权，是指当事人互负债务，有先后履行顺序，先履行一方未履行或者履行债务不符合约定的，后履行一方有权拒绝先履行一方的履行要求。

先履行抗辩权的成立要件包括以下3项。

(1) 双方基于同一双务合同且互负债务。
(2) 履行义务有先后顺序。
(3) 有义务先履行债务的一方未履行或者履行不符合约定。

行使先履行抗辩权，在他方未先履行义务前，可拒绝自己履行义务，并不承担违约责任。行使先履行抗辩权没有消除合同的效力，在先履行方适当履行后，先履行抗辩权消灭。

3. 不安抗辩权

不安抗辩权，是指先履行合同的当事人一方因后履行合同一方当事人欠缺履行债务能力或信用，而拒绝履行合同的权利。

不安抗辩权的成立要件包括以下4项。

(1) 双方当事人基于同一双务合同而互负债务。
(2) 债务履行有先后顺序，且由履行顺序在先的当事人行使。
(3) 履行顺序在后的一方履行能力明显下降，有丧失或者可能丧失履行债务能力的情形。
(4) 履行顺序在后的当事人未提供适当担保。

《合同法》规定，应当先履行债务的当事人，有确切证据证明对方有下列情形之一的，可以中止履行：

(1) 经营状况严重恶化。
(2) 转移财产、抽逃资金以逃避债务。

(3) 丧失商业信誉。

(4) 有丧失或者可能丧失履行债务能力的其他情形。

当事人依照规定中止履行的，应当及时通知对方。对方提供适当担保时，应当恢复履行。中止履行后，对方在合理期限内未恢复履行能力并且未提供适当担保的，中止履行的一方可以解除合同。

3.6　合同的变更

合同的变更有广义与狭义的区分。广义的合同变更包括了合同关系三要素即主体、客体、内容至少一项要素发生变更。狭义的合同变更不包括合同主体变更，是指合同主体不变的前提下，对合同内容或者标的变更。当事人在变更合同时，应当本着协商一致的原则进行。合同变更后的内容取代了原合同的内容，当事人应当按照变更后的内容履行合同。当事人对合同变更的内容约定不明确的，推定为未变更。

3.6.1　合同变更的类型

1. 约定变更

当事人经过协商达成一致意见，可以变更合同。

2. 法定变更

法律规定了在特定条件下，当事人可以不必经过协商而变更合同。《合同法》规定：在承运人将货物交付收货人之前，托运人可以要求承运人中止运输、返还货物、变更到达地或者将货物交给其他收货人，但应当赔偿承运人因此受到的损失。

3.6.2　合同变更的条件

1. 合同关系已经存在

合同变更是针对已经存在的合同，无合同关系就无从变更。合同无效、合同被撤销，视为无合同关系，也不存在合同变更的可能。

2. 合同内容变更

合同内容变更可能涉及合同标的变更、数量、质量、价款或者酬金、期限、地点、计价方式，等等。合同生效后，当事人不得因其主体名称的变更或者法定代表人、负责人、承办人的变动而主张和请求合同变更。

合同变更须经合同当事人协商一致，或者法院判决、仲裁庭裁决，或者援引法律直接规定。如果法律、行政法规对合同变更方式有要求，则应遵守这种要求。《合同法》规定，法律、行政法规规定变更合同应当办理批准、登记手续的，依照其规定。

3.6.3　合同变更的效力

合同的变更效力仅及于发生变更的部分，已经发生变更的部分以变更后的为准；已经履行的部分不因合同变更而失去法律依据；未变更部分继续原有的效力。同时，合同变更不影响当事人要求赔偿损失的权利。

3.7 合同的可撤销

3.7.1 可撤销合同的概念及特征

可撤销合同是指因意思表示有瑕疵，有撤销权的当事人可以对其予以撤销或变更的合同。

可撤销合同不同于无效合同。它具有以下特征。

(1) 在合同成立后、被撤销前是有效的，只有在撤销权人行使撤销权后，才因被撤销而溯及成立时起无效。

(2) 只有有撤销权的当事人有权主张无效或变更，其他任何人不能主张合同无效。法院或仲裁机构也不能依职权主动确认合同无效。

(3) 可撤销权予以撤销应予以变更。

3.7.2 可撤销合同的类型及其原因

1) 重大误解

所谓重大误解，是指合同当事人因自己过错(如误认或者不知情等)对合同的内容发生错误认识而订立了合同并造成了重大损失的情形。重大误解的构成条件有以下4项。

(1) 表意人因为误解做出了意思表示。表意人对合同的相关内容产生了错误认识，并且基于这种错误认识进行了意思表示行为。即表意人的意思表示与其错误认识之间有因果关系。

(2) 表意人的误解是重大的。一般的误解并不足以造成合同可撤销。对因误解导致合同可撤销是对误解者的保护，但是，该误解却是误解者自己的过错造成的，因此，若不对误解者的程度加以限定，将对相对人相当不公平。鉴于此，只有因"重大"误解订立的合同才是可撤销的。当行为人因为对行为的性质、对方当事人、标的物的品种、质量、规格和数量等的错误认识，使行为的后果与自己的意思相悖，并造成较大损失的，可以认定为重大误解。

(3) 误解是由表意人自己的过失造成的。通常情况下，误解是由表意人自己过失造成的，如不注意、不谨慎，而不是受他人欺诈或者其他不正当影响。

(4) 误解不应是表意人故意发生的。法律不允许当时人在故意发生错误的情况下，借重大误解为由，规避对其不利的后果。如果表意思人在缔约时故意发生错误(如保留其真实意思)，则表明其追求意思表示产生的效果，不存在意思表示不真实的情况，不应按重大误解处理。

2) 显失公平

显失公平，是指一方当事人利用优势或利用双方没有经验，致使双方的权利、义务明显不对等，使双方遭受重大不利而自己获得不平衡的重大利益。其构成要件包括以下三项。

(1) 合同在订立时就显失公平。可撤销的显失公平合同要求这种明显失衡的利益安排在合同订立时就已形成，而不是在合同订立以后形成。如果在合同订立之后因为非当事人原因导致合同对一方当事人很不公平，不应当按照显失公平合同来处理。

(2) 合同的内容在客观上利益严重失衡。某当事人一方获得的利益超过法律允许的限度，而其他方获得的利益与义务不相称时，在我国法律实践中，就可以做出显失公平的判断，绝大多数情况下，并未规定具体的数量标准，而留待法院裁量。

(3) 受过高利益的当事人在主观上具有利用对方的故意。一般认为，在显示公平的合同下，遭受不利后果的一方当事人存在轻率、无经验等不利因素，而受益一方故意利用了对方的这种轻率、无经验，或者利用了自身的交易优势。

3) 因诈骗、胁迫而订立的合同

根据我国《合同法》，因欺骗、胁迫而订立的合同应区分为两类：一类是以欺诈、胁迫的手段订立的合同而损害国家利益的，应作为无效合同对待；另一类是以欺诈、被胁迫人有权将合同撤销。

《合同法》未将欺诈、胁迫订立的合同一律作无效处理，充分体现了民法的意思自治原则，充分尊重被欺诈人、被胁迫人的意愿，并对维护交易安全具有重要意义。

4) 乘人之危而订立的合同未损害国家利益

乘人之危，是指一方当事人乘对方危难之机，为谋取不正当利益，迫使对方作出不真实的意思表示，从而严重损害对方利益的行为。其构成要件包括以下三项。

(1) 不法行为人乘对方危难或急迫之际逼迫对方。这里的危难是受害人出现财产、生命、健康、名誉等方面的危机状况。这里的急迫，是指受害人出现生活、身体或者经济等方面的紧急需要。同时，行为人为订立不公平的合同而故意利用受害人的这种危难或者急迫。

(2) 受害人因为自身危难或者急迫而订立合同。受害人明知该合同将使自身利益受到重大损害，但因陷于危难或者急迫而订立该合同。

(3) 不法行为人所获得的利益超出了法律允许的限度。不法行为人通过利用对方危难或者急迫，获取了在正常情况下不可能获得的重大利益，明显违背了合同公平原则。

3.7.3 可撤销合同的法律后果

可撤销合同产生以下法律后果。

(1) 被撤销的合同自始没有法律约束力。

(2) 合同被撤销或者终止的，不影响合同中独立存在的有关解决争议的条款效益。

(3) 合同被撤销后，因该合同取得的财产，应当给予返还，不能返还或者没有必要的应当折价补偿。有过错的一方应当补偿对方因此所受到的损失，双方都有过错的，各自承担相应的责任。当事人恶意串通，损害国家、集体或者第三人利益的，因此取得的财产收归国家所有或者返还集体、第三人。

3.8 合同的转让

合同转让是指合同当事人一方依法将合同权利、义务全部或者部分转让给他人。

3.8.1 合同转让的类型

合同转让包括以下三种类型。

(1) 合同权利转让，又称为债权转让、债权让与，它分为合同权利部分转让和合同权利全部转让。

(2) 合同义务转让，又称为债务承担、债务转移，它分为合同义务部分转让和合同义务全部转让。

(3) 合同权利义务概括转让，又称为概括承受、概括转移，它分为合同权利义务全部转移和合同权利义务部分转移。

3.8.2 合同转让的特征

合同转让有以下特征。

(1) 合同转让只是合同主体(合同当事人)发生变化，不涉及合同权利义务内容变化。

(2) 合同转让的核心在于处理好原合同当事人之间，以及原合同当事人中的转让人与原合同当事人之外的受让人之间，因合同转让而产生的权利义务关系。

3.8.3 债权转让

债权转让，是指在不改变合同权利义务内容基础上，享有合同权利的当事人将其权利转让给第三人享有。

1. 债权转让的条件

达成债权转让需存在以下条件。

(1) 须存在有效的债权，无效合同或者已经被终止的合同不产生有效的债权，不产生债权转让。

(2) 被转让的债权应具有可转让性，下列债权不得转让。

①根据合同性质不得转让；②按照当事人约定不得转让的；③依照法律规定不得转让的合同权利不具有可转让性。

2. 债权转让的效力

债权转让发生下列效力。

1) 受让人成为合同新债权人

有效的合同转让将使转让人(原债权人)脱离原合同，受让人取代其法律地位而成为新的债权人。但是，在债权部分转让时，只发生部分取代，而由转让人和受让人共同享有合同债权。

2) 其他权利随之转移

(1) 从权利随之转移。

主合同中的权利和义务称为主权利、主义务，从合同中的权利和义务称为从权利、从义务。《合同法》规定：债权人转让权利的，受让人取得与债权有关的从权利，但该从权利专属于债权人自身的除外。

(2) 抗辩权随之转移。

由于债权已经转让，原合同的债权人已经由第三人代替，所以，债务人的抗辩权就不能再向原合同的债权人行使了，而要向接受债权的第三人行使。

《合同法》规定：债务人接到债权转让通知后，债务人对让与人的抗辩，可以向受让人主张。

(3) 抵销权的转移。

如果原合同当事人存在可以依法抵销的债务，则在债权转让后，债务人的抵销权可以向受让人主张。

《合同法》规定，债务人接到债权转让通知时，债务人对让与人享有债权，并且债务人的债权先于转让的债权到期或者同时到期的，债务人可以向受让人主张抵销。

3.8.4 债务转移

债务转移，是指在不改变合同权利义务内容基础上，承担合同义务的当事人将其义务转由第三人承担。

1. 债务转移的条件

债务转移包括以下条件。

(1) 被转移的债务有效存在。

(2) 被转移的债务应具有可转移性。

以下合同不具有可转移性：某些合同债务与债务人的人身有密切联系，如以特别人身信任为基础的合同(如委托监理合同)；当事人特别约定合同债务不得转移；法律强制性规范规定不得转让债务，如建设工程施工合同中主体结构不得分包。

(3) 须经债权人同意。

《合同法》规定，债务人将合同的义务全部或者部分转移给第三人的，应当经债权人同意。债权人同意是债务转移的重要生效条件。合同关系通常是建立在债权人对债务人信任(最主要是对其履行能力的信任)的基础上，如果债务未经债权人同意转移给第三人，则很可能损害债权人利益。

2. 债务转移的效力

债务转移发生以下效力。

(1) 承担人成为合同新债务人。

就合同义务全部转移而言，承担人取代债务人成为新的合同债务人，若承担人不履行债务，将由承担人直接向债权人承担违约责任，原债务人脱离合同关系。

(2) 抗辩权随之转移。

由于债务已经转移，原合同的债务人已经由第三人代替，所以，债务人的抗辩权就只能由接受债务的第三人行使了。

《合同法》规定，债务人转移义务的，新债务人可以主张原债务人对债权人的抗辩。

(3) 从债务随之转移。

债务人转移义务的，新债务人应当承担与主债务有关的从债务，但该从债务专属于原债务人自身的除外。

3.8.5 合同权利义务概括转移

合同权利义务概括转移是指合同当事人一方将其合同权利义务一并转让给第三方，由该第三方继受这些权利义务。

合同权利义务概括转移包括全部转移和部分转移。全部转移指合同当事人原来一方将其权利义务全部转移给第三人；部分转移指合同当事人原来一方将其权利义务的一部分转移给第三人。

1. 债权债务的概括转移的条件

债权债务概括转移包括以下条件。
(1) 转让人与承受人达成合同转让协议。
(2) 原合同必须有效。
(3) 原合同为双务合同。
(4) 符合法定的程序。

《合同法》规定，当事人一方经对方同意，可以将自己在合同中的权利和义务一并转让给第三人。可见，经对方同意是概括转移的一个必要条件。因为概括转移包含债务转移，而债务转移要征得债权人的同意。

2. 企业的合并与分立涉及权利义务概括转移

企业合并指两个或者两个以上企业合并为一个企业。企业分立则指一个企业分立为两个及两个以上企业。

《合同法》规定，当事人订立合同后合并的，由合并后的法人或者其他组织行使合同权利，履行合同义务。当事人订立合同后分立的，除债权人和债务人另有约定的以外，由分立的法人或者其他组织对合同的权利和义务享有连带债权，承担连带债务。

企业合并或者分立，原企业的合同权利义务将全部转移给新企业，这属于法定的权利义务概括转移，因此，不需要取得合同相对人的同意。

3.9 合同的终止

合同的终止，是指合同权利和合同义务归于消灭，合同关系不复存在。合同终止使合同的担保等附属于合同的权利义务也归于消灭。

合同权利义务的终止，不影响合同中结算、清理条款和独立存在的解决争议方法的条款(如仲裁条款)的效力。

3.9.1 权利义务终止的几种情形

1. 债务已经按照约定履行

以下情况也属于按合同内容约定履行：当事人约定的第三人按照合同履行；债权人同

意以他种给付代替合同原定给付；当事人之外的第三人接受履行。

2. 合同解除

合同解除，是指合同有效成立后，当具备法律规定的合同解除条件时，因当事人一方或者双方意思表示而使合同关系归于消灭的行为。

合同解除，有约定解除和法定解除两种情况。

(1) 约定解除。当事人协商一致，可以解除合同，当事人可以约定一方解除合同的条件，解除合同的条件成立时，解除权人可以解除合同。

(2) 法定解除。有下列情形之一的，当事人可以解除合同。

① 因不可抗力致使不能实现合同目的。

② 在履行期限届满之前，当事人一方明确表示或者以自己的行为表明不履行主要债务。

③ 当事人一方延迟履行主要债务，经催告后在合理期限内仍未履行。

④ 当事人一方延迟履行债务或者有其他违约行为致使不能实现合同目的。

⑤ 法律规定的其他情形。

当事人一方主张解除合同的，应当通知对方。合同自通知到达对方时解除。对方有异议的，可以请求人民法院或者仲裁机构确认解除合同的效力。法律、行政法规规定解除合同应当办理批准登记等手续的，依照其规定。

合同解除后，尚未履行的，终止履行；已经履行的，根据履行情况和合同性质，当事人可以要求恢复原状，采取其他补救措施，并有权要求赔偿损失。合同权利义务终止，不影响合同中结算和清理条款的效力。

3. 债务相互抵销

当事人互负到期债务，该债务的标的物种类、品质相同的，任何一方可以将自己的债务与对方的债务抵销，但依照法律规定或者按照合同性质不得抵销的除外。

当事人主张抵销的，应通知对方。通知自到达对方时生效，抵销不得附条件或者附期限。当事人互负债务，标的物种类、品质相同的，经双方协商一致，也可以抵销。

4. 债务人依法将标的物提存

提存，是指由于债权人的原因，债务人无法向其交付合同标的物而将该标的物交给提存机关，从而消灭合同的制度。

有下列情形之一，难以履行债务的，债务人可以将标的物提存：债权人无正当理由拒绝受领；债权人下落不明的；债权人死亡未确定继承人或者丧失民事权利未确定监护人；法律规定的其他情形。

标的物不适于提存，或者提存地点费用过高的，债务人依法可以拍卖或者变卖标的物，提存所得的价款。

5. 债权人免除债务

债权人免除债务人部分或者全部债务的，合同的权利和义务部分或者全部中止。

6. 债权债务同归于一人

债权和债务同归于一人的,合同的权利义务终止,但涉及第三人权利义务部分或者全部终止。

7. 法律规定或者当事人约定终止的其他情形

略。

3.9.2 施工合同的解除

1. 发包人解除施工合同

《最高人民法院关于审理建设工程施工合同纠纷案件适用法律问题的解释》规定,承包人具有以下情节之一,发包人请求解除建设工程合同的,应予以支持:①明确表示或者以行为表明不履行合同主要义务的;②合同约定的期限内没有完工,且在发包人催告的合理期限内仍未完成的;③已经完成的建设工程质量不合格,并拒绝修复的;④将承包的建设工程非法转包、违法分包的。

2. 承包人解除施工合同

《最高人民法院关于审理建设工程施工合同纠纷案件适用法律问题的解释》规定,发包人具有以下情形之一,致使承包人无法施工,且在催告的合理期限内仍未履行相应义务,承包人请求解除建设工程施工合同的,应予以支持:①未按约定支付工程价款的;②提供的主要建筑材料、建筑构配件和设备不符合强制性标准的;③不履行合同约定的协助义务的。

3. 施工合同解除的法律后果

《最高人民法院关于审理建设工程施工合同纠纷案件适用法律问题的解释》规定,建设工程施工合同解除后,已经完成的建设工程质量合格的,发包人应当按照约定支付相应的工程价款;已经完成的建设工程质量不合格的,参照本解释第 3 条规定处理。因一方违约导致合同解除的,违约方应当赔偿因此而给对方造成的损失。

该《解释》第 3 条规定,建设工程施工合同无效,且建设工程经竣工验收不合格的,按照以下情形分别处理:①修复后的建设工程经竣工验收合格,发包人请求承包人承担修复费用的,应予支持;②修复后的建设工程经竣工验收不合格,发包人请求支付工程价款的,不予支持。

3.10 合同的担保

担保的产生源于债权人对债务人的不信任。为了规避风险,债权人会要求债务人提供担保。由于涉及当事人的切身利益,我们需要对担保的基本规定有所了解。

担保是债权人与债务人或者第三人根据法律规定或约定而实施的,以保证债权得以实现为目的的民事法律行为。在担保法律关系中,债权人称为担保权人,债务人称为被担保人,第三人称为担保人。

担保活动应当遵循平等、自愿、公平、诚实信用的原则。

担保合同是主合同的从合同，主合同无效，担保合同无效。

3.10.1 担保的形式

1. 保证

保证是以保证人的保证承诺作为担保的，签订保证合同时并不涉及具体的财物。当债务人不能依主合同的约定清偿债务时，保证人负有代为清偿债务责任。

2. 抵押

抵押是以抵押人提供的抵押物作为担保的，债务履行期届满抵押权人未受清偿的，可以与抵押人协议以抵押物折价或者以拍卖、变卖该抵押物所得的价款受偿。抵押不转移对抵押物的占有，这是其与质押的显著区别。

3. 质押

质押是以出质人所提供的质物作为担保的，债务履行期届满债权人未受清偿的，可以与出质人协议以质物折价，也可以依法拍卖、变卖质物。质押转移对抵押物的占有，出质人要将质物交由质权人保管。

4. 留置

留置是以留置权人业已占有的留置人，即债务人的动产作为担保的，债权人留置财产后，债务人应当在不少于两个月的期限内履行债务。债权人与债务人在合同中未约定的，债权人留置债务人财产后，应当确定两个月以上的期限，通知债务人在该期限内履行债务。

债务人逾期仍不履行的，债权人可以与债务人协议以留置物折价，也可以依法拍卖、变卖留置物。

5. 定金

定金是以债务人提交给债权人的一定数额的金钱作为担保的。

3.10.2 保证

保证，是指保证人和债权人约定，当债务人不履行债务时，保证人按照约定履行债务或者承担责任的行为。

保证担保的当事人包括债权人、债务人、保证人。

保证人与债权人应当以书面形式订立保证合同。

1. 保证合同的内容

保证合同的内容包括被保证的主债权种类、数额；债务人履行债务的期限；保证的方式；保证担保的范围；保证的期间；双方认为需要约定的其他事项。

保证人与债权人可以就单个主合同分别订立保证合同，也可以协议在最高债权额限度内就一定期间连续发生的借款合同或者某项商品交易合同订立一个保证合同。

保证担保的范围包括主债权及利息、违约金、损害赔偿金和实现债权的费用。

当事人对保证担保的范围没有约定或者约定不明确的，保证人应当对全部债务承担责任。

保证人承担保证责任后,有权向债务人追偿。

2. 保证人的资格条件

《担保法》规定,具有代为清偿债务能力的法人、其他组织或者公民,可以作保证人。《担保法》规定了下列单位不可以作保证人。

(1) 国家机关不得为保证人,但经国务院批准为使用外国政府或者国际经济组织贷款进行转贷的除外。

(2) 学校、幼儿园、医院等以公益为目的的事业单位、社会团体不得为保证人。

(3) 企业法人的分支机构、职能部门不得为保证人。企业法人的分支机构有法人书面授权的,可以在授权范围内提供保证。

3. 保证方式

1) 一般保证

一般保证是指债权人和保证人约定,首先由债务人清偿债务,当债务人不能清偿债务时,才由保证人代为清偿债务的保证方式。

一般保证的保证人在主合同纠纷未经审判或者仲裁,并就债务人财产依法强制执行仍不能履行债务前,对债权人可以拒绝承担保证责任。

2) 连带责任保证

连带责任保证是指当事人在保证合同中约定保证人与债务人对债务承担连带责任的保证方式。

连带责任保证的债务人在主合同规定的债务履行期届满没有履行债务的,债权人可以要求债务人履行债务,也可以要求保证人在其保证范围内承担保证责任。

4. 保证期间

保证期间是指保证人承担保证责任的期间。

一般保证的保证人与债权人未约定保证期间的,保证期间为主债务履行期届满之日起6个月。在合同约定的保证期间和前款规定的保证期间,债权人未对债务人提起诉讼或者申请仲裁的,保证人免除保证责任;债权人已提起诉讼或者申请仲裁的,保证期间适用诉讼时效中断的规定。

连带责任保证的保证人与债权人未约定保证期间的,债权人有权自主债务履行期届满之日起6个月内要求保证人承担保证责任。在合同约定的保证期间和前款规定的保证期间,债权人未要求保证人承担保证责任的,保证人免除保证责任。

保证期间,债权人依法将主债权转让给第三人的,保证人在原保证担保的范围内继续承担保证责任。保证合同另有约定的,按照约定。

保证期间,债权人许可债务人转让债务的,应当取得保证人书面同意,保证人对未经其同意转让的债务,不再承担保证责任。

债权人与债务人协议变更主合同的,应当取得保证人书面同意,未经保证人书面同意的,保证人不再承担保证责任。

3.10.3 抵押

1. 抵押的概念

按照《担保法》《物权法》的规定，抵押是指债务人或者第三人不转移对财产的占有，将该财产作为债权的担保。债务人不履行债务时，债权人有权依照法律规定以该财产折价或者以拍卖、变卖该财产的价款优先受偿。其中，债务人或者第三人称为抵押人，债权人称为抵押权人。

2. 抵押物

债务人或者第三人提供担保的财产为抵押物。由于抵押物是不转移其占有的，因此能够成为抵押物的财产必须具备一定的条件。这类财产轻易不会灭失，其所有权的转移应当经过一定的程序。

下列财产可以作为抵押物：①抵押人所有的房屋和其他地上定着物；②抵押人所有的机器、交通运输工具和其他财产；③抵押人依法有权处置的国有土地使用权、房屋和其他地上定着物；④抵押人依法有权处置的国有机器、交通运输工具和其他财产；⑤抵押人依法承包并经发包方同意抵押的荒山、荒沟、荒丘、荒滩等荒地的土地使用权；⑥依法可以抵押的其他财产。

下列财产不得抵押：①土地所有权；②耕地、宅基地、自留地、自留山等集体所有的土地使用权；③学校、幼儿园、医院等以公益为目的的事业单位、社会团体的教育设施、医疗卫生设施和其他社会公益设施；④所有权、使用权不明或者有争议的财产；⑤依法被查封、扣押、监管的财产；⑥依法不得抵押的其他财产。

当事人以下列财产抵押的，应当办理抵押登记，抵押权自登记时设立：①建筑物和其他土地附着物；②建设用地使用权；③以招标、拍卖、公开协商等方式取得的荒地等土地承包经营权；④正在建造的建筑物。当事人以下列财产抵押的，抵押权自抵押合同生效时设立，未经登记，不得对抗善意的第三人：①生产设备、原材料、半成品、产品；②交通运输工具；③正在建造的船舶、航空器。

办理抵押物登记，应当向登记部门提供主合同、抵押合同、抵押物的所有权或者使用权证书。

3. 抵押的效力

抵押担保的范围包括主债权及利息、违约金损害赔偿金和实现抵押权的费用。当事人也可以在抵押合同中约定抵押担保的范围。

抵押人有义务妥善保管抵押物并保证其价值。抵押期间，抵押人转让已办理登记的抵押物，应当通知抵押权人并告知受让人转让物已经抵押的情况；否则，该转让行为无效。抵押人转让抵押物的价款，应当向抵押权人提前清偿所担保的债权或者向与抵押权人约定的第三人提存。超过债权的部分归抵押人所有，不足部分由债务人清偿。转让抵押物的价款不得明显低于其价值。抵押人的行为足以使抵押物价值减少的，抵押权人有权要求抵押人停止其行为。

抵押权与其担保的债权同时存在。抵押权不得与债权分离而单独转让或者作为其他债权的担保。

4. 抵押权的实现

债务履行期届满抵押权人未受清偿的，可以与抵押人协议以抵押物折价或者以拍卖、变卖该抵押物所得的价款受偿；协议不成的，抵押权人可以向人民法院提起诉讼。抵押物折价或者拍卖、变卖后，其价款超过债权数额的部分归抵押人所有，不足部分由债务人清偿。

同一财产向两个以上债权人抵押的，拍卖、变卖抵押物所得的价款按照以下规定清偿：①抵押合同以登记生效的，按抵押物登记的先后顺序清偿；顺序相同的，按照债权比例清偿；②抵押合同自签订之日起生效的，如果抵押物未登记的，按照合同生效的先后顺序清偿，顺序相同的，按照债权比例清偿。抵押物已登记的先于未登记的受偿。

3.10.4 质押

1. 质押的法律概念

按照《担保法》《物权法》的规定，质押是指债务人或者第三人将其动产或权利移交债权人占有，将该动产或权利作为债权的担保。债务人不履行债务时，债权人有权依照法律规定以该动产或权利折价或者以拍卖、变卖该动产或权利的价款优先受偿。

质权是一种约定的担保物权，以转移占有为特征。债务人或者第三人为出质人，债权人为质权人，移交的动产或权利为质物。

2. 质押的分类

质押分为动产质押和权利质押。

动产质押是指债务人或者第三人将其动产移交债权人占有，将该动产作为债权的担保。能够用作质押的动产没有限制。

权利质押一般是将权利凭证交付质押人的担保。可以质押的权利包括：①汇票、支票、本票、债券、存款单、仓单、提单；②依法可以转让的股份、股票；③依法可以转让的商标专用权、专利权、著作权中的财产权；④依法可以质押的其他权利。

3.10.5 留置

按照《担保法》《物权法》的规定，留置是指债权人按照、合同约定占有债务人的动产，债务人不按照合同约定的期限履行债务的，债权人有权依照法律规定留置该财产，以该财产折价或者以拍卖、变卖该财产的价款优先受偿。

由于留置是一种比较强烈的担保方式，必须依法行使，不能通过合同约定产生留置权。《担保法》规定，因保管合同、运输合同、加工承揽合同发生的债权，债务人不履行债务的，债权人有留置权。法律规定可以留置的其他合同，适用以上规定。当事人可以在合同中约定不得留置的物。

留置权人负有妥善保管留置物的义务。因保管不善致使留置物灭失或者毁损的，留置权人应当承担民事责任。

3.10.6 定金

定金，是指合同当事人一方以保证债务履行为目的，于合同成立时或未履行前，预先给付对方一定数额金钱的担保方式。定金既指一种债的担保方式，也指作为定金担保方式的预先给付的金钱。

《民法通则》规定，当事人一方在法律规定的范围内可以向对方给付定，债务人履行债务后，定金应当抵作价款或者收回。给付定金的一方不履行债务的，无权要求返还定金；接受定金的一方不履行债务的，应当双倍返还定金。

1. 定金的性质

1) 证约性质

定金具有证明合同成立的证明力。定金一般是在合同订立时交付，这一事实足以证明当事人之间合同的成立，因此，定金是合同成立的证据。

2) 预先给付的性质

定金只能在合同履行前交付，因而具有预先给付的性质。定金具有预先给付的性质，所以定金的数额应在合同规定的应给付的数额之内，在主债务履行后定金可以抵作价款或返还。

3) 担保性质

定金具有担保效力。因为定金交付后，在当事人不履行债务时会发生丧失定金或者加倍返还定金的后果，因而它起到督促当事人履行合同，确保债权人利益的担保作用。

2. 定金与违约金的区别

定金与违约金存在以下区别。

(1) 定金须于合同履行前交付，而违约金只能发生违约行为以后交付。
(2) 定金有证约和预先给付的作用，而违约金没有。
(3) 定金主要起担保作用，而违约金主要是违反合同的民事责任形式。
(4) 定金一般是约定的，而违约金可以是约定的，也可以是法定的。

3. 定金与预付款的区别

定金与预付款存在以下区别。

(1) 定金是合同的担保方式，主要作用是担保合同履行；而预付款的主要作用是为对方履行合同提供资金上的帮助，属于履行的一部分。
(2) 交付定金的协议是从合同，而交付预付款的协议一般为合同内容的一部分。
(3) 定金只有在交付后才能成立，而交付预付款的协议只要双方意思表示一致即可成立。
(4) 定金合同当事人不履行主合同时，适用定金罚则。而预付款交付后当事人不履行合同的，不发生丧失预付款或双倍返还预付款的效力。

4. 定金的生效条件

(1) 合同有效。
(2) 发生交付定金的行为。

《担保法》规定：当事人在定金合同中应当约定交付定金的期限。定金合同从实际交付定金之日起生效。

(3) 定金的比例符合法律规定。

定金的数额由当事人约定，但不得超过主合同标的额的20%。

知识链接 3-1

不可抗力

不可抗力，是指不能预见、不能避免且不能克服的客观情况。不可抗力包括以下情况。
(1) 自然事件，如地震、洪水、火山爆发、海啸等；
(2) 社会事件，如战争、暴乱、骚乱、特定的政府行为等。

根据《合同法》，当事人一方因不可抗力不能履行合同的，应当及时通知对方，以减轻可能给对方造成的损失，并应当在合理期限内提供证明。

当事人一方违约后，对方应当采取适当措施防止损失的扩大；没有采取适当措施致使损失扩大的，不得就扩大的损失要求赔偿。

当事人因防止损失扩大而支出的合理费用，由违约方承担。

3.11 违约责任

3.11.1 违约责任的概念和特征

违约责任是指当事人一方不履行合同义务或者履行合同义务不符合约定条件应承担的责任。

《合同法》规定，当事人一方不履行合同义务或者履行合同义务不符合约定的，应承担继续履行、采取补救措施或者赔偿损失等违约责任。

违约责任具有以下特征：①违约责任的产生是以合同当事人不履行合同义务为条件的；②违约责任具有相对性；③违约责任具有补偿性，即旨在弥补或者补偿因违约行为造成的损害后果；④违约责任可以由当事人约定，但约定不符合法律要求的，将会被宣告无效或者被撤销；⑤违约责任是民事责任的一种形式。

3.11.2 承担违约责任的种类

当事人违反合同义务，承担违约责任的种类主要有继续履行、采取补救措施、停止违约行为、赔偿损失、支付违约金等。

守约方可以要求违约方停止违约行为，采取补救措施，继续履行合同约定；可以按照合同约定，要求违约方支付违约金或者没收定金。如果守约方发生的经济损失大于违约金或者定金的，守约方可以主张违约方按照实际损失予以赔偿。

1. 继续履行

继续履行，是指在某合同当事人违反合同后，非违约方有权要求其依照合同约定继续履行合同，也称强制实际履行。

继续履行必须建立在能够并应该实际履行的基础上。《合同法》规定：当事人一方不履行非金钱债务或者履行非金钱债务不符合约定的，对方可以要求履行，但有下列情形之一的除外。
(1) 法律上或者事实上不能履行。

(2) 债务的标的不适于强制履行或者履行费用过高。

(3) 债权人在合理期限内未要求履行。

2. 采取补救措施

违约方采取补救措施可以减少非违约方所受的损失。对违约责任没有约定或者约定不明确，或不能确定的，受损害方根据标的的性质以及损失的大小，可以合理选择要求对方承担修理、更换、重作、退货、减少价款或者报酬等违约责任。

3. 赔偿损失

当事人一方不履行合同义务或者履行合同义务不符合约定，给对方造成损失的，损失赔偿额应当相当于因违约所造成的损失，包括合同履行后可以获得的利益，但不得超过违反合同一方订立合同时预见到或者应当预见到的因违反合同可能造成的损失。

4. 违约金与定金

1) 违约金

违约金，是指当事人在合同中或合同订立后约定因一方违约而应向另一方支付一定数额的金钱。违约金可分为约定违约金和法定违约金。

约定的违约金低于造成的损失的，当事人可以请求人民法院或者仲裁机构予以增加；约定的违约金过分高于造成的损失的，当事人可以请求人民法院或者仲裁机构予以适当减少。

2) 定金

定金，是合同当事人一方预先支付给对方的款项，其目的在于担保合同债权的实现。定金是债权担保的一种形式，定金之债是从债务，合同当事人对定金的约定是一种从属于被担保债权所依附的合同的从合同。

债务人履行债务后，定金应当抵作价款或者收回。给付定金的一方不履行约定的债务的，无权要求返还定金、收受定金的一方不履行约定的债务的，应当双倍返还定金。

3) 违约金与定金的选择

违约金存在于主合同之中，定金存在于从合同之中。它们可能单独存在，也可能同时存在。当事人既约定违约金，又约定定金的，一方违约时，对方可以选择适用违约金或者定金条款。

5. 承担违约责任的特殊情形

1) 先期违约

先期违约，也叫预期违约，是指当事人一方在合同约定的期限届满之前，明示或默示其将来不能履行合同。

《合同法》规定，当事人一方明确表示或者以自己的行为表明不履行合同义务的，对方可以在履行期限届满之前要求其承担违约责任。

2) 当事人双方都违约的情形

《合同法》规定：当事人双方都违反合同的，应当各自承担相应的责任。

当事人双方违约，是指当事人双方分别违反了自身的义务。依照法律规定，双方违约责任承担的方式是由违约方分别各自承担相应的违约责任，即由违约方向非违约方各自独立地承担自己的违约责任。

3) 因第三人原因违约的情形

当事人一方因第三人的原因造成违约的,应当向对方承担违约责任。当事人一方和第三人之间的纠纷,依照法律规定或者按照约定解决。

4) 违约与侵权竞合的情形

因当事人一方的违约行为,侵害对方人身、财产权益的,受损害方有权选择依照合同法要求其承担违约责任或者依照其他法律要求承担侵权责任。

6. 违约责任的免除

所谓违约责任免除,是指在履行合同的过程中,因出现法定的免责条件或者合同约定的免责事由导致合同不履行的,合同债务人将被免除合同履行义务。

1) 约定的免除

合同中可以约定在一方违约的情况下免除其责任的条件,这个条款称为免责条款。免责条款并非全部有效,合同中的下列免责条款无效:

(1) 造成对方人身伤害的。

(2) 因故意或者重大过失造成对方财产损失的。

2) 法定的免责

法定的免责是指出现了法律规定的特定情形,即使当事人违约也可以免除违约责任。

《合同法》规定,因不可抗力不能履行合同的,根据不可抗力的影响,部分或者全部免除责任,但法律另有规定的除外。当事人迟延履行后发生不可抗力的,不能免除责任。

习　　题

一、单项选择题

1. 某建筑工程公司在施工中泄露了业主方的一些技术秘密,其行为违反了《合同法》中的(　　)。

　　A. 平等原则　　B. 自愿原则　　C. 公平原则　　D. 诚实守信原则

2. 某房地产开发公司与某设计单位签订的设计合同属于(　　)。

　　A. 要式合同　　B. 不要式合同　　C. 无名合同　　D. 从合同

3. 李某于 2017 年 11 月 1 日通过传真方式向王某提出订立某项合同的意思表示及合同的具体条件,李某采用的要约方式是(　　)。

　　A. 承诺　　B. 新要约　　C. 要约邀请　　D. 缔约过失

4. 工程建设中,施工合同的标的应为(　　)。

　　A. 有形合同　　B. 无形合同　　C. 行为　　D. 工作成果

5. 购房人李某想要确认自己与开发公司签订的购房合同有没有法律效力,应当向(　　)申请。

　　A. 房地产主管部门　　　　　　B. 法院或仲裁机构
　　C. 开发公司　　　　　　　　　D. 消费者协会

6. 被确认为没有效力的合同中的( )条款是具有效力的。
   A. 违约责任   B. 数量和质量   C. 付款方式   D. 解决争议

7. 按照《合同法》规定,合同履行地点不明确时,下列表述正确的是( )。
   A. 给付货币的,在支付货币一方所在地履行
   B. 给付货币的,在接受货币一方所在地履行
   C. 交付不动产的,在履行义务一方所在地履行
   D. 交付不动产的,在接受义务一方所在地履行

8. 某建材供应商因销售合同变更而要求货运公司变更交货地点的合同变更成为( )。
   A. 约定变更   B. 法定变更   C. 协商变更   D. 判决变更

9. 执行政府定价或者政府指导价的,在合同约定的交付期限内政府价格调整时,计价执行应按照( )。
   A. 合同价格   B. 新价格   C. 原价格   D. 交付时价格

10. 建设工程未经竣工验收而发包人擅自使用后,发包方发现工程质量存在下列问题,其中应由承包方承担相应责任的是( )。
    A. 内墙皮脱落   B. 地面墙瓷砖空鼓
    C. 横梁裂缝超过规范规定   D. 自来水管爆裂

11. 某工程竣工日期为 2015 年 12 月 1 日,承包商行使优先受偿权的时间最迟应该在( )。
    A. 2015 年 12 月 1 日   B. 2016 年 6 月 1 日
    C. 2016 年 12 月 1 日   D. 2017 年 12 月 1 日

12. 《合同法》中规定的合同履行抗辩权,是指合同履行过程中当事人任何一方因对方的违约而( )的行为。
    A. 解除合同   B. 变更合同   C. 转让合同   D. 中止履行合同义务

13. 某施工合同因解除而效力终止,随该合同的终止而效力不受影响的条款是( )。
    A. 标的条款   B. 质量条款   C. 担保条款   D. 结算、清理条款

14. 如合同当事人对合同的解除经协商意思表示一致,即为协议解除,通常也称为( )。
    A. 单方解除   B. 双方解除   C. 约定解除   D. 法定解除

15. 李某装修房子与建材商店签订了购买瓷砖的合同并交了定金。到了约定提货期的前一天,该商店突然通知说该批瓷砖已被一位熟人买走,近期无货。对此,下列说法正确的是( )。
    A. 商店要承担缔约过失责任
    B. 商店属于先期违约
    C. 商店不承担责任
    D. 商店要等到约定取货的日子才承担违约责任

16. 施工单位甲欠施工单位乙 5 万元钱,施工单位丙又欠甲 5 万元钱,甲和乙约定由丙代替甲向乙还钱,若丙未履行该项债务,则( )。
    A. 丙向甲承担违约责任   B. 乙应当向丙要求赔偿损失
    C. 甲向乙承担违约责任   D. 以上答案都不对

17. 定金合同生效日期为( )。
    A. 约定之日   B. 签订定金合同之日

C. 签订购买建筑陶瓷合同之日　　　　D. 定金交付之日

18. 根据《中华人民共和国合同法》规定，下列单位中不能成为保证人的是( )。
   A. 电机厂　　　B. 建筑公司　　　C. 商业银行　　　D. 大专院校

19. 债务人将其权利移交债权人占有，用以担保债务履行的方式是( )。
   A. 抵押　　　B. 留置　　　C. 保证　　　D. 质押

20. 某银行与某投资商签订了担保合同，双方当事人没有约定保证方式，此时应按照( )。
   A. 一般保证承担保证责任　　　　　　　B. 连带责任保证承担保证责任
   C. 部分连带责任保证承担保证责任　　　D. 由双方认定的第三方确定保证责任

二、多项选择题

1. 我国《合同法》要求参与各方应遵循的基本原则包括( )。
   A. 公开原则　　　B. 公平原则　　　C. 平等原则　　　D. 自愿原则
   E. 诚实信用原则

2. 下列属于诺成合同的有( )。
   A. 定金合同　　　B. 委托合同　　　C. 勘察、设计合同　　　D. 保管合同
   E. 借款合同

3. 甲向乙发出要约，当乙承诺时对要约的内容作了非实质性变更，则下列表述中正确的有( )。
   A. 如果甲及时反对，则该承诺无效　　　B. 如果甲及时反对，则承诺有效
   C. 如果甲及时反对，则该承诺为新要约　D. 如果甲未及时反对，则该承诺有效
   E. 如果甲未及时反对，则该承诺无效

4. 依据《合同法》规定，缔约过失责任的构成要件有( )。
   A. 该责任发生在订立合同的过程中
   B. 合同被确认无效
   C. 当事人违反了诚实守信原则所有要求的义务
   D. 受害方的信赖利益遭受损失
   E. 受害方的信赖利益遭受重大损失

5. 根据《合同法》规定，下列免责条款无效的有( )。
   A. 因过失造成对方财产损失的　　　　B. 造成对方人身伤害的
   C. 因违约造成对方财产损失的　　　　D. 故意造成对方财产损失的
   E. 因重大过失造成对方财产损失的

6. 下列附条件合同效力的描述正确的有( )。
   A. 附生效条件的合同，自然条件成就时生效
   B. 附生效条件的合同，当事人为自己的利益不正当的促成条件成就时，该合同生效
   C. 附解除条件的合同，当事人为自己的利益不正当的阻止条件成就时，该合同生效
   D. 附生效条件的合同，当事人为自己的利益不正当的阻止条件成就时，该合同生效
   E. 附解除条件的合同，当事人为自己的利益不正当的促成条件成就时，该合同生效

7. 在下列合同中，属于可撤销合同的有( )。
   A. 因误解订立的合同　　　　　　　　B. 违反法律的强制性规定的合同
   C. 一方以欺诈、胁迫手段订立的合同　　D. 订立合同时显失公平的合同

E. 以合法行为掩盖非法目的的合同

8. 在施工过程中由于出现了下列情形，造成建设工程的质量缺陷，应该由发包人承担过错责任的有(　　)。
　　A. 所选定的承包商出现偷工减料的现象　B. 发包人采购的材料不符合强制性标准
　　C. 提供的设计有缺陷　　　　　　　　　D. 工程单价导致的价格纠纷
　　E. 工程质量标准的变化，导致的价格纠纷

9. 下列有关合同履行中的抗辩权的表述，正确的有(　　)。
　　A. 合同履行中的抗辩权只发生于双务合同中
　　B. 合同履行中的抗辩权表现的是受损害方寻求公力救济
　　C. 合同履行中的抗辩权体现的是暂时停止履行合同
　　D. 抗辩权行使后如果导致合同拖期，当事人应承担违约责任
　　E. 抗辩权的行使并不消灭合同的履行效力

10. 若当事人约定的违约金与造成的损失不一致的，则下列说法中正确的有(　　)。
　　A. 约定违约金低于造成损失的，当事人可以请求增加
　　B. 约定违约金高于造成损失的，该违约金的约定无效
　　C. 约定违约金高于所造成损失的，当事人可以请求适当减少
　　D. 约定违约金过分高于造成损失的，当事人可以请求适当减少
　　E. 约定违约金过分低于造成损失的，该违约金的约定无效

11. 建设工程合同当事人一方不履行非金钱债务，存在(　　)情形的，对方不能要求继续实际履行。
　　A. 法律上或事实上不能履行的
　　B. 当事人以自己的行为表明不履行的
　　C. 债务标的不适于强制履行或者履行费用过高的
　　D. 债权人在合理期限内未要求履行的
　　E. 当事人愿意履行金钱债务来替代的

12. 某银行与某投资公司签订了保证合同，该合同应当包括(　　)。
　　A. 被保证的主债权种类、数额　　　　B. 保证的方式
　　C. 债务人履行债务的期限　　　　　　D. 保证人的资格
　　E. 保证担保的范围

13. 保证的方式分为(　　)。
　　A. 一般保证　　　B. 定金保证　　　C. 部分连带责任保证
　　D. 连带责任保证　E. 抵押

14. 我国《担保法》规定的担保形式有(　　)。
　　A. 保证　　　　　B. 抵押　　　　　C. 质押
　　D. 留置　　　　　E. 预付款

15. 某建筑公司施工合同履行过程中，出现了发包方拖欠支付工程款的违约情况，那么承包方要求发包方承担违约责任的方式可以有(　　)。
　　A. 继续履行合同　　　　　　　　　　B. 提高价格或报酬
　　C. 要求发包方提前支付所有工程款　　D. 可以要求发包方支付逾期利息

E. 要求发包方降低工程质量标准

16. 在工程实施过程中，变更的表现形式有很多，其对于工程款支付的影响主要表现在( )。
   A. 工程进度变化导致的价格纠纷 B. 工程数量的变化导致的价格纠纷
   C. 合同计价方式导致的合同纠纷 D. 工程单价导致的价格纠纷
   E. 工程质量标准的变化导致的价格纠纷

17. 下列债务人的行为中，可能导致债权人行使撤销权的有( )。
   A. 债务人经营状况严重恶化   B. 债务人放弃到期债权
   C. 债务人丧失商业信誉   D. 债务人无偿转让财产
   E. 债务人以明显不合理低价转让财产

18. 建设单位的下列行为中，建设行政主管部门处以罚款的包括( )。
   A. 建设单位拖延支付工程价款   B. 建设单位提供的设计有缺陷的
   C. 建设单位任意压缩工期   D. 建设单位未组织竣工验收，擅自交付使用的
   E. 未按照国家规定办理工程质量监督手续的

19. 撤销权行使期间的起计时间为( )。
   A. 订立合同的时间   B. 当事人权利受到侵害的时间
   C. 当事人知道撤销事由的时间   D. 当事人被告知权利受到侵害的时间
   E. 当事人应当知道撤销事由的时间

20. 某工程招标时，业主向甲、乙、丙、丁四家公司分别发出了投标邀请，甲未予理睬，其行为的效果为( )。
   A. 未予要约   B. 未予承诺   C. 使要约失效
   D. 使承诺失效   E. 不发生任何法律效率

三、案例分析题

1. 背景：甲建筑公司拟向乙建材公司购买一批钢材。双方经过口头协商，约定购买钢材100吨，钢材价格每吨3500元人民币，并拟定了准备签字盖章的买卖合同文本。乙公司签字盖章后，交给了甲公司准备签字盖章。由于施工进度紧张，在甲公司的催促下，乙公司在未收到甲公司签字盖章的合同文本情形下，将100吨钢材送到甲公司工地现场。甲公司接收了并投入使用。后因拖欠货款，双方产生了纠纷。
   问题：甲乙公司的买卖合同是否成立？

2. 背景：甲房地产开发公司将其开发的商品房工程发包给乙建设工程有限公司承包施工，双方签订了施工合同。该工程于2010年1月1日经竣工验收合格。乙公司于2010年1月20日向甲公司递交了单方结算书和结算资料，但甲公司一直未予审批，并于2010年5月1日向人民法院提起诉讼，要求乙公司立即交付已完工的工程。
   问题：
   (1) 乙公司是否及时启动了竣工结算程序？
   (2) 本案是甲公司先付价款，还是乙公司先交付工程？
   (3) 如果乙公司未及时启动结算程序，甲公司可否主张先交付工程？

第4章 劳动合同法律制度

学习任务

- 了解劳动合同订立的原则、种类和期限。
- 熟悉劳动合同订立应当注意的事项。
- 掌握劳动合同的履行、变更、解除和终止。
- 了解合法用工方式与违法用工模式的规定。
- 熟悉劳动保护的相关规定。
- 掌握劳动争议的解决。
- 熟悉工伤处理的相关规定。

学习目标

知识要点	能力目标
劳动合同订立	能够订立各种形式的劳动合同
劳动合同的有关条款	能够确立劳动关系
集体合同	能够订立集体合同
劳动合同的履行	
劳动合同的变更	能够正确履行合同,进行合同的变更、解除,能够与
劳动合同的解除	用人单位处理劳动合同的终止
劳动合同的终止	
合法用工方式	能够辨认合法和违法用工模式
违法用工模式	
劳动保护	能够按照法律规定进行劳动保护
劳动争议的解决	能够按照法律规定解决劳动争议
工伤的处理	能够按照法律规定进行工伤的认定和处理

核心概念

固定期限劳动合同、无固定期限劳动合同、以完成一定工作任务为期限的劳动合同、劳动报酬、集体合同、劳动合同的履行、变更、解除和终止、劳务派遣、劳动保护、劳动争议、工伤认定

第4章 劳动合同法律制度

引导案例

2016年8月,张某和王某进入某公司担任搬运工。年底,该公司因工作量增大,要求员工加班。张某和王某上班时间从早上8点到晚上12点,除去1小时吃饭时间,每天工作时间平均为14个小时,其中加班时间为6个小时。此外,公司还要求张、王等员工在元旦和周六、周日加班,但公司未向加班员工支付加班费。1个月下来,员工们精疲力竭,要求公司解决问题。但该公司负责人说,年底工作量大,加班也是没有办法的事情,对员工的要求置之不理。于是,张某、王某向当地劳动监察部门做了举报,要求纠正该公司的违法行为,保护其合法权益。

问题:
(1) 该公司的行为违反了《劳动合同法》的哪些规定?
(2) 若该公司不向张某和王某支付加班费应受到何种处罚?

4.1 劳动合同的订立

4.1.1 劳动合同订立的原则

《劳动合同法》规定,订立劳动合同,应当遵循合法、公平、平等自愿、协商一致、诚实信用的原则。

用人单位招用劳动者,不得要求劳动者提供担保或者以其他名义向劳动者收取财物;不得扣押劳动者的居民身份证或者其他证件。

4.1.2 劳动合同的种类

《劳动合同法》规定,劳动合同分为固定期限劳动合同、无固定期限劳动合同和以完成一定工作任务为期限的劳动合同。

1. 劳动合同的期限

劳动合同期限是劳动关系当事人双方享有权利和履行义务的时间。劳动合同订立后,双方劳动合同当事人便建立了劳动关系,各自要依据自己的劳动行为来享受权利和履行义务。但是,这种权利义务关系不可能无头无尾,成为永恒不变的关系,尤其是市场经济条件下,劳动力的流动是必然的。劳动关系可能是较长期限的,也可能是短暂的,到底要维系多久,必须通过一定的具体时间表现出来,这就产生了劳动合同的期限。劳动合同如果没有期限,双方当事人享有权利和履行义务处于不确定状态,不利于维护各自的合法权益。

劳动合同期限是劳动合同存在的前提条件,是实现劳动合同内容的保证。劳动合同是以实现劳动过程为目的,劳动过程是一个相当复杂的过程。劳动合同如果没有期限,这个过程就难以确定,生产或工作任务的完成就无法保证,合同也就失去了存在的真正意义。

2. 固定期限劳动合同

固定期限劳动合同,是指用人单位与劳动者约定合同终止时间的劳动合同。用人单位与劳动者协商一致,可以订立固定期限劳动合同。固定期限的劳动合同可以是较短的1年、

2年，也可以是较长的5年、10年，具体期限长短应根据用人单位情况、岗位情况和劳动者情况自主确定。但是，超过两次签订固定期限的劳动合同，在劳动者没有《劳动合同法》第三十九条和第四十条第一项、第二项规定的情形，且劳动者本人又没有提出订立固定期限劳动合同的，用人单位就应当与劳动者签订无固定期限劳动合同。

3. 无固定期限劳动合同

无固定期限劳动合同，是指用人单位与劳动者约定无确定终止时间的劳动合同。无确定终止时间的劳动合同并不是没有终止时间，一旦出现了法定的解除情形(如到了法定退休年龄)或者双方协商一致解除的，无固定期限劳动合同同样可以解除。

用人单位与劳动者协商一致，可以订立无固定期限劳动合同。有下列情形之一，劳动者提出或者同意续签、订立劳动合同的，除劳动者提出订立固定期限劳动合同外，否则应当订立无固定期限劳动合同。

(1) 劳动者在该用人单位连续工作满10年的。
(2) 用人单位初次实行劳动合同制度或者国有企业改制重新订立劳动合同时，劳动者在该用人单位连续工作满十年且距法定退休年龄不足10年的。
(3) 连续订立二次固定期限劳动合同，且劳动者没有劳动合同法规定的用人单位可以解除劳动合同的情形，续订劳动合同的。

此外，用人单位自用工之日起，满1年不与劳动者订立书面劳动合同的，视为用人单位与劳动者已订立无固定期限劳动合同。

4. 以完成一定工作任务为期限的劳动合同

以完成一定工作任务为期限的劳动合同，是指用人单位与劳动者约定以某项工作的完成为合同期限的劳动合同。用人单位与劳动者协商一致，可以订立以完成一定工作任务为期限的劳动合同。

4.1.3 劳动合同的基本条款

劳动合同应当具备以下条款。
(1) 用人单位的名称、住所和法定代表人或者主要负责人。
(2) 劳动者的姓名、住址和居民身份证或者其他有效身份证件号码。
(3) 劳动合同期限。
(4) 工作内容和工作地点。
(5) 工作时间和休息休假。
(6) 劳动报酬。
(7) 社会保险。
(8) 劳动保护、劳动条件和职业危害防护。
(9) 法律、法规规定应当纳入劳动合同的其他事项。

劳动合同除前款规定的必备条款外，用人单位与劳动者可以约定试用期、培训、保守秘密、补充保险和福利待遇等其他事项。

4.1.4 订立劳动合同应当注意的事项

1. 订立劳动关系即应订立劳动合同

建立劳动关系，即应订立劳动合同。已经建立劳动关系，尚未订立劳动合同的，应当在用工一个月内订立劳动合同。

劳动合同经用人单位和劳动者双方协商一致订立。劳动合同文本一式两份，双方各执一份，经双方当事人签字或盖章生效。

用人单位未在用工的同时订立书面劳动合同，与劳动者约定的劳动报酬不明确的，新招用的劳动者的劳动报酬与应当按照企业或者同行业的集体合同规定的标准执行；没有集体合同的，用人单位应当对劳动者实行同工同酬。用人单位与劳动者在工作前订立劳动合同的，劳动关系自用工之日起建立。

合同有书面形式、口头形式和其他形式。按照《劳动合同法》的规定，除了非全日制用工(即以小时计酬为主，劳动者在同一用人单位一般平均每日用工时间不超过 4 小时，每周工作时间累计不超过 24 小时的用工形式)可以订立口头协议外，建立劳动关系应当订立书面劳动合同。

2. 劳动报酬和试用期

劳动合同对劳动报酬和劳动条件等标准约定不明确，引发争议的，用人单位与劳动者可以重新协商；协商不成的，适用于集体合同规定；没有集体合同或者集体合同未规定劳动报酬的，实行同工同酬；没有集体合同或者集体合同未规定劳动条件等标准的，适用国家有关规定。

劳动合同期限 3 个月以上不满 3 年的，试用期不得超过 1 个月；劳动合同期限 1 年以上不满 3 年的，试用期不得超过 2 个月；3 年以上固定期限和无固定期限的劳动合同，试用期不得超过 6 个月。同一用人单位与同一劳动者只能约定一次试用期。以完成一定工作任务为期限的劳动合同或者劳动合同期限不满 3 个月的，不得约定试用期。试用期包含在劳动合同期限内。劳动合同仅约定试用期的，试用期不成立，该期限为劳动合同期限。

劳动者在试用期的工资不得低于本单位相同岗位最低档工资或者劳动合同约定工资的80%，并不得低于用人单位所在地的最低工资标准。

3. 劳动合同的生效与无效

劳动合同由用人单位与劳动者协商一致，并经用人单位与劳动者在劳动合同文本上签字或者盖章生效。双方当事人签字或者盖章不一致的，以最后一方签字或者盖章的时间为准；如果一方没有写签字时间，则另一方写明的签字时间就是合同生效时间。

劳动合同全部无效，是指劳动合同的基础性条款或主要部分不符合法定有效条件，劳动合同全部条款均不能发生法律约束力的情形。"基础性条款"是指劳动合同应具备有效的最基本条件条款。如主体条款，如果劳动合同主体一方或双方不具有劳动合同主体资格，则劳动合同全部无效。"主要部分"是指劳动合同的某些对其他部分有实质性影响的条款，如劳动合同的内容违反法律保护妇女规定，安排妇女从事禁忌劳动的，劳动合同也全部无效；如果法律限制某些岗位、工种招用某种劳动者，而劳动合同违反这些规定，所订劳动合同亦全部无效。

无效劳动合同是指所订立的劳动合同不符合法定条件，不能发生当事人预期的法律后果的劳动合同。其特征是：①无效劳动合同欠缺劳动合同的有效要件；②无效劳动合同不发生当事人预期的法律约束力。但是，无效劳动合同作为法律事实的一种，会在当事人之间产生法律责任问题，即导致劳动合同无效的当事人基于过错而对他方承担民事责任、行政责任和刑事责任问题。

下列劳动合同无效：①以欺诈、胁迫的手段或者乘人之危，使对方在违背真实意思的情况下订立或者变更劳动合同的；②用人单位免除自己的法定责任、排除劳动者权利的；③违反法律、行政法规强制性规定的。对于部分无效的劳动合同，只要不影响其他部分效力的，其他部分仍然有效。劳动合同被确认无效，劳动者已付出劳动的，用人单位应当向劳动者支付劳动报酬。劳动报酬的数额，参照本单位相同或者相近岗位劳动者的劳动报酬确定。

4.1.5 集体合同

企业职工一方与用人单位通过平等协商，可以就劳动报酬、工作时间、休息休假、劳动安全卫生、保险福利等事项订立集体合同。集体合同草案应当提交职工代表大会或者全体职工讨论通过。集体合同由工会代表企业职工一方与用人单位订立；尚未建立工会的用人单位，由上级工会指导劳动者推举的代表与用人单位订立。企业职工方与用人单位可以订立劳动安全卫生女职工权益保护工资调整机制等专项集体合同。集体合同中劳动报酬和劳动条件等标准不得低于当地人民政府规定的最低标准；用人单位与劳动者订立的劳动合同中劳动报酬和劳动条件等标准不得低于集体合同规定的标准。

用人单位违反集体合同，侵犯职工劳动权益的，工会可以依法要求用人单位承担责任；因履行集体合同发生争议，经协商解决不成的，工会也可以依法申请仲裁、提起诉讼。

4.2 劳动合同的履行、变更、解除和终止

4.2.1 劳动合同的履行和变更

劳动合同一经依法订立便具有法律效力。用人单位与劳动者应当按照劳动合同的约定，全面履行各自的义务。当事人双方既不能只履行部分义务，也不能擅自变更合同，更不能任意不履行合同或者解除合同，否则将承担相应的法律责任。

1. 劳动合同的履行

1) 用人单位应当履行向劳动者支付劳动报酬的义务

用人单位应当按照劳动合同约定和国家规定，向劳动者及时足额支付劳动报酬。劳动报酬是指劳动者为用人单位提供劳动而获得的各种报酬，通常包括三个部分：①货币工资，包括各种工资、奖金、津贴、补贴等；②实物报酬，即用人单位以免费或低于成本价提供给劳动者的各种物品和服务等；③社会保险，即用人单位为劳动者支付的医疗、失业、养老、工伤等保险金。

用人单位和劳动者可以在法律允许的范围内对劳动报酬的金额、支付时间、支付方式等进行平等协商。劳动报酬的支付要遵守国家的有关规定：①用人单位支付劳动者的工资不得低于当地的最低工资标准；②工资应当以货币形式按月支付劳动者本人，即不得以实物或有价证券等形式代替货币支付；③用人单位应当依法向劳动者支付加班费；④劳动者在法定休假日、婚丧假期间、探亲假期间、产假期间和依法参加社会活动期间以及非因劳动者原因停工期间，用人单位应当依法支付工资。

用人单位拖欠或者未足额支付劳动报酬的，劳动者可以依法向当地人民法院申请支付令，人民法院应当依法发出支付令。

2) 依法限制用人单位安排劳动者的加班

用人单位应当严格执行劳动定额标准，不得强迫或者变相强迫劳动者加班。用人单位安排加班的，应当按照国家有关规定向劳动者支付加班费。

3) 劳动者有权拒绝违章指挥、冒险作业

《劳动合同法》规定，劳动者对危害生命安全和身体健康的劳动条件，有权对用人单位提出批评、检举和控告。

劳动者拒绝用人单位管理人员违章指挥、强令冒险作业的，不视为违反劳动合同。

4) 用人单位发生变动不影响劳动合同的履行

用人单位如果变更名称、法定代表人、主要负责人或者投资人等事项，不影响劳动合同的履行。

用人单位发生合并或者分立等情况，原劳动合同继续有效。劳动合同由继承其权利和义务的用人单位继续履行。

2. 劳动合同的变更

用人单位与劳动者协商一致，可以变更劳动合同约定的内容。变更劳动合同，应当采用书面形式。变更后的劳动合同文本由用人单位和劳动者各执一份。

变更劳动合同时应当注意：①必须在劳动合同依法订立之后，在合同没有履行或者尚未履行完毕之前的有效时间内；②必须坚持平等自愿、协商一致的原则，即须经用人单位和劳动者双方当事人的同意；③不得违反法律法规规定的强制性规定；④劳动合同的签订必须采用书面形式。

4.2.2 劳动合同的解除和终止

劳动合同的解除，是指当事人双方提前终止劳动合同、解除双方权利义务关系的法律行为，可分为协商解除、法定解除和约定解除三种情况。劳动合同的终止，是指劳动合同期满或者出现法定情形以及当事人约定的情形而导致劳动合同的效力消灭，劳动合同即行终止。

1. 劳动者可以单方面解除劳动合同的规定

劳动者提前30日以书面形式通知用人单位，可以解除劳动合同，劳动者在试用期内提前3日通知用人单位，可以解除劳动合同。

《劳动合同法》第三十八条规定，用人单位有下列情形之一的，劳动者可以解除劳动合同：①未按照劳动合同约定提供劳动保护或者劳动条件的；②未及时足额支付劳动报酬的；③未依法为劳动者缴纳社会保险费的；④用人单位的规章制度违反法律、法规的规定，损害劳动者权益的；⑤因《劳动合同法》第二十六条第一款规定的情形致使劳动合同无效的；⑥法律、行政法规规定劳动者可以解除劳动合同的其他情形。

用人单位以暴力、威胁或者非法限制人身自由的手段强迫劳动者劳动的，或者用人单位违章指挥、强令冒险作业危及劳动者人身安全的，劳动者可以立即解除劳动合同，不用事先告知用人单位。

2. 用人单位可以单方解除劳动合同的规定

《劳动合同法》在赋予劳动者单方解除权的同时，也赋予用人单位对劳动合同的单方解除权，以保障用人单位的用工自主权。

《劳动合同法》第三十九条规定，劳动者有下列情形之一的，用人单位可以解除劳动合同：①在试用期间被证明不符合录用条件的；②严重违反用人单位的规章制度的；③严重失职，营私舞弊，给用人单位造成重大损害的；④劳动者同时与其他用人单位建立劳动关系，对完成本单位的工作任务造成严重影响，或者经用人单位提出，拒不改正的；⑤《劳动合同法》第二十六条第一款第一项规定的情形致使劳动合同无效的；⑥被依法追究刑事责任的。

《劳动合同法》第四十条规定，有下列情形之一的，用人单位提前30日以书面形式通知劳动者本人或者额外支付劳动者1个月工资后，可以解除劳动合同：①劳动者患病或者非因工负伤，在规定的医疗期满后不能从事原工作，也不能从事由用人单位另行安排的工作的；②劳动者不能胜任工作，经过培训或者调整工作岗位，仍不能胜任工作的；③劳动合同订立时所依据的客观情况发生重大变化，致使劳动合同无法履行，经用人单位与劳动者协商，未能就变更劳动合同内容达成协议的。

3. 用人单位可以单方解除劳动合同的规定

经济型裁员是指用人单位由于经营不善等经济原因，一次性辞退部分劳动者的情形。经济性裁员仍属用人单位单方解除劳动合同。

有下列情形之一的，需要裁减人员20人以上或者裁减不足20人但占企业职工总数10%以上的，用人单位提前30日向工会或者全体职工说明情况，听取工会或者全体职工的意见后，裁减人员方案经向劳动行政部门报告，可以裁减人员：①依照企业破产法规定进行重整的；②生产经营发生严重困难的；③企业转产、重大技术革新或者经营方式调整，经变更劳动合同后，仍需裁减人员的；④其他因劳动合同订立时所依据的客观经济情况发生重大变化，致使劳动合同无法履行的。

裁减人员时，应当优先留用下列三种人员：①与本单位订立较长期限的固定期限劳动合同的；②与本单位订立无固定期限劳动合同的；③家庭无其他就业人员，有需要抚养的老人或者未成年人的。用人单位在6个月内重新招用人员的，应当通知被裁减的人员，并在同等条件下优先招用被裁减人员。

4. 用人单位不得解除劳动合同的规定

为了保护一些特殊群体的劳动者的权益，《劳动合同法》第四十二条规定，劳动者有下列情形之一的，用人单位不得依照该法第四十条、第四十一条的规定解除劳动合同：①从事接触职业病危害作业的劳动者未进行离岗前职业健康检查，或者疑似职业病病人在诊断或者医学观察期间的；②在本单位患职业病或者因工负伤并被确认丧失或者部分丧失劳动能力的；③患病或者非因工负伤，在规定的医疗期内的；④女职工在孕期、产期、哺乳期的；⑤在本单位连续工作满 15 年，且距法定退休年龄不足 5 年的；⑥法律、行政法规规定的其他情形。

用人单位违反《劳动合同法》规定解除或者终止劳动合同，劳动者需要继续履行劳动合同的用人单位应当继续履行；劳动者不要求继续履行劳动合同或者劳动合同已经不能继续履行的，用人单位应当依法向劳动者支付赔偿金，赔偿金标准为经济补偿标准的 2 倍。

5. 劳动合同的终止

《劳动合同法》第四十四条规定，有下列情形之一的，劳动合同终止：①劳动合同期满的；②劳动者开始依法享受基本养老保险待遇的；③劳动者死亡，或者被人民法院宣告死亡或者宣告失踪的；④用人单位被依法宣告破产的；⑤用人单位被吊销营业执照、责令关闭、撤销或者用人单位决定提前解散的；⑥法律、行政法规规定的其他情形。

但是，在劳动合同期满时，有《劳动合同法》第四十二条规定情形之一的，劳动合同应当继续延续至相应的情形消失时才能终止。但是，在本单位患有职业病或者因工负伤并被确认丧失或者部分丧失劳动能力的劳动者的劳动合同的终止，按照国家有关工伤保险的规定执行。

《工伤保险条例》规定：①劳动者因工致残被鉴定为 1 级至 4 级伤残的，即丧失劳动能力的，保留劳动关系，退出工作岗位，用人单位不得终止劳动合同；②劳动者因工致残被鉴定 5 级、6 级伤残的，即大部分丧失劳动能力的，经工伤职工本人提出，该职工可以与用人单位解除或者终止劳动关系，否则，用人单位不得终止劳动合同；③职工因工致残被鉴定为 7 级到 10 级伤残的，即部分丧失劳动能力的，劳动合同期满终止。

6. 终止劳动合同的经济补偿

有下列情形之一的，用人单位应当向劳动者支付经济补偿：①劳动者依照《劳动合同法》第三十八条规定解除劳动合同的；②用人单位向劳动者提出解除劳动合同并与劳动者协商一致解除劳动合同的；③用人单位依照《劳动合同法》第四十条规定解除劳动合同的；④用人单位依照《劳动合同法》第四十一条第一款规定解除劳动合同的；⑤除用人单位维持或者提高劳动合同约定条件续订劳动合同，劳动者不同意续订的情形外，依照《劳动合同法》第四十四条第 1 项规定终止固定期限劳动合同的；⑥依照《劳动合同法》第四十四条第四项、第五项规定终止劳动合同的；⑦法律、行政法规规定的其他情形。

4.3 劳动保护

《劳动法》对劳动者的工作时间、休息休假、工资、劳动安全卫生、女职工和未成年工特殊保护、社会保险和福利等作了法律规定。

4.3.1 劳动者的工作时间和休息休假

工作时间(又称劳动时间)，是指法律规定的劳动者在一昼夜和一周内从事生产、劳动或者工作的时间。休息休假(又称休息时间)，是指劳动者在国家规定的法定工作时间外，不从事生产、劳动或者工作而由自己自行支配的时间，包括劳动者每天休息的时数、每周休息的天数、节假日、年休假、探亲假等。

1. 工作时间

《劳动法》第三十六条、第三十八条规定，国家实行劳动者每日工作时间不超过 8 小时、平均每周工作时间不超过 44 小时的工时制度。用人单位应当保证劳动者每周至少休息 1 日。

(1) 缩短工作日。国务院规定"在特殊条件下从事劳动和有特殊情况需要适当缩短工作时间的，按照国家有关规定实行"，缩短工时制的适用范围，只限于在特殊条件下从事劳动或有特殊情况的职工。就现阶段而言，具体包括从事矿山井下、高山、有毒、有害，特别繁重和过度紧张的体力劳动职工，以及纺织、化工、建筑冶炼、地质勘探、森林采伐、装卸搬运等行业或岗位的职工；从事夜班工作的职工；在哺乳期工作的女职工；16 岁至 18 岁的未成年劳动者。

(2) 不定时工作日。企业对符合下列条件之一的职工，可以实行不定时工作制：①企业中的高级管理人员、外勤人员、推销人员、部分值班人员和其他因工作无法按标准工作时间衡量的职工；②企业中的长途运输人员、出租汽车司机和铁路、港口、仓库的部分装卸人员以及因工作性质特殊，需机动作业的职工；③其他因生产特点、工作特殊需要或职责范围的关系，适合实行不定时工作制的职工。

(3) 综合计算工作日。应分别以周、月、季、年为周期综合计算工作时间，但其平均日工作时间和平均周工作时间应与法定标准工作时间相同，即平均每日工作不超过 8 小时，平均每周工作时间不超过 40 小时。

(4) 计件工资时间。对实行计件工作的劳动者，用人单位应当根据《劳动法》第三十六条规定的工时制度合理确定其劳动定额和计件报酬标准。

2. 休息休假

《劳动法》规定，用人单位在下列节日期间应当依法安排劳动者休假：①元旦；②春节；③国际劳动节；④国庆节；⑤法律、法规规定的其他休假节日。目前，法律法规规定的其他休假节日有全体公民放假的节日是清明节、端午节和中秋节；部分公民放假的节日及纪念日是妇女节、青年节、儿童节、中国人民解放军纪念日。

劳动者连续工作 1 年以上的，享受带薪年休假。此外，劳动者按有关规定还可以享受探亲假、婚丧假、生育(产)假、节育手术假等。

用人单位由于生产经营需要，经与工会和劳动者协商可以延长工作时间，一般每日不得超过 1 小时；因特殊原因需要延长工作时间的，在保障劳动者身体健康的条件下延长工作时间每日不得超过 3 小时，但是每月不得超过 36 个小时。在发生自然灾害、事故等需要紧急处理，或者生产设备、交通运输线路、公共设施发生故障必须及时抢修等法律、行政法规规定的特殊情况的，延长工作时间不受上述限制。

用人单位应当按照下列标准支付高于劳动者正常工作时间工资的工资报酬：安排劳动者延长工作时间的，支付不低于工资的150%的工资报酬；休息日安排劳动者工作又不能安排补休的，支付不低于工资的200%的工资报酬；法定休假日安排劳动者工作的，支付不低于300%的工资报酬。

4.3.2 劳动者的工资

工资，是指用人单位依照国家有关规定和劳动关系双方的约定，以货币形式直接支付给劳动者的劳动报酬，如计时工资、计件工资、奖金、津贴和补贴等。

1. 工资基本规定

《劳动法》规定，工资分配应当遵循按劳分配原则，实行同工同酬。工资水平在经济发展的基础上逐步提高。国家对工资总量实行宏观调控。用人单位根据本单位的生产经营特点和经济效益，依法自主确定本单位的工资分配方式和工资水平。

工资应当以货币的形式按月支付给劳动者本人。不得克扣或者无故拖欠劳动者的工资。劳动者在法定休假日和婚丧假期间以及依法参加社会活动期间，用人单位应当依法支付工资。

在我国，企业、机关(包括社会团体)、事业单位实行不同的基本工资制度。企业基本工资制度主要有等级工资制、岗位技能工资制、岗位工资制、结构工资制、经营者年薪制等。

2. 最低工资保障制度

最低工资标准是指劳动者在法定的工作时间或依法签订的劳动合同约定的工作时间内提供了正常劳动的前提下，用人单位依法应支付的最低劳动报酬。所谓正常劳动，是指劳动者依法签订的劳动合同约定，在法定的工作时间或劳动合同约定的工作时间内从事的劳动。

国家实行最低工资保障制度。在劳动者提供正常劳动的情况下，用人单位应支付给劳动者的工资在剔除下列各项以后，不得低于当地最低工资标准：①延长工作时间工资；②中班、夜班、高温、低温、井下、有毒有害等特殊工作环境、条件下的津贴；③法律、法规和国家规定的劳动者福利待遇等。实行计件工资或提成工资等工资形式的用人单位，在科学合理的劳动定额基础上，其支付劳动者的工资不得低于相应的最低工资标准。劳动者与用人单位形成或建立劳动关系后，试用、见习期间，在法定工作时间内提供了正常劳动，其所在的用人单位应当支付其不低于最低工资标准的工资。

在非全日制劳动者提供正常劳动的情况下，用人单位支付的小时工资不得低于当地小时最低工资标准：①工资应当以法定货币(即人民币)形式支付，不得以实物及有价证券替代货币支付；②用人单位应将工资支付给劳动者本人；本人因故不能领取工资时，可由其亲属或委托他人代领；③用人单位可直接支付工资，也可委托银行代发工资；④工资必须在用人单位与劳动者约定的日期支付。工资至少每月支付一次；⑤劳动关系双方依法解除或终止劳动合同时，用人单位应在解除或终止劳动合同时一次付清劳动者工资；⑥用人单位在支付工资时应向劳动者提供一份其个人的工资清单。

4.3.3　劳动者的社会保险与福利

《社会保险法》规定，国家建立基本养老保险、基本医疗保险、工伤保险、失业保险、生育保险等社会保险制度，保障公民在年老、疾病、工伤、失业、生育等情况下依法从国家和社会获得物质帮助的权利。

1. 基本养老保险

职工应当参加基本养老保险，由用人单位和职工共同缴纳基本养老保险费。用人单位应当按照国家规定的本单位职工工资总额的比例缴纳基本养老保险费，记入基本养老保险统筹基金。职工应当按照国家规定的本人工资的比例缴纳基本养老保险费，记入个人账户。

1) 基本养老金的组成

基本养老金由统筹养老金和个人账户养老金组成。基本养老金根据个人累计缴费年限、缴费工资、当地职工平均工资、个人账户金额、城镇人口平均预期寿命等因素确定。

2) 基本养老金的领取

参加基本养老金的个人，达到法定退休年龄且累计缴费满 15 年的，按月领取基本养老金。参加基本养老金的个人，达到法定退休年龄且累计缴费不满 15 年的，可缴费至满 15 年，按月领取基本养老金。也可以转入新型农村社会养老保险或者城镇居民社会养老保险，按照国务院规定享受相应的养老保险待遇。

参加基本养老保险的个人，因病或者非因工死亡的，其遗属可以领取丧葬补助金和抚恤金，在未达到法定退休年龄时因病或者因工致残完全丧失劳动能力的，可以领取病残津贴，所需资金从基本养老保险基金中支付。

个人跨统筹地区就业的，其基本养老保险关系随本人转移，缴费年限累计计算。个人到达法定退休年龄时，基本养老金分段计算，统一支付。

2. 基本医疗保险

职工应参加职工基本医疗保险，由用人单位和职工按照国家规定共同缴纳基本医疗保险费。医疗机构应当为参保人员提供合理、必要的医疗服务。

参加职工基本医疗保险的个人，到达法定年龄时累计缴费达到国家规定年限的，退休后不再缴纳基本医疗保险费，按照国家规定享受基本医疗保险待遇；未达到国家规定年限的，可以缴纳至国家规定年限。

符合基本医疗保险药品目录、诊疗项目、医疗服务设施标准以及急诊、抢救的医疗费用，按照国家规定从基本医疗保险基金中支付。下列医疗费用不用纳入基本医疗保险基金支付范围：①应当从工伤保险基金中支付的；②应当由第三方负担的；③应当由公共卫生负责的；④在境外就医的。医疗费用依法应当由第三人负担，第三人不支付或者无法确定第三人的，由基本医疗保险基金先行支付。基本医疗保险基金先行支付后，有权向第三人追偿。

个人跨统筹地区就业的，其基本医疗保险关系随本人转移，缴费年限累计计算。

3. 工伤保险

职工应当参加工伤保险，由用人单位缴纳工伤保险费，职工不缴纳工伤保险费。此外，

《建筑法》规定，建筑施工企业必须为从事危险作业的职工办理意外伤害保险，支付保险费。

1) 工伤保险费率

国家根据不同行业的工伤风险程度确定行业的差别费率，并根据使用工伤保险基金、工伤发生率等情况在每个行业内确定费率档次。统筹地区经办机构根据用人单位工伤保险费使用、工伤发生率等情况，适用所属行业内相应的费率档次确定单位缴费费率。

用人单位缴纳工伤保险费的数额为本单位职工工资总额乘以单位缴费率之积。

2) 工伤认定

职工因下列情形之一导致本人在工作中伤亡的，不认定为工伤：①故意犯罪；②醉酒或者吸毒；③自残或者自杀。

3) 工伤保险基金支付的费用

因工伤发生的下列费用，按照国家规定从工伤保险中支付：①治疗工伤的医疗费用和康复费用；②住院伙食补助费；③到统筹地区以外就医的交通食宿费；④安装配置伤残辅助器具所需费用；⑤生活不能够自理的，经劳动能力鉴定委员会确认的生活护理费；⑥一次性伤残补助金和一至四级伤残职工按月领取的伤残津贴；⑦终止或者解除劳动合同时，应当享受的一次性医疗补助金；⑧因公死亡的，其遗属领取的丧葬补助金、供养亲属抚恤金和因公死亡补助金；⑨劳动能力鉴定费。

4) 用人单位支付的费用

因工伤发生的下列费用，按照国家规定由用人单位支付：①治疗工伤期间的工资福利；②五级、六级伤残职工按月领取的伤残津贴；③终止或者解除劳动合同时，应当享受的一次性伤残就业补助金。

5) 先行支付的规定

职工所在用人单位未依法缴纳工伤保险费，发生工伤事故的，由用人单位支付工伤保险待遇。用人单位不支付的，从工伤保险基金中先行支付。从工伤保险基金中先行支付的工伤保险待遇应当由用人单位偿还。用人单位不偿还的，社会保险经办机构可以依照本法第六十三条的规定追偿。

医疗费用依法应当由第三人负担，第三人不支付或者无法确定第三人的，由基本医疗保险基金先行支付。基本医疗保险基金先行支付后，有权向第三人追偿。

6) 停止享受工伤保险待遇的规定

工伤职工有下列情形之一，停止享受工伤保险待遇：①丧失享受待遇条件的；②拒不接受劳动能力鉴定的；③拒绝治疗的。

国家标准《劳动能力鉴定—职工伤与职业病致残等级分级》符合该标准一级至四级的为全部丧失劳动能力，五级至六级的为大部分丧失劳动能力，七级至十级的为部分丧失劳动能力。

4. 失业保险

《社会保险法》规定，失业保险是指国家通过立法强制实行的，由用人单位、职工个人缴费及国家财政补贴等渠道筹集资金建立失业保险基金，对因失业而暂时中断生活来源的劳动者提供物质帮助以保障其基本生活，并通过转业训练、职业介绍等手段为其再就业创造条件的制度。

1) 失业保险金的领取

失业人员符合下列条件的，从失业保险基金中领取失业保险金：①失业前用人单位和本人已经缴纳失业保险费满一年的；②非因本人意愿中断就业的；③已经进行失业登记，并有求职要求的。

失业人员失业前用人单位和本人累计缴费满一年不足五年的，领取失业保险金的期限最长为十二个月；累计缴费满五年不足十年的，领取失业保险金的期限最长为十八个月；累计缴费十年以上的，领取失业保险金的期限最长为二十四个月。重新就业后，再次失业的，缴费时间重新计算，领取失业保险金的期限与前次失业应当领取而尚未领取的失业保险金的期限合并计算，最长不超过二十四个月。

2) 领取失业保险金期间的有关规定

根据我国社会保险法及失业保险条例规定，领取失业保险金期间不能缴纳社会保险。即领取失业保险金期间养老保险不可以缴纳。但领取失业保险金期间失业人员可以享受医疗保险待遇。

根据我国社保法规定，失业前已经缴纳失业保险费满一年，且非本人意愿中断就可以申领失业保险金。在领取失业保险金期间可以享受医疗保险待遇，但不能继续缴存养老保险。

3) 办理领取失业保险金的程序

用人单位应当及时为失业人员出具终止或者解除劳动关系的证明，并将失业人员的名单自终止或者解除劳动关系之日起15日内告知社会保险经办机构。

失业人员应当持本单位为其出具的终止或者解除劳动关系的证明，及时到指定公共就业服务机构办理领取失业登记。失业人员凭失业登记证明和个人身份证明，到社会保险经办机构办理领取失业保险金的手续。失业保险金领取期限自办理失业登记之日起计算。

5. 生育保险

《社会保险法》规定，职工应当参加生育保险，由用人单位按照国家规定缴纳生育保险费，职工不缴纳生育保险费。

生育医疗费用包括下列各项：①生育的医疗费用；②计划生育的医疗费用；③法律、法规规定的其他项目费用。

职工有下列情形之一的，可以按照国家规定享受生育津贴：①女职工生育享受产假；②享受计划生育手术休假；③法律、法规规定的其他情形。生育津贴按照职工所在用人单位上年度职工月平均工资计发。

6. 福利

《劳动法》规定，国家发展社会福利失业，兴建公共福利设施，为劳动者休息、休养和疗养提供条件。

用人单位应当创造条件，改善集体福利，提高劳动者的福利待遇。

4.4 劳动争议的解决

劳动争议(又称劳动纠纷),是指劳动关系当事人之间因劳动的权利与义务发生分歧而引起的争议。

4.4.1 劳动争议的范围

按照《劳动争议调解仲裁法》《企业劳动争议处理条例》和《最高人民法院关于审理劳动争议案例适用法律若干问题的解释》的规定,劳动争议的范围主要是:①因确认劳动关系发生争议;②因订立,履行、变更解除和终止劳动关系劳动合同发生的争议;③因除名、辞退职工和职工辞职自动离职发生的争议;④因工作时间、休息休假、工资、社会保险、福利、培训,以及劳动保护发生的争议;⑤因劳动报酬、工伤医疗费、经济补偿或者赔偿金等发生的争议;⑥劳动者退休后,与尚未参加社会保险统筹的原用人单位,因追索养老金、医疗费、工伤保险待遇和其他社会保险而发生的争议;⑦其他劳动争议。

4.4.2 劳动争议的解决方式

《劳动法》规定,用人单位与劳动者发生劳动争议,当事人可以依法申请调解仲裁提起诉讼,也可以协商解决,调解原则适用于仲裁和诉讼程序。

1. 调解

劳动争议发生后,当事人可以向本单位劳动争议调解委员会申请调解。

在用人单位内,可以设立劳动争议调解委员会。劳动争议调解委员会,由职工代表用人单位代表和工会代表组成。劳动争议调解委员会主任,由工会代表担任。劳动争议经调解达成协议的,当事人应当履行。

2. 仲裁

对于调解不成,当事人一方要求仲裁的,可以向劳动争议仲裁委员会申请仲裁。当事人一方也可以直接向劳动争议仲裁委员会申请仲裁。

劳动争议仲裁委员会,由劳动行政部门代表,同级工会代表,用人单位方面的代表组成,劳动争议仲裁委员会主任,由劳动行政部门代表担任。

提出仲裁要求的一方,应当自劳动争议发生之日起 60 日,内向劳动争议仲裁委员会提出书面申请。仲裁裁决,一般应在收到仲裁申请的 60 日内作出,对于仲裁裁决无异议时,当事人必须履行。

3. 诉讼

劳动争议的当事人对仲裁裁决不服的,可以自收到仲裁裁决书之日起 15 日内向人民法院提起诉讼。一方当事人在法定期限内不起诉,又不履行仲裁裁决的,另一方当事人可以申请人民法院强制执行。

4.4.3 集体合同争议的解决

因签订集体合同发生争议,当事人协商解决不成的,当地人民政府劳动行政部门可以组织有关各方协调处理。

因履行集体合同发生争议,当事人协商解决不成的,可以向劳动争议仲裁委员会申请仲裁,仲裁裁决不服的,可以自收到仲裁裁决书之日起,15日内向人民法院提起诉讼。

4.5 工伤处理

4.5.1 工伤认定

国务院《工伤保险条例》规定,职工出现下列情形之一的,应当认定为工伤:①在工作时间和工作场所内,因工作原因受到事故伤害的;②工作时间前后在工作场所内,从事与工作有关的预备性或者收尾性工作受到事故伤害的;③在工作时间和工作场所内,因履行工作职责受到暴力等意外伤害的;④患职业病的;⑤因公外出期间,由于工作原因受到伤害或者发生事故下落不明的;⑥在上下班途中,受到非本人主要责任的交通事故,从事轨道交通、客运轮渡、火车事故伤害的;⑦法律、行政法规规定应当认定为工伤的其他情形。

职工有下列情形之一的,视同工伤:①在工作时间和工作岗位,突发疾病死亡或者在48小时之内抢救抢救无效死亡的;②在抢险救灾等维护国家利益,公共利益活动中受到伤害的;③职工原在军队服役、应战、因公负伤致残,取得革命伤残军人证,到用人单位后,旧伤复发的。

1. 工伤认定申请

职工发生事故伤害,或者按照职业病防治法规规定被诊断、鉴定为职业病,所在单位应当自事故伤害发生之日,或者被诊断、鉴定为职业病之日起30日内,向统筹地区社会保险行政部门提出工伤认定申请。有特殊情况,经报社会保险行政部门同意,申请时限可以适当延长。

用人单位未按照规定提出工伤认定申请的,工伤职工或者其近亲属、工会组织在事故伤害发生之日或者被诊断、鉴定为职业病之日起1年内,可以直接向用人单位所在地统筹地区社会保险行政部门提出工伤认定申请。用人单位未在规定时限内提出提交工伤认定申请,在此期间发生符合《工伤保险条例》规定的工伤待遇等有关费用由该用人单位负担。

提出工伤认定申请应当提交下列材料:①工伤认定申请表;②与用人单位存在劳动关系,(包括事实劳动关系)的证明材料;③医疗诊断证明或者职业病诊断名证明书(或者职业病诊断鉴定书)。工伤认定申请表应当包括事故发生的时间、地点、原因以及职工伤害程度等基本情况。

2. 工伤认定申请的受理和决定

社会保险行政部门受理工伤认定申请后,根据审核需要可以对事故伤害进行调查核实,用人单、职工、工会组织、医疗机构以及有关部门应当予以协助。职工或者其近亲属，认为是工伤，用人单位不认为是工伤的，用人单位承担举证责任。

社会保险行政部门应当自受理工伤认定申请之日起 60 日内作出工伤认定的决定，书面通知申请工伤认定的职工或者其近亲属和该职工所在的单位。

4.5.2 劳动能力鉴定

《工伤保险条例》规定，职工发生工伤，经治疗伤情相对稳定后存在残疾，影响劳动能力的，应当进行劳动能力鉴定。劳动能力鉴定是指劳动功能障碍程度和生活自理障碍程度的等级鉴定。劳动功能障碍分为十个伤残等级，最重的为一级，最轻的为十级。生活自理障碍分为三个等级，生活完全不能自理，生活大部分不能自理和生活部分不能自理。

劳动能力鉴定由用人单位、工伤职工或其近亲属向设区的市级劳动能力鉴定委员会提出申请，并提供工伤认定决定和职工工伤医疗的有关资料。社区的市级劳动能力鉴定委员会，应当自收到劳动能力鉴定申请之日起 60 日内作出劳动能力鉴定结论，必要时作出的劳动能力鉴定结论的期限可以延长 30 日。劳动能力鉴定结论应当及时送达申请鉴定的单位和个人。

申请鉴定的单位或者个人对设区的市级劳动能力鉴定委员会作出的鉴定结论不服的，自收到该鉴定结论之日起 15 日内向省自治区直辖市劳动能力鉴定委员会提出再次鉴定申请。省、自治区、直辖市劳动能力鉴定委员会作出的劳动能力鉴定结论为最终结论。

自劳动能力鉴定结论作出之日起一年后，工伤职工或者其近亲属，所在单位或经办机构认为伤残情况发生变化的，可以申请劳动能力复查鉴定。

4.5.3 工伤保险待遇

职工因工作遭受事故伤害或者患职业病进行治疗，享受工伤医疗待遇。

1. 工伤的治疗

职工治疗工伤，应当在签订服务协议的医疗机构就医，情况紧急时，可以先到就近的医疗机构急救。治疗工伤所需费用符合工伤保险诊疗项目目录、工伤保险药品目录、工伤保险住院服务标准的，从工伤保险基金支付。

职工住院治疗工伤的伙食补助费，以及经医疗机构出具证明，报经办机构同意，工伤职工到统筹地区以外的就医所需的交通食宿费用从工伤保险基金支付。

工伤职工到签订服务协议的医疗机构进行工伤康复的费用，符合规定的，从工伤保险基金支付，工伤职工治疗非工伤引发的疾病，不享受工伤医疗待遇，按照基本医疗保险处理。

2. 工伤医疗的停工留薪期

职工因工作遭受事故伤害或者患职业病需要暂停工作，接受工伤治疗的，在停工留薪期内，原工资福利待遇不变，由所在单位按月支付。停工留薪期一般不超过 12 个月。伤情严重或者情况特殊，经设区的市级劳动能力鉴定委员会确认，可以适当延长，但延长不得超过 12 个月。

工伤职工评定伤残等级后，停发原待遇，按照有关规定享受伤残待遇。工伤职工在停

工留薪期满后仍需治疗的,继续享受工伤医疗待遇。

3. 工伤职工的护理

生活不能自理的工伤职工在停工留薪期需要护理的,由所在单位负责。

工伤职工已经评定伤残等级,并经劳动能力鉴定委员会确认,需要生活护理的,从工伤保险基金按月支付生活护理费。生活护理费按照生活完全不能自理、生活大部分不能自理,或者生活部分不能自理,三个不同等级支付,其标准分别为统筹地区上年度职工月工资月平均工资的 50%、40%或者 30%。

4. 职工因工致残的待遇

职工因工致残,被鉴定为一级至四级伤残的,保留劳动关系,退出工作岗位,从工伤保险基金按伤残等级支付一次性伤残补助金;从工伤保险基金按月支付伤残津贴,伤残津贴直接金额低于当地最低工资标准的,由工伤保险基金补足差额。工伤职工达到退休年龄并办理退休手续后停发伤残津贴,按照国家有关规定,享受基本养老保险待遇。基本养老保险待遇低于伤残津贴的,由工伤保险基金补足差额。

职工因工致残被鉴定为五级、六级伤残的,从工伤保险基金,按伤残等级支付一次性伤残补助金,保留与用人单位的劳动关系,由用人单位安排适当工作,难以安排工作的由用人单位按月发给伤残津贴,并由用人单位按照规定为其缴纳的各项社会保险费。经工伤职工本人提出也可以与用人单位解除或者终止劳动关系,由工伤保险基金支付一次性工伤医疗补助金,由用人单位支付一次性伤残就业补助金。

职工因工致残,被鉴定为七级至十级伤残的,从工伤保险基金按伤残等级支付一次性伤残补助金至劳动聘用合同期满终止,或者由其本人提出解除劳动合同的,由工伤保险基金支付一次性工伤医疗补助金,由用人单位支付一次性伤残就业补助金。

5. 其他规定

职工因工外出期间发生事故,或者在抢险救灾中下落不明的,从事故发生当月起三个月内照发工资,从第 4 个月起停发工资,由工伤保险基金向其供养亲属按月支付供养亲属抚恤金,生活有困难的提供一次性工伤补助金的 50%。

职工被派遣出境工作,依据前往国家或者地区的法律,应当参加当地工伤保险的,参加当地工伤保险,其国内工伤保险关系终止。不能参加工伤保险的,其国内工伤保险关系不终止。

职工再次发生工伤,根据规定应当享受伤残津贴的,按照新认定的伤残等级,享受伤残津贴待遇。

职工因工死亡其近亲属按照规定从工伤保险基金领取丧葬补助金、供养亲属抚恤金和一次性工伤补助金。

习 题

一、单项选择题

1. 在下列社会关系中,属于我国劳动法调整的劳动关系的是( )。

A. 施工单位与某个体经营者之间的加工承揽关系
B. 劳动者与施工单位之间在劳动过程中发生的关系
C. 家庭雇佣劳动关系
D. 社会保险机构与劳动者之间的关系

2. 劳动合同应当采用( )订立。
   A. 书面形式　　B. 口头形式　　C. 公正形式　　D. 格式条款

3. 2016年2月1日小李经面试后合格并与某建筑公司签订了为期5年的用工合同,并约定了试用期,则试用期最迟至( )。
   A. 2016年2月28日　　　　　　B. 2016年5月31日
   C. 2016年8月1日　　　　　　D. 2016年2月1日

4. 大学生小张、小李于2015年7月1日应聘到东方建筑公司参加工作,在与小张订立劳动合同中约定的期限为2年;而与小李没有约定劳动期限,只约定试用期6个月。对此,依据《劳动合同法》,东方建筑公司应最迟在( )之前,与小张和小李同时订立书面劳动合同。
   A. 2015年7月15日　　　　　　B. 2015年8月1日
   C. 2015年10月1日　　　　　　D. 2016年1月1日

5. 大学生小王2016年6月1日与东方建筑公司签订了书面劳动合同,期限为7年,2016年7月5日大学毕业后,8月1日到公司报到。依据《劳动合同法》,东方建筑公司应自( )起即与小王建立了劳动关系。
   A. 2016年6月1日　　　　　　B. 2016年7月5日
   C. 2016年8月1日　　　　　　D. 2016年10月10日

6. 根据第五题的背景,依据《劳动合同法》,小王的试用期不得超过( )。
   A. 2016年9月1日　　　　　　B. 2016年11月1日
   C. 2017年2月1日　　　　　　D. 2017年8月1日

7. 根据第四题的背景,依据《劳动合同法》,小张的试用期不得超过( )。
   A. 一个月　　B. 两个月　　C. 三个月　　D. 六个月

8. 某公司与应聘的大学毕业生小李没有约定劳动期限,只约定了试用期为6个月。关于小李的劳动期限,下列选项中表述正确的是( )。
   A. 由于没有约定劳动期限,小李的劳动合同属于无固定期限合同
   B. 小李的劳动期限应为三个月
   C. 小李的劳动期限应为六个月
   D. 小李的劳动期限应为一年

9. 根据《劳动合同法》,劳动者非因工负伤,医疗期满后,不能从事原工作也不能从事由用人单位另行安排的工作,用人单位可以解除劳动合同,但是应当提前( )日以书面形式通知劳动者本人。
   A. 10　　B. 15　　C. 30　　D. 50

10. 根据《劳动合同法》,下列选项中,用人单位可以解除劳动合同的情形是( )。
    A. 职工患病,在规定的医疗期内　　B. 职工非因工负伤,伤愈出院
    C. 女职工在孕期内　　　　　　　　D. 女职工在哺乳期内

11. 在试用期内被证明不符合录用条件的,用人单位( )。

A. 可以随时解除劳动合同

B. 必须解除劳动合同

C. 可以解除合同，但应当提前30日通知劳动者

D. 不能解除劳动合同

12. 工人小韩与施工企业签订为期1年的劳动合同，在合同履行过程中小韩不能胜任本职工作，企业给其调整工作岗位后，仍不能胜任工作，其所在企业决定解除劳动合同，需提前(　　)日以书面形式通知小韩本人。

    A. 10   B. 15   C. 30   D. 60

13. 女工小王与施工企业某工厂签订为期2年的劳动合同，合同尚未到期，小王欲向工厂提出解除劳动合同，应当提前(　　)日以书面形式通知用人单位。

    A. 10   B. 15   C. 30   D. 60

14. 下列选项中，属于劳动者可以随时通知用人单位解除劳动合同的法定情形的是(　　)。

    A. 在试用期内   B. 用人单位濒临破产

    C. 劳动合同订立时的客观情况发生重大变化   D. 劳动者在医疗期内

15. 根据《劳动合同法》规定，用人单位应当承担连带责任的情形是(　　)。

    A. 用人单位克扣或者无故拖欠劳动者工资的

    B. 用人单位违反法律规定，侵害女职工和未成年的合法权益，并对其造成伤害的

    C. 用人单位招用尚未解除劳动合同的劳动者，对原用人单位造成经济损失的

    D. 用人单位违反法律规定的条件解除劳动合同或者故意拖延不订立劳动合同，对劳动者造成损害的

16. 在下列(　　)情形中，用人单位可以解除劳动合同，但应当提前30天以书面形式通知劳动者本人。

    A. 小王在试用期内迟到早退，不符合录用条件

    B. 小李因盗窃被判刑

    C. 小张在外出执行任务时负伤，失去左腿

    D. 小吴下班时间酗酒摔伤住院，出院后不能从事原工作也拒不从事单位另行安排的工作

17. 依据《劳动合同法》，如果当事人对仲裁裁决不服的，自收到裁决书之日起(　　)日内，可以向人民法院起诉。

    A. 5   B. 10   C. 15   D. 30

18. 依据《劳动合同法》，劳动仲裁委员会应当收到申诉书之日起(　　)日内作出受理或不受理的决定。

    A. 3   B. 5   C. 7   D. 10

19. 依据《劳动合同法》，某建筑公司因经营方式调整裁减50人，应提前(　　)向全体职工说明情况。

    A. 20天   B. 30天   C. 50天   D. 60天

20. 依据《劳动合同法》，关于终止劳动合同的经济补偿，其补偿的年限最高不超过(　　)。

    A. 6年   B. 10年   C. 12年   D. 15年

二、多项选择题

1. 无效的劳动合同，从订立的时候起，就没有法律约束力。下列属于无效的劳动合同的有(　　)。
   A. 报酬较低的劳动合同
   B. 违法法律、行政法规的劳动合同
   C. 采用欺诈、威胁等手段订立的严重损害国家利益的劳动合同
   D. 未规定明确合同期限的劳动合同
   E. 劳动内容约定不明确的劳动合同

2. 在下列(　　)情形下，用人单位不得解除劳动合同。
   A. 劳动者被依法追究刑事责任　　B. 女职工在孕期、产期、哺乳期
   C. 患病或者负伤，在规定的治疗期内的　　D. 因工负伤并被确认丧失劳动能力
   E. 劳动者不能胜任工作，经过培训仍不能胜任工作

3. 有下列(　　)情形之一的，劳动者可以随时通知用人单位解除劳动合同。
   A. 用人单位管理人员违章指挥
   B. 在试用期内的
   C. 用人单位濒临破产
   D. 用人单位未按照劳动合同约定提供劳动条件的
   E. 用人单位未按照劳动合同约定支付劳动报酬的

4. 根据《劳动法》，劳动者有下列(　　)情形之一的，本单位可以随时解除劳务合同。
   A. 在试用期间被证明不符合录用条件
   B. 严重失职，对用人单位利益造成重大损害的
   C. 劳动者不能胜任工作，经过培训或者调整工作岗位，仍不能胜任工作
   D. 动者患病，医疗期满后，不能从事原工作也不能从事由用人单位另行安排的工作
   E. 被依法追究刑事责任

5. 根据《劳动法》，有下列(　　)情形之一的，用人单位不得解除劳动合同。
   A. 劳动者患病，医疗期满后，不能从事原工作也不能从事由用人单位另行安排的工作
   B. 劳动者非因工负伤，在规定的医疗期内
   C. 劳动者因工负伤，并被确认部分丧失劳动能力的
   D. 劳动者不能胜任工作，经过培训或者调整工作岗位，仍不能胜任工作的
   E. 劳动合同订立时所依据的客观情况发生重大变化，致使原劳动合同无法履行，经当事人协商不能就变更劳动合同达成协议

6. 根据《劳动法》，有下列(　　)情形之一的，劳动者可以立即与用人单位解除劳动合同。
   A. 在试用期内　　B. 用人单位用暴力手段强迫劳动
   C. 用人单位用威胁手段强迫劳动　　D. 用人单位没有应劳动者的要求给予加薪
   E. 用人单位未按劳动合同约定支付劳动报酬

7. 建筑企业甲公司注册登记成立后，经有关部门批准，向社会公开招聘人员，在甲公司与被录用人员张某订立的劳动合同中，下列(　　)情形不符合劳动法的规定。

A. 劳动合同约定试用期为1年

B. 在试用期内，张某不得通知甲公司解除劳动合同

C. 在试用期内，张某被证明不符合录用条件，甲公司可随时解除劳动合同

D. 张某如被依法追究刑事责任，甲公司可以随时解除劳动合同

E. 张某如果患病，甲公司可以随时解除劳动合同

8. 某建筑公司发生以下事件：职工李某因工负伤而丧失劳动能力；职工王某因偷窃自行车一辆而被公安机关给予行政处罚；职工徐某因与他人同居而怀孕；职工陈某被派往境外逾期未归；职工张某因工程重大安全事故被判刑。对此，建筑公司可以随时解除劳动合同的有( )。

  A. 李某 B. 王某 C. 徐某 D. 陈某 E. 张某

9. 陈某在某建筑公司一直做质检工作，后来公司认为陈某表现不错，就将其调离劳动合同约定的质检岗位，提拔为管理人员，但没有就劳动合同的变更签订书面合同。后该公司与陈某解除劳动合同，陈某根据原劳动合同向企业主张补发其质检岗位津贴。依据《劳动合同法》，下列选项正确的有( )。

  A. 变更后的劳动合同文本由建筑公司和陈某各执一份

  B. 变更劳动合同，应当采用书面形式

  C. 只要在公司内部正式任命陈某职务，建筑公司就应向陈某补发新岗位的津贴

  D. 建筑公司因单方变更劳动合同，变更后劳动合同有效

  E. 建筑公司应向陈某补发质检岗位津贴

10. 根据《劳动合同法》的规定，集体合同草案应当提交( )讨论通过。

  A. 工会   B. 职工代表大会   C. 股东大会

  D. 全体职工 E. 董事会

11. 根据《劳动合同法》的规定，关于非全日制用工的特点，下列表述正确的有( )。

  A. 非全日制用工双方当事人应当订立书面合同

  B. 非全日制用工双方当事人可以订立口头合同

  C. 非全日制用工双方当事人可以约定试用期

  D. 非全日制用工双方当事人不得约定试用期

  E. 非全日制用工合同终止，用人单位不向劳动者支付经济补偿

12. 依据《劳动合同法》的规定，企业经济裁减人员时，应优先留用的员工包括( )。

  A. 与企业订立较长固定期限劳动合同的人员

  B. 女职工

  C. 才就业的大学生

  D. 家庭无其他就业人员，需抚养老人的人员

  E. 与企业订立无固定期限劳动合同的人员

13. 依据《劳动合同法》，企业经济裁员不得与其解除劳动合同的有( )。

  A. 新就业的大学生   B. 再就业困难的人员

  C. 因工负伤被确认丧失劳动能力人员 D. 怀孕期的女职工

  E. 在本单位连续工作满15年且距法定退休年龄不足5年的人员

14. 依据《劳动合同法》，与下列人员解除劳动合同后，用人单位应当向其支付经济

补偿的有( )。

A. 小张因公司未按合同约定提供劳动条件，主动提出解除劳动合同
B. 刘某合同期满后不愿续订劳动合同
C. 陈某不能胜任工作，调整岗位后也不能胜任工作
D. 周某与公司签订的是以完成一定任务为期限的劳动合同
E. 吴某与公司签订的合同期限是3年

三、案例分析题

1. 冯某于2006年11月3日与某公司签订了为期10年的劳动合同，任销售部经理。2010年3月，该公司与冯某协商解除劳动合同，冯某同意。经协商，该公司向冯某支付经济补偿2.5万元，双方解除了劳动合同。冯某解除劳动合同前12个月的平均工资为1万元。2010年5月，冯某以该公司拖欠经济补偿为由，向当地劳动争议仲裁委员会提出仲裁，要求该公司补发经济补偿2万元并加付50%的额外经济补偿金1万元。仲裁委审理后，是否会支持冯某的请求？请说明理由支持你的观点。

2. 煤矿决定招收井下作业工人50名，其中有20名尚未与原单位解除劳动合同。用人单位拿出事先印好的劳动合同要求工人签字。合同中的内容包括：(1)婚丧假期间不支付工资。(2)每月延长工作时间不得超过40小时。(3)职工一方要求提前解除合同需60天以前通知用人单位。(4)职工可以自愿参加失业保险和养老保险。(5)连续工作一年以上可以享受年休假。双方在签订劳动合同时发生争议。

试分析：
(1) 该煤矿招收工人中是否有违反法律行为？为什么？
(2) 该合同的签订程序是否有违反法律情况？为什么？
(3) 该份劳动合同的内容是否符合法律规定？为什么？

3. 胡某与某私营皮革制造厂签订了五年期劳动合同。其中约定：劳动过程中出现伤残，责任自负。1995年8月，胡某在操作机器时，因皮带断裂而砸伤左手，住院治疗20多天，需交往院费、手术费、药费等人民币共计52 760.80元。出院时，该厂只支付治疗期间工资，医疗费用全部由职工自理。为此，胡某向当地劳动争议仲裁委员会提出申请，要求该厂支付其全部医疗费用。

试分析：
(1) 本案该如何依法处理？法律依据是什么？
(2) 劳动合同中规定"伤残责任自负"条款是否有效？为什么？
(3) 劳动争议仲裁委员会应如何作出裁决？

第 5 章 建筑法律制度

学习任务

- 掌握施工许可证的申领范围、申领条件、申领程序。
- 掌握施工许可证的时间效力。
- 掌握建设工程承包制度的分类。
- 熟悉建设工程监理制度。

学习目标

知识要点	能力目标
施工许可证的申领范围 施工许可证的申领条件 施工许可证的申领程序 施工许可证的时间效力 中止施工和恢复施工	能够根据相关要求办理施工许可证或开工报告
建设工程总承包 建设工程共同承包 建设工程分包	能够进行建设工程总承包、与他人共同承包、将工程进行分包
建设工程监理的特点 建设工程监理的范围 建设工程监理的监理依据、内容 监理单位的责任与义务	能够按照监理依据进行监理

核心概念

施工许可证、开工报告、申领范围、申领条件、申领程序、中止施工、恢复施工、总承包、共同承包、分包、监理依据、监理内容

引导案例

2016 年,某房地产公司与出租汽车公司(以下合并简称建设方)合作,在某市市区共同开发房地产项目。该项目包括两部分,一部分是 6.3 万平方米的住宅工程,另一部分是与住宅

相配套的 3.4 万平方米的综合楼。该项目的住宅工程各项手续和证件齐备，自 2014 年开工建设到 2016 年 4 月已经竣工验收。综合楼工程由于合作双方对于该工程是作为基建计划还是开发计划申报问题没能统一意见，从而使综合楼建设工程的各项审批手续未能办理。由于住宅工程已竣工验收，配套工程急需跟上，在综合楼施工许可证未经审核批准的情况下开始施工。该行为被市监督执法大队发现后及时制止，并责令停工。

请同学们思考一下，建设方在综合楼项目的建设中有何过错，应如何处理？

5.1 建筑许可法律制度

《建筑法》规定，建筑工程开工前，建设单位应当按照国家有关规定向工程所在地县级以上人民政府建设行政主管部门申请领取施工许可证；但是，国务院建设行政主管部门确定的限额以下的小型工程除外。按照国务院规定的权限和程序批准开工报告的建筑工程，不再领取施工许可证。

施工许可制度是由国家授权的有关行政主管部门，在建设工程开工之前对其是否符合法定的开工条件进行审核，对符合条件的建设工程允许其开工建设的法定制度。制定施工许可制度，有利于保证建设工程的开工符合必要条件，避免不具备条件的建设工程盲目开工给当事人造成损失或导致国家财产的浪费，从而使建设工程在开工后能够顺利实施，也便于有关行政主管部门了解和掌握所辖范围内有关建设工程在开工后能够顺利实施，也便于有关行政主管部门了解和掌握所辖范围内有关建设工程的数量、规模以及施工队伍等基本情况，依法进行指导和监督，保证建设工程活动依法有序进行。

5.1.1 施工许可证的申领范围

我国目前对建设工程开工条件的审批，存在颁发"施工许可证"和批准"开工报告"两种形式。多是办理施工许可证，部分工程则为批准开工报告。

《建筑法》规定，建筑工程开工前，建设单位应当按照国家有关规定向工程所在地县级以上人民政府建设行政主管部门申请领取施工许可证。

建设部《建筑工程施工许可管理办法》进一步规定，在中华人民共和国境内从事各类房屋建筑及其附属设施的建造、装修装饰和与其配套的线路、管道、设备的安装，以及城镇市政基础设施工程的施工，建设单位在开工前应当按照本办法的规定，向工程所在地的县级以上人民政府建设行政主管部门申请领取施工许可证。

5.1.2 不需要办理施工许可证的建设工程

1. 限额以下的小型工程

按照《建筑法》的规定，国务院建设行政主管部门确定的限额以下的小型工程，不申请办理施工许可证。

据此，《建筑工程施工许可管理办法》规定，工程投资额在 30 万元以下或者建筑面积在 300 平方米以下的建筑工程，可以不申请办理施工许可证。省、自治区、直辖市人民政府建设行政主管部门可以根据当地的实际情况，对限额进行调整，并报国务院建设行政主管部门备案。

2. 抢险救灾等工程

《建筑法》规定，抢险救灾及其他临时性房屋建筑和农民自建低层住宅的建筑活动，不适用本法。

3. 已经办理开工报告的建筑工程

《建筑法》规定，按照国务院规定的权限和程序批准开工报告的建筑工程，不再领取施工许可证。这有两层含义：①实行开工报告批准制度的建设工程，必须符合国务院的规定，其他任何部门的规定无效；②开工报告与施工许可证不要重复办理。

开工报告制度是我国沿用已久的一种建设项目开工管理制度。开工报告审查的内容主要包括：①资金到位情况；②投资项目市场预测；③设计图纸是否满足施工要求；④现场条件是否具备"三通一平"等的要求。

4. 军用房屋工程

《建筑法》规定，军用房屋建筑工程建筑活动的具体管理办法，由国务院、中央军事委员会依据本法制定。据此，军用房屋建筑工程是否实行施工许可，由国务院、中央军事委员会另行规定。

5. 作为文物保护的建筑工程

《建筑法》第八十三条规定，依法核定作为文物保护的纪念建筑物和古建筑等的修缮，依照文物保护的有关法律规定执行。

5.1.3 施工许可证的申请主体

《建筑法》规定，建设单位应当按照国家有关规定向工程所在地县级以上人民政府建设行政主管部门申请领取施工许可证。

建设单位(又称业主或项目法人)是建设项目的投资者，如果建设项目是政府投资，则建设单位为该建设项目的管理单位或使用单位。为建设工程开工和施工单位进场做好各项前期准备工作，是建设单位应尽的义务。因此，施工许可证的申请领取，应该是由建设单位负责，而不是施工单位或其他单位。

5.1.4 施工许可证的申请条件

1. 已经办理该建筑工程用地批准手续

《土地管理法》规定，任何单位和个人进行建设，需要使用土地的，必须依法申请使用国有土地。依法申请使用的国有土地包括国家所有的土地和国家征收的原属于农民集体所有的土地。经批准的建设项目需要使用国有建设用地的，建设单位应当持法律、行政法规规定的有关文件，向有批准权的县级以上人民政府土地行政主管部门提出建设用地申请，经土地行政主管部门审查，报本级人民政府批准。

办理用地批准手续是建设工程依法取得土地使用权的必经程序，也是建设工程取得施工许可的必要条件。如果没有依法取得土地使用权，就不能批准建设工程开工。

2. 在城市规划区的建筑工程，已经取得规划许可证

在城市规划区，规划许可证包括建设用地规划许可证和建设工程规划许可证。在乡、村庄规划区内进行乡镇企业、乡村公共设施和公益事业建设的，须核发乡村建设规划许可证。

《城乡规划法》规定，在城市、镇规划区内以划拨方式提供国有土地使用权的建设项目，经有关部门批准、核准、备案后，建设单位应当向城市、县人民政府城乡规划主管部门提出建设用地规划许可申请，由城市、县人民政府城乡规划主管部门依据控制性详细规划核定建设用地的位置、面积、允许建设的范围，核发建设用地规划许可证。建设单位在取得建设用地规划许可证后，方可向县级以上地方人民政府土地主管部门申请用地，经县级以上人民政府审批后，由土地主管部门划拨土地。

以出让方式取得国有土地使用权的建设项目，在签订国有土地使用权出让合同后，建设单位应当持建设项目的批准、核准、备案文件和国有土地使用权出让合同，向城市、县人民政府城乡规划主管部门领取建设用地规划许可证。

在城市、镇规划区内进行建筑物、构筑物、道路、管线和其他工程建设的，建设单位或者个人应当向城市、县人民政府城乡规划主管部门或者省、自治区、直辖市人民政府确定的镇人民政府申请办理建设工程规划许可证。

《建设用地规划许可证》的内容一般包括用地单位、用地项目名称、用地位置、用地性质、用地面积、建设规模、附图及附件等。《建设工程规划许可证》的内容一般包括用地单位，用地项目名称、位置、宗地号以及子项目名称、建筑性质、栋数、层数、结构类型，计容积率面积及各分类面积，附件包括总平面图、各层建筑平面图、各向立面图和剖面图。这两个规划许可证，分别是申请用地和确认有关建设工程符合城市规划要求的法律凭证。所以，只有取得规划许可证后，方可申请办理施工许可证。

3. 施工场地已经基本具备施工条件，需要拆迁的，其拆迁进度符合施工要求

施工场地应该具备的基本施工条件，通常要根据建设工程项目的具体情况决定。例如，已进行场区的施工测量，设置永久性经纬坐标桩、水准基桩和工程测量控制网；搞好"三通一平"或"五通一平"或"七通一平"；施工使用的生产基地和生活基地，包括附属企业、加工厂站、仓库堆场，以及办公、生活、福利用房等；强化安全管理和安全教育，在施工现场要设安全纪律牌、施工公告牌、安全标志牌等。实行监理的建设工程，一般要由监理单位查看后填写"施工场地已具备施工条件的证明"，并加盖单位公章确认。

拆迁一般是指房屋拆迁。房屋拆迁要根据城乡规划和国家专项工程的迁建计划以及当地政府的用地文件，拆除和迁移建设用地范围内的房屋及其附属物，并由拆迁人对原房屋及其附属物的所有人或使用人进行补偿和安置。拆迁是一项复杂的综合性工作，必须按照计划和施工进度进行，过早或过迟都会造成损失和浪费。需要先期进行拆迁的，拆迁进度必须能满足建设工程开始施工和连续施工的要求。这也是申办施工许可的基本条件之一。

4. 已经确定施工企业

建设工程的施工必须由具备相应资质的施工企业来承担。因此，在建设工程开工前，建设单位必须依法通过招标或直接发包的方式确定承包该建设工程的施工企业，并签订建设工程承包合同，明确双方的责任、权利和义务。否则，建设工程的施工将无法进行。

《建筑工程施工许可管理办法》规定，按照规定应该招标的工程没有招标，应该公开招标的工程没有公开招标，或者肢解发包工程，以及将工程发包给不具备相应资质条件的，所确定的施工企业无效。

5. 有满足施工需要的施工图纸及技术资料，施工图设计文件已按规定进行了审查

施工图纸是实行建设工程的最根本的技术文件，也是在施工过程中保证建设工程质量的重要依据。这就要求设计单位要按工程的施工顺序和施工进度，安排好施工图纸的配套交付计划，保证满足施工的需要。特别是在开工前，必须有满足施工需要的施工图纸和技术资料。《建设工程勘察设计管理条例》规定，编制施工图设计文件，应当满足设备材料采购、非标准设备制作和施工的需要，并注明建设工程合理使用年限。

此外，我国已建立施工图设计文件的审查制度。施工图设计文件不仅要满足施工需要，还应当按照规定进行审查。《建设工程质量管理条例》规定，施工图设计文件未经审查批准的，不得使用。

技术资料一般包括地形、地质、水文、气象等自然条件资料和主要原材料、燃料来源、水电供应和运输条件等技术经济条件资料。掌握客观、准确、全面的技术资料，是实现建设工程质量和安全的重要保证。在建设工程开工前，必须有能够满足施工需要的技术资料。

6. 有保证工程质量和安全的具体措施

《建设工程质量管理条例》规定，建设单位在领取施工许可证或者开工报告前，应当按照国家有关规定办理工程质量监督手续。《建设工程安全生产管理条例》规定，建设单位在申请领取施工许可证时，应当提供建设工程有关安全施工措施的资料。建设行政主管部门在审核发放施工许可证时，应当对建设工程是否有安全施工措施进行审查，对没有安全施工措施的，不得颁发施工许可证。

据此，《建筑工程施工许可管理办法》中对"有保证工程质量和安全的具体措施"作了进一步的规定，施工企业编制的施工组织设计中有根据建筑工程特点制定的相应质量、安全技术措施，专业性较强的工程项目编制了专项质量、安全施工组织设计，并按照规定办理了工程质量、安全监督手续。

施工组织设计的编制是施工准备工作的中心环节，其编制的好坏直接影响建设工程质量和安全生产，影响组织施工能否顺利进行。因此，施工组织设计须在开工前编制完成。施工组织设计的重要内容就是要有保证建设工程质量和安全的具体措施。施工组织设计由施工企业负责编制，并按照其隶属关系及建设工程的性质、规模、技术简繁等进行审批。

7. 建设资金已经落实

建设资金的落实是建设工程开工后能否顺利实施的关键。一些年来，某些地方和建设单位无视国家有关规定和自身经济实力，在建设资金不落实或资金不足的情况下，盲目上

建设项目，强行要求施工企业垫资承包或施工，转嫁投资缺口，造成拖欠工程款的问题难以杜绝，不仅加重了施工企业的生产经营困难，影响了工程建设的正常进行，也扰乱了建设市场的秩序。许多"烂尾楼"工程等都是建设资金不到位的结果。因此，在建设工程开工前，建设资金必须足额落实。

《建筑工程施工许可管理办法》明确规定，建设工期不足 1 年的，到位资金原则上不得少于工程合同价的 50%，建设工期超过 1 年的，到位资金原则上不得少于工程合同价的 30%。建设单位应当提供银行出具的到位资金证明，有条件的可以实行银行付款保函或者其他第三方担保。

8. 法律、行政法规规定的其他条件

由于施工活动本身很复杂，各类工程的施工方法、建设要求等也不同，申请领取施工许可证的条件很难在一部法律中采用列举的方式全部涵盖。而且，国家对建设活动的管理还在不断完善，施工许可证的申领条件也会发生变化。所以，《建筑法》为今后法律、行政法规可能规定的施工许可证申领条件作了特别规定。需要说明的是，只有全国人大及其常委会制定的法律和国务院制定的行政法规，才有权增加施工许可证新的申领条件，其他如部门规章、地方性法规、地方规章等都不得规定增加施工许可证的申领条件。

目前，已增加的施工许可证申领条件主要是建立和消防设计审核。

(1) 按照《建筑法》的规定，国务院可以规定实行强制建立的建筑工程的范围。为此，《建设工程质量管理条例》明确规定，下列建设工程必须实行监理：①国家重点建设工程；②大中型公用事业工程；③成片开发建设的住宅小区工程；④利用外国政府或者国际组织贷款、援助资金的工程；⑤国家规定必须实行监理的其他工程。

据此，《建筑工程施工许可管理办法》在申请领取施工许可证应当具备的条件中增加了一项规定，"按照规定应该委托监理的工程已委托监理"。

(2) 《消防法》规定，依法应当经公安机关消防机构进行消防设计审核的建设工程，未经依法审核或者审核不合格的，负责审批该工程施工许可的部门不得给予施工许可，建设单位、施工单位不得施工；其他建设工程取得施工许可后经依法抽查不合格的，应当停止施工。

5.1.5 施工许可证的申请程序

申请办理施工许可证，应当按照下列程序进行。

(1) 建设单位向发证机关领取《建筑工程施工许可证申请表》。

(2) 建设单位持加盖单位及法定代表人印鉴的《建筑工程施工许可证申请表》，并附规定的证明文件，向发证机关提出申请。

(3) 发证机关在收到建设单位报送的《建筑工程施工许可证申请表》和所附证明文件后，对于符合条件的，应当自收到申请之日起十五日内颁发施工许可证；对于证明文件不齐全或者失效的，应当限期要求建设单位补正，审批时间可以自证明文件补正齐全后作相应顺延；对于不符合条件的，应当自收到申请之日起十五日内书面通知建设单位，并说明理由。

特别提示

在【引导案例】中，建设方在综合楼的建设中违反了《建筑法》规定：建筑工程开工前，建设单位应当按照国家有关规定向工程所在地县级以上人民政府建设行政主管部门申请施工许可证。建设方在未取得施工许可证的情况下擅自开工的行为属于严重的违法行为。

5.1.6 施工许可证的时间效力

1. 申请延期的规定

《建筑法》规定，建设单位应当自领取施工许可证之日起 3 个月内开工。因故不能按期开工的，应当向发证机关申请延期；延期以两次为限，每次不超过 3 个月。既不开工又不申请延期或者超过延期时限的，施工许可证自行废止。

对于施工许可证的有效期限和申请延期作出法律规定是非常必要的。因为，政府主管部门依法颁发施工许可证，是国家对工程建设活动进行调控的一种重要手段，建设单位必须在施工许可证的有效期限内开工，不得无故拖延。但是，由于施工活动不同于一般的生产活动，其受气候、经济、环境等因素的制约较大，根据客观条件的变化，允许适当延期还是必要的。

2. 中止施工

中止施工，是指建设工程开工后，在施工过程中因特殊情况的发生而中途停止施工的一种行为。中止施工的原因很复杂，如地震、洪水等不可抗力，以及宏观调控压缩基建规模、停建缓建建设工程等。

对于因故中止施工的，建设单位应当按照规定的时限向发证机关报告，并按照规定做好建设工程的维护管理工作，以防止建设工程在中止施工期间遭受不必要的损失，保证在恢复施工时可以尽快启动。例如，建设单位与施工单位应当确定合理的停工部位，并协商提出善后处理的具体方案，明确双方的职责、权利和义务。建设单位应当派专人负责，定期检查中止施工工程的质量状况，发现问题及时解决；建设单位要与施工单位共同做好中止施工的工地现场安全、防火、防盗、维护等项工作，防止因工地脚手架、施工铁架、外墙挡板等腐烂、断裂、坠落、倒塌等导致发生人身安全事故，并保管好工程技术档案资料。

3. 恢复施工

在恢复施工时，建设单位应当向发证机关报告恢复施工的有关情况。在建的建筑工程因故中止施工的，建设单位应当自中止施工之日起一个月内，向发证机关报告，并按照规定做好建筑工程的维护管理工作。建筑工程恢复施工时，应当向发证机关报告；中止施工满一年的工程恢复施工前，建设单位应当报发证机关核验施工许可证，看是否仍具备组织施工的条件，经核验符合条件的，应允许恢复施工，施工许可证继续有效；经核验不符合条件的，应当收回其施工许可证，不允许恢复施工，待条件具备后，由建设单位重新申领施工许可证。

5.2 工程发包与承包

建设工程承包制度包括总承包、共同承包、分包等制度。

《建筑法》规定，建筑工程实行招标发包的，发包单位应当将建筑工程发包给依法中标的承包单位。建筑工程实行直接发包的，发包单位应当将建筑工程发包给具有相应资质条件的承包单位。

承包建筑工程的单位应当持有依法取得的资质证书，并在其资质等级许可的业务范围内承揽工程。禁止建筑施工企业超越本企业资质等级许可的业务范围或者以任何形式用其他建筑施工企业的名义承揽工程。禁止建筑施工企业以任何形式允许其他单位或者个人使用本企业的资质证书、营业执照，以本企业的名义承揽工程。

按照合同约定，建筑材料、建筑构配件和设备由工程承包单位采购的，发包单位不得指定承包单位购入用于工程的建筑材料、建筑构配件和设备或者指定生产厂、供应商。

5.2.1 建设工程总承包

总承包通常分为工程总承包和施工总承包两大类。

《建筑法》规定，建筑工程的发包单位可以将建筑工程的勘察、设计、施工、设备采购一并发包给一个工程总承包单位，也可以将建筑工程勘察、设计、施工、设备采购的一项或者多项发包给一个工程总承包单位。

工程总承包是指从事工程总承包的企业受建设单位的委托，按照工程总承包合同的约定，对工程项目的勘察、设计、采购、施工、试运行(竣工验收)等实行全过程或若干阶段的承包。施工总承包是指发包人将全部施工任务发包给具有施工总承包资质的建筑业企业，由施工总承包企业按照合同的约定向建设单位负责，承包完成施工任务。

1. 工程总承包的方式

工程总承包是国际通行的工程建设项目组织实施方式。它有利于充分发挥那些在工程建设方面具有较强的技术力量、丰富的经验和组织管理能力的大承包商的专业优势，综合协调工程建设中的各种关系，强化对工程建设的统一指挥和组织管理，保证工程质量和进度，提高投资效益。在建设工程发承包中采用总承包的方式，对那些缺乏工程建设方面的专门技术力量，难以对建设项目实施具体组织管理的建设单位来说，更具有明显的优势，也符合社会化大生产专业分工的要求。

按照建设部发布的《关于培育发展工程总承包和工程项目管理企业的指导意见》，工程总承包主要有下列方式。

1) 设计采购施工(EPC)/交钥匙总承包

设计采购施工总承包是指工程总承包企业按照合同约定，承担工程项目的设计、采购、施工、试运行服务等工作，并对承包工程的质量、安全、工期、造价全面负责。

交钥匙总承包是设计采购施工总承包业务和责任的延伸，最终是向建设单位提交一个满足使用功能、具备使用条件的工程项目。

2) 设计—施工总承包(D-B)

设计—施工总承包是指工程总承包企业按照合同约定,承担工程项目设计和施工,并对承包工程的设计和施工的质量、安全、工期、造价负责。

3) 设计—采购总承包(E-P)

设计—采购总承包是指工程总承包企业按照合同约定,承担工程项目设计和采购工作,并对工程项目设计和采购的质量、进度等负责。

4) 采购—施工总承包(P-C)

采购—施工总承包是指工程总承包企业按照合同约定,承担工程项目的采购和施工,并对承包工程的采购和施工的质量、安全、工期、造价负责。

2. 总承包企业的资质管理

我国对工程总承包不设立专门的资质。凡具有工程勘察、设计或施工总承包资质的企业,可以依法从事资质许可范围内相应等级的建设工程总承包业务。但是,承接施工总承包业务的,必须是取得施工总承包资质的企业。

《关于培育发展工程总承包和工程项目管理企业的指导意见》中提出,鼓励具有工程勘察、设计或施工总承包资质的勘察、设计和施工企业,通过改造和重组,建立与工程总承包业务相适应的组织机构、项目管理体系,充实项目管理专业人员,提高融资能力,发展成为具有设计、采购、施工(施工管理)综合功能的工程公司,在其勘察、设计或施工总承包资质等级许可的工程项目范围内开展工程总承包业务。工程勘察、设计、施工企业也可以组成联合体对工程项目进行联合总承包。

《建设工程勘察设计资质管理规定》规定,取得工程勘察、工程设计资质证书的企业,可以从事资质证书许可范围内相应的建设工程总承包业务。《建筑业企业资质管理规定》也规定,取得建筑业企业资质证书的企业,可以从事资质许可范围相应等级的建设工程总承包业务。

我国建筑业企业资质分为施工总承包、专业承包和劳务分包三个序列。取得施工总承包资质的企业,可以承接施工总承包工程。施工总承包企业可以对所承接的施工总承包工程内各专业工程全部自行施工,也可以将专业工程或劳务作业依法分包给具有相应资质的专业承包企业或劳务分包企业。

3. 总承包单位的责任

《建筑法》规定,建筑工程总承包单位按照总承包合同的约定对建设单位负责;分包单位按照分包合同的约定对总承包单位负责。总承包单位和分包单位就分包工程对建设单位承担连带责任。

《建设工程质量管理条例》进一步规定,建设工程实行总承包的,总承包单位应当对全部建设工程质量负责;建设工程勘察、设计、施工、设备采购的一项或者多项实行总承包的,总承包单位应当对其承包的建设工程或者采购的设备的质量负责。总承包单位依法将建设工程分包给其他单位的,分包单位应当按照分包合同的约定对其分包工程的质量向总承包单位负责,总承包单位与分包单位对分包工程的质量承担连带责任。

据此,不论是工程总承包还是施工总承包,由于承包合同的双方主体是建设单位和总承包单位,总承包单位均应按照承包合同约定的权利义务向建设单位负责。如果分包工程发生问题，总承包单位不得以分包工程已分包为由推卸自己的总承包责任，而应与分包单位就分包工程承担连带责任。

5.2.2 建设工程共同承包

共同承包是指由两个以上具备承包资格的单位共同组成非法人的联合体，以共同的名义对工程进行承包的行为。

在国际工程发承包活动中，由几个承包方组成联合体进行工程承包是一种通行的做法。采用这种方式进行承包，至少有以下优越性。

(1) 利用各自优势进行联合投标可以减弱相互间的竞争，增加中标的机会。
(2) 减少承包风险，争取更大的利润。
(3) 有助于企业之间相互学习先进技术与管理经验，促进企业发展。

1. 共同承包的适用范围

《建筑法》规定，大型建筑工程或者结构复杂的建筑工程，可以由两个以上的承包单位联合共同承包。

这是因为大型建筑工程或结构复杂的建筑工程，一般投资额大、技术要求复杂，建设周期长、潜在风险较大，采取联合共同承包的方式，可以更好地发挥各承包单位在资金、技术、管理等方面优势，增强抗风险能力，有利于保证工程质量和工期，提高投资效益。至于一般的中小型工程或结构不复杂的工程，完全可以由一家承包单位顺利完成，无须采用共同承包的方式，这样可有效避免由于共同承包过多而造成管理上的混乱。

2. 共同承包的资质要求

两个以上不同资质等级的单位实行联合共同承包的，应当按照资质等级低的单位的业务许可范围承揽工程。

我国对承包单位依法实施资质管理制度，承包单位必须在资质等级范围内承包工程。这也同样适用于共同承包。就是说，共同承包各方本身都必须具有与其所承包的工程相符合的资质条件，不能超越资质等级的规定去联合承包。如果几个共同承包单位的资质等级不一致，必须以低资质等级的承包单位为共同承包的业务许可范围。这样才能有效地保证工程顺利实施，避免在实践中以联合共同承包为名进行"资质挂靠"的不规范行为。

3. 共同承包的责任

《招标投标法》规定，联合体中标的，联合体各方应当共同与招标人签订合同，就中标项目向招标人承担连带责任。《建筑法》也规定，共同承包的各方对承包合同的履行承担连带责任。

共同承包各方应签订联合承包协议，明确约定各方在承包合同中的权利、义务以及相互合作、违约责任的承担等条款。对承包合同的履行，各承包方共同对建设单位承担连带责任。共同承包各方应共担风险、共负盈亏。如果出现赔偿责任，建设单位有权向共同承包的任何一方请求赔偿，被请求方不得拒绝，但在赔偿后可以依据联合承包协议及各方过错大小，对于超过自己应赔偿的那部分份额，有权向共同承包的其他方进行追偿。这对于避免共同承包各方相互推诿责任，加强各方的协作与配合，维护建设单位的合法权益，

是很有必要的。

5.2.3 建设工程分包的规定

工程分包是指工程承包单位将所承包工程中的部分工程或劳务分包给其他工程承包单位完成的活动。

1. 分包工程的范围

《建筑法》规定，建筑工程总承包单位可以将承包工程中的部分工程发包给具有相应资质条件的分包单位。禁止承包单位将其承包的全部建筑工程转包给他人，禁止承包单位将其承包的全部建筑工程肢解以后以分包的名义分别转包给他人。施工总承包的，建筑工程主体结构的施工必须由总承包单位自行完成。

《招标投标法》也规定，中标人按照合同约定或者经招标人同意，可以将中标项目的部分非主体、非关键性工作分包给他人完成。中标人不得向他人转让中标项目，也不得将中标项目肢解后分别向他人转让。

据此，总承包单位承包工程后，可以采取两种方式完成合同：一种是全部自行完成，另一种是将其中的部分工程分包给其他承包单位完成。采取后一种方式的，依法只能是分包部分工程，而且是非主体、非关键性工作；如果是施工总承包，其主体结构的施工必须由总承包单位自行完成。这样规定，是防止总承包单位以分包为名进行转包行为的发生，以确保工程质量和工程建设的顺利实施。

2. 分包单位的条件

建筑工程总承包单位可以将承包工程中的部分工程发包给具有相应资质条件的分包单位；但是，除总承包合同中约定的分包外，必须经建设单位认可。禁止总承包单位将工程分包给不具备相应资质条件的单位。《招标投标法》也规定，接受分包的人应当具备相应的资格条件。

承包工程的单位必须持有依法取得的资质证书，并在其资质等级许可的业务范围内承揽工程。这一规定同样适用于工程分包单位。不具备资质条件的单位不仅不可以进行工程承包，也不得承接分包工程。《房屋建筑和市政基础设施工程施工分包管理办法》还规定，严禁个人承揽分包工程业务。

总承包单位进行分包应当经过建设单位的认可。这是因为建设单位将工程发包给某一总承包单位并签订合同，表明建设单位对这一单位的资质水平及承包能力的认可，并信任其能较好地完成工程项目的建设和保证工程质量。所以，总承包单位如果要将所承包的工程再分包给他人，应当告知建设单位并取得认可。这种认可应通过两种方式。

(1) 在总承包合同中规定分包的内容。

(2) 在总承包合同中没有规定分包内容的，应当事先征得建设单位的同意。但是，劳务作业分包由劳务作业发包人与劳务作业承包人通过劳务合同约定，可不经建设单位认可。

需要注意的是，分包工程须经建设单位认可，不等于建设单位可以直接指定分包人。《工程建设项目施工招标投标管理办法》规定，招标人不得直接指定分包人。《房屋建筑和市政基础设施工程施工分包管理办法》也规定，建设单位不得直接指定分包工程承包人。

对于建设单位推荐的分包单位，总承包单位有权作出拒绝或者采用的选择。

3. 转包和违法分包的界定

《建筑法》规定，禁止分包单位将其承包的工程再分包。《招标投标法》也规定，接受分包的人不得再次分包。

这主要是防止层层分包，以规范市场行为，保证工程质量。因此，按照《房屋建筑和市政基础设施工程施工分包管理办法》的规定，除专业承包企业可以将其承包工程中的劳务作业发包给劳务分包企业外，专业分包工程承包人和劳务作业承包人都必须自行完成所承包的任务。

按照我国法律的规定，转包是完全禁止的，而工程分包是允许的，但必须依法进行。违法分包同样是法律禁止的行为。

《建设工程质量管理条例》规定，违法分包是指下列行为：

(1) 总承包单位将建设工程分包给不具备相应资质条件的单位的。

(2) 建设工程总承包合同中未有约定，又未经建设单位认可，承包单位将其承包的部分建设工程交由其他单位完成的。

(3) 施工总承包单位将建设工程主体结构的施工分包给其他单位的。

(4) 分包单位将其承包的建设工程再分包的。

转包，是指承包单位承包建设工程后，不履行合同约定的责任和义务，将其承包的全部建设工程转给他人或者将其承包的全部建设工程肢解以后以分包的名义分别转给其他单位承包的行为。

为了进一步界定转包行为，《房屋建筑和市政基础设施工程施工分包管理办法》规定，分包工程发包人应当设立项目管理机构，组织管理所承包工程的施工活动。项目管理机构应当具有与承包工程的规模、技术复杂程度相适应的技术、经济管理人员。其中，项目负责人、技术负责人、项目核算负责人、质量管理人员、安全管理人员必须是本单位的人员(即与本单位有合法的人事或者劳动合同、工资以及社会保险关系的人员)。分包工程发包人将工程分包后，未在施工现场设立项目管理机构和派驻相应人员，并未对该工程的施工活动进行组织管理的，视同转包行为。

对于不具备分包条件或者不符合分包规定的，《工程建设项目施工招标投标管理办法》规定，招标人有权在签订合同或者中标人提出分包要求时予以拒绝。发现中标人转包或违法分包时，可要求其改正；拒不改正的，可终止合同，并报请有关行政监督部门查处。

4. 分包单位的责任

建筑工程总承包单位按照总承包合同的约定对建设单位负责；分包单位按照分包合同的约定对总承包单位负责。总承包单位和分包单位就分包工程对建设单位承担连带责任。《招标投标法》也规定，中标人应当就分包项目向招标人负责，接受分包的人就分包项目承担连带责任。

总承包单位在分包工程时，应当同分包单位签订分包合同；分包单位要根据分包合同的约定，对总承包单位承担责任。同时，分包单位与总承包单位还要就分包工程承担连带责任。

连带责任可分为法定连带责任和约定连带责任。约定连带责任是依照当事人之间事先的相互约定而产生的连带责任；法定连带责任则是根据法律规定而产生的连带责任。我国对工程总分包、联合承包的连带责任均属法定连带责任。

5.3 建设工程监理制度

5.3.1 建设工程监理制度概述

1. 建设工程监理的含义

建设工程监理是指具有相关资质的监理单位受建设单位(项目法人)的委托，依据国家批准的工程项目建设文件，有关工程建设的法律、法规和工程建设监理合同及其他工程建设合同，代替建设单位对承建单位的工程建设实施监控的一种专业化服务活动。监理单位与项目法人之间是委托与被委托的合同关系；与被监理单位是监理与被监理关系。

2. 建设工程监理的性质

建设工程监理是市场经济的产物，是一种特殊的工程建设活动。监理单位是建筑市场的主体之一，建设监理是一种高智能的有偿技术服务。我国建设工程监理属于国际上业主项目管理的范畴，具有以下特征：

(1) 服务性。
(2) 科学性。
(3) 独立性。
(4) 公正性。

5.3.2 建设工程监理的范围

《建筑法》第三十条规定：国务院可以规定实行强制监理的建筑工程的范围。下列工程必须实行监理。

1. 国家重点建设工程

国家重点建设工程，是指依据《国家重点建设项目管理办法》所确定的对国民经济和社会发展有重大影响的骨干项目。

2. 大中型公用事业工程

大中型公用事业工程，是指项目总投资额在 3000 万元以上的下列工程项目。
(1) 供水、供电、供气、供热等市政工程项目。
(2) 科技、教育、文化等项目。
(3) 体育、旅游、商业等项目。
(4) 卫生、社会福利等项目。
(5) 其他公用事业项目。

3. 成片开发建设的住宅小区工程

成片开发建设的住宅小区工程，建筑面积在 5 万平方米以上的住宅建设工程必须实行监理；5 万平方米以下的住宅建设工程，可以实行监理，具体范围和规模标准，由省、自治区、直辖市人民政府建设行政主管部门规定。

为了保证住宅质量，对高层住宅及地基、结构复杂的多层住宅应当实行监理。

4. 利用外国政府或者国际组织贷款、援助资金的工程

利用外国政府或者国际组织贷款、援助资金的工程范围包括以下内容。
(1) 使用世界银行、亚洲开发银行等国际组织贷款资金的项目。
(2) 使用国外政府及其机构贷款资金的项目。
(3) 使用国际组织或者国外政府援助资金的项目。

5. 国家规定必须实行监理的其他工程

国家规定必须实行监理的其他工程是指：
(1) 项目总投资额在 3000 万元以上关系社会公共利益、公众安全的下列基础设施项目。
① 煤炭、石油、化工、天然气、电力、新能源等项目。
② 铁路、公路、管道、水运、民航以及其他交通运输业等项目。
③ 邮政、电信枢纽、通信、信息网络等项目。
④ 防洪、灌溉、排涝、发电、引(供)水、滩涂治理、水资源保护、水土保持等水利建设项目。
⑤ 道路、桥梁、地铁和轻轨交通、污水排放及处理、垃圾处理、地下管道、公共停车场等城市基础设施项目。
⑥ 生态环境保护项目。
⑦ 其他基础设施项目。
(2) 学校、影剧院、体育场馆项目。

5.3.3 建设工程监理的依据

根据《建筑法》《建设工程质量管理条例》《建设工程安全生产管理条例》的有关规定，工程监理的依据包括下内容。

1) 法律、法规

施工单位的建设行为是受很多法律、法规制约的。例如，不可偷工减料等。工程监理在监理过程中首先就要监督检查施工单位是否存在违法行为，因此法律、法规是工程监理单位的依据之一。

2) 有关的技术标准

技术标准分为强制性标准和推荐性标准。强制性标准是各参建单位都必须执行的标准，而推荐性标准则是可以自主决定是否采用的标准。通常情况下，建设单位如要求采用推荐性标准，应当与设计单位或施工单位在合同中予以明确约定。经合同约定采用的推荐性标准，对合同当事人同样具有法律约束力，设计或施工未达到该标准，将构成违约行为。

3) 设计文件

施工单位的任务是按图施工，也就是按照施工图设计文件进行施工。如果施工单位没有按照图纸的要求去修建工程就构成违约，如果是擅自修改图纸更构成了违法。因此，设计文件就是监理单位的依据之一。

4) 建设工程承包合同

建设单位和承包单位通过订立建设工程承包合同，明确双方的权利和义务。合同中约定的内容要远远大于设计文件的内容。例如，进度、工程款支付等都不是设计文件所能描述的。而这些内容也是当事人必须履行的义务。工程监理单位有权利也有义务监督检查承包单位是否按照合同约定履行这些义务。因此，建设工程承包合同也是工程监理的一个依据。

5.3.4 建设工程监理的工作内容

工程监理在本质上是项目管理，是代表建设单位而进行的项目管理。其监理的内容与项目管理的内容是一致的，即"四控制、三管理、一协调"。

- "四控制"：进度控制、质量控制、投资控制、安全控制；
- "三管理"：合同管理、风险管理、信息管理；
- "一协调"：沟通协调。

但是由于监理单位是接受建设单位的委托代表建设单位进行项目管理的，其权限将取决于建设单位的授权。因此，其监理的内容也不尽相同。《建筑法》第三十三条规定：实施建筑工程监理前，建设单位应当将委托的工程监理单位、监理的内容及监理权限，书面通知被监理的建筑施工企业。

5.3.5 工程监理单位的质量责任和义务

《建筑法》和《建设工程质量管理条例》中有关条文明确规定了工程监理单位的质量责任和义务。

(1) 工程监理单位应当依法取得相应等级的资质证书，并在其资质等级许可的范围内承担工程监理业务。

禁止工程监理单位超越本单位资质等级许可的范围或者以其他工程监理单位的名义承担工程监理业务。禁止工程监理单位允许其他单位或者个人以本单位的名义承担工程监理业务。

工程监理单位不得转让工程监理业务。

(2) 工程监理单位与被监理工程的施工承包单位以及建筑材料、建筑构配件和设备供应单位有隶属关系或者其他利害关系的，不得承担该项建设工程的监理业务。

(3) 工程监理单位应当依照法律、法规以及有关技术标准、设计文件和建设工程承包合同，代表建设单位对施工质量实施监理，并对施工质量承担监理责任。

(4) 工程监理单位应当选派具备相应资格的总监理工程师和监理工程师进驻施工现场。

未经监理工程师签字，建筑材料、建筑构配件和设备不得在工程上使用或者安装，施工单位不得进行下一道工序的施工。未经总监理工程师签字，建设单位不拨付工程款，不进行竣工验收。

(5) 监理工程师应当按照工程监理规范的要求，采取旁站、巡视和平行检验等形式，对建设工程实施监理。

第5章 建筑法律制度

习　题

一、单项选择题

1. 某房地产开发公司拟在某市旧城区一地块上开发住宅小区工程项目，建设工程合同价格为30000万元，工期为18个月。按照国家有关规定，该开发公司应当向工程所在地的区政府建设局申请领取施工许可证。申请领取施工许可证的时间最迟应当在(　　)。
   A. 确定施工单位前　　　　　B. 住宅小区工程开工前
   C. 确定监理单位前　　　　　D. 住宅小区工程竣工验收前

2. 因项目开发，某房地产公司必须在申领施工许可证前，先办妥建设用地管理和城市规划管理方面的手续，在此阶段最后取得的是该项目的(　　)。
   A. 用地规划许可证　　　　　B. 国有土地使用权批准文件
   C. 工程规划许可证　　　　　D. 土地使用权证

3. 由于某项目建设涉及拆迁，按照《建筑工程施工许可管理办法》的规定，在申领施工许可证前，拆迁工作(　　)。
   A. 必须全部完成　　　　　　B. 所需求的补偿安置资金全部到位
   C. 应完成50%以上　　　　　D. 进度已满足施工的要求

4. 建设单位申领施工许可证时所提交的施工图纸及技术资料应当满足(　　)。
   A. 施工需要并按规定通过审查　B. 施工需要并通过监理单位审查
   C. 该开发公司的要求　　　　　D. 施工单位的要求

5. 某开发公司拟建设一栋写字楼，施工合同价20000万元，合同工期为2年。根据《建筑工程施工许可管理办法》规定，该公司申领施工许可证时的到位建设资金至少要达到(　　)万元。
   A. 4000　　　　B. 6000　　　　C. 10000　　　　D. 20000

6. 按照《建筑工程施工许可管理办法》规定，以下可以不申请施工许可证的建筑工程的是(　　)。
   A. 工程投资额在30万元以下或者建筑面积在300m² 以下
   B. 工程投资额在100万元以下或者建筑面积在1000m² 以下
   C. 工程投资额在300万元以下或者建筑面积在3000m² 以下
   D. 工程投资额在10000万元以下或者建筑面积在10000m² 以下

7. 某建设单位欲新建一座大型综合市场，于2016年3月20日领到工程施工许可证。按照建筑法施工许可制度的规定，该工程正常开工的最迟允许日期应为2006年(　　)。
   A. 4月19日　　B. 6月19日　　C. 6月20日　　D. 9月20日

8. 某建设单位于2016年3月20日领到工程施工许可证后，因故不能按规定期限开工而申请延期，通过申请延期所持工程施工许可证的有效期最多可延长到2016年(　　)为止。
   A. 7月19日　　B. 8月19日　　C. 9月19日　　D. 12月19日

9. 根据《建筑法》的规定，建设单位申请施工许可证延期的次数最多只有(　　)。

A. 1次　　　　B. 2次　　　　C. 3次　　　　D. 4次

10. 某工程开工后，因故于2017年10月15日中止施工，该建设单位为此向施工许可证发证机关报告的最迟期限应是2017年（　　）。
　　A. 10月15日　　B. 10月22日　　C. 11月14日　　D. 12月14日

11. 某工程一年前中止施工后决定恢复施工，恢复施工前，该建设单位应当（　　）。
　　A. 报发证机关核验施工许可证　　B. 重新申领施工许可证
　　C. 向发证机关报告　　D. 请发证机关检查施工场地

12. 按照建筑业企业资质管理的有关规定，我国建筑业企业的三个资质序列是（　　）。
　　A. 工程总承包、专业总承包、劳务承包
　　B. 综合总承包、建筑专业承包、建筑劳务承包
　　C. 施工总承包、专业承包、劳务分包
　　D. 项目总承包、建筑总承包、劳务专业分包

13. 根据国家现行工程监理企业资质管理规定，工程监理企业资质种类分为（　　）资质。
　　A. 综合、专业、事务所　　B. 一级、二级、三级
　　C. 甲级、乙级、丙级　　D. 一等、二等、三等

14. 国家规定必须实行监理的基础设施项目，其项目总投资额在（　　）万元以上。
　　A. 1000　　B. 2000　　C. 3000　　D. 4000

15. 某工程监理咨询公司中标获得某市长途汽车中心站工程的监理业务，在熟悉施工图时，监理工程师发现站房候车区部分大梁的配筋不符合建筑工程质量标准，不能满足结构安全性要求。对此，工程监理人员根据自己的权限和义务，应当（　　）。
　　A. 要求施工方改正　　B. 通知设计方改正
　　C. 通知建设方修改设计　　D. 报告建设方要求设计方改正

16. 某工程的监理工程师发现业主与承包方签订的《施工合同》专用条款中就钢材生产厂家所作的约定为：承包方负责采购，业主方指定生产厂商。对此，监理工程师应当（　　）。
　　A. 建议发包方取消该约定　　B. 建议变更钢材生产厂
　　C. 监督承包方严格履约　　D. 推荐施工方钢材供应商

17. 某工程施工段钢筋绑扎完毕后，监理工程接到通知但因故未能到场检验，施工方即关模浇注。对此，若给建设方造成损失，监理公司应承担的是（　　）。
　　A. 全部的赔偿责任　　B. 主要的赔偿责任
　　C. 相应的赔偿责任　　D. 次要的赔偿责任

18. 工程监理的内容与业主方同一建设阶段项目管理的内容是一致的，一般包括"四控制、三管理、一协调"，而具体工程的监理内容及权限取决于（　　）的授权。
　　A. 施工合同　　B. 设计合同　　C. 监理合同　　D. 法律法规

19. 甲、乙、丙三家承包单位，甲的资质等级最高，乙次之，丙最低。当三家单位实行联合共同承包时，应按（　　）单位的业务许可范围承揽工程。
　　A. 甲　　B. 乙　　C. 丙　　D. 甲或丙

20. 《建设工程监理规范》要求监理单位按照（　　）的原则开展建设工程监理工作。
　　A. 守法、诚信、公正、科学　　B. 公正、独立、自主

C. 维护建设单位合法权益　　　D. 严格监理、热情服务

二、多项选择题

1. 有关部门在对一在建住宅小区工程的行政执法联合检查中发现，该工程尚未取得施工许可证，也未取得工程规划许可证，施工图设计文件也未按规定经过审查。根据《建筑工程施工许可管理办法》规定，可以(　　)。
   A. 责令改正　　　B. 责令停止施工　　　C. 对监理单位处以罚款
   D. 对建设单位处以罚款　　　E. 对施工单位处以罚款

2. 下列不需要申请领取施工许可证的建筑工程有(　　)。
   A. 部队营房　　　B. 城市大型立交桥　　　C. 为抢险救灾修建的道路
   D. 施工单位搭建的工地宿舍　　　E. 已按规定批准开工报告的建筑工程

3. 从事建设活动的勘察、设计、施工和监理单位应当具备国家规定的条件，具体方面有(　　)。
   A. 注册资本　　　B. 技术装备　　　C. 历史业绩
   D. 专业技术人员　　　E. 年纳税金额

4. 下列选项中，属于必须实行监理的建筑工程包括(　　)。
   A. 邮政、电信枢纽、通信、信息网络等项目
   B. 使用世界银行、亚洲开发银行等国际组织贷款资金的项目
   C. 项目总投资额为 2000 万元的体育场馆项目
   D. 项目总投资额在 3000 万元以上的学校项目
   E. 建筑面积在 5 万平方米以上的住宅建设工程

5. 按照《建筑法》的规定，建设单位应当在实施建筑工程监理前，将(　　)书面通知被监理的建筑施工企业。
   A. 监理的内容　　　B. 监理规划　　　C. 监理的费用
   D. 委托的工程监理单位　　　E. 监理权限

6. 甲建设单位改建办公大楼，由乙建筑公司承建，下列有关施工许可证的说法，正确的有(　　)。
   A. 该改建工程无须领取施工许可证
   B. 应由甲向建设行政主管部门申领施工许可证
   C. 应由乙向建设行政主管部门申领施工许可证
   D. 申请施工许可证时，应当提供安全施工措施的资料
   E. 申请施工许可证时，该工程应当有满足施工需要的施工图纸

7. 监理工程师对所监理的工程实施监理的依据有(　　)。
   A. 工程监理合同　　　B. 工程监理规划　　　C. 工程施工承包合同
   D. 经批准的工程设计文件　　　E. 有关建设工程的法律、法规

三、案例分析题

1. 2013 年 7 月 1 日，上海某房地产开发有限公司(以下简称 A 公司)与某建筑工程公司(以下简称 B 公司)签订了建设工程施工合同，合同中约定：A 将投资兴建的某食堂发包给 B 总承包，包括土建、采暖、给排水等工程项目，其中经 A 公司同意，给排水专业工程由 B 公

司分包给 C 公司，工期自 2013 年 7 月 1 日至 2014 年 2 月 1 日，工程款按工程进度支付，给排水专业工程项目竣工结算价款的 3%向 B 公司支付总包管理费。

施工过程中，由于 C 公司自身原因导致工程存在较多的质量问题，并且因此延误了工期。

(1) 对于质量的返修，B 公司是否和 C 公司向 A 承担连带责任？

(2) 由于工期延误所造成的损失，B 公司是否和 C 公司向 A 承担连带赔偿责任？

2. 在某工程竣工时，监督管理部门发现甲建设单位将该工程主体部分肢解发包给 A、B 二家施工单位(其中 A 施工单位不具有相应资质等级)，且开工时未办理建筑工程施工许可证；A、B 施工单位均无建筑工程施工许可证违法施工，且 A 施工单位超越本单位资质等级允许范围承接工程。

试问各方主体应承担的法律责任？

第6章 建设工程质量法律制度

学习任务

- ◆ 理解工程建设标准的相关规定。
- ◆ 掌握建设工程质量各方的责任和义务。
- ◆ 掌握建设工程竣工验收制度。
- ◆ 掌握建设工程质量保修制度。

学习目标

知识要点	能力目标
工程质量的特点及法律体系 工程建设标准 工程建设强制性标准实施的规定	能灵活运用工程建设标准的规定处理工程质量问题
建设单位质量责任和义务 施工单位质量责任和义务 勘察设计单位质量责任和义务 工程监理单位质量责任和义务	能够对入场的材料及设备进行检测、能进行施工质量检验和返修、制定职工质量教育培训制度 能够准备符合开工条件的场地,办理施工图设计文件,办理工程质量监督手续 能够进行设计文件的技术交底
竣工验收应具备的条件 施工单位提交的档案资料 规划消防节能环保等验收的规定 竣工结算和质量争议的规定竣工验收报告备案	能够组织竣工验收、处理竣工计算和质量争议,并进行竣工验收备案
质量保修书 质量责任的损失赔偿	能够拟定质量保修书

核心概念

工程建设标准、建设工程质量管理条例、竣工验收质量争议、竣工验收报告备案、质量保修

引导案例

某化工厂在同一厂区建设第 2 个大型厂房时，为了节省投资，决定不做勘察，便将 4 年前为第 1 个大型厂房做的勘察成果提供给设计院作为设计依据，让其设计新厂房。设计院先是不同意，但在该化工厂的一再坚持下最终妥协，同意使用旧的勘察成果。该厂房建成后使用 1 年多就发现墙体多处开裂。经检测，墙体开裂是设计中对地基处理不当引起厂房不均匀沉陷所致。该化工厂一纸诉状将施工单位告上法庭，请求判定施工单位承担工程质量责任。

请同学们思考一下，本案中的质量责任应当由谁来承担？工程中设计方是否有过错？他们违反了什么规定？本章主要介绍与建设工程质量相关的规章制度，不管是工程建设的哪一方，都必须严格遵守，否则都要承担法律后果。

6.1 建设工程质量管理概述

我国的建筑业是国民经济的支柱产业，在国民经济建设中发挥着重要作用。建筑工程是一项量大面广的社会系统工程，其质量的优劣直接影响到国家经济建设的发展。应坚持依法建设，改善企业内部管理，提高工程质量意识，加强施工管理力度，促进建筑行业的健康发展。

百年大计，质量第一，要进行工程质量控制，我们就要了解建设工程质量的内涵、特点、影响因素及工程质量的责任体系。

6.1.1 工程质量的概念

工程质量有狭义和广义之分。狭义的工程质量是指工程满足业主需要的，符合国家法律、法规、技术规范标准、设计文件及合同规定的特性综合。这一概念强调的是工程的实体质量，如基础是否坚固、主体结构是否安全以及通风、采光是否合理等。

广义的工程质量不仅包括工程的实体质量，还包括形成实体质量的工作质量。工作质量是指参与工程的建设者，为了保证工程实体质量所从事工作的水平和完善程度，包括社会工作质量，如社会调查、市场预测、质量回访和保修服务等；生产过程工作质量，如管理工作质量、技术工作质量和后勤工作质量等。工作质量直接决定了实体质量，工程实体质量的好坏是决策、计划、勘察、设计、施工等单位各方面、各环节工作质量的综合反映，是多因一果的问题。因此，我们须从广义上理解工程质量的概念，而不能仅仅把认识停留在工程的实体质量上。

6.1.2 工程质量的特点

工程作为一种特殊的产品，除具有一般商品共有的质量特性，如性能、寿命、可靠性、安全性、经济性等满足社会需要的使用价值及其属性外，还具有特定的内涵。建设工程质量的特点是由建设工程本身的特性和建设生产特点决定的。建设工程及其生产的特点概括起来有以下几点：一是产品的固定性，生产的流动性；二是产品的多样性，生产的单件性；

三是产品形体庞大、高投入、生产周期长、具有风险性;四是产品的社会性、生产的外部约束性。

基于建设工程的上述特点,建筑工程质量本身形成了以下特点。

1) 影响因素多,质量变动大

决策、设计、材料、机械、环境、施工工艺、管理制度以及参建人员素质等均直接或间接地影响工程质量。工程项目建设不像一般工业产品的生产那样有固定的生产流水线,有规范化的生产工艺和完善的检测技术,有成套的生产设备和稳定的生产环境。工程质量波动较大,这是与受影响因素多的特点相一致的。

2) 隐蔽性强,终检局限大

工程项目在施工过程中,由于工序交接多,若不及时检查发现其存在的质量问题,事后尽管表面上质量很好,但这时可能混凝土已经失去了强度,钢筋已经被锈蚀得完全失去了作用。诸如此类的工程质量问题在终检时是很难通过肉眼判断出来的,有时即使用上检测工具,也不一定能发现问题。

3) 对社会环境影响大

与工程规划、设计、施工质量的好坏有密切联系的不仅仅是使用者,而是整个社会。工程质量不仅直接影响人民群众的生产生活,而且还影响着社会可持续发展的环境,特别是有关绿化、"三废"和噪声等方面的问题。

4) 评价方法的特殊性

工程质量的检查评定及验收是按检验批、分项工程、分部工程、单位工程进行的。检验批的质量是分项工程乃至整个工程质量检验的基础。工程质量是在施工单位按合格质量标准自行检查评定的基础上,由监理工程师(或建设单位项目负责人)组织有关单位、人员进行检验确认验收。这种评价方法体现了"验评分离、强化验收、完善手段、过程控制"的思想。

6.1.3 影响工程质量的因素

影响建设工程质量的因素很多,但归纳起来主要有五个方面,简称为 4M1E 因素:一是人员素质(Man),包括决策者、管理者、操作者及其他施工人员的素质;二是工程材料的质量(Material);三是机械设备(Machine),指组成工程实体及配套的工艺设备和各类机具以及施工过程中使用的各类机具设备,它们是施工生产的手段;四是方法(Method),大力推进采用新技术、新工艺、新方法,不断提高工艺技术水平,是保证工程质量稳定提高的重要因素;五是环境(Environment),环境条件是指对工程质量特性起重要作用的环境因素。

在工程建设全过程中严格控制好这五大因素,是保证建设工程质量的关键。因此,对工程质量的控制和管理不能仅仅停留在事后,而是应在工程质量形成的过程中对建设活动的各参与单位进行规范化管理,以及政府对工程质量所应承担的责任。

6.1.4 工程质量法律体系

为加强对建设工程质量的管理,保证建设工程的质量,保护人民的生命和财产安全,国家制定了相关的工程质量法律体系。工程质量法律体系包括以《建设工程质量管理条例》

为核心的一系列法规、部门规章，主要包括以下内容。

1. 《建设工程质量管理条例》

《建设工程质量管理条例》于2000年1月10日国务院第25次常务会议通过，2000年1月30日起施行。《建设工程质量管理条例》包括82条，分别对建设单位、施工单位、监理单位、勘察设计单位的质量责任和义务作出了规定。

《建设工程质量管理条例》第2条规定："凡在中华人民共和国境内从事建设工程的新建、扩建、改建等有关活动及实施对建设工程质量监督管理的，必须遵守本条例。本条例所称建设工程，是指土木工程、建筑工程、线路管道和设备安装工程及装修工程。"

《建设工程质量管理条例》指出了从事建设工程活动，必须严格执行基本建设程序，坚持先勘察、后设计、再施工的原则。

2. 《房屋建筑工程质量保修办法》

2000年6月30日起施行的《房屋建筑工程质量保修办法》适用于在中华人民共和国境内新建、扩建、改建各类房屋建筑工程(包括装修工程)的质量保修活动。

3. 《建设工程质量保证金管理办法》

为贯彻落实国务院关于进一步清理规范涉企收费、切实减轻建筑业企业负担的精神，规范建设工程质量保证金管理、住房城乡建设部、财政部于2017年6月20日对《建设工程质量保证金管理办法》进行了修订。

除此之外还有大量的技术性法规、地方性法规对工程质量进行严格控制。

6.2 工程建设标准

《中华人民共和国标准化法》第二条规定，对建设工程的设计、施工方法和安全要求，对有关工业生产、工程建设和环境保护的技术术语、符号、代号和制图方法等应当制定统一标准。

工程建设标注通过行之有效的标准规范，特别是工程建设强制性标准，为建设工程实施安全防范措施、消除安全隐患提供统一的技术要求，以确保在现有的技术、管理条件下尽可能地保障建设工程安全，从而最大限度地保障建设工程的建造者、使用者和所有者的生命财产安全以及人身健康安全。

根据《标准化法》的规定，我国的标准分为国家标准、行业标准、地方标准和企业标准。国家标准、行业标准又分为强制性标准和推荐性标准。

保障人体健康、人身财产安全的标准和法律、行政法规规定强制性执行的标准是强制性标准，其他标准是推荐性标准。强制性标准一经颁布，必须贯彻执行，否则对造成恶劣后果和重大损失的单位和个人，要受到经济制裁或承担法律责任。

1. 工程建设国家标准

《标准化法》规定，对需要在全国内统一的技术要求，应当制定国家标准。

1) 工程建设国家标准的范围和类型

原建设部《工程建设国家标准管理办法》规定,对需要在全国范围内统一的下列技术要求,应当制定国家标准。①工程建设勘察、规划、设计、施工(包括安装)及验收等通用的质量要求;②工程建设通用的有关安全、卫生和环境保护的技术要求;③工程建设通用的术语、符号、代号、量与单位、建筑模数和制图方法;④工程建设通用的试验、检验和评定等方法;⑤工程建设通用的信息技术要求;⑥国家需要控制的其他工程建设通用的技术要求。

工程建设国家标准分为强制性标准和推荐性标准。下列标准属于强制性标准:①工程建设勘察、规划、设计、施工(包括安装)及验收等通用的综合标准和重要的通用的质量标准;②工程建设通用的有关安全、卫生和环境保护的技术要求;③工程建设通用的术语、符号、代号、量与单位、建筑模数和制图方法;④工程建设通用的试验、检验和评定等方法;⑤工程建设通用的信息技术要求;⑥国家需要控制的其他工程建设通用的标准。强制性标准以外的标准是推荐性标准。国家鼓励企业自愿采用推荐性标准。

2) 工程建设国家标准的制定原则和程序

制定国家标准应当遵循下列原则:①必须贯彻执行国家的有关法律、法规和方针、政策,密切结合自然条件,合理利用资源,充分考虑使用和维修的要求,做到安全适用、技术先进、经济合理;②对需要进行科学试验或测试验证的项目,应当纳入各级主管部门的科研计划,认真组织实施,写出成果报告;③纳入国家标准的新技术、新工艺、新设备、新材料,应当经有关主管部门或受委托单位鉴定,且经实践检验行之有效;④积极采用国际标准和国外先进标准,并经认真分析论证或测试验证,符合我国国情;⑤国家标准条文规定应当严谨明确,文句简练,不得模棱两可,其内容深度、术语符号、计量单位等应当前后一致;⑥必须做好与现行相关标准之间的协调工作。

3) 工程建设国家标准的审批发布和编号

工程建设国家标准由国务院工程建设行政主管部门审查批准,由国务院标准化行政主管部门统一编号,由国务院标准化行政主管部门和国务院工程建设行政主管部门联合发布。

工程建设国家标准的编号由国家标准代号、发布标准的顺序号和发布标准的年号组成。强制性国家标准的代号为"GB",推荐性国家标准的代号为"GB/T"。例如,《建筑工程施工质量验收统一标准》(GB 50300—2001),其中 GB 表示为强制性国家标准,50300 表示标准发布顺序号。2001 表示是 2001 年批准发布;《工程建设施工企业质量管理规范》(GB/T 50430—2007)。其中 GB/T 表示为推荐性国家标准,50430 表示标准发布顺序号,2007 表示是 2007 年批准发布。

4) 国家标准的复审与修订

国家标准实施后,应当根据科学技术的发展和工程建设的需要,由该国家标准的管理部门适时组织有关单位进行复审。复审一般在国家标准实施后 5 年进行 1 次,复审可以采取函审或会议审查,一般由参加过该标准编制或审查的单位或个人参加。

国家标准复审后,标准管理单位应当提出其继续有效或者予以修订、废止的意见,经该国家标准的主管部门确认后报国务院工程建设行政主管部门批准。

凡属下列情况之一的国家标准,应当进行局部修订:①国家标准的部分规定已制约了科学技术新成果的推广应用;②国家标准的部分规定经修订后可取得明显的经济效益、社会效益、环境效益;③国家标准的部分规定有明显缺陷或与相关的国家标准相抵触;④需要对现行的国家标准做局部补充规定。

2. 工程建设行业标准

《标准化法》规定,对没有国家标准而又需要在全国某个行业范围内统一的技术要求,可以制定行业标准。行业标准由国务院有关行政主管部门制定,并报国务院标准化行政主管部门备案,在公布国家标准之后,该项行业标准即行废止。

1) 工程建设行业标准的范围和类型

工程建设行业标准也分为强制性标准和推荐性标准。下列标准属于强制性标准:①工程建设勘察、规划、设计、施工(包括安装)及验收等行业专用的综合性标准和重要的行业专用的质量标准;②工程建设行业专用的有关安全、卫生和环境保护的标准;③工程建设重要的行业专用的术语、符号、代号、量与单位和制图方法标准;④工程建设重要的行业专用的试验、检验和评定方法等标准;⑤工程建设重要的行业专用的信息技术标准;⑥行业需要控制的其他工程建设标准。

强制性标准以外的标准是推荐性标准。

行业标准不得与国家标准相抵触。行业标准的某些规定与国家标准不一致时,必须有充分的科学依据和理由,并经国家标准的审批部门批准。行业标准在相应的国家标准实施后,应当及时修订或废止。

2) 工程建设行业标准的制定、修订程序与复审

工程建设行业标准的制定、修订程序,也可以按准备、征求意见、送审和报批四个阶段进行。工程建设行业标准实施后,根据科学技术的发展和工程建设的实际需要,该标准的批准部门应当适时进行复审,确认其继续有效或予以修订、废止。一般也是5年复审1次。

3. 工程建设地方标准

《标准化法》规定,对没有国家标准和行业标准而又需要在省、自治区、直辖市范围内统一的工业产品的安全、卫生要求,可以制定地方标准,在公布国家标准或者行业标准之后,该项地方标准即行废止。

1) 工程建设地方标准制定的范围和权限

我国幅员辽阔,各地的自然环境差异较大,而工程建设在许多方面要受到自然环境的影响。例如,我国的黄土地区、冻土地区以及膨胀土地区,对建筑技术的要求有很大区别。因此,工程建设标准除国家标准、行业标准外,还需要有相应的地方标准。

原建设部《工程建设地方标准化工作管理规定》中规定,工程建设地方标准项目的确定,应当从本行政区域工程建设的需要出发,并应体现本行政区域的气候、地理、技术等特点。对没有国家标准、行业标准或国家标准、行业标准规定不具体,且需要在本行政区域内作出统一规定的工程建设技术要求,可制定相应的工程建设地方标准。

工程建设地方标准在省、自治区、直辖市范围内由省、自治区、直辖市建设行政主管部门统一计划、统一审批、统一发布、统一管理。

2) 工程建设地方标准的实施和复审

工程建设地方标准不得与国家标准和行业标准相抵触。对与国家标准或行业标准相抵触的工程建设地方标准的规定,应当自行废止。工程建设地方标准应报国务院建设行政主

管部门备案。未经备案的工程建设地方标准，不得在建设活动中使用。

工程建设地方标准中，对直接涉及人民生命财产安全、人体健康、环境保护和公共利益的条文，经国务院建设行政主管部门确定后，可作为强制性条文。在不违反国家标准和行业标准的前提下工程建设地方标准可以独立实施。

工程建设地方标准实施后，应根据科学技术的发展、本行政区域工程建设的需要以及工程建设国家标准、行业标准的制定、修订情况，适时进行复审，复审周期一般不超过 5 年。对复审后需要修订的工程建设地方标准，应当及时进行修订或局部修订。

4. 工程建设企业标准

《标准化法》规定，企业生产的产品没有国家标准和行业标准的，应当制定企业标准作为组织生产的依据。已有国家标准或者行业标准的，国家鼓励企业制定严于国家标准或者行业标准的企业标准，在企业内部适用。

原建设部《关于加强工程建设企业标准化工作的若干意见》指出，工程建设企业标准是对工程建设企业生产、经营活动中的重复性事项所作的统一规定，应当覆盖本企业生产、经营活动各个环节。工程建设企业标准一般包括企业的技术标准、管理标准和工作标准。

1) 企业技术标准

企业技术标准，是指对本企业范围内需要协调和统一的技术要求所制定的标准。对已有国家标准、行业标准或地方标准的，企业可以按照国家标准、行业标准或地方标准的规定执行，也可以根据本企业的技术特点和实际需要制定优于国家标准、行业标准或地方标准的企业标准；对没有国家标准、行业标准或地方标准的，企业应当制定企业标准。国家鼓励企业积极采用国际标准或国外先进标准。

2) 企业管理标准

企业管理标准，是指对本企业范围内需要协调和统一的管理要求，如企业的组织管理、计划管理、技术管理、质量管理和财务管理等所制定的标准。

3) 企业工作标准

企业工作标准，是指对本企业范围内需要协调和统一的工作事项要求所制定的标准。重点应围绕工作岗位的要求，对企业各个工作岗位的任务、职责、权限、技能、方法、程序、评定等作出规定。

需要说明的是，标准、规范、规程都是标准的一种表现形式，习惯上统称为标准，只有针对具体对象才加以区别。当针对产品、方法、符号、概念等基础标准时，一般采用"标准"，如《土工试验方法标准》《生活饮用水卫生标准》《道路工程标准》《建筑抗震鉴定标准》等；当针对工程勘察、规划、设计、施工等通用的技术事项做出规定时，一般采用"规范"，如《混凝土设计规范》《建设设计防火规范》《住宅建筑设计规范》《砌体工程施工及验收规范》《屋面工程技术规范》等；当针对操作、工艺、管理等专用技术要求时，一般采用"规程"，如《钢筋气压焊接规程》《建筑安装工程工艺及操作规程》《建筑机械使用安全操作规程》等。在我国工程建设标准化工作中，由于各主管部门在使用这三个术语时掌握的尺度、习惯不同，使用的随意性比较大，这是造成人们最难理解这三个术语的根本原因。

6.3 建设工程质量各方的责任和义务

6.3.1 建设单位质量责任和义务

建设单位作为建设工程的投资人,是建设工程的重要责任主体。建设单位有权选择承包单位,有权对建设过程进行检查、控制,对建设工程进行验收,并要按时支付工程款和费用等,在整个建设活动中居于主导地位。因此,要确保建设工程的质量,首先就要对建设单位的行为进行规范,对其质量责任予以明确。

1. 依法发包工程

《建设工程质量管理条例》规定,建设单位应当将工程发包给具有相应资质等级的单位,建设单位不得将建设工程肢解发包。建设单位应当依法对工程建设项目的勘察、设计、施工、监理以及与工程建设有关的重要设备、材料等的采购进行招标。

所谓肢解发包,是指将一个单位工程或单项工程其中的某些工作进行分解,发包给不同施工单位去承包施工,其主要特征表现为所分别发包的分项工程都有着内在的必然联系,分别发包给不同的承包单位,将使整个工程建设在管理和技术上缺乏应有的统筹协调,从而造成施工现场秩序的混乱,责任不清,严重影响建设工程质量,一旦出现问题也很难找到责任方。它不同于专业分包和劳务分包,因为专业或劳务分包都纳入施工总承包的管理范围,也就是说,专业分包和劳务分包的主体责任仍有总承包方承担责任。《建筑法》第二十四条,《合同法》第二百七十二条,《建设工程质量管理条例》第七条都明确规定禁止肢解发包。

建设单位还要依照《招标投标法》等有关规定,对必须施行招标的工程项目进行招标,择优选定工程勘察、设计、施工、监理单位以及采购重要设备、材料等。

2. 依法提供原始资料

《建设工程质量管理条例》规定,建设单位必须向有关的勘察、设计、施工、工程监理等单位提供与建设工程有关的原始资料。原始资料必须真实、准确、齐全。

原始资料是工程勘察、设计、施工、监理等单位赖以进行相关工程建设的基础性材料。建设单位作为建设活动的总负责方,向有关单位提供原始资料,以及施工地段地下管线现状资料,并保证这些资料的真实、准确、齐全,这是其基本的质量责任和义务。

3. 限制不合理的干预行为

《建筑法》规定,建设单位不得以任何理由,要求建筑设计单位或者建筑施工企业在工程设计或者施工作业中,违反法律、行政法规和建筑工程质量、安全标准,降低工程质量。

成本是构成价格的主要部分,是承包方估算投标价格的依据和最低的经济底线。如果建设单位迫使承包方以低于成本的价格中标,势必会导致中标单位在承包工程后,为了减少开支、降低成本而采取偷工减料、以次充好、粗制滥造等手段,最终导致建设工程出现质量问题,影响投资效益的发挥。

建设单位也不得任意压缩合理工期。因为，合理工期是指在正常建设条件下，采取科学合理的施工工艺和管理方法，以现行的建设行政主管部门颁布的工期定额为基础，结合项目建设的具体情况，而确定的工期。建设单位不能为了早日发挥项目的效益，迫使承包单位赶工期。实际工作中，盲目赶工期，简化程序，不按规程操作，导致建设项目出问题的情况很多，这是应该制止的。

建设单位更不得以任何理由，诸如建设资金不足、工期紧等，违反强制性标准的规定，要求设计单位降低设计标准，或者要求施工单位采用建设单位采购的不合理材料设备等。因为，强制性标准是保证建设工程结构安全可靠的基础性要求，违反了这类标准，必然会给建设工程带来重大隐患。

4. 依法报审施工图设计文件

《建设工程质量管理条例》规定，建设单位应当将施工图设计文件报县级以上人民政府建设行政主管部门或者其他有关部门审查。施工图设计文件未经审查批准的，不得使用。

施工图审查的主要内容包括建筑物的稳定性、安全性审查，包括地基基础和主体结构体系是否安全、可靠；是否符合消防、节能、环保、抗震、卫生、人防等强制性标准、规范；施工图是否达到规定的深度要求；是否损害公众利益。

建立和实施施工图设计文件审查制度，是许多发达国家确保建设工程质量的成功做法。我国于1998年开始进行建筑工程项目施工图设计文件审查试点工作，在节约投资、发现设计质量隐患和避免违法违规行为等方面都有明显的成效。通过开展对施工图设计文件的审查，既可以对设计单位的成果进行质量控制，也能纠正参与建设活动各方特别是建设单位的不规范行为。

5. 依法实行工程监理

《建设工程质量管理条例》规定，实行监理的建设工程，建设单位应当委托具有相应资质等级的工程监理单位进行监理，也可以委托具有工程监理相应资质等级并与被监理工程的施工承包单位没有隶属关系或者其他利害关系的该工程的设计单位进行监理。

《建设工程质量管理条例》还规定，下列建设工程必须施行监理：①国家重点建设工程；②大中型公用事业工程；③成片开发建设的住宅小区工程；④利用外国政府或者国际组织贷款、援助资金的工程；⑤国家规定必须施行监理的其他工程。

6. 依法办理工程质量监督手续

《建设工程质量管理条例》规定，建设单位在领取施工许可证或者开工报告前，应当按照国家有关规定办理工程质量监督手续。因此，建设单位在领取施工许可证或者开工报告前，应当依法到建设行政主管部门或者铁路、交通、水利等有关管理部门，或其委托的工程质量监督机构办理工程质量监督手续，接受政府主管部门的工程质量监督。

7. 依法保证建筑材料等符合要求

《建设工程质量管理条例》规定，按照合同约定，由建设单位采购建筑材料、建筑构配件和设备的，建设单位应当保证建筑材料、建筑构配件和设备符合设计文件和合同要求。建设单位不得明示或者暗示施工单位使用不合格的建筑材料、建筑构配件和设备。

在工程实践中,常由建设单位采购建筑材料、构配件和设备,在合同中应当明确约定采购责任,即谁采购、谁负责。对于建设单位负责供应的材料设备,在使用前施工单位应当按照规定对其进行检验和试验,如果不合格,不得在工程上使用,并应通知建设单位予以退换。

8. 依法进行装修工程

《建设工程质量管理条例》规定,涉及建筑主体和承重结构变动的装修工程,建设单位应当在施工前委托原设计单位或者具有相应资质等级的设计单位提出设计方案;没有设计方案的,不得施工。房屋建筑使用者在装修过程中,不得擅自变动房屋建筑主体和承重结构。

随意拆改建筑主体结构和承重结构等,会危及建设工程安全和人民生命财产安全。因此,建设单位应当委托该建筑工程的原设计单位或者具有相应资质条件的设计单位提出装修工程的设计方案。如果没有设计方案就擅自施工,将留下质量隐患甚至造成质量事故,后果严重。至于房屋使用者,在装修过程中也不得擅自变动房屋建筑主体和承重结构,如拆除隔墙、窗洞改门洞等,否则很有可能会造成房倒屋塌的灾难。

6.3.2 施工单位质量责任和义务

施工阶段是建设工程实体质量的形成阶段,勘察、设计工作质量均在这一阶段得以实现。施工单位是建设市场的重要责任主体之一,它的能力和行为对建设工程的施工质量起关键性作用。由于施工阶段涉及的责任主体多,生产环节多,时间长,影响质量稳定的因素多,协调管理难度较大,因此,施工阶段的质量责任制度显得尤为重要。

1. 对施工质量负责和总分包单位的质量责任

1) 施工单位对施工质量负责

《建筑法》规定,建筑施工企业对工程的施工质量负责。《建设工程质量管理条例》进一步规定,施工单位对建设工程的施工质量负责。施工单位应当建立质量责任制,确定工程项目的项目经理、技术负责人和施工管理负责人。

需要指出的是,建设工程质量责任与施工质量责任的责任主体不尽相同。在工程建设的全过程中,由于参与主体多元化,所以建设工程质量的责任主体也势必多元化。建设工程各方主体依法各司其职、各负其责。每个参与主体仅就自己的工作内容对建设工程承担相应的质量责任。施工单位是建设工程质量的重要责任主体,但不是唯一的责任主体。对施工质量负责是施工单位法定的质量责任。

施工单位的质量责任制,是其质量保证体系的一个重要组成部分,也是施工质量目标得以实现的重要保证。建立质量责任制,主要包括制订质量目标计划,建立考核标准,并层层分解落实到具体的责任单位和责任人,特别是工程项目的项目经理、技术负责人和施工管理负责人。落实质量责任制,不仅是为了在出现质量问题时可以追究责任,更重要的是通过层层落实质量责任制,做到事事有人管、人人有职责,加强对施工过程的全面质量控制,保证建设工程的施工质量。

2) 总分包单位的质量责任

《建筑法》规定，建筑工程实行总承包的，工程质量由工程总承包单位负责，总承包单位将建筑工程分包给其他单位的，应当对分包工程的质量与分包单位承担连带责任。分包单位应当接受总承包单位的质量管理。

《建设工程质量管理条例》进一步规定，建设工程实行总承包的，总承包单位应当对全部建设工程质量负责；建设工程勘察、设计、施工、设备采购的一项或者多项实行总承包的，总承包单位应当对其承包的建设工程或者采购的设备的质量负责。总承包单位依法将建设工程分包给其他单位的，分包单位应当按照分包合同的约定对其分包工程的质量向总承包单位负责，总承包单位与分包单位对分包工程的质量承担连带责任。

在总分包的情况下存在着总包、分包两种合同，总承包单位和分包单位各自向合同中的对方主体负责。同时，总承包单位与分包单位对分包工程的质量还要依法承担连带责任，即分包工程发生质量问题时，建设单位或其他受害人既可以向分包单位请求赔偿，也可以向总承包单位请求赔偿；进行赔偿的一方，有权依据分包合同的约定，对不属于自己责任的那部分赔偿向对方追偿。因此，分包单位还应当接受总承包单位的质量管理。

2. 按照工程设计图纸和施工技术标准施工的规定

《建筑法》规定，建筑施工企业必须按照工程设计图纸和施工技术标准施工，不得偷工减料。工程设计的修改由原设计单位负责，建筑施工企业不得擅自修改工程设计。

《建设工程质量管理条例》进一步规定，施工单位必须按照工程设计图纸和施工技术标准施工，不得擅自修改工程设计，不得偷工减料。施工单位在施工过程中发现设计文件和图纸有差错的，应当及时提出意见和建议。

《建设工程消防监督管理规定》也要求，施工单位必须按照国家工程建设消防技术标准和经消防设计审核合格或者备案的消防设计文件组织施工，不得擅自改变消防设计进行施工，降低消防施工质量。

1) 按图施工，遵守标准

按工程设计图纸施工，是保证工程实现设计意图的前提，也是明确划分设计、施工单位质量责任的前提。如果施工单位不按图施工或不经原设计单位同意就擅自修改工程设计，其直接后果往往是违反了原设计的意图，严重的将给工程结构安全留下隐患；间接后果是在原设计有缺陷或出现工程质量事故的情况下，由于施工单位擅自修改了设计，将会混淆设计、施工单位各自的质量责任。所以，按图施工、不擅自修改设计，是施工单位保证工程质量的最基本要求。

施工技术标准是工程建设过程中规范施工行为的技术依据。施工单位只有按照施工技术标准，特别是强制性标准的要求施工，才能保证工程的施工质量。此外，从法律的角度来看，工程设计图纸和施工技术标准都属于合同文件的组成部分，如果施工单位不按照工程设计图纸和施工技术标准施工，则属于违约行为，应该对建设单位承担违约责任。

2) 防止设计文件和图纸出现差错

工程项目的设计涉及多个专业，设计文件和图纸也有可能会出现差错。这些差错通常会在图纸会审或施工过程中被逐渐发现。施工人员特别是施工管理负责人、技术负责人以及项目经理等，均为有丰富实践经验的专业人员，对设计文件和图纸中存在的差错是有能力发现的。如果施工单位在施工过程中发现设计文件和图纸中确实存在差错,是有义务及时向设计单位提出的,以免造成不必要的损失和质量问题。这是施工单位应具备的职业道德,也是履行合同应尽的基本义务。

3. 对建筑材料、设备等进行检验检测的规定

建筑工程属于特殊产品,其质量隐蔽性强、终检局限性大,在施工全过程质量控制中,必须严格执行法定的检验、检测制度,否则将造成质量隐患甚至导致质量事故。

《建筑法》规定,建筑施工企业必须按照工程设计要求、施工技术标准和合同的约定,对建筑材料、建筑构配件和设备进行检验,不合格的不得使用。

1) 建筑材料、构配件、设备和商品混凝土的检验制度

施工单位对进入施工现场的建筑材料、建筑构配件和商品混凝土实行检验制度,是施工单位质量保证体系的重要组成部分,也是保证施工质量的重要前提。施工单位应当严把两道关:一是谨慎选择生产供应厂商;二是实行进场二次检验。

施工单位的检验要依据工程设计要求、施工技术标准和合同约定。检验对象是将在工程施工中使用的建筑材料、建筑构配件、设备和商品混凝土。合同若有其他约定的,检验工作还应满足合同相应条款的要求。检验结果要按规定的格式形成书面记录,并由相关的专业人员签字。对于未经检验或检验不合格的,不得在施工中用于工程上。

2) 施工检测的见证取样和送检制度

《建设工程质量管理条例》规定,施工人员对涉及结构安全的试块、试件以及有关材料,应当在建设单位或者工程监理单位监督下现场取样,并送具有相应资质等级的质量检测单位进行检测。

(1) 见证取样和送检。

所谓见证取样和送检,是指在建设单位或工程监理单位人员的见证下,由施工单位的现场试验人员对工程中涉及结构安全的试块、试件和材料在现场取样,并送至经过省级以上建设行政主管部门对其资质认可和质量技术监督部门对其计量认证的质量检测单位进行检测。

原建设部《房屋建筑工程和市政基础设施工程实行见证取样和送检的规定》中规定,涉及结构安全的试块、试件和材料见证取样和送检的比例不得低于有关技术标准中规定应取样数量的30%。下列试块、试件和材料必须实施见证取样和送检。

①用于承重结构的混凝土试块;②用于承重墙体的砌筑砂浆试块;③用于承重结构的钢筋及连接接头试件;④用于承重墙的砖和混凝土小型砌块;⑤用于拌制混凝土和砌筑砂浆的水泥;⑥用于承重结构的混凝土中使用的掺加剂;⑦地下、屋面、厕浴间使用的防水材料;⑧国家规定必须实行见证取样和送检的其他试块、试件和材料。

见证人员应由建设单位或该工程的监理单位具备建筑施工试验知识的专业技术人员担任,并应由建设单位或该工程的监理单位书面通知施工单位、检测单位和负责该项工程的质量监督机构。

在施工过程中,见证人员应按照见证取样和送检计划,对施工现场的取样和送检进行见证,取样人员应在试样或其包装上作出标识、封志。标识和封志应标明工程名称、取样部位、取样日期、样品名称和样品数量,并由见证人员和取样人员签字。见证人员应制作

见证记录，并将见证记录归入施工技术档案。见证人员和取样人员应对试样的代表性和真实性负责。

(2) 工程质量检测单位的资质和检测规定。

原建设部《建设工程质量检测管理办法》规定，工程质量检测机构是具有独立法人资格的中介机构。检测机构资质按照其承担的检测业务内容分为专项检测机构资质和见证取样检测机构资质。检测机构未取得相应的资质证书，不得承担本办法规定的质量检测业务。

质量检测业务由工程项目建设单位委托具有相应资质的检测机构进行检测。工程质量检测机构是具有独立法人资格的中介机构。按照其承担的检测业务内容分为专项检测机构资质和见证取样检测机构资质。

质量检测业务由工程项目建设单位委托具有相应资质的检测机构进行检测。委托方与被委托方应当签订书面合同。

检测机构完成检测业务后，应当及时出具检测报告。检测报告经检测人员签字、检测机构法定代表人或者其授权的签字人签署，并加盖检测机构公章或者检测专用章后方可生效。检测报告经建设单位或者工程监理单位确认后，由施工单位归档。任何单位和个人不得明示或者暗示检测机构出具虚假检测报告，不得篡改或者伪造检测报告。

如果检测结果利害关系人对检测结果发生争议的，由双方共同认可的检测机构复检，复检结果由提出复检方报当地建设主管部门备案。

检测机构应当将检测过程中发现的建设单位、监理单位、施工单位违反有关法律、法规和工程建设强制性标准的情况，以及涉及结构安全检测结果的不合格情况，及时报告工程所在地建设主管部门。检测机构应当建立档案管理制度，并应当单独建立检测结果不合格项目台账。

检测人员不得同时受聘于两个或者两个以上的检测机构。检测机构和检测人员不得推荐或者监制建筑材料、构配件和设备。检测机构不得与行政机关，法律、法规授权的具有管理公共事务职能的组织以及所检测工程项目相关的设计单位、施工单位、监理单位有隶属关系或者其他利害关系。

检测机构不得转包检测业务。检测机构应当对其检测数据和检测报告的真实性和准确性负责。

4. 施工质量检验和返修制度

1) 施工质量检验制度

施工质量检验，通常是指工程施工过程中工序质量检验(或称为过程检验)，包括预检、自检、交接检、专职检、分部工程中间检验以及隐蔽工程检验等。

《建设工程质量管理条例》规定，施工单位必须建立、健全施工质量的检验制度，严格工序管理，做好隐蔽工程的质量检查和记录。隐蔽工程在隐蔽前，单位应当通知建设单位和建设工程质量监督机构。

(1) 严格工序质量检验和管理。

任何一项工程的施工，都是通过一个由许多工序或过程组成的工序(或过程)网络来实现的。施工单位要加强对施工工序或过程的质量控制，特别是要加强影响结构安全的地基和结构等关键施工过程的质量控制。

完善的检验制度和严格的工序管理是保证工序或过程质量的前提。只有工序或过程网络上的所有工序或过程的质量都受到严格控制，整个工程的质量才能得到保证。

(2) 强化隐蔽工程质量检查。

隐蔽工程，是指在施工过程中某一道工序所完成的工程实物，被后一工序形成的工程实物所隐蔽，而且不可以逆向作业的那部分工程。例如，钢筋混凝土工程施工中，钢筋为混凝土所覆盖，前者即为隐蔽工程。

由于隐蔽工程被后续工序隐蔽后，其施工质量就很难检验及认定。如果不去认真做好隐蔽工程的质量检查工作，便容易给工程留下隐患。所以，隐蔽工程在隐蔽前，施工单位除了要做好检查、检验并做好记录外，还应当及时通知建设单位(实施监理的工程为监理单位)和建设工程质量监督机构，以接受政府监督和向建设单位提供质量保证。

按照《建设工程施工合同(示范文本)》的规定，承包人应当对工程隐蔽部位进行自检，并经自检确认是否具备覆盖条件。除专用合同条款另有约定外，工程隐蔽部位经承包人自检确认具备覆盖条件的，承包人应在共同检查前48小时书面通知监理人检查，通知中应载明隐蔽检查的内容、时间和地点，并应附有自检记录和必要的检查资料。

监理人应按时到场并对隐蔽工程及其施工工艺、材料和工程设备进行检查。经监理人检查确认质量符合隐蔽要求，并在验收记录上签字后，承包人才能进行覆盖。

除专用合同条款另有约定外，监理人不能按时进行检查的，应在检查前24小时向承包人提交书面延期要求，但延期不能超过48小时，由此导致工期延误的，工期应予以顺延。监理人未按时进行检查，也未提出延期要求的，视为隐蔽工程检查合格，承包人可自行完成覆盖工作，并作相应记录报送监理人，监理人应签字确认。监理人事后对检查记录有疑问的，可按重新检查的约定重新检查。

2) 建设工程的返修

《建筑法》规定，对已发现的质量缺陷，建筑施工企业应当修复。《建设工程质量管理条例》进一步规定，施工单位对施工中出现的质量问题的建设工程或者竣工验收不合格的建设工程，应当负责返修。

《合同法》也作了相应规定，因施工人的原因致使建设工程质量不符合规定的，发包人有权要求施工人在合理期限内无偿修理或者返工、改建。

返修作为施工单位的法定义务，其返修包括施工过程中出现质量问题的建设工程和竣工验收不合格的建设工程两种情形。不论是施工过程中出现质量问题的建设工程，还是竣工验收时发现质量问题的工程，施工单位都要负责返修。

对于非施工单位原因造成的质量问题，施工单位也应当负责返修，但是因此而造成的损失及返修费用由责任方负责。

5. 建立健全职工教育培训制度的规定

《建设工程质量管理条例》规定，施工单位应当建立、健全教育培训制度，加强对职工的教育培训；未经教育培训或者考核不合格的人员，不得上岗作业。

施工单位的教育培训通常包括各类质量教育和岗位技能培训等。先培训、后上岗，是对施工单位的职工教育的基本要求。特别是与质量工作有关的人员，如总工程师、项目经理、质量体系内审员、质量检查员、施工人员、材料试验及检测人员；关键技术工种如焊工、钢筋工、混凝土工等,未经培训或者培训考核不合格的人员,不得上岗工作或作业。

6.3.3 勘察、设计单位质量责任和义务

《建筑法》规定,建筑工程的勘察、设计单位必须对其勘察、设计的质量负责。勘察、设计文件应当符合有关法律、行政法规的规定和建筑工程质量、安全标准、建筑工程勘察、设计技术规范以及合同的约定。

谁勘察设计谁负责,谁施工谁负责,这是国际上通行的做法。勘察、设计单位和执业注册人员是勘察设计质量的责任主体,也是整个工程质量的责任主体之一。勘察、设计质量实行单位与执业注册人员双重责任,即勘察、设计单位对其勘察、设计的质量负责,注册建筑师、注册结构工程师等专业人士对其签字的设计文件负责。

1. 依法承揽勘察、设计业务

《建设工程质量管理条例》规定,从事建设工程勘察、设计的单位应当依法取得相应等级的资质证书,并在其资质等级许可的范围内承揽工程。禁止勘察、设计单位超越其资质等级许可的范围或者以其他勘察、设计单位的名义承揽工程。禁止勘察、设计单位允许其他单位或者个人以本单位的名义承揽工程。勘察、设计单位不得转包或者违法分包所承揽的工程。

勘察、设计作为一个特殊行业,与施工单位一样,也有着严格的市场准入条件,有着从业资格制度,同样禁止无资质或者越级承揽工程,禁止以其他勘察、设计单位的名义承揽工程或者允许其他单位、个人以本单位的名义承揽工程,禁止转包或者违法分包所承揽的工程。

2. 勘察、设计必须执行强制性标准

《建设工程质量管理条例》规定,勘察、设计单位必须按照工程建设强制性标准进行勘察、设计,并对其勘察、设计的质量负责。

3. 勘察单位提供的勘察成果必须真实、准确

《建设工程质量管理条例》规定,勘察单位提供的地质、测量、水文等勘察成果必须真实、准确。

工程勘察工作是建设工作的基础工作,工程勘察成果文件是设计和施工的基础资料和重要依据。其真实准确与否直接影响到设计、施工质量,因而工程勘察成果必须真实准确、安全可靠。

4. 设计依据和设计深度

《建设工程质量管理条例》规定,设计单位应当根据勘察成果文件进行建设工程设计。设计文件应当符合国家规定的设计深度要求,注明工程合理使用年限。

勘察成果文件是设计的基础资料,是设计的依据。我国对各类设计文件的编制深度都有规定,在实践中应当贯彻执行。工程合理使用年限是指从工程竣工验收合格之日起,工程的地基基础、主体结构能保证在正常情况下安全使用的年限。它与《建筑法》中的"建筑物合理寿命年限"、《合同法》中的"工程合理使用期限"等在概念上是一致的。

5. 依法规范设计单位对建筑材料等的选用

《建筑法》《建设工程质量管理条例》均规定，设计单位在设计文件中选用的建筑材料、建筑构配件和设备，应当注明规格、型号、性能等技术指标，其质量要求必须符合国家规定的标准。除有特殊要求的建筑材料、专用设备、工艺生产线等外，设计单位不得指定生产厂、供应商。

为了使施工能准确满足设计意图，设计文件中必须注明所选用的建筑材料、建筑构配件和设备的规格、型号、性能等技术指标。这也是设计文件编制深度的要求。但是，在通用产品能保证工程质量的前提下，设计单位就不应选用特殊要求的产品，也不能滥用权力指定生产厂、供应商，以免限制建设单位或者施工单位在材料等采购上的自主权，导致垄断或者变相垄断现象的发生。

6. 依法对设计文件进行技术交底

《建设工程质量管理条例》规定，设计单位应当就审查合格的施工图设计文件向施工单位作出详细说明。

设计文件的技术交底，是指设计单位将设计意图、特殊工艺要求，以及建筑、结构、设备等各专业在施工中的难点、疑点和容易发生的问题等向施工单位作详细说明，并负责解释施工单位对设计图纸的疑问。

对设计文件进行技术交底是设计单位的重要义务，对确保工程质量有重要意义。

7. 依法参与建设工程质量事故分析

《建设工程质量管理条例》规定，设计单位应当参与建设工程质量事故分析，并对因设计造成的质量事故，提出相应的技术处理方案。

工程质量的好坏，在一定程度上就是工程建设是否准确贯彻了设计意图。因此，一旦发生了质量事故，该工程的设计单位最有可能在短时间内发现存在的问题，对事故的分析具有权威性。这对及时进行事故处理十分有利。对因设计造成的质量事故，原设计单位必须提出相应的技术处理方案，这是设计单位的法定义务。

8. 勘察、设计单位质量违法行为应承担的法律责任

《建筑法》规定，建筑设计单位不按照建筑工程质量、安全标准进行设计的，责令改正，处以罚款；造成工程质量事故的，责令停业整顿，降低资质等级或者吊销资质证书，没收违法所得，并处罚款；造成损失的，承担赔偿责任；构成犯罪的，依法追究刑事责任。

《建设工程质量管理条例》规定，有下列行为之一的，责令改正，处 10 万元以上 30 万元以下的罚款：①勘察单位未按照工程建设强制性标准进行勘察的；②设计单位未根据勘察成果文件进行工程设计的；③设计单位指定建筑材料、建筑构配件的生产厂、生产商的；④设计单位未按照工程建设强制性标准进行设计的。

有以上所列行为，造成工程质量事故的，责令停业整顿，降低资质等级；情节严重的，吊销资质证书；造成损失的，依法承担赔偿责任。

6.3.4 工程监理单位质量责任和义务

工程监理单位在施工阶段作为施工质量的监控主体,在施工阶段的质量控制目标是通过审核施工质量文件、报告报表及现场旁站检查、平行检测、施工指令和结算支付控制等手段的应用,监控施工承包单位的质量活动行为,协调施工关系,正确履行工程质量的监督责任,以保证工程质量达到施工合同和设计文件所规定的质量标准。其具体的质量责任和义务如下。

1. 依法承担工程监理业务

《建筑法》规定,工程监理单位应当在其资质等级许可的监理范围内,承担工程监理业务。工程监理单位不得转让工程监理业务。

禁止工程监理单位超越本单位资质等级许可的范围或者以其他工程监理单位的名义承担工程监理业务。禁止工程监理单位允许其他单位或者个人以本单位的名义承担工程监理业务。

监理单位必须按照资质等级承担工程监理业务。越级监理、允许其他单位或者个人以本单位的名义承担监理业务等,都将使工程监理变得有名无实,最终将对工程质量造成危害。监理单位转让工程监理业务,与施工单位转包工程有着同样的危害性。

2. 对有隶属关系或其他利害关系的回避

《建筑法》《建设工程质量管理条例》都规定,工程监理单位与被监理工程的施工承包单位以及建筑材料、建筑构配件和设备供应单位有隶属关系或者其他利害关系的,不得承担该项建设工程的监理业务。

由于工程监理单位与被监理工程的承包单位以及建筑材料、建筑构配件和设备供应单位之间,是一种监督与被监督的关系,为了保证客观、公正执行监理任务,工程监理单位与上述单位不能有隶属关系或者其他利害关系。如果有这种关系,工程监理单位在接受监理委托前,应当自行回避;对于没有回避而被发现的,建设单位可以依法解除委托关系。

3. 监理工作的依据和监理责任

监理工作的主要依据包括以下内容。

(1) 法律、法规,如《建筑法》《合同法》《建设工程质量管理条例》等。

(2) 有关技术标准,如《工程建设标准强制性条文》以及建设工程承包合同中确认采用的推荐性标准等。

(3) 设计文件、施工图设计等设计文件既是施工的依据,也是监理单位对施工活动进行监督管理的依据。

(4) 建设工程承包合同,监理单位据此监督施工各单位是否全面履行合同约定的义务。

监理单位对施工质量承担监理责任,包括违约责任和违法责任两个方面。

(1) 违约责任。如果监理单位不按照监理合同约定履行监理义务,给建设单位或其他单位造成损失的,应当承担相应的赔偿责任。

(2) 违法责任。如果监理单位违法监理,或者降低工程质量标准,造成质量事故的,要承担相应的法律责任。

4. 工程监理的职责和权限

《建设工程质量管理条例》第三十七条规定，工程监理单位应当选派具备相应资格的总监理工程师和监理工程师进驻施工现场。未经监理工程师签字，建筑材料、建筑构配件和设备不得在工程上使用或者安装，施工单位不得进行下一道工序的施工。未经总监理工程师签字，建设单位不拨付工程款，不进行竣工验收。

监理单位应根据所承担的监理任务，组建驻工地监理机构。监理机构一般由总监理工程师、监理工程师和其他监理人员组成。工程监理实行总监理工程师负责制。总监理工程师依法和在授权范围内可以发布有关指令，全面负责受委托的监理工程。监理工程师拥有对建筑材料、建筑构配件和设备以及每道施工工序的检查权，对检查不合格的，有权决定是否允许在工程上使用或进行下一道工序的施工。

5. 工程监理的形式

《建设工程质量管理条例》规定，监理工程师应当按照工程监理规范的要求，采取旁站、巡视和平行检验等形式，对建设工程实施监理。

所谓旁站，是指对工程中有关地基和结构安全的关键工序和关键施工过程，进行连续不断地监督检查或检验的监理活动，有时甚至要连续跟班监理。

所谓巡视，主要是强调除了关键点的质量控制外，监理工程师还应对施工现场进行面上的巡查监理。

所谓平行检验，主要是强调监理单位对施工单位已经检验的工程应及时进行检验。对关键性、较大体量的工程实物，采取分段后平行检验的方式，有利于及时发现质量问题，及时采取措施予以纠正。

6. 工程监理单位质量违法行为应承担的法律责任

《建筑法》规定，工程监理单位与建设单位或者建筑施工企业串通，弄虚作假、降低工程质量的，责令改正，处以罚款，降低资质等级或者吊销资质证书；有违法所得的，予以没收；造成损失的，承担连带赔偿责任；构成犯罪的，依法追究刑事责任。

《建设工程质量管理条例》规定，工程监理单位有下列行为之一的，责令改正，处 50 万元以上 100 万元以下的罚款，降低资质等级或者吊销资质证书；有违法所得的，予以没收；造成损失的，承担连带赔偿责任：①与建设单位或者施工单位串通、弄虚作假、降低工程质量的；②将不合格的建设工程、建筑材料、建筑构配件和设备按照合格签字的。

6.4 建设工程竣工验收制度

建设工程竣工验收是建设投资成果转入生产或使用的标志，也是全面考核投资效益、检验设计和施工质量的重要环节。

6.4.1 竣工验收的主体和法定条件

1. 建设工程竣工的主体

《建设工程质量管理条例》规定，建设单位收到建设工程竣工报告后，应当组织设计、施工、工程监理等有关单位进行竣工验收。

对工程进行竣工检查和验收，是建设单位法定的权利和义务。在建设工程完工后，承包单位应当向建设单位提供完整的竣工资料和竣工验收报告，提请建设单位组织竣工验收。建设单位收到竣工验收报告后，应及时组织有设计、施工、工程监理等有关单位参加的竣工验收，检查整个工程项目是否已按照设计要求和合同约定全部建设完成，并符合竣工验收条件。

2. 竣工验收应当具备的法定条件

《建筑法》规定，交付竣工验收的建筑工程，必须符合规定的建筑工程质量标准，有完整的工程技术经济资料和经签署的工程保修书，并具备国家规定的其他竣工条件。建筑工程竣工经验收合格后，方可交付使用；未经验收或者验收不合格的，不得交付使用。

《建设工程质量管理条例》进一步规定，建设工程竣工验收应当具备下列条件。

1) 完成建设工程设计和合同约定的各项内容

建设工程设计和合同约定的内容，主要是指设计文件所确定的以及承包合同"承包人承揽工程项目一览表"中载明的工作范围，也包括监理工程师签发的变更通知单中所确定的工作内容。

2) 有完整的技术档案和施工管理资料

工程技术档案和施工管理资料是工程竣工验收和质量保证的重要依据之一。主要包括以下档案和资料：①工程项目竣工验收报告；②分部、分项工程和单位工程技术人员名单；③图纸会审和技术交底记录；④设计变更通知单，技术变更核实单；⑤工程质量事故发生后调查和处理资料；⑥隐蔽验收记录及施工日志；⑦竣工图；⑧质量检验评定资料等；⑨合同约定的其他资料。

3) 有工程使用的主要建筑材料、建筑构(配)件和设备的进场试验报告

对建设工程使用的主要建筑材料、建筑构配件和设备，除须具有质量合格证明资料外，还应当有进场试验、检验报告，其质量要求必须符合国家规定的标准。

4) 有勘察、设计、施工、工程监理等单位分别签署的质量合格文件

勘察、设计、施工、工程监理等有关单位要依据工程设计文件及承包合同所要求的质量标准，对竣工工程进行检查评定；符合规定的，应当签署合格文件。

5) 有施工单位签署的工程保修书

施工单位同建设单位签署的工程保修书，也是交付竣工验收的条件之一。

凡是没有经过竣工验收或者经过竣工验收确定为不合格的建设工程，不得交付使用。如果建设单位为提前获得投资效益，在工程未经验收就提前投产或使用，由此而发生的质量等问题，建设单位要承担责任。

6.4.2 施工单位应提交的档案资料

《建设工程质量管理条例》规定，建设单位应当严格按照国家有关档案管理的规定，及时收集、整理建设项目各环节的文件资料，建立健全建设项目档案，并在建设工程竣工验收后，及时向建设行政主管部门或者其他有关部门移交建设项目档案。

原建设部《城市建设档案管理规定》中规定，建设单位应当在工程竣工验收后 3 个月

内，向城建档案馆报送一套符合规定的建设工程档案。凡建设工程档案不齐全的，应当限期补充。对改建、扩建和重要部位维修的工程，建设单位应当组织设计、施工单位据实修改、补充和完善原建设工程档案。

施工单位应当按照归档要求制定统一目录，有专业分包工程的，分包单位要按照总承包单位的总体安排做好各项资料整理工作，最后再由总承包单位进行审核、汇总。

施工单位一般应当提交的档案资料有：①工程技术档案资料；②工程质量保证资料；③工程检验评定资料；④竣工图等。

6.4.3 规划、消防、节能、环保等验收的规定

《建设工程质量管理条例规定》，建设单位应当自建设工程竣工验收合格之日起15日内，将建设工程竣工验收报告和规划、公安消防、环保等部门出具的认可文件或者准许使用文件报建设行政主管部门或者其他有关部门备案。

1. 建设工程竣工规划验收

《城乡规划法》规定，县级以上地方人民政府城乡规划主管部门按照国务院规定对建设工程是否符合规划条件予以核实。未经核实或者经核实不符合规划条件的，建设单位不得组织竣工验收。建设单位应当在竣工验收后6个月内向城乡规划主管部门报送有关竣工验收资料。

建设工程竣工后，建设单位应当依法向城乡规划行政主管部门提出竣工规划验收申请，由城乡规划行政主管部门按照选址意见书、建设用地规划许可证、建设工程规划许可证、乡村建设规划许可证及其有关规划的要求，对建设工程进行规划验收，包括对建设用地范围内的各项工程建设情况、建筑物的使用性质、位置、间距、层数、标高、平面、立面、外墙装饰材料和色彩、各类配套服务设施、临时施工用房、施工场地等进行全面核查，并作出验收记录。对于验收合格的，由城乡规划行政主管部门出具规划认可文件或核发建设工程竣工规划验收合格证。

《城乡规划法》还规定，建设单位未在建设工程竣工验收后6个月内向城乡规划主管部门报送有关竣工验收资料的，由所在地城市、县人民政府城乡规划主管部门责令限期补报；逾期不补报的，处1万元以上5万元以下的罚款。

2. 建设工程竣工消防验收

《消防法》规定，按照国家工程建设消防技术标准需要进行消防设计的建设工程竣工，依照下列规定进行消防验收、备案：①国务院公安部门规定的大型的人员密集场所和其他特殊建设工程，建设单位应当向公安机关消防机构申请消防验收；②其他建设工程，建设单位在验收后应当报公安机关消防机构备案，公安机关消防机构应当进行抽查。依法应当进行消防验收的建设工程，未经消防验收或者消防验收不合格的，禁止投入使用；其他建设工程经依法抽查不合格的，应当停止使用。

公安部《建设工程消防监督管理规定》进一步规定，建设单位申请消防验收应当提供下列材料：①建设工程消防验收申报表；②工程竣工验收报告和有关消防设施的工程竣工图纸；③消防产品质量合格证明文件；④有防火性能要求的建筑构件、建筑材料、室内装

修装饰材料符合国家标准或者行业标准的证明文件、出厂合格证；⑤消防设施检测合格证明文件；⑥施工、工程监理、检测单位的合法身份证明和资质等级证明文件；⑦建设单位的工商营业执照等合法身份证明文件；⑧法律、行政法规规定的其他材料。

施工单位应当承担的消防施工质量和安全责任：①按照国家工程建设消防技术标准和经消防设计审核合格或者备案的消防设计文件组织施工，不得擅自改变消防设计进行施工，降低消防施工质量；②查验消防产品和有防火性能要求的建筑构件、建筑材料及室内装修装饰材料的质量，使用合格产品，保证消防施工质量；③建立施工现场消防安全责任制度，确定消防安全负责人。加强对施工人员的消防教育培训，落实动火、用电、易燃可燃材料等消防管理制度和操作规程。保证在建工程竣工验收前消防通道、消防水源、消防设施和器材、消防安全标志等完好有效。

公安机关消防机构应当自受理消防验收申请之日起20日内组织消防验收，并出具消防验收意见。公安机关消防机构对申报消防验收的建设工程，应当依照建设工程消防验收评定标准对已经进行消防设计审核合格的内容组织消防验收。对综合评定结论为合格的建设工程，公安机关消防机构应当出具消防验收合格意见；对综合评定结论为不合格的，应当出具消防验收不合格意见，并说明理由。

对于依法应当进行消防验收的建设工程，未经消防验收或者消防验收不合格，擅自投入使用的，《消防法》规定，由公安机关消防机构责令停止施工、停止使用或者停产停业，并处3万元以上30万元以下罚款。

3. 建设工程竣工环保验收

《建设项目环境保护管理条例》规定，建设项目竣工后，建设单位应当向审批该建设项目环境影响报告书、环境影响报告表或者环境影响登记表的环境保护行政主管部门，申请该建设项目需要配套建设的环境保护设施竣工验收。

环境保护设施竣工验收，应当与主体工程竣工验收同时进行。需要进行试生产的建设项目，建设单位应当自建设项目投入试生产之日起3个月内，向审批该建设项目环境影响报告书、环境影响报告表或者环境影响登记表的环境保护行政主管部门，申请该建设项目需要配套建设的环境保护设施竣工验收。分期建设、分期投入生产或者使用的建设项目，其相应的环境保护设施应当分期验收。

环境保护行政主管部门应当自收到环境保护设施竣工验收申请之日起30日内，完成验收。建设项目需要配套建设的环境保护设施经验收合格，该建设项目方可正式投入生产或者使用。

《建设项目环境保护管理条例》还规定，建设项目投入试生产超过3个月，建设单位未申请环境保护设施竣工验收的，由审批该建设项目环境影响报告书、环境影响报告表或者环境影响登记表的环境保护行政主管部门责令限期办理环境保护设施竣工验收手续；逾期未办理的，责令停止试生产，可以处5万元以下的罚款。

建设项目需要配套建设的环境保护设施未建成、未经验收或者经验收不合格，主体工程正式投入生产或者使用的，由审批该建设项目环境影响报告书、环境影响报告表或者环境影响登记表的环境保护行政主管部门责令停止生产或者使用，可以处10万元以下的罚款。

4. 建筑工程节能验收

《节约能源法》规定，不符合建筑节能标准的建筑工程，建设主管部门不得批准开工建设；已经开工建设的，应当责令停止施工、限期改正；已经建成的，不得销售或者使用。

《民用建筑节能条例》进一步规定，建设单位组织竣工验收，应当对民用建筑是否符合民用建筑节能强制性标准进行查验；对不符合民用建筑节能强制性标准的，不得出具竣工验收合格报告。

建筑节能工程施工质量的验收，主要应按照国家标准《建筑节能工程施工质量验收规范》(GB 50411—2007)以及《建筑工程施工质量验收统一标准》(GB 50300—2013)、各专业工程施工质量验收规范等执行。单位工程竣工验收应在建筑节能分部工程验收合格后进行。

建筑节能工程为单位建筑工程的一个分部工程，并按规定划分为分项工程和检验批。建筑节能工程应按照分项工程进行验收，如墙体节能工程、幕墙节能工程、门窗节能工程、屋面节能工程、地面节能工程、采暖节能工程、通风与空气调节节能工程、配电与照明节能工程等。当建筑节能分项工程的工程量较大时，可以将分项工程划分为若干个检验批进行验收。当建筑节能工程验收无法按照要求划分分项工程或检验批时，可由建设、施工、监理等各方协商进行划分。但验收项目、验收内容、验收标准和验收记录均应遵守规范的规定。

1) 建筑节能分部工程进行质量验收的条件

建筑节能分部工程的质量验收，应在检验批、分项工程全部合格的基础上，进行建筑，围护结构的外墙节能构造实体检验，严寒、寒冷和夏热冬冷地区的外窗气密性现场检测，以及系统节能性能检测和系统联合试运转与调试，确认建筑节能工程质量达到验收的条件后方可进行。

2) 建筑节能分部工程验收的组织

建筑节能工程验收的程序和组织应遵守《建筑工程施工质量验收统一标准》GB 50300—2013的要求，并符合下列规定：①节能工程的检验批验收和隐蔽工程验收应由监理工程师主持，施工单位相关专业的质量检查员与施工员参加；②节能分项工程验收应由监理工程师主持，施工单位项目技术负责人和相关专业的质量检查员、施工员参加，必要时可邀请设计单位相关专业的人员参加；③节能分部工程验收应由总监理工程师(建设单位项目负责人)主持，施工单位项目经理、项目技术负责人和相关专业的质量检查员、施工员参加，设计单位节能设计人员应参加。

3) 建筑节能工程验收的程序

(1) 施工单位自检评定。

建筑节能分部工程施工完成后，施工单位对节能工程质量进行检查，确认符合节能设计文件要求后，填写《建筑节能分部工程质量验收表》，并由项目经理和施工单位负责人签字。

(2) 监理单位进行节能工程质量评估。

监理单位收到《建筑节能分部工程质量验收表》后，应全面审查施工单位的节能工程验收资料且整理监理资料，对节能各分项工程进行质量评估，监理工程师及项目总监在《建筑节能分部工程质量验收表》中签字确认验收结论。

(3) 建筑节能分部工程验收。

由监理单位总监理工程师(建设单位项目负责人)主持验收会议,组织施工单位的相关人员、设计单位节能设计人员对节能工程质量进行检查验收。验收各方对工程质量进行检查,提出整改意见。

建筑节能质量监督管理部门的验收监督人员到施工现场对节能工程验收的组织形式、验收程序、执行验收标准等情况进行现场监督,发现有违反规定程序、执行标准或评定结果不准确的,应要求有关单位改正或停止验收。对未达到国家验收标准合格要求的质量问题,签发监督文书。

(4) 施工单位按验收意见进行整改。

施工单位按照验收各方提出的整改意见进行整改;整改完毕后,建设、监理、设计、施工单位对节能工程的整改结果进行确认。

(5) 节能工程验收结论。

符合建筑节能工程质量验收规范的工程为验收合格,即通过节能分部工程质量验收。对节能工程验收不合格工程按《建筑节能工程施工质量验收规范》和其他验收规范的要求整改完后,重新验收。

(6) 验收资料归档。

建筑节能工程施工质量验收合格后,相应的建筑节能分部工程验收资料应作为建设工程 工验收资料中的重要组成部分归档。

4) 建筑节能工程专项验收应注意事项

(1) 建筑节能工程验收重点是检查建筑节能工程效果是否满足设计及规范要求,监理和施工单位应加强和重视节能验收工作,对验收中发现的工程实物质量问题及时解决。

(2) 工程项目存在以下问题之一的,监理单位不得组织节能工程验收:①未完成建筑节能工程设计内容的;②隐蔽验收记录等技术档案和施工管理资料不完整的;③工程使用的主要建筑材料、建筑构配件和设备未提供进场检验报告的,未提供相关的节能性能检测报告的;④工程存在违反强制性条文的质量问题而未整改完毕的;⑤对监督机构发出的责令整改内容未整改完毕的;⑥存在其他违反法律、法规行为而未处理完毕的。

(3) 工程项目验收存在以下问题之一的,应重新组织建筑节能工程验收:①验收组织机构不符合法规及规范要求的;②参加验收人员不具备相应资格的;③参加验收各方主体验收意见不一致的;④验收程序和执行标准不符合要求的;⑤各方提出的问题未整改完毕的。

(4) 单位工程在办理竣工备案时应提交建筑节能相关资料,不符合要求的不予备案。

6.4.4 竣工结算、质量争议的规定

竣工验收是工程建设活动的最后阶段。在此阶段,建设单位与施工单位容易就合同价款结算、质量缺陷等引起纠纷,导致建设工程不能及时办理竣工验收或完成竣工验收。

1. 工程竣工结算

1) 工程竣工结算的编制与审查

财政部、建设部《建设工程价款结算暂行办法》规定,工程完工后,双方应按照约定

的合同价款及合同价款调整内容以及索赔事项，进行工程竣工结算。工程竣工结算分为单位工程竣工结算、单项工程竣工结算和建设项目竣工总结算。

单位工程竣工结算由承包人编制，发包人审查；实行总承包的工程，由具体承包人编制，在总包人审查的基础上，发包人审查。

单项工程竣工结算或建设项目竣工总结算由总(承)包人编制，发包人可直接进行审查，也可以委托具有相应资质的工程造价咨询机构进行审查。政府投资项目，由同级财政部门审查。单项工程竣工结算或建设项目竣工总结算经发、承包人签字盖章后有效。

承包人应在合同约定期限内完成项目竣工结算编制工作，未在规定期限内完成的并且提不出正当理由延期的，责任自负。

2) 工程竣工结算审查期限

单项工程竣工后，承包人应在提交竣工验收报告的同时，向发包人递交竣工结算报告及完整的结算资料，发包人应按以下规定时限进行核对(审查)并提出审查意见：①500万元以下，从接到竣工结算报告和完整的竣工结算资料之日起20天；②500万～2000万元，从接到竣工结算报告和完整的竣工结算资料之日起30天；③2000万～5000万元，从接到竣工结算报告和完整的竣工结算资料之日起45天；④5000万元以上，从接到竣工结算报告和完整的竣工结算资料之日起60天。

建设项目竣工总结算在最后一个单项工程竣工结算审查确认后15天内汇总，送发包人后30天内审查完成。

3) 工程竣工价款结算

发包人收到承包人递交的竣工结算报告及完整的结算资料后，应按以上规定的期限(合同约定有期限的，从其约定)进行核实，给予确认或者提出修改意见。

发包人根据确认的竣工结算报告向承包人支付工程竣工结算价款，保留5%左右的质量保证(保修)金，待工程交付使用1年质保期到期后清算(合同另有约定的，从其约定)，质保期内如有返修，发生费用应在质量保证(保修)金内扣除。

工程竣工结算以合同工期为准，实际施工工期比合同工期提前或延后，发、承包双方应按合同约定的奖惩办法执行。

4) 索赔及合同以外零星项目工程价款结算

发承包人未能按合同约定履行自己的各项义务或发生错误，给另一方造成经济损失的，由受损方按合同约定提出索赔，索赔金额按合同约定支付。

发包人要求承包人完成合同以外零星项目，承包人应在接受发包人要求的7天内就用工数量和单价、机械台班数量和单价、使用材料和金额等向发包人提出施工签证，发包人签证后施工，如发包人未签证，承包人施工后发生争议的，责任由承包人自负。

发包人和承包人要加强施工现场的造价控制，及时对工程合同外的事项如实记录并履行书面手续。凡由发、承包双方授权的现场代表签字的现场签证以及发、承包双方协商确定的索赔等费用，应在工程竣工结算中如实办理，不得因发、承包双方现场代表的中途变更改变其有效性。

5) 未按规定时限办理事项的处理

发包人收到竣工结算报告及完整的结算资料后，在《建设工程价款结算暂行办法》规定或合同约定期限内，对结算报告及资料没有提出意见，则视同认可。

承包人如未在规定时间内提供完整的工程竣工结算资料,经发包人催促后14天内仍未提供或没有明确答复,发包人有权根据已有资料进行审查,责任由承包人自负。

根据确认的竣工结算报告,承包人向发包人申请支付工程竣工结算款。发包人应在收到申请后15天内支付结算款,到期没有支付的应承担违约责任。承包人可以催告发包人支付结算价款,如达成延期支付协议,发包人应按同期银行贷款利率支付拖欠工程价款的利息。如未达成延期支付协议,承包人可以与发包人协商将该工程折价,或申请人民法院将该工程依法拍卖,承包人就该工程折价或者拍卖的价款优先受偿。

6) 工程价款结算争议处理

工程造价咨询机构接受发包人或承包人委托,编审工程竣工结算,应按合同约定和实际履约事项认真办理,出具的竣工结算报告经发、承包双方签字后生效。当事人一方对报告有异议的,可对工程结算中有异议部分,向有关部门申请咨询后协商处理,若不能达成一致的,双方可按合同约定的争议或纠纷解决程序办理。

发包人对工程质量有异议,已竣工验收或已竣工未验收但实际投入使用的工程,其质量争议按该工程保修合同执行;已竣工未验收且未实际投入使用的工程以及停工、停建工程的质量争议,应当就有争议部分的竣工结算暂缓办理,双方可就有争议的工程委托有资质的检测鉴定机构进行检测,根据检测结果确定解决方案,或按工程质量监督机构的处理决定执行,其余部分的竣工结算依照约定办理。

当事人对工程造价发生合同纠纷时,可通过下列办法解决:①双方协商确定;②按合同条款约定的办法提请调解;③向有关仲裁机构申请仲裁或向人民法院起诉。

《最高人民法院关于审理建设施工合同纠纷案件适用法律问题的解释》第十六条规定,当事人对建设工程的计价标准或者计价方法有约定的,按照约定结算工程价款。因设计变更导致建设工程的工程量或质量标准发生变化,当事人对该部分工程价款不能协商一致的,可以参照签订建设工程施工合同时当地建设行政主管部门发布的计价方法或者计价标准结算工程价款。

7) 工程价款结算管理

《建设工程价款结算暂行办法》规定,工程竣工后,发、承包双方应及时办清工程竣工结算,否则,工程不得交付使用,有关部门不予办理权属登记。

2. 竣工工程质量争议的处理

《建筑法》规定,建筑工程竣工时,屋顶、墙面不得留有渗漏、开裂等质量缺陷;对已发现的质量缺陷,建筑施工企业应当修复。《建设工程质量管理条例》规定,施工单位对施工中出现质量问题的建设工程或者竣工验收不合格的建设工程,应当负责返修。

据此,建设工程竣工时发现的质量问题或者质量缺陷,无论是建设单位的责任还是施工单位的责任,施工单位都有义务进行修复或返修。但是,对于非施工单位原因出现的质量问题或质量缺陷,其返修的费用和造成的损失是应由责任方承担的。

1) 承包方责任的处理

《合同法》规定,因施工人的原因致使建设工程质量不符合约定的,发包人有权要求施工人在合理期限内无偿修理或者返工、改建。

如承包人拒绝修理、返工或改建的,《最高人民法院关于审理建设工程施工合同纠纷案件适用法律问题的解释》中规定，因承包人的过错造成建设工程质量不符合约定，承包人拒绝修理、返工或者改建，发包人请求减少支付工程价款的，应予支持。

2) 发包方责任的处理

《建筑法》规定，建设单位不得以任何理由，要求建筑设计单位或者建筑施工企业在工程设计或者施工作业中，违反法律、行政法规和建筑质量、安全标准，降低工程质量。

《最高人民法院关于审理建设施工合同纠纷案件适用法律问题的解释》第十二条规定，发包人具有下列情形之一，造成建设工程质量缺陷，应当承担过错责任：①提供的设计有缺陷；②提供或者指定购买的建筑材料、建筑构(配)件、设备不符合强制性标准；③直接指定分包人分包专业工程。

3) 未经竣工验收擅自使用的处理原则

《建筑法》《合同法》《建设工程质量管理条例》均规定，建设工程竣工经验收合格后，方可交付使用；未经验收或验收不合格的，不得交付使用。

6.4.5 竣工验收报告备案的规定

《建设工程质量管理条例》规定，建设单位应当自建设工程竣工验收合格之日起15日内，将建设工程竣工验收报告和规划、公安消防、环保等部门出具的认可文件或者准许使用文件报建设行政主管部门或者其他有关部门备案。建设行政主管部门或者其他有关部门发现建设单位在竣工验收过程中有违反国家有关建设工程质量管理规定行为的，责令停止使用，重新组织竣工验收。

1. 竣工验收备案的时间及须提交的文件

住房和城乡建设部《房屋建筑工程和市政基础设施工程竣工验收备案管理暂行办法》规定，建设单位应当自工程竣工验收合格之日起15日内，依照本办法规定，向工程所在地的县级以上地方人民政府建设主管部门(以下简称备案机关)备案。

建设单位办理工程竣工验收备案应当提交下列文件：①工程竣工验收备案表；②工程竣工验收报告，应当包括工程报建日期，施工许可证号，施工图设计文件审查意见，勘察、设计、施工、工程监理等单位分别签署的质量合格文件及验收人员签署的竣工验收原始文件，市政基础设施的有关质量检测和功能性试验资料以及备案机关认为需要提供的有关资料；③法律、行政法规规定应当由规划、环保等部门出具的认可文件或者准许使用文件；④法律规定应当由公安消防部门出具的对大型的人员密集场所和其他特殊建设工程验收合格的证明文件；⑤施工单位签署的工程质量保修书；⑥法规、规章规定必须提供的其他文件。住宅工程还应当提交《住宅质量保证书》和《住宅使用说明书》。

2. 竣工验收备案文件的签收和处理

备案机关收到建设单位报送的竣工验收备案文件，验证文件齐全后，应当在工程竣工验收备案表上签署文件收讫。工程竣工验收备案表一式两份，一份由建设单位保存，一份留备案机关存档。

工程质量监督机构应当在工程竣工验收之日起15日内，向备案机关提交工程质量监督报告。

备案机关发现建设单位在竣工验收过程中有违反国家有关建设工程质量管理规定行为的，应当在收讫竣工验收备案文件15日内，责令停止使用，重新组织竣工验收。

3. 竣工验收备案违反规定的处罚

《房屋建筑和市政基础设施工程竣工验收备案管理办法》规定，建设单位在工程竣工验收合格之日起15日内未办理工程竣工验收备案的，备案机关责令限期改正，处20万元以上50万元以下罚款。

建设单位将备案机关决定重新组织竣工验收的工程，在重新组织竣工验收前，擅自使用的，备案机关责令停止使用，处工程合同价款百分之二以上百分之四以下罚款。

建设单位采用虚假证明文件办理工程竣工验收备案的，工程竣工验收无效，备案机关责令停止使用，重新组织竣工验收，处20万元以上50万元以下罚款；构成犯罪的，依法追究刑事责任。

备案机关决定重新组织竣工验收并责令停止使用的工程，建设单位在备案之前已投入使用或者建设单位擅自继续使用造成使用人损失的，由建设单位依法承担赔偿责任。

6.5 建设工程质量保修制度

《建筑法》《建设工程质量管理条例》均规定，建设工程实行质量保修制度。

建设工程质量保修制度，是指建设工程竣工经验收，在规定的保修期限内，因勘察、设计、施工、材料等原因造成的质量缺陷，应当由施工承包单位负责维修、返工或更换，由责任单位负责赔偿损失的法律制度。

6.5.1 质量保修书

《建筑工程质量管理条例》规定，建设工程承包单位在向建设单位提交工程竣工验收报告时，应当向建设单位出具有质量保修书。质量保修书中应当明确建设工程的保修范围、保修期限和保修责任。

1. 质量保修范围

《建筑法》规定，建设工程的保修范围应当包括地基基础工程、主体结构工程、屋面防水工程和其他土建工程，以及电气管线、上下水管线的安装工程，供热、供冷系统工程等项目。

2. 质量保修期限

《建设工程质量管理条例》第四十条规定了保修范围及其在正常使用条件下，各自对应的最低保修期限：①基础设施工程，房屋建筑的地基基础工程和主体结构工程，为设计文件规定的该工程的合理使用年限；②屋面防水工程、有防水要求的卫生间、房间和外墙面的防侧漏，为5年；③供热与供冷系统，为2个采暖期、供冷期；④电气管线、给排水管道、设备安装和装修工程，为2年。

3. 保修期计算起点

建设工程的保修期，自竣工验收合格之日起计算。2005 年《建设工程质量保证金管理暂行办法》补充规定：因承包商原因导致无法按规定期限进行竣工验收的，保修期从实际通过竣工验收之日起计。因发包人原因导致无法按规定期限进行竣工验收的，在承包人提交竣工验收报告 90 天后，工程自动进入保修期。

4. 质量保修责任

《建筑工程质量管理条例》规定，建设工程在保修范围和保修期内发生质量问题的，施工单位应当履行保修义务，并对造成的损失承担赔偿责任。

根据该条规定，质量问题应当发生在保修范围和保修期以内，是施工单位承担保修责任的两点前提条件。《房屋建筑工程质量保修办法》(2000 年 6 月 30 日建设部令第 80 号发布)规定了三种不属于保修范围的情况，分别是：①因使用不当造成的质量缺陷；②第三方造成的质量缺陷；③不可抗力造成的质量缺陷。

就工程质量保修事宜，建设单位和施工单位应遵守以下基本程序。

(1) 建设工程在保修期限内出现质量缺陷，建设单位应当向施工单位发出保修通知。

(2) 施工单位接到保修通知后，应当到现场核查情况，在保修书约定的时间内予以保修。发生涉及结构安全或者严重影响使用功能的紧急抢修事故，施工单位接到保修通知后，应当立即到达现场抢修。

(3) 施工单位不按工程质量保修书约定保修的，建设单位可以另行委托其他单位保修，由原施工单位承担相应责任。

(4) 保修费用由造成质量缺陷的责任方承担。如果质量缺陷是由于施工单位未按照工程建设强制性标准和合同要求施工造成的，则施工单位不仅要负责保修，还要承担保修费用。但是，如果质量缺陷是由于设计单位、勘察单位或建设单位、监理单位的原因造成的，施工单位仅负责保修，其有权依据由此发生的保修费用向建设单位索赔。建设单位向施工单位承担赔偿责任后，有权向造成质量缺陷的责任方追偿。

6.5.2 质量责任的损失赔偿

《建设工程质量管理条例》规定，建设工程在保修范围和保修期限内发生质量问题的，施工单位应当履行保修义务，并对造成的损失承担赔偿责任。

1. 保修义务的责任落实与损失赔偿责任的承担

《最高人民法院关于审理建设工程施工合同纠纷案件适用法律问题的解释》规定，因保修人未及时履行保修义务，导致建筑物毁损或者造成人身、财产损害的，保修人应当承担赔偿责任。保修人与建筑物所有人或者发包人对建筑物毁损均有过错的，各自承担相应的责任。

建设工程保修的质量问题是指在保修范围和保修期限内的质量问题。对于保修义务的承担和维修的经济责任承担应当按下列原则处理。

(1) 施工单位未按照国家有关标准规范和设计要求施工所造成的质量缺陷，由施工单位负责返修并承担经济责任。

(2) 由于设计问题造成的质量缺陷，先由施工单位负责维修，其经济责任按有关规定通过建设单位向设计单位索赔。

(3) 因建筑材料、构配件和设备质量不合格引起的质量缺陷，先由施工单位负责维修，其经济责任属于施工单位采购的或经其验收同意的，由施工单位承担经济责任。属于建设单位采购的，由建设单位承担经济责任。

(4) 因建设单位(含监理单位)错误管理而造成的质量缺陷，先由施工单位负责维修，其经济责任由建设单位承担；如属监理单位责任，则由建设单位向监理单位索赔。

(5) 因使用单位使用不当造成的损坏问题，先由施工单位负责维修，其经济责任由使用单位自行负责。

(6) 因地震、台风、洪水等自然灾害或其他不可抗拒原因造成的损坏问题，先由施工单位负责维修。建设工程参与各方再根据国家具体政策分担经济责任。

2. 建设工程质量保证金

原建设部、财政部《建设工程质量保证金管理暂行办法》规定，建设工程质量保证金(保修金)(以下简称保证金)是指发包人与承包人在建设工程承包合同中约定，从应付的工程款中预留，用以保证承包人在缺陷责任期内对建设工程出现的缺陷进行维修的资金。

1) 缺陷责任期的确定

所谓缺陷，是指建设工程质量不符合工程建设强制性标准、设计文件，以及承包合同的约定。缺陷责任期一般为 6 个月、12 个月或 24 个月，具体可由发承包双方在合同中约定。

缺陷责任期从工程通过竣(交)工验收之日起计。由于承包人原因导致工程无法按规定期限进行竣(交)工验收的，缺陷责任期从实际通过竣(交)工验收之日起计。由于发包人原因导致工程无法按规定期限进行竣(交)工验收的，在承包人提交竣(交)工验收报告 90 天后，工程自动进入缺陷责任期。

2) 预留保证金的数额及比例

发包人应当在招标文件中明确保证金预留、返还等内容，并与承包人在合同条款中对涉及保证金的下列事项进行约定：①保证金预留、返还方式；②保证金预留比例、期限；③保证金是否计付利息，如计付利息，利息的计算方式；④缺陷责任期的期限及计算方式；⑤保证金预留、返还及工程维修质量、费用等争议的处理程序；⑥缺陷责任工程竣工结算后，发包人应按照合同约定及时向承包人支付工程结算价款并预留保证金。

全部或部分使用政府投资的建设项目，按工程价款结算总额 5%左右的比例预留保证金。社会投资项目采用预留保证金方式的，预留保证金的比例可参照执行。

采用工程质量保证担保、工程质量保险等其他保证方式的，发包人不得再预留保证金。

缺陷责任期内，由承包人原因造成的缺陷，承包人应负责维修，并承担鉴定及维修费用。如承包人不维修也不承担费用，发包人可按合同约定扣除保证金，并由承包人承担违约责任。承包人维修并承担相应费用后，不免除对工程的一般损失赔偿责任。由他人原因造成的缺陷，发包人负责组织维修，承包人不承担费用，且发包人不得从保证金中扣除费用。

3) 质量保证金的返还

缺陷责任期内，承包人认真履行合同约定的责任，到期后，承包人向发包人申请返还保证金。

发包人在接到承包人返还保证金申请后，应于 14 日内会同承包人按照合同约定的内容进行核实。如无异议，发包人应当在核实后 14 日内将保证金返还给承包人，逾期支付的，从逾期之日起，按照同期银行贷款利率付利息，并承担违约责任。发包人在接到承包人返还保证金申请后 14 日内不予答复，经催告后 14 日内仍不予答复，视同认可承包人的返还保证金申请。

发包人和承包人对保证金预留、返还以及工程维修质量、费用有争议，按承包合同约定的争议和纠纷解决程序处理。

习　题

一、单项选择题

1. 下列部门不属于工程质量监督管理部门的是(　　)。
   A. 建设部　　　　　　　　　　　　B. 国家发展和改革委员会
   C. 工程造价咨询机构　　　　　　　D. 工程质量监督机构
2. 建设工程承包单位向建设单位出具的质量保修书中可以不用明确的是(　　)。
   A. 维修方案　　　　　　　　　　　B. 保修范围
   C. 保修期限　　　　　　　　　　　D. 保修责任
3. 建设工程承包单位对基础设施工程、房屋建筑的地基基础工程和主体结构工程等的最低保修期限是(　　)。
   A. 5 年　　　　　　　　　　　　　B. 2 年
   C. 设计文件规定的合理使用年限　　D. 产权年限
4. 建设工程的保修期自(　　)之日起计算。
   A. 施工期满　　　　　　　　　　　B. 竣工验收合格
   C. 完成全部施工任务　　　　　　　D. 工程移交
5. 某工业项目由于发包人原因比合同工期推迟 2 个月竣工，承包人于 8 月 6 日提交了竣工验收报告，但发包人未按照约定的时间组织竣工验收，于 8 月 8 日将该工程投入使用，则(　　)。
   A. 以 8 月 6 日为竣工日期，工程质量是否合格由以后的竣工验收结果为准
   B. 以 8 月 6 日为竣工日期，工程质量为合格
   C. 以 8 月 8 日为竣工日期，工程质量是否合格由以后的竣工验收结果为准
   D. 以 8 月 8 日为竣工日期，工程质量为合格
6. 工程监理人员发现工程设计不符合合同约定的质量标准的，应(　　)。
   A. 指示施工单位修改设计文件　　　B. 要求设计单位改正
   C. 将设计文件修改后发给施工单位实施　　D. 报告建设单位要求设计单位改正
7. 某高校的图书馆工程，甲是总承包单位，甲经过业主同意将该图书馆的玻璃幕墙的安装分包给乙施工单位，乙在施工过程中出现了质量事故。则该高校可要求(　　)。
   A. 甲承担责任　　　　　　　　　　B. 乙承担责任
   C. 甲和乙承担连带责任　　　　　　D. 甲和乙与自己分担责任
8. 某工程未经竣工验收，建设单位(业主)便提前动用一层临街的门面房开始营业，不久便发现局部地基下沉，承重墙裂缝。对此质量问题应承担法律责任的主体是(　　)。

A. 建设单位　　　B. 施工单位　　　C. 承包人　　　D. 勘察、设计单位

9. 下列关于建设单位质量责任和义务的表述中，正确的是(　　)
   A. 建设单位将工程发包给具有相应资质等级的单位，是保证工程质量的前提
   B. 建设单位可根据工程特点合理划分标段，肢解分包工程
   C. 勘察、设计、施工、监理任务的法宝，必须采用公开招标方式
   D. 为确保工程质量，重要设备、材料的采购可直接发包给特定生产厂商

10. 下列选项中，不属于我国现行的强制性标准的是(　　)
    A. 批准发布时已明确为强制性标准的
    B. 批准发布时虽未明确为强制性标准，但其标号中不带"/T"的
    C. 批准发布时虽未明确为强制性标准，但其标号中带"/T"的
    D. 批准发布时虽未明确为强制性标准，但其中有强制性条文(黑体字)，编号也不带"/T"的

二、多项选择题

1. 根据《工程建设标准强制性条文》，对工程建设强制性标准实施情况进行监督检查的方法有(　　)。
   A. 重点检查　　　B. 突击检查　　　C. 抽查
   D. 专项检查　　　E. 普查

2. 施工单位必须按照工程设计要求、施工技术标准和合同约定，对(　　)进行检查，未经检验或检验不合格的，不得使用。
   A. 建筑材料　　　B. 周转材料　　　C. 建筑构配件
   D. 设备　　　　　E. 商品混凝土

3. 某建设单位在其新厂房建设工程中出现了下列行为，其中必须承担相应法律责任的行为有(　　)。
   A. 暗示承包人违反工程建设强制性标准，降低建设工程质量
   B. 迫使承包人以低于成本的价格竞标
   C. 任意压缩合理工期
   D. 施工图设计文件未经审查就擅自施工
   E. 未对涉及结构安全的试件取样检测

4. 施工单位必须建立、健全施工质量的检验制度，严格工序管理，做好隐蔽工程的质量检查和记录。隐蔽工程在隐蔽前，施工单位应当通知(　　)。
   A. 建设单位　　　B. 建设工程质量监督机构　　　C. 安全生产监督管理部门
   D. 勘察单位　　　E. 设计单位

5. 某监理公司在其承担的一项监理工程中出现了下列行为，其中，该监理公司必须承担相应的法律责任的有(　　)。
   A. 该工程超越了本公司资质等级
   B. 与施工单位串通，弄虚作假、降低工程质量
   C. 将不合格的建设工程、建筑材料、建筑构配件和设备按照合格签字
   D. 未对建筑材料、建筑构配件、设备和商品混凝土进行检验
   E. 未按照工程建设强制性标准进行设计

6. 下列关于施工单位质量责任的说法，正确的有(　　)。

A. 建筑施工企业对工程的施工质量负责

B. 建设工程质量责任与施工质量责任的责任主体完全相同

C. 施工单位是建设工程质量的唯一责任主体

D. 建立质量责任制主要包括制订质量目标计划，建立考核标准并层层分解落实到责任单位和责任人

E. 总、分包单位对建设工程的质量负连带责任

7. 工程建设标准内容不同可分为(　　)。
   A. 设计标准　　B. 施工及验收标准　　C. 技术标准
   D. 经济标准　　E. 建设标准

8. 我国等同采用 ISO 9000 系列标准制定的 GB/T19000 系列标准由(　　)标准组成。
   A. GB/T 19000-ISO 9000《质量管理和质量保证——选择和使用指南》
   B. GB/T 19001-ISO 9001《质量体系——设计/开发、生产、安装和服务的质量保证模式》
   C. GB/T 19002-ISO 9002《质量体系——生产和安装的质量保证模式》
   D. GB/T 19003-ISO 9003《质量体系——最终检测和实验的质量保证模式》
   E. GB/T 19004—ISO9004《质量管理和质量体系要素——指南》

9. 施工单位一般应当提交的档案资料有(　　)。
   A. 工程竣工验收报告　B. 工程质量保证资料　　C. 工程技术档案资料
   D. 竣工图　　E. 工程检验评定资料

10. 某高层住宅工程结构设计合理使用年限 50 年，防水为一级，设计使用年限为 15 年，该工程于 12 月 15 日竣工验收合格并交付使用。该工程所在地区的采暖期从每年 11 月 15 日起到次年 3 月 15 日止，施工单位出具的工程质量保修书中对保修期限的规定有下列内容，其中符合法律法规要求的有(　　)。
    A. 地基基础工程和主体结构工程：50 年
    B. 屋面防水工程：10 年
    C. 卫生间、厨房：3 年
    D. 电气管线、给排水管道、装修工程：1 年
    E. 供热系统：自 2004 年 12 月 15 日起到 2006 年 3 月 15 日止

三、案例分析题

1. 某厂房新建一车间，分别与市设计院和市建某公司签订设计合同和施工合同。工程竣工后厂房北侧墙壁发生裂缝。为此某厂向法院起诉市建某公司。经勘验裂缝是由于地基不均匀沉降引起的。结论是结构设计图纸所依据的地质资料不准，于是某厂又起诉市设计院。市设计院答辩，设计院是根据某厂提供的地质资料设计的，不应承担事故责任。经法院查证：某厂提供的地质资料不是新建车间的地质资料，而是与该车间相邻的某厂的地质资料，事故前设计院也不知该情况。

试分析：
(1) 事故的责任者是谁？
(2) 某厂所发生的诉讼费应由谁承担？

2. 某城市建设开发集团在该市南三环建设拆迁居民安置区。甲建筑公司通过招投标获得了该工程项目，经建设单位同意，甲建筑公司将该工程中的 A、B、C、D 4 栋多层住宅

楼分包给乙公司，并签订了分包合同。在工程交付使用后，发现A号楼因偷工减料存在严重质量问题，城市建设开发集团便要求甲建筑公司承担责任。甲建筑公司认为工程A号楼是由分包商乙公司完成的，应由乙公司承担相关责任，并以乙公司早已结账撤出而失去联系为由，不予配合问题的处理。

试分析：

甲建筑公司是否应该对A号楼的质量问题承担问题？为什么？

3. 某钢铁厂将一幢职工宿舍楼的修建工程承包给A建筑公司，签订了一份建筑工程施工承包合同，对工期、质量、价款、结算等作了详细规定。合同签订后，施工顺利。在宿舍楼工程的二层内装修完毕后，该厂的员工就强行搬了进去，以后每装修完一层，就住进去一层。到工程完工时，此楼已全部被该厂员工所占有。这时，钢铁厂对宿舍楼进行验收，发现一、二层墙皮脱落，门窗开关使用不便等问题，要求施工单位返工。A建筑公司遂对门窗进行了检修，但拒绝重新粉刷墙壁，于是钢铁厂拒付剩余的工程款。A建筑公司便向法院起诉，要求钢铁厂付清剩余的工程款。

试分析：

宿舍楼工程未经验收，钢铁厂员工便提前占据使用，其质量责任该如何承担？

实训　建设工程质量保修

一、案情

原告：某大学

被告：某建筑公司

基本案情：2000年4月，某大学为建设学生公寓，与某建筑公司签订了一份建设工程合同。合同约定：工程采用固定总价合同形式，主体工程和内外承重墙一律使用国家标准砌块，每层加水泥圈梁；某大学可预付工程款(合同价款的10%)；工程的全部费用于验收合格后一次付清；交付使用后，如果在6个月内发生严重质量问题，由承包人负责修复等。1年后，学生公寓如期完工，在某大学和某建筑公司共同进行竣工验收时，某大学发现工程3～5层的内称重墙体裂缝较多，要求某建筑公司修复后再验收，某建筑公司认为不影响使用而拒绝修复。因为很多新生急待入位，某大学接收了宿舍楼。在使用了8个月后，公寓楼5层室内的内承重墙倒塌，致使1人死亡，3人受伤，其中1人致残。受害者与某大学要求某建筑公司赔偿损失，并修复倒塌工程。某建筑公司以使用不当且已过保修期为由拒绝赔偿。无奈之下，受害者与某大学诉至法院，请法院主持公道。

问题：请分析事故的责任方是谁？原告的诉求是否会被法院认可？

二、方法步骤

(1) 查阅资料，找出与案情相关的法律法规、规章制度；

(2) 明确建设工程最低保修期限及起算时间；

(3) 判断本案例中的错误做法；

(4) 正确判断错误做法应承担的责任。

三、提交成果

(1) 与案情相关的法律法规、规章制度；

(2) 对本案例做出正确的分析。

第 7 章 建筑安全法律制度

学习任务

- ◆ 了解常见安全事故的分类。
- ◆ 掌握各单位的安全生产责任制度。
- ◆ 进行安全生产的专项方案制定和安全技术交底。
- ◆ 制定安全生产应急救援预案和事故处理。

学习目标

知识要点	能力目标
常见安全事故的分类 安全生产管理的方针 安全生产许可证制度	了解安全事故的分类、掌握安全生产管理的方针 能够组织整理安全生产许可证申报材料并按流程申请办理安全生产许可证
施工单位安全生产责任制度 施工项目负责人安全生产责任 施工作业人员安全生产的权利和义务 建设、勘察、设计、监理单位安全生产责任 违法行为应承担的法律责任	能够掌握施工单位及相关人员的安全生产责任，明确违法的法律责任 能够制定施工方的安全生产方案，进行技术交底，组织安全生产
安全生产教育培训制度 工程现场安全保护制度	了解安全生产的教育培训制度,掌握现场安全保护制度 能够制定施工现场安全防护的措施
安全事故分级标准 应急救援预案及事故处理	能够制定应急救援预案 能够按规完成安全事故的上报和处理

核心概念

安全生产许可、安全生产责任制、安全生产教育培训、应急救援预案

 引导案例

上海 11·15 特别重大火灾事故：2010 年 11 月 15 日 14 时，上海市静安区胶州路 728 号公寓大楼发生特别重大火灾事故，起火点位于 10～12 层，整栋楼都被大火包围着，造成 58 人死亡，71 人受伤，直接经济损失 1.58 亿元。

【事故原因分析】

事故的直接原因：在施工过程中，施工人员违规在 10 层电梯前室北窗外进行电焊作业，

电焊溅落的金属熔融物引燃下方 9 层位置脚手架防护平台上堆积的聚氨酯保温材料碎块、碎屑引发火灾。

事故的间接原因：

建设单位、投标企业、招标代理机构相互串通、虚假招标和转包、违法分包；

工程项目施工组织管理混乱；

设计企业、监理机构工作失职；

市、区两级建设主管部门对工程项目监督管理缺失；

静安区公安消防机构对工程项目监督检查不到位；

静安区政府对工程项目组织实施工作领导不力。

7.1 建筑安全生产管理概述

据住建部网站消息，住建部安全生产管理委员会办公室日前公布《2017 年 6 月房屋市政工程生产安全事故情况通报》，数据显示，2017 年 1～6 月，全国共发生房屋市政工程生产安全事故 311 起、死亡 375 人，比去年同期事故起数增加 50 起、死亡人数增加 79 人，同比分别上升 19.16%和 26.69%。《通报》显示，2017 年 6 月，全国共发生房屋市政工程生产安全事故 55 起、死亡 73 人，比去年同期事故起数减少 14 起，同比下降 20.29%，死亡人数持平。如图 7-1 和图 7-2 所示。

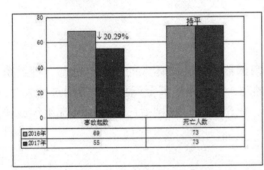 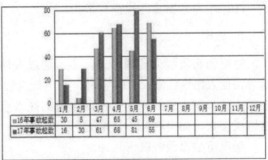

图 7-1　2017 年 6 月事故起数和死亡人数与 2016 年同期对比　　图 7-2　2017 年 1～6 月事故起数与 2016 年同期对比

建筑生产的特点是周期长，多为露天、高空作业，施工条件差，生产过程中不可预测因素，尤其是不安全因素较多。再加上近些年建筑规模越来越大，建设速度明显加快，施工规范难度不断加大，出现了更多新的危险因素，安全生产形势仍然十分严峻。

7.1.1　建筑行业常见事故

1. 物体打击

物体打击伤害是建筑行业常见事故中的一种，指由失控物体的惯性力造成的人身伤亡事故。物体打击会对建筑工作人员的安全造成威胁，容易被砸伤，甚至出现生命危险。特别在施工周期短，劳动力、施工机具、物料投入较多，交叉作业时常出现。这就要求在高处作业的人员对机械运行、物料传接、工具存放过程中,都必须确保安全,防止物体坠落伤人的事故发生。

以下是常见的物体打击事故。
(1) 工具零件等物从高处掉落伤人。
(2) 人为乱扔废物、杂物伤人。
(3) 起重吊装物品掉落伤人。
(4) 设备带病运转伤人。
(5) 设备运转中违章操作。
(6) 压力容器爆炸的飞出物伤人。

物体打击事故发生的原因有以下几点。
(1) 作业人员进入施工现场没有按照要求佩戴安全帽。
(2) 没有在规定的安全通道内活动。
(3) 工作过程中的一般常用工具没有放在工具袋内,随手乱放。
(4) 作业人员从高处往下抛掷建筑材料、杂物、建筑垃圾或向上递工具。
(5) 脚手板不满铺或铺设不规范,物料堆放在临边及洞口附近。
(6) 拆除工程未设警示标志,周围未设护栏或未搭设防护棚。
(7) 起重吊运物料时,没有专人进行指挥。
(8) 起重吊装未按"十不吊"规定执行。
(9) 平网、密目网防护不严,不能很好地封住坠落物体。
(10) 压力容器缺乏检查与维护。

2. 触电

触电伤害表现为多种形式。电流通过人体内部器官,会破坏人的心脏、肺部、神经系统等,使人出现痉挛、呼吸窒息、心室纤维性颤动、心搏骤停甚至死亡。电流通过体表时,会对人体外部造成局部伤害,即电流的热效应、化学效应、机械效应对人体外部组织或器官造成伤害,如电灼伤、金属溅伤、电烙印。

触电事故原因有以下几种。
(1) 缺乏电气安全知识,如带电拉高压隔离开关;用手触摸破的胶盖刀闸。
(2) 违反操作规程,如在高低压共杆架设的线路电杆上检修低压线或广播线;检修高压线附近树木而接触高压线;在高压线附近施工,或运输大型货物,施工工具和货物碰击高压线;带电接临时明线及临时电源;火线误接在电动工具外壳上;用湿手拧灯泡;照明灯使用的电压不符合安全电压等。
(3) 电气设备不合格,如闸刀开关或磁力启动器缺少护壳而触电;电气设备漏电;配电盘设计和制造上的缺陷,使配电盘前后带电部分易于触及人体;电线或电缆因绝缘磨损或腐蚀而损坏;在带电下拆装电缆等。
(4) 维修不善,如大风刮断的低压线路未能及时修理;胶盖开关破损长期不修等。
(5) 偶然因素,如大风刮断的电线恰巧落在人体上等。

3. 高处坠落

根据《高处作业分级》(GB/T 3608—2008)的规定,凡在坠落高度基准面 2m 以上(含 2m)

有可能坠落的高处进行的作业，均称为高处作业。根据高处作业者工作时所处的部位不同，高处作业坠落事故可分为以下几种。

(1) 临边作业高处坠落事故。
(2) 洞口作业高处坠落事故。
(3) 攀登作业高处坠落事故。
(4) 悬空作业高处坠落事故。
(5) 操作平台作业高处坠落事故。
(6) 交叉作业高处坠落事故等。

高处坠落事故的原因和特点有以下内容。

根据事故致因理论，事故致因因素包括人的因素和物的因素两个主要方面。

(1) 从人的不安全行为分析主要有以下原因。

① 违章指挥、违章作业、违反劳动纪律的"三违"行为，主要表现为：a. 指派无登高架设作业操作资格的人员从事登高架设作业，比如，项目经理指派无架子工操作证的人员搭拆脚手架即属违章指挥；b. 不具备高处作业资格(条件)的人员擅自从事高处作业，根据《建筑安装工人安全技术操作规程》有关规定，从事高处作业的人员要定期体检，凡患高血压、心脏病、贫血病、癫痫病以及其他不适合从事高处作业的人员不得从事高处作业；c. 未经现场安全人员同意擅自拆除安全防护设施，即为违章作业；d. 不按规定的通道上下进入作业面，而是随意攀爬脚手架、吊车臂架等非规定通道；e. 拆除脚手架、井字架、塔吊或模板支撑系统时无专人监护且未按规定设置可靠的防护措施，许多高处坠落事故都是在这种情况下发生的；f. 高空作业时不按劳动纪律规定穿戴好个人劳动防护用品(安全帽、安全带、防滑鞋)等。

② 人员操作失误，主要表现为：a. 在洞口、临边作业时因踩空、踩滑而坠落；b. 在转移作业地点时因没有及时系好安全带或安全带系挂不牢而坠落；c. 在安装建筑构件时，因作业人员配合失误而导致相关作业人员坠落。

③ 注意力不集中，主要表现为作业或行动前不注意观察周围的环境是否安全而轻率行动，如没有看到脚下的脚手板是探头板或已腐朽的板而踩上去坠落造成伤害事故，或者误进入危险部位而造成伤害事故。

(2) 从物的不安全状态分析主要有以下原因。

① 高处作业的安全防护设施的材质强度不够、安装不良、磨损老化等，主要表现为：a. 用作防护栏杆的钢管、扣件等材料因壁厚不足、腐蚀、扣件不合格而折断、变形失去防护作用；b. 吊篮脚手架钢丝绳因摩擦、锈蚀而破断导致吊篮倾斜、坠落而引起人员坠落；c. 施工脚手板因强度不够而弯曲变形、折断等导致其上人员坠落；d. 因其他设施设备(手拉葫芦、电动葫芦等)破坏而导致相关人员坠落。

② 安全防护设施不合格、装置失灵而导致事故，主要表现为：a. 临边、洞口、操作平台周边的防护设施不合格；b. 整体提升脚手架、施工电梯等设施设备的防坠装置失灵而导致脚手架、施工电梯坠落。

③ 劳动防护用品缺陷，主要表现为高处作业人员的安全帽、安全带、安全绳、防滑鞋等用品因内在缺陷而破损、断裂、失去防滑功能等引起的高处坠落事故，有的单位贪图

便宜，购买劳动防护用品时只认价格高低，而不管产品是否有生产许可证、产品合格证，导致工人所用的劳动防护用品本身质量就存在问题，根本起不到安全防护作用。

7.1.2 建设工程安全生产管理方针

《中华人民共和国建筑法》第三十六条和《建设工程安全生产管理条例》第三条均强调，建筑安全生产管理必须坚持"安全第一，预防为主"的方针。"安全第一"是从保护和发展生产力的角度，表明在生产范围内安全与生产的关系，肯定安全在建筑生产活动中的首要位置和重要性。"预防为主"是指在建设工程生产活动中，针对建设工程生产的特点，对生产要素采取管理措施，有效地控制不安全因素的发展与扩大，把可能发生的事故消灭在萌芽状态，以保证生产活动中人的安全与健康。

"安全第一"反映了当安全与生产发生矛盾的时候，生产应该服从安全，从而消灭隐患，保证建设工程在安全的条件下生产。"预防为主"则体现在事先策划、事中控制、事后总结。通过信息收集，归类分析，制定预案，控制防范。"安全第一、预防为主"的方针，体现了国家在建设工程安全生产过程中"以人为本"的思想，也体现了国家对保护劳动者权利、保护社会生产力的高度重视。

7.1.3 对工程项目参与各方的规定

《中华人民共和国建筑法》中对建设单位、勘察单位、设计单位、施工单位、工程监理单位及其他与建设工程安全生产有关的单位的安全生产责任均做出了详细的规定，要求工程项目的参与各方必须遵守安全生产法律、法规的规定，保证建设工程安全生产，依法承担建设工程安全生产责任。

1. 设计单位的安全生产责任

建筑工程设计应当符合按照国家规定制定的建筑安全规程和技术规范，保证工程的安全性能。

2. 建筑施工企业的安全生产责任

建筑施工企业在编制施工组织设计时，应当根据建筑工程的特点制定相应的安全技术措施；对专业性较强的工程项目，应当编制专项安全施工组织设计，并采取安全技术措施。建筑施工企业应当在施工现场采取维护安全、防范危险、预防火灾等措施；有条件的，应当对施工现场实行封闭管理。施工现场对毗邻的建筑物、构筑物和特殊作业环境可能造成损害的，建筑施工企业应当采取安全防护措施。建筑施工企业应当遵守有关环境保护和安全生产的法律、法规的规定，采取控制和处理施工现场的各种粉尘、废气、废水、固体废物以及噪声、振动对环境的污染和危害的措施。

建筑施工企业必须依法加强对建筑安全生产的管理，执行安全生产责任制度，采取有效措施，防止伤亡和其他安全生产事故的发生。

建筑施工企业的法定代表人对本企业的安全生产负责。

施工现场安全由建筑施工企业负责。实行施工总承包的，由总承包单位负责。分包单位向总承包单位负责，服从总承包单位对施工现场的安全生产管理。

建筑施工企业应当建立健全劳动安全生产教育培训制度，加强对职工安全生产的教育培训；未经安全生产教育培训的人员，不得上岗作业。

建筑施工企业和作业人员在施工过程中，应当遵守有关安全生产的法律、法规和建筑行业安全规章、规程，不得违章指挥或者违章作业。作业人员有权对影响人身健康的作业程序和作业条件提出改进意见，有权获得安全生产所需的防护用品。作业人员对危及生命安全和人身健康的行为有权提出批评、检举和控告。

建筑施工企业必须为从事危险作业的职工办理意外伤害保险，支付保险费。

房屋拆除应当由具备保证安全条件的建筑施工单位承担，由建筑施工单位负责人对安全负责。

施工中发生事故时，建筑施工企业应当采取紧急措施减少人员伤亡和事故损失，并按照国家有关规定及时向有关部门报告。

3. 建设单位的安全生产责任

建设单位应当向建筑施工企业提供与施工现场相关的地下管线资料，建筑施工企业应当采取措施加以保护。

有下列情形之一的，建设单位应当按照国家有关规定办理申请批准手续。
(1) 需要临时占用规划批准范围以外场地的。
(2) 可能损坏道路、管线、电力、邮电通信等公共设施的。
(3) 需要临时停水、停电、中断道路交通的。
(4) 需要进行爆破作业的。
(5) 法律、法规规定需要办理报批手续的其他情形。

涉及建筑主体和承重结构变动的装修工程，建设单位应当在施工前委托原设计单位或者具有相应资质条件的设计单位提出设计方案；没有设计方案的，不得施工。

4. 建设行政主管部门的安全生产责任

建设行政主管部门负责建筑安全生产的管理，并依法接受劳动行政主管部门对建筑安全生产的指导和监督。

7.2 施工安全生产许可证制度

为了严格规范建筑施工企业安全生产条件，进一步加强安全生产监督管理，防止和减少生产安全事故，根据《安全生产许可证条例》《建设工程安全生产管理条例》等有关行政法规，2004年7月5日建设部令第128号发布《建筑施工企业安全生产许可证管理规定》。对建筑施工企业实行安全生产许可制度，国务院建设主管部门负责中央管理的建筑施工企业安全生产许可证的颁发和管理。省、自治区、直辖市人民政府建设主管部门负责本行政区域内前款规定以外的建筑施工企业安全生产许可证的颁发和管理，并接受国务院建设主管部门的指导和监督。市、县人民政府建设主管部门负责本行政区域内建筑施工企业安全生产许可证的监督管理，并将监督检查中发现的企业违法行为及时报告安全生产许可证颁发管理机关。

建筑施工企业未取得安全生产许可证的，不得从事建筑施工活动。

知识链接 7-1

建筑施工企业，是指从事土木工程、建筑工程、线路管道和设备安装工程及装修工程的新建、扩建、改建和拆除等有关活动的企业。

7.2.1 建筑施工企业取得安全生产许可证的条件

《安全生产许可证条例》规定，企业取得安全生产许可证，应当具备安全生产条件。

《建筑施工企业安全生产许可证管理规定》中建筑施工企业取得安全生产许可证应当具备的安全生产条件具体包括以下内容。

(1) 建立、健全安全生产责任制，制定完备的安全生产规章制度和操作规程。

(2) 保证本单位安全生产条件所需资金的投入。

(3) 设置安全生产管理机构，按照国家有关规定配备专职安全生产管理人员。

(4) 主要负责人、项目负责人、专职安全生产管理人员经建设主管部门或者其他有关部门考核合格。

(5) 特种作业人员经有关业务主管部门考核合格，取得特种作业操作资格证书。

(6) 管理人员和作业人员每年至少进行 1 次安全生产教育培训并考核合格。

(7) 依法参加工伤保险，依法为施工现场从事危险作业的人员办理意外伤害保险，为从业人员缴纳保险费。

(8) 施工现场的办公、生活区及作业场所和安全防护用具、机械设备、施工机具及配件符合有关安全生产法律、法规、标准和规程的要求。

(9) 有职业危害防治措施，并为作业人员配备符合国家标准或者行业标准的安全防护用具和安全防护服装。

(10) 有对危险性较大的分部分项工程及施工现场易发生重大事故的部位、环节的预防、监控措施和应急预案。

(11) 有生产安全事故应急救援预案、应急救援组织或者应急救援人员，配备必要的应急救援器材、设备。

(12) 法律、法规规定的其他条件。

7.2.2 安全生产许可证的有效期和政府监管的规定

1. 安全生产许可证的申请

建筑施工企业从事建筑施工活动前，应当依照规定向省级以上建设主管部门申请领取安全生产许可证。中央管理的建筑施工企业(集团公司、总公司)向国务院建设主管部门申请领取安全生产许可证；其他建筑施工企业，包括中央管理的建筑施工企业(集团公司、总公司)下属的建筑施工企业，向企业注册所在地省、自治区、直辖市人民政府建设主管部门申请领取安全生产许可证。

建筑施工企业申请安全生产许可证时，应当向建设主管部门提供下列材料：①建筑施工企业安全生产许可证申请表；②企业法人营业执照；③与申请安全生产许可证应当具备的安全生产条件相关的文件、材料。建筑施工企业申请安全生产许可证,应当对申请材料实质内容的真实性负责,不得隐瞒有关情况或者提供虚假材料。

2. 安全生产许可证的有效期

按照《安全生产许可证条例》的规定:安全生产许可证的有效期为 3 年。安全生产许可证有效期满需要延期的,企业应当于期满前 3 个月向原安全生产许可证颁发管理机关办理延期手续。企业在安全生产许可证有效期内,严格遵守有关安全生产的法律法规未发生死亡事故的,安全生产许可证有效期届满时,经原安全生产许可证颁发管理机关同意,不再审查,安全生产许可证有效期延期 3 年。

但是,建筑施工企业变更名称、地址、法定代表人等,应当在变更后 10 日内,到原安全生产许可证颁发管理机关办理安全生产许可证变更手续。建筑施工企业破产、倒闭、撤销的,应当将安全生产许可证交回原安全生产许可证颁发管理机关予以注销。建筑施工企业遗失安全生产许可证,应当立即向原安全生产许可证颁发管理机关报告,并在公众媒体上声明作废后,方可申请补办。

3. 政府监管

根据《安全生产许可证条例》和《建筑施工企业安全生产许可证管理规定》,建筑施工企业未取得安全生产许可证的,不得从事建筑施工活动。

建设主管部门在审核发放施工许可证时,应当对已经确定的建筑施工企业是否有安全生产许可证进行审查,对没有取得安全生产许可证的,不得颁发施工许可证。企业不得转让、冒用安全生产许可证或者使用伪造的安全生产许可证。企业取得安全生产许可证后,不得降低安全生产条件,并应当加强日常安全生产管理,接受安全生产许可证颁发管理机关的监督检查。安全生产许可证颁发管理机关发现企业不再具备安全生产条件的,应当暂扣或者吊销安全生产许可证。

安全生产许可证颁发管理机关或者其上级行政机关发现有下列情形之一的,可以撤销已经颁发的安全生产许可证:①安全生产许可证颁发管理机关工作人员滥用职权、玩忽职守颁发安全生产许可证的;②超越法定职权颁发安全生产许可证的;③违反法定程序颁发安全生产许可证的;④对不具备安全生产条件的建筑施工企业颁发安全生产许可证的;⑤依法可以撤销已经颁发的安全生产许可证的其他情形。

7.2.3 安全生产许可证违法行为应承担的法律责任

1. 未取得安全生产许可证擅自从事施工活动应承担的法律责任

《安全生产许可证条例》规定,未取得安全生产许可证擅自进行生产的,责令停止生产,没收违法所得,并处 10 万元以上 50 万元以下的罚款;造成重大事故或者其他严重后果,构成犯罪的,依法追究刑事责任。

《建筑施工企业安全生产许可证管理规定》进一步规定,建筑施工企业未取得安全生产许可证擅自从事建筑施工活动的,责令其在建项目停止施工,没收违法所得,并处 10 万元以上 50 万元以下的罚款;造成重大安全事故或者其他严重后果,构成犯罪的,依法追究刑事责任。

2. 安全生产许可证有效期满未办理延期手续继续从事施工活动应承担的法律责任

《安全生产许可证条例》规定，安全生产许可证有效期满未办理延期手续，继续进行生产的，责令停止生产，限期补办延期手续，没收违法所得，并处 5 万元以上 10 万元以下的罚款；逾期仍不办理延期手续，继续进行生产的，依照未取得安全生产许可证擅自进行生产的规定处罚。

《建筑施工企业安全生产许可证管理规定》进一步规定，安全生产许可证有效期满未办理延期手续，继续从事建筑施工活动的，责令其在建项目停止施工，限期补办延期手续，没收违法所得，并处 5 万元以上 10 万元以下的罚款；逾期仍不办理延期手续，继续从事建筑施工活动的，依照未取得安全生产许可证擅自从事建筑施工活动的规定处罚。

3. 转让安全生产许可证等应承担的法律责任

《安全生产许可证条例》规定，转让安全生产许可证的，没收违法所得，处 10 万元以上 50 万元以下的罚款，并吊销其安全生产许可证；构成犯罪的，依法追究刑事责任；接受转让的，依照未取得安全生产许可证擅自进行生产的规定处罚。冒用安全生产许可证或者使用伪造的安全生产许可证的，依照未取得安全生产许可证擅自进行生产的规定处罚。

《建筑施工企业安全生产许可证管理规定》进一步规定，建筑施工企业转让安全生产许可证的，没收违法所得，处 10 万元以上 50 万元以下的罚款，并吊销安全生产许可证；构成犯罪的，依法追究刑事责任；接受转让的，依照未取得安全生产许可证擅自从事建筑施工活动的规定处罚。冒用安全生产许可证或者使用伪造的安全生产许可证的，依照未取得安全生产许可证擅自从事建筑施工活动的规定处罚。

4. 以不正当手段取得安全生产许可证应承担的法律责任

《建筑施工企业安全生产许可证管理规定》中规定，建筑施工企业隐瞒有关情况或者提供虚假材料申请安全生产许可证的，不予受理或者不予颁发安全生产许可证，并给予警告，1 年内不得申请安全生产许可证。

建筑施工企业以欺骗、贿赂等不正当手段取得安全生产许可证的，撤销安全生产许可证，3 年内不得再次申请安全生产许可证；构成犯罪的，依法追究刑事责任。

5. 暂扣安全生产许可证并限期整改的规定

《建筑施工企业安全生产许可证管理规定》中规定，取得安全生产许可证的建筑施工企业，发生重大安全事故的，暂扣安全生产许可证并限期整改。

建筑施工企业不再具备安全生产条件的，暂扣安全生产许可证并限期整改；情节严重的，吊销安全生产许可证。

6. 颁证机关工作人员违法行为应承担的法律责任

《安全生产许可证条例》规定，安全生产许可证颁发管理机关工作人员有下列行为之一的，给予降级或者撤职的行政处分；构成犯罪的，依法追究刑事责任：①向不符合本条例规定的安全生产条件的企业颁发安全生产许可证的；②发现企业未依法取得安全生产许可证擅自从事生产活动，不依法处理的；③发现取得安全生产许可证的企业不再具备本条例规定的安全生产条件，不依法处理的；④接到对违反本条例规定行为的举报后，不及时处理的；⑤在安全生产许可证颁发、管理和监督检查工作中，索取或者接受企业的财物，或者谋取其他利益的。

7.3 施工安全生产责任制

《建设工程安全生产管理条例》规定，建设单位、勘察单位、设计单位、施工单位、工程监理单位及其他与建设工程安全生产有关的单位，必须遵守安全生产法律、法规的规定，保证建设工程安全生产，依法承担建设工程安全生产责任。

建设工程安全生产的重点是施工现场，其主要责任单位是施工单位，但与施工活动密切相关单位的活动也都影响着施工安全。因此，所有与建设工程施工活动有关的单位，都要依法承担建设工程安全生产责任。

7.3.1 施工单位的安全生产责任制度

《建筑法》规定，建筑施工企业必须依法加强对建筑安全生产的管理，执行安全生产责任制度，采取有效措施，防止伤亡和其他安全生产事故的发生。

安全生产责任制度是施工单位最基本的安全管理制度，是施工单位安全生产的核心和中心环节。

1. 施工单位主要负责人对安全生产工作全面负责

《建筑法》规定，建筑施工企业的法定代表人对本企业的安全生产负责。《建设工程安全生产管理条例》也规定，施工单位主要负责人依法对本单位的安全生产工作全面负责。

明确施工单位主要负责人的安全生产责任制，是贯彻"安全第一、预防为主"方针的基本要求，也是被实践证明行之有效的"管生产必须同时管安全"原则的具体体现。不少施工安全事故都表明，如果施工单位主要负责人忽视安全生产，缺乏保证生产安全的有效措施，就会给企业职工的生命安全和身体健康带来威胁，给国家和人民的财产带来损失，企业的经济效益也得不到保障。因此，施工单位主要负责人要摆正安全与生产的关系，做到不安全不生产，生产必须安全，把安全与生产真正统一起来，切实克服生产、安全"两张皮"，重生产，轻安全的现象。

对于主要负责人的理解，应当依据施工单位的性质，以及不同施工单位的实际情况确定。总的原则是，对施工单位全面负责，有生产经营决策权的人，即为主要负责人。就是说，施工单位主要负责人可以是董事长，也可以是总经理或总裁等。

2. 施工单位安全生产管理机构和专职安全生产管理人员的责任

《建设工程安全生产管理条例》规定，施工单位应当设立安全生产管理机构，配备专职安全生产管理人员。专职安全生产管理人员负责对安全生产进行现场监督检查。发现安全事故隐患，应当及时向项目负责人和安全生产管理机构报告；对违章指挥、违章操作的，应当立即制止。

安全生产管理机构是指施工单位设置的负责安全生产管理工作的独立职能部门。专职安全生产管理人员是指经建设主管部门或者其他有关部门安全生产考核合格取得安全生产考核合格证书，并在施工单位及其项目从事安全生产管理工作的专职人员。

施工单位应当依法设置安全生产管理机构，在企业主要负责人的领导下开展本单位的安全生产管理工作。其主要有以下职责。

(1) 宣传和贯彻国家有关安全生产法律法规和标准。
(2) 编制并适时更新安全生产管理制度并监督实施。
(3) 组织或参与企业生产安全事故应急救援预案的编制及演练。
(4) 组织开展安全教育培训与交流。
(5) 协调配备项目专职安全生产管理人员。
(6) 制订企业安全生产检查计划并组织实施。
(7) 监督在建项目安全生产费用的使用。
(8) 参与危险性较大工程安全专项施工方案专家论证会。
(9) 通报在建项目违规违章查处情况。
(10) 组织开展安全生产评优评先表彰工作。
(11) 建立企业在建项目安全生产管理档案。
(12) 考核评价分包企业安全生产业绩及项目安全生产管理情况。
(13) 参加生产安全事故的调查和处理工作。
(14) 企业明确的其他安全生产管理职责。

专职安全生产管理人员在施工现场检查过程中具有以下职责：

(1) 查阅在建项目安全生产有关资料、核实有关情况。
(2) 检查危险性较大工程安全专项施工方案落实情况。
(3) 监督项目专职安全生产管理人员履责情况。
(4) 监督作业人员安全防护用品的配备及使用情况。
(5) 对发现的安全生产违章违规行为或安全隐患，有权当场予以纠正或作出处理决定。
(6) 对不符合安全生产条件的设施、设备、器材，有权当场作出查封的处理决定。
(7) 对施工现场存在的重大安全隐患有权越级报告或直接向建设主管部门报告。
(8) 企业明确的其他安全生产管理职责。

建设部《建筑施工企业安全生产管理机构设置及专职安全生产管理人员配备办法》规定，建筑施工企业安全生产管理机构专职安全生产管理人员的配备应满足下列要求，并应根据企业经营规模、设备管理和生产需要予以增加。

(1) 建筑施工总承包资质序列企业：特级资质不少于6人；一级资质不少于4人；二级和二级以下资质不少于3人。
(2) 建筑施工专业承包资质序列企业：一级资质不少于3人；二级和二级以下资质不少于2人。
(3) 建筑施工劳务分包资质序列企业不少于2人。
(4) 建筑施工企业的分公司、区域公司等较大的分支机构应依据实际生产情况配备不少于2人的专职安全生产管理人员。

3. 制定安全生产规章制度和操作规程

严格的规章制度和操作规程是安全生产的重要保障，只有通过规章制度和操作规程，才能将安全生产责任落实到基层，落实到每个岗位和每个职工。因此，施工单位应当根据本单位的实际情况，按照法律、法规、规章和工程建设标准强制性条文的要求，制定有关施工安全生产的具体规章制度，如安全生产责任制度、安全技术措施制度、安全检查制度等，并针对每一个具体工艺、工种和岗位制定具体的操作规程，形成有效的督促、检查和贯落实机制。

施工单位对所承担的建设工程要进行定期和专项安全检查，并做好安全检查记录。

4. 保证本单位安全生产条件所需资金的投入

《建设工程安全生产管理条例》规定，施工单位对列入建设工程概算的安全作业环境及安全施工措施所需费用，应当用于施工安全防护用具及设施的采购和更新、安全施工措施的落实、安全生产条件的改善，不得挪作他用。

安全生产必须有一定的资金投入。为了保证安全生产所需资金的投入和使用，施工单位应当制订资金使用计划，并加强对资金使用情况的监督检查，防止资金被挪用，以确保安全生产费用的有效使用。

5. 建立健全群防群治制度

搞好安全生产，必须充分发挥广大职工的积极性，加强群众性的监督检查工作。群防群治制度是职工群众参与预防和治理不安全因素的一种制度，是群众路线在安全工作中的具体体现，也是企业进行民主管理的重要内容。这一制度要求职工群众在施工中应当遵守有关安全生产的法律、法规和规章制度，不得违章作业；对于危及生命安全和身体健康的行为有权提出批评、检举和控告。

7.3.2 施工项目负责人的安全生产责任

《建设工程安全生产管理条例》规定，施工单位的项目负责人应当由取得相应执业资格的人员担任，对建设工程项目的安全施工负责，落实安全生产责任制度、安全生产规章制度和操作规程，确保安全生产费用的有效使用，并根据工程的特点组织制定安全施工措施，消除安全事故隐患，及时、如实报告生产安全事故。

施工单位不同于一般的生产经营单位，通常会同时承揽若干项建设工程，而且异地施工的情况很普遍。针对这种特殊性，为了加强施工现场管理，施工单位都要对每个建设工程项目委派一名项目负责人即项目经理，由他对该项目的施工过程全面负责。项目负责人经施工单位法定代理人授权，选调技术、生产、材料、成本等管理人员组成项目管理班子，代表施工单位在本工程项目上履行管理职责。由于项目负责人在该项目的施工组织管理中居于核心地位，因而必须对施工安全负起责任。同时，为了加强对项目负责人的管理，提高其管理水平，项目负责人还应当依法由取得相应执业资格的人员担任。按照人事部、建设部《建造师执业资格制度暂行规定》的规定，建造师经注册后，有权以建造师名义担任建设工程项目施工的项目经理及从事其他施工活动的管理。

7.3.3 施工总承包和分包单位的安全生产责任

《建筑法》规定，施工现场安全由建筑施工企业负责。实行施工总承包的，由总承包单位负责。分包单位向总承包单位负责，服从总承包单位对施工现场的安全生产管理。

1. 总承包单位应当承担的法定安全生产责任

建设工程实行施工总承包的，由总承包单位对施工现场的安全生产负总责。由于施工总承包是由一个施工单位对建设工程的施工全面负责，因此总承包单位不仅要负责建设工程质量、建设工期、造价控制，还要对施工现场的施工组织和安全生产进行统一管理和全面负责。

1) 分包合同应当明确总分包双方的安全生产责任

《建设工程安全生产管理条例》规定，总承包单位依法将建设工程分包给其他单位的，分包合同中应当明确各自的安全生产方面的权利、义务。

施工总承包单位与分包单位的安全生产责任，可以分为法定责任和约定责任两种表现形式。所谓法定的安全生产责任，即法律、法规中明确规定的总承包单位、分包单位各自的安全生产责任。所谓约定的安全生产责任，即总承包单位与分包单位在分包合同中通过协商，约定各自应当承担的安全生产责任。但是，这种约定不能违反法律、法规的强制性规定。

2) 统一组织编制建设工程生产安全应急救援预案

《建设工程安全生产管理条例》规定，施工单位应当根据建设工程施工的特点、范围，对施工现场易发生重大事故的部位、环节进行监控，制定施工现场生产安全事故应急救援预案。实行施工总承包的，由总承包单位统一组织编制建设工程生产安全事故应急救援预案，工程总承包单位和分包单位按照应急救援预案，各自建立应急救援组织或者配备应急救援人员，配备救援器材、设备，并定期组织演练。

建设工程施工属于高风险的工作，在施工现场上很易发生事故。因此，高度重视并认真编制好安全事故应急救援预案，有助于加强对突发事故的处理，提高应急救援快速反应能力。因为，建设工程实行施工总承包的，由总承包单位对施工现场的安全生产负总责。所以，总承包单位要统一组织编制建设工程生产安全事故应急救援预案。

3) 负责向有关部门上报生产安全事故

《建设工程安全生产管理条例》规定，实行施工总承包的建设工程，由总承包单位负责上报事故。

据此，一旦发生施工安全事故，施工总承包单位应当依法担负起及时报告的义务。

4) 自行完成建设工程主体结构的施工

为了防止因转包和违法分包等行为导致安全事故的发生，真正落实施工总承包单位的安全生产责任，《建设工程安全生产管理条例》在"施工单位的安全责任"中特别规定，总承包单位应当自行完成建设工程主体结构的施工。

5) 承担连带责任

《建设工程安全生产管理条例》规定，总承包单位和分包单位对分包工程的安全生产承担连带责任。

这样规定，一方面是强化了总承包单位和分包单位的安全责任意识，另一方面也有利于保护受损害者的合法权益。

2. 分包单位应当承担的法定安全生产责任

《建筑法》规定，分包单位向总承包单位负责，服从总承包单位对施工现场的安全生产管理。《建设工程安全生产管理条例》进一步规定，分包单位应当服从总承包单位的安全生产管理，分包单位不服从管理导致生产安全事故的，分包单位承担主要责任。

总承包单位依法要对施工现场的安全生产负总责，这就要求分包单位必须服从总承包单位的安全生产管理。由于施工现场的情况较复杂，往往一个工地会有若干不同的分包单位在施工，如果缺乏统一的组织和要求，极易发生安全事故。因此，分包单位要服从总承包单位对施工现场的安全生产管理，包括遵守安全生产责任制度及相关规章制度、岗位操作要求等。如果分包单位不服从总承包单位的管理，一旦发生事故，分包单位就要承担主要责任。

7.3.4 施工作业人员安全生产的权利和义务

《建筑法》规定，建筑施工企业和作业人员在施工过程中，应当遵守有关安全生产的法律、法规和建筑行业安全规章、规程，不得违章指挥或者违章作业。作业人员有权对影响人身健康的作业程序和作业条件提出改进意见，有权获得安全生产所需的防护用品。作业人员对危及生命安全和人身健康的行为有权提出批评、检举和控告。

施工作业人员应当依法享受其安全生产的权利，也应依法履行安全生产的义务。

1. 施工作业人员应当享有的安全生产权利

按照《建筑法》《安全生产法》《建设工程安全生产管理条例》等法律、行政法规的规定，施工作业人员主要享有以下的安全生产权利。

1) 施工安全生产的知情权和建议权

《安全生产法》规定，生产经营单位的从业人员有权了解其作业场所和工作岗位存在的危险因素、防范措施及事故应急措施，有权对本单位的安全生产工作提出建议。《建筑法》则规定，作业人员有权对影响人身健康的作业程序和作业条件提出改进意见。《建设工程安全生产管理条例》进一步规定，施工单位应当向作业人员提供安全防护用具和安全防护服装，并书面告知危险岗位的操作规程和违章操作的危害。

职工是企业的主体，是企业物质财富的创造者。充分发挥职工在企业中的主人翁作用，是搞好安全生产的重要保障。因此，施工作业人员不仅对施工安全生产要有知情权，还应当享有改进工作的建议权。

2) 施工安全防护用品的获得权

《建筑法》规定，作业人员有权获得安全生产所需的防护用品。《安全生产法》还规定，生产经营单位必须为从业人员提供符合国家标准或者行业标准的劳动防护用品，并监督、教育从业人员按照使用规则佩戴、使用。《建设工程安全生产管理条例》进一步规定，施工单位应当向作业人员提供安全防护用具和安全防护服装。

施工安全防护用品是保护施工作业者在施工过程中安全健康所必需的防御性装备。它虽然是一种辅助性的安全防护措施，但对于预防或减少伤亡事故的发生具有重要作用。因此，施工作业人员有权按规定获得安全生产所需的防护用品，施工单位必须按规定发放。

施工安全防护用品,一般包括安全帽、安全带、安全网、安全绳及其他个人防护用品(如防护鞋、防护服装、防尘口罩)等。

3) 批评、检举、控告权及拒绝违章指挥权

《建筑法》规定,作业人员对危及生命安全和人身健康的行为有权提出批评、检举和控告。《安全生产法》还规定,从业人员有权对本单位安全生产工作中存在的问题提出批评、检举、控告;有权拒绝违章指挥和强令冒险作业。生产经营单位不得因从业人员对本单位安全生产工作提出批评、检举、控告或者拒绝违章指挥、强令冒险作业而降低其工资、福利等待遇或者解除与其订立的劳动合同。《建设工程安全生产管理条例》进一步规定,作业人员有权对施工现场的作业条件、作业程序和作业方式中存在的安全问题提出批评、检举和控告,有权拒绝违章指挥和强令冒险作业。

作业人员的批评权,是指作业人员对施工单位的现场管理人员实施的危及生命安全和身体健康的行为提出批评的权利。检举和控告权,是指作业人员对施工单位的现场管理人员实施的危及生命安全和身体健康的行为,有向政府主管部门和司法机关进行检举和控告的权利。违章指挥则是指强迫作业人员违反法律、法规或者规章制度、操作规程进行作业的行为。法律赋予从业人员有拒绝违章指挥和强令冒险作业的权利,不仅是为了保护作业人员的人身安全,也是为了施工单位负责人和现场管理人员必须按照有关规章制度和操作规程进行指挥,并不得因作业人员拒绝违章指挥和强令冒险作业而对其进行打击报复。

4) 紧急避险权

《安全生产法》规定,从业人员发现直接危及人身安全的紧急情况时,有权停止作业或者在采取可能的应急措施后撤离作业场所。生产经营单位不得因从业人员在前款紧急情况下停止作业或者采取紧急撤离措施而降低其工资、福利等待遇或者解除与其订立的劳动合同。《建设工程安全生产管理条例》也规定,在施工中发生危及人身安全的紧急情况时,作业人员有权立即停止作业或者在采取必要的应急措施后撤离危险区域。

建设工程施工具有特殊性,发生紧急情况是不可预测的。因此,作业人员享有停止作业和紧急撤离的权利。但是,作业人员在行使这项权利时也不能滥用:一是危及作业人员人身安全的紧急情况必须有确实可靠的直接根据,仅凭个人猜测或者误判而实际并不属于危及人身安全的紧急情况除外;二是紧急情况必须直接危及人身安全,间接或者可能危及人身安全的情况不应撤离,而应采取有效处理措施;三是出现危及人身安全的紧急情况时,首先是停止作业,然后要采取可能的应急措施,在采取应急措施无效时再撤离作业场所。

5) 获得意外伤害保险赔偿的权利

《建筑法》规定,建筑施工企业必须为从事危险作业的职工办理意外伤害保险,支付保险费。《建设工程安全生产管理条例》进一步规定,施工单位应当为施工现场从事危险作业的人员办理意外伤害保险。意外伤害保险费由施工单位支付。

这项规定既是施工单位必须履行的义务,也是施工作业人员安全生产应当享有的权利。

6) 请求民事赔偿权

《安全生产法》规定,因生产安全事故受到损害的从业人员,除依法享有工伤社会保险外,依照有关民事法律尚有获得赔偿的权利的,有权向本单位提出赔偿要求。

2. 施工作业人员应当履行的安全生产义务

按照《建筑法》《安全生产法》《建设工程安全生产管理条例》等法律、行政法规的

规定，施工作业人员主要应当履行以下安全生产义务。

1) 守法遵章和正确使用安全防护用具等的义务

《建筑法》规定，建筑施工企业和作业人员在施工过程中，应当遵守有关安全生产的法律、法规和建筑行业安全规章、规程，不得违章指挥或者违章作业。《安全生产法》规定，从业人员在作业过程中，应当遵守本单位的安全生产规章制度和操作规程，服从管理，正确佩戴和使用劳动防护用品。《建设工程安全生产管理条例》进一步规定，作业人员应当遵守安全施工的强制性标准、规章制度和操作规程，正确使用安全防护用具、机械设备等。

施工单位要保障作业人员的安全，作业人员也必须遵守有关的规章制度，做到不违章作业。从已发生的施工生产安全事故分析，很多是不执行安全生产的规章制度和操作规程导致的。实践证明，作业人员严格遵守规章制度和操作规程，就能够大大减少事故隐患，降低事故的发生率；而如果作业人员无视这些规章制度和操作规程，就会导致安全事故的发生，造成人员伤亡和财产损失。

2) 接受安全生产教育培训的义务

《安全生产法》规定，从业人员应当接受安全生产教育和培训，掌握本职工作所需的安全生产知识，提高安全生产技能，增强事故预防和应急处理能力。《建设工程安全生产管理条例》也规定，作业人员进入新的岗位或者新的施工现场前，应当接受安全生产教育培训。未经教育培训或者教育培训考核不合格的人员，不得上岗作业。

施工单位加强安全教育培训，提高从业人员素质，是控制和减少安全事故的关键措施。通过安全教育培训，必须使作业人员具备必要的安全生产知识，熟悉有关的安全生产规章制度和安全操作规程，掌握本岗位的安全操作技能。

3) 安全事故隐患报告的义务

《安全生产法》规定，从业人员发现事故隐患或者其他不安全因素，应当立即向现场安全生产管理人员或者本单位负责人报告；接到报告的人员应当及时予以处理。

安全事故的发生通常都是由事故隐患或者其他不安全因素所酿成的。所以，作业人员一旦发现事故隐患或者其他不安全因素，应当立即报告，以便及时采取措施，防患于未然。

7.3.5 施工管理人员、作业人员安全生产教育培训的规定

安全生产教育培训制度，是指对从业人员进行安全的教育和安全生产技能的培训，并将这种教育和培训制度化、规范化，以提高全体人员的安全意识和安全生产的管理水平，减少和防止生产安全事故的发生。

《建筑法》规定，建筑施工企业应当建立健全劳动安全生产教育培训制度，加强对职工安全生产的教育培训；未经安全生产教育培训的人员，不得上岗作业。

1. 施工单位三类管理人员的考核

《建设工程安全生产管理条例》规定，施工单位的主要负责人、项目负责人、专职安全生产管理人员应当经建设行政主管部门或者其他部门考核合格后方可任职。

施工单位的主要负责人要对本单位的安全生产工作全面负责，项目负责人要对所负责的建设工程项目的安全生产工作全面负责，安全生产管理人员更是要直接地、具体地承担

本单位日常的安全生产管理工作。因此,这三类人员在施工安全方面的知识水平和管理能力直接关系到本单位、本项目的安全生产管理水平。多年来的惨痛教训表明,由于这三类人员缺乏基本的安全生产知识,安全生产管理和组织能力不强,甚至违章指挥,是导致事故发生的重要原因之一。因此,这三类人员必须经安全生产知识和管理能力考核合格后方可任职。

2. 每年至少进行一次全员安全生产教育培训

《建设工程安全生产管理条例》规定,施工单位应当对管理人员和作业人员每年至少进行一次安全生产教育培训,其教育培训情况记入个人工作档案。安全生产教育培训考核不合格的人员,不得上岗。

施工单位应当建立健全安全生产教育培训制度,制订教育培训计划,落实教育培训组织和经费,根据实际需要,对不同人员、不同岗位和不同工种进行因人、因材施教。安全教育主要包括安全思想教育、安全知识教育、安全技能教育、安全法制教育和事故案件教育等。安全教育培训可采取多种形式,包括安全报告会、事故分析会、安全技术交流会、安全奖惩会、安全竞赛及安全日(周、月)活动等。同时,必须严肃处理每个违章指挥、违章作业的人员,绝不姑息迁就。

3. 进入新的岗位或者新的施工现场前的安全生产教育培训

《建设工程安全生产管理条例》规定,作业人员进入新的岗位或者新的施工现场前,应当接受安全生产教育培训。未经教育培训或者教育培训考核不合格的人员,不得上岗作业。

进入新岗位、新工地的作业人员往往是安全生产的薄弱环节。这是因为各岗位、各工地之间往往各有特殊性。因此,施工单位必须对新录用的职工和转场的职工进行安全教育培训,包括安全生产重要意义、施工工地特点及危险因素、有关法律法规及施工单位规章制度、安全技术操作规程、机械设备电气及高处作业安全知识、防火防毒防尘防爆知识、紧急情况安全处置与安全疏散知识、防护用品使用知识以及发生事故时自救、排险、抢救伤员、保护现场和及时报告等。

4. 采用新技术、新工艺、新设备、新材料前的安全生产教育培训

《建设工程安全生产管理条例》规定,施工单位在采用新技术、新工艺、新设备、新材料时,应当对作业人员进行相应的安全生产教育培训。

随着我国工程建设和科学技术的迅速发展,越来越多的新技术、新工艺、新设备、新材料被广泛应用于施工生产活动中,大大促进了施工、生产效率和工程质量的提高,但也对施工作业人员的素质提出了更高要求。如果施工单位对所采用的新技术、新工艺、新设备、新材料的了解与认识不足,对其安全技术性能掌握不充分,或是没有采取有效的安全防护措施,没有对作业人员进行专门的安全生产教育培训,那就很可能会导致事故的发生。因此,施工单位在采用新技术、新工艺、新设备、新材料时,必须对作业人员进行专门的安全生产教育培训,让其了解不安全因素,学会危险辨识,并采取保证安全的防护措施,以防止事故发生。

5. 特种作业人员的安全培训考核

《建设工程安全生产管理条例》规定，垂直运输机械作业人员、安装拆卸工、爆破作业人员、起重信号工、登高架设作业人员等特种作业人员，必须按照国家有关规定经过专门的安全作业培训，并取得特种作业操作资格证书后，方可上岗作业。

特种作业是指容易发生事故，对操作者本人、他人的安全健康及设备、设施的安全可能造成重大危害的作业。特种作业人员则是指直接从事特种作业的从业人员。对于特种作业人员，必须经过专门的安全作业培训，取得特种作业操作资格证书后，方可上岗作业。

根据国家安全生产监督管理总局《特种作业人员安全技术培训考核管理规定》的规定，特种作业的范围包括电工作业(不含电力系统进网作业)、焊接与热切割作业、高处作业、制冷与空调作业、煤矿安全作业、金属非金属矿山安全作业、石油天然气安全作业、冶金(有色)生产安全作业、危险化学品安全作业、烟花爆竹安全作业等。

6. 消防安全教育培训

公安部、住房和城乡建设部等九部委联合颁布的《社会消防安全教育培训规定》中规定，在建工程的施工单位应当开展下列消防安全教育工作。

(1) 建设工程施工前应当对施工人员进行消防安全教育。

(2) 在建设工地醒目位置、施工人员集中住宿场所设置消防安全宣传栏，悬挂消防安全挂图和消防安全警示标识。

(3) 对明火作业人员进行经常性的消防安全教育。

(4) 组织灭火和应急疏散演练。

7.3.6 违法行为应承担的法律责任

对于施工安全生产责任和安全生产教育培训违法行为应承担的主要法律责任如下。

1. 施工单位违法行为应承担的法律责任

《建筑法》规定，建筑施工企业违反本法规定，对建筑安全事故隐患不采取措施予以消除的，责令改正，可以处以罚款；情节严重的，责令停业整顿，降低资质等级或者吊销资质证书；构成犯罪的，依法追究刑事责任。

《建设工程安全生产管理条例》规定，违反本条例的规定，施工单位有下列行为之一的，责令限期改正；逾期未改正的，责令停业整顿。依照《中华人民共和国安全生产法》的有关规定处以罚款；造成重大安全事故，构成犯罪的，对直接责任人员，依照刑法有关规定追究刑事责任。

① 未设立安全生产管理机构、配备专职安全生产管理人员或者分部分项工程施工时无专职安全生产管理人员现场监督的；

② 施工单位的主要负责人、项目负责人、专职安全生产管理人员、作业人员或者特种作业人员，未经安全教育培训或者经考核不合格即从事相关工作的；

③ 未在施工现场的危险部位设置明显的安全警示标志，或者未按照国家有关规定在施工现场设置消防通道、消防水源，配备消防设施和灭火器材的；

④ 未向作业人员提供安全防护用具和安全防护服装的；

⑤ 未按照规定在施工起重机械和整体提升脚手架、模板等自升式架设设施验收合格后登记的；

⑥ 使用国家明令淘汰、禁止使用的危及施工安全的工艺、设备、材料的。

施工单位取得资质证书后，降低安全生产条件的，责令限期改正；经整改仍未达到与其资质等级相适应的安全生产条件的，责令停业整顿，降低其资质等级直至吊销资质证书。

施工单位挪用列入建设工程概算的安全生产作业环境及安全施工措施所需费用的，责令限期改正，处挪用费用 20%以上 50%以下的罚款；造成损失的，依法承担赔偿责任。

《刑法》第一百三十七条规定，建设单位、设计单位、施工单位、工程监理单位违反国家规定，降低工程质量标准，造成重大安全事故的，对直接责任人员，处 5 年以下有期徒刑或者拘役，并处罚金；后果特别严重的，处 5 年以上 10 年以下有期徒刑，并处罚金。

2. 施工管理人员违法行为应承担的法律责任

《建筑法》规定，建筑施工企业的管理人员违章指挥、强令职工冒险作业，因而发生重大伤亡事故或者造成其他严重后果的，依法追究刑事责任。

《建设工程安全生产管理条例》规定，施工单位的主要负责人、项目负责人未履行安全生产管理职责的，责令限期改正；逾期未改正的，责令施工单位停业整顿；造成重大安全事故、重大伤亡事故或者其他严重后果，构成犯罪的，依照刑法有关规定追究刑事责任。

施工单位的主要负责人、项目负责人有以上违法行为，尚不够刑事处罚的，处 2 万元以上 20 万元以下的罚款或者按照管理权限给予撤职处分；自刑罚执行完毕或者受处分之日起，5 年内不得担任任何施工单位的主要负责人、项目负责人。

注册执业人员未执行法律、法规和工程建设强制性标准的，责令停止执业 3 个月以上 1 年以下，情节严重的，吊销执业资格证书，5 年内不予注册；造成重大安全事故的，终身不予注册；构成犯罪的，依照刑法有关规定追究刑事责任。

《刑法》第一百三十四条第二款规定，强令他人违章冒险作业，因而发生重大伤亡事故或者造成其他严重后果的，处 5 年以下有期徒刑或者拘役；情节特别恶劣的，处 5 年以上有期徒刑(《刑法修正案(六)》)。

《刑法》第一百三十五条第一款规定，安全生产设施或者安全生产条件不符合国家规定，因而发生重大伤亡事故或者造成其他严重后果的，对直接负责的主管人员和其他直接责任人员，处 3 年以下有期徒刑或者拘役；情节特别恶劣的，处 3 年以上 7 年以下有期徒刑(《刑法修正案(六)》)。

3. 施工作业人员违法行为应承担的法律责任

《建设工程安全生产管理条例》规定，作业人员不服管理、违反规章制度和操作规程冒险作业造成重大伤亡事故或者其他严重后果，构成犯罪的，依照刑法有关规定追究刑事责任。

《刑法》第一百三十四条第一款规定，在生产、作业中违反有关安全管理的规定，因而发生重大伤亡事故或者造成其他严重后果的，处 3 年以下有期徒刑或者拘役；情节特别恶劣的，处 3 年以上 7 年以下有期徒刑。

4. 特种作业违法行为应承担的法律责任

国务院《特种设备安全监察条例》规定，特种设备使用单位有下列情形之一的，由特种设备安全监督管理部门责令限期改正；逾期未改正的，责令停止使用或者停产停业整顿，处 2000 元以上 2 万元以下罚款。

① 未依照本条例规定设置特种设备安全管理机构或者配备专职、兼职安全管理人员的。
② 从事特种设备作业的人员，未取得相应特种作业人员证书，上岗作业的。
③ 未对特种设备作业人员进行特种设备安全教育和培训的。

国家安全生产监督管理总局《特种作业人员安全技术培训考核管理规定》中规定，生产经营单位未建立健全特种作业人员档案的，给予警告，并处 1 万元以下的罚款。

生产经营单位使用未取得特种作业操作证的特种作业人员上岗作业的，责令限期改正，逾期未改正的，责令停产停业整顿，可以并处 2 万元以下的罚款。

生产经营单位非法印制、伪造、倒卖特种作业操作证，或者使用非法印制、伪造、倒卖的特种作业操作证的，给予警告，并处 1 万元以上 3 万元以下的罚款；构成犯罪的，依法追究刑事责任。

特种作业人员伪造、涂改特种作业操作证或者使用伪造的特种作业操作证的，给予警告，并处 1000 元以上 5000 元以下的罚款。特种作业人员转借、转让、冒用特种作业操作证的，给予警告，并处 2000 元以上 10000 元以下的罚款。

7.4 施工现场安全防护制度

7.4.1 安全技术措施、专项施工方案和安全技术交底的编制

《建筑法》规定，建筑施工企业在编制施工组织设计时，应当根据建筑工程的特点制定相应的安全技术措施；对专业性较强的工程项目，应当编制专项安全施工组织设计，并采取安全技术措施。

1. 编制安全技术措施和施工现场临时用电方案

《建设工程安全生产管理条例》规定，施工单位应当在施工组织设计中编制安全技术措施和施工现场临时用电方案。

施工组织设计是规划和指导施工全过程的综合性技术经济文件，是施工准备工作的重要组成部分。它要保证施工准备阶段各项工作的顺利进行，各分包单位、各工种的有序衔接，以及各类材料、构件、机具等供应时间和顺序，并对一些关键部位和需要控制的部位提出相应的安全技术措施。

1) 安全技术措施

安全技术措施是为了实现安全生产，在防护上、技术上和管理上采取的措施。具体来说，就是在建设工程施工中，针对工程特点、施工现场环境、施工方法、劳动组织、作业方法、使用机械、动力设备、变配电设施、架设工具以及各项安全防护设施等制定的确保安全施工的措施。

安全技术措施通常包括根据基坑、地下室深度和地质资料，保证土石方边坡稳定的措

施；脚手架、吊篮、安全网、各类洞口防止人员坠落的技术措施；外用电梯、并架以及塔吊等垂直运输机具的拉结要求及防倒塌的措施；安全用电和机电防短路、防触电的措施；有毒有害、易燃易爆作业的技术措施；施工现场周围通行道路及居民防护隔离等措施。

安全技术措施可分为防止事故发生的安全技术措施和减少事故损失的安全技术措施。常用的防止事故发生的安全技术措施有消除危险源、限制能量或危险物质、隔离、故障-安全设计、减少故障和失误等。减少事故损失的安全技术措施是在事故发生后，迅速控制局面，防止事故扩大，避免引起二次事故发生，从而减少事故造成的损失。常用的减少事故损失的安全技术措施有隔离、个体防护、设置薄弱环节、避难与救援等。

2) 施工现场临时用电方案

施工组织设计中还应当包括施工现场临时用电方案，防止施工现场人员触电和电气火灾事故发生。临时用电方案不仅直接关系到用电人员的安全，也关系到施工进度和工程质量。

《施工现场临时用电安全技术规范》(JGJ 46—2005)规定，施工现场临时用电设备在5台及以上或设备总容量在50kW及以上者，应编制用电组织设计。

施工现场临时用电组织设计应包括下列内容：①现场勘测；②确定电源进线、变电所或配电室、配电装置、用电设备位置及线路走向；③进行负荷计算；④选择变压器；⑤设计配电系统；⑥设计防雷装置；⑦确定防护措施；⑧制定安全用电措施和电气防火措施。临时用电工程图纸应单独绘制，临时用电工程应按图施工。

施工现场临时用电设备在5台以下或设备总容量在50kW以下者。应制定安全用电和电气防火措施。

临时用电组织设计及变更时，必须履行"编制、审核、批准"程序，由电气工程技术人员组织编制，经相关部门审核及具有法人资格企业的技术负责人批准后实施。变更用电组织设计时应补充有关图纸资料。临时用电工程必须经编制、审核、批准部门和使用单位共同验收，合格后方可投入使用。

2. 编制安全专项施工方案

《建设工程安全生产管理条例》规定，对下列达到一定规模的危险性较大的分部分项工程编制专项施工方案，并附具安全验算结果，经施工单位技术负责人、总监理工程师签字后实施，由专职安全生产管理人员进行现场监督：①基坑支护与降水工程；②土方开挖工程；③模板工程；④起重吊装工程；⑤脚手架工程；⑥拆除、爆破工程；⑦国务院建设行政主管部门或者其他有关部门规定的其他危险性较大的工程。对以上所列工程中涉及深基坑、地下暗挖工程、高大模板工程的专项施工方案，施工单位还应当组织专家进行论证、审查。

危险性较大的分部分项工程，是指建筑工程在施工过程中存在的、可能导致作业人员群死群伤或造成重大不良社会影响的分部分项工程。危险性较大的分部分项工程安全专项施工方案，是指施工单位在编制施工组织(总)设计的基础上，针对危险性较大的分部分项工程单独编制的安全技术措施文件。

1) 安全专项施工方案的编制

住房和城乡建设部在《危险性较大的分部分项工程安全管理办法》中规定，施工单位应当在危险性较大的分部分项工程施工前编制专项方案；对于超过一定规模的危险性较大的分部分项工程，施工单位应当组织专家对专项方案进行论证。

建筑工程实行施工总承包的，专项方案应当由施工总承包单位组织编制。其中，起重机械安装拆卸工程、深基坑工程、附着式升降脚手架等专业工程实行分包的，其专项方案可由专业承包单位组织编制。

专项方案编制应当包括以下内容：①工程概况：危险性较大的分部分项工程概况，施工平面布置、施工要求和技术保证条件；②编制依据：相关法律、法规、规范性文件、标准、规范及图纸(国标图集)、施工组织设计等；③施工计划：施工进度计划、材料与设备计划；④施工工艺技术：技术参数、工艺流程、施工方法、检查验收等；⑤施工安全保证措施：组织保障、技术措施、应急预案、监测监控等；⑥劳动力计划：专职安全生产管理人员、特种作业人员等；⑦计算书及相关图纸。

对于危险性较大的分部分项工程范围和超过一定规模的危险性较大的分部分项工程范围，可查阅《危险性较大的分部分项工程安全管理办法》的附件1、附件2。

2) 安全专项施工方案的审核

专项方案应当由施工单位技术部门组织本单位施工技术、安全、质量等部门的专监技术人员进行审核。经审核合格的，由施工单位技术负责人签字。实行施工总承包的专项方案应当由总承包单位技术负责人及相关专业承包单位技术负责人签字。不需专家论证的专项方案，经施工单位审核合格后报监理单位，由项目总监理工程师审核签字。

超过一定规模的危险性较大的分部分项工程专项方案应当由施工单位组织召开专家论证会。实行施工总承包的，由施工总承包单位组织召开专家论证会。

施工单位应当根据论证报告修改完善专项方案，并经施工单位技术负责人、项目总监理工程师、建设单位项目负责人签字后，方可组织实施。实行施工总承包的，应当由施工总承包单位、相关专业承包单位技术负责人签字。

专项方案经论证后需做重大修改的，施工单位应当按照论证报告修改，并重新组织专家进行论证。

3) 安全专项施工方案的实施

施工单位应当严格按照专项方案组织施工，不得擅自修改、调整专项方案。如因设计结构、外部环境等因素发生变化确需修改的，修改后的专项方案应当按规定重新审核。对于超一过定规模的危险性较大工程的专项方案，施工单位应当重新组织专家进行论证。

施工单位应当指定专人对专项方案实施情况进行现场监督和按规定进行监测。发现不按照专项方案施工的，应当要求其立即整改；发现有危及人身安全紧急情况的应当立即组织作业人员撤离危险区域。施工单位技术负责人应当定期巡查专项方案实施情况。

对于按规定需要验收的危险性较大的分部分项工程，施工单位、监理单位应当组织有关人员进行验收。验收合格的，经施工单位项目技术负责人及项目总监理工程师签字后，方可进入下一道工序。

3. 安全施工技术交底

《建设工程安全生产管理条例》规定，建设工程施工前，施工单位负责项目管理的技术人员应当对有关安全施工的技术要求向施工作业班组、作业人员作出详细说明，并由双方签字确认。

施工前对有关安全施工的技术要求作出详细说明，就是通常说的安全技术交底。这项制度有助于作业班组和作业人员尽快了解工程概况、施工方法、安全技术措施等具体情况，掌握操作方法和注意事项，保护作业人员的人身安全，减少因安全事故导致的经济损失。

安全技术交底通常包括施工工种安全技术交底、分部分项工程施工安全技术交底、大型特殊工程单项安全技术交底、设备安装工程技术交底以及使用新工艺、新技术、新材料施工的安全技术交底等。

施工单位负责项目管理的技术人员与作业班组、作业人员进行安全技术交底后，应当由双方确认。确认的方式是填写安全技术措施交底单，主要内容应当包括工程名称、分部分项工程名称、安全技术措施交底内容、交底时间以及施工单位负责项目管理的技术人员签字、接受任务负责人签字等。

7.4.2 施工现场安全防护的规定

《建筑法》规定，建筑施工企业应当在施工现场采取维护安全、防范危险、预防火灾等措施，有条件的，应当对施工现场实行封闭管理。施工现场对毗邻的建筑物、构筑物和特殊作业环境可能造成损害的，建筑施工企业应当采取安全防护措施。

1. 危险部位设置安全警示标志

《建设工程安全生产管理条例》规定，施工单位应当在施工现场入口处、施工起重机械、临时用电设施、脚手架、出入通道口、楼梯口、电梯井口、孔洞口、桥梁口、隧道口、基坑边沿、爆破物及有害危险气体和液体存放处等危险部位，设置明显的安全警示标志。安全警示标志必须符合国家标准。

危险部位是指存在危险因素，容易造成作业人员或者其他人员伤亡的地点。施工现场的危险部位往往是引发生产安全事故的重要因素。如果忽视施工现场的细部环节，就有可能酿成生产安全事故。由于各类建设工程的情况千差万别，不同建设工程施工现场的危险部位也不尽相同。但是，施工现场入口处、施工起重机械、临时用电设施、脚手架、出入通道口、楼梯口、电梯井口、孔洞口、桥梁口、隧道口、基坑边缘、爆破物及有害危险气体和液体存放处等，通常是容易出现生产安全事故的危险部位。施工单位应当根据建设工程的实际情况，使用设施设备和材料的情况，存储物品的情况等，具体确定本施工现场的危险部位，并设置明显的安全警示标志。

安全警示标志是指提醒人们注意的各种标牌、文字、符号以及灯光等，一般由安全色、几何图形和图形符号构成。如在孔洞口、桥梁口、隧道口、基坑边缘等处，设立红灯警示；在施工起重机械、临时用电设施等处设置警戒标志，并保证充足的照明等。安全警示标志应当设置于明显的地点，让作业人员和其他进入施工现场的人员易于看到。安全警示标志如果是文字，应当易于人们读懂；如果是符号，则应当易于人们理解；如果是灯光，则应当明亮显眼。安全警示标志必须符合国家标准，如《安全标志》(GB 2894—1996)，《安全标志使用导则》(GB 16179—1996)。各种安全警示标志设置后，未经施工单位负责人批准，不得擅自移动或者拆除。

2. 根据不同施工阶段等采取相应的安全施工措施

《建设工程安全生产管理条例》规定，施工单位应当根据不同施工阶段和周围环境及季节、气候的变化,在施工现场采取相应的安全施工措施。施工现场暂时停止施工的,施工单位应当做好现场防护,所需费用由责任方承担,或者按照合同约定执行。

由于施工作业有一定的时限,且又是露天作业较多,在不同的施工阶段如地下施工、高处施工等,应当采取不同的安全措施,并要根据周围环境和季节、气候变化,加强季节性安全防护措施。例如,夏季要防暑降温,在特别高温的天气下,要调整施工时间、改变施工方式等;冬期要防寒防冻,防止煤气中毒,冬期施工还应专门制定保证工程质量和施工安全的安全技术措施;夜间施工应有足够的照明,在深坑、陡坡等危险地段应增设红灯标志,以防发生伤亡事故;雨期和冬期施工时,应对运输道路采取防滑措施,如加铺炉渣、砂子等,如有可能应避免在雨期、冬期和夜间施工;傍山措河地区应制定防滑坡、防泥石流、防汛措施;大风、大雨期间应暂停施工等。按照1988年国际劳工组织大会《建筑业安全卫生公约》的要求,应在每一建筑工地或者其附近地方,按照工人人数和工期长短提供和维护供工人在恶劣气候条件下暂停工作时躲避用的地方。

引起施工现场暂时停止施工的原因很多,可能是施工单位的原因,也可能是建设单位、设计单位或监理单位的原因,还包括因不可抗力停止施工或有违法行为被责令停止施工等。一般来说,除不可抗力要按合同约定执行外,其他则要分清责任,谁的责任谁承担费用。但是,不论费用由谁承担,施工单位都必须做好现场防护,以防止在暂停施工期间出现施工现场的作业人员或者其他人员的安全事故,并应为下一步继续施工创造良好的工作环境。

需要说明的是,这里的责任方应当是就施工承包合同当事人而言,而不一定是指直接的责任方。例如,如果是由于监理工程师指令有误而导致施工现场停止施工,其产生的费用要由建设单位承担。就是说,施工单位可以就此向建设单位索赔,而不是直接向监理单位索赔。至于建设单位偿付费用后,可以依据监理合同的约定,向监理单位追偿。

3. 施工现场临时设施的安全卫生要求

《建设工程安全生产管理条例》规定,施工单位应当将施工现场的办公、生活区与作业区分开设置,并保持安全距离;办公、生活区的地址应当符合安全性要求。职工的膳食、饮水、休息场所等应当符合卫生标准。施工单位不得在尚未竣工的建筑物内设置员工集体宿舍。施工现场临时搭建的建筑物应当符合安全使用要求。施工现场使用的装配式活动房屋应当具有产品合格证。

施工单位既要安全施工,也应当文明施工。"以人为本",不断改进作业人员的工作和生活条件,创造安全、文明的施工环境,最大限度地降低施工现场的安全风险,是减少生产安全事故,提高企业经济效益的重要保障。因此,施工单位在重视安全施工的同时,不能放松对文明施工的要求。

施工现场的办公区、生活区应当与作业区分开设置,并保持安全距离。这是因为办公区、生活区是人们进行办公和日常生活的区域,人员较多且复杂,安全意识和防范措施也相对较弱,如果将其混设一处,势必造成施工现场的管理混乱,极易发生生产安全事故。此外,办公区和生活区的选址也要满足安全性要求,即必须建在安全地带,保证办公、生活用房不致因滑坡、泥石流等地质灾害而受到破坏,造成人员伤亡和财产损失。

由于施工是流动作业,为了保障职工身体健康,对职工的膳食、饮水、休息场所等,都应当符合卫生安全标准。例如,设有职工食堂的,应当按照《食品安全法》中有关食品生产经营，食品检验等规定执行，患有痢疾、伤寒、病毒性肝炎等消化道传染病的人员，以及患有活动性肺结核、化脓性或者渗出性皮肤病等有碍食品安全的疾病的人员，不得从事接触直接入口食品的工作；没有职工食堂的，施工单位则应提供符合《食品安全法》规定的合格膳食。施工单位提供的饮水也必须达到国家规定的标准。

未竣工的建筑物内不得设置员工集体宿舍。主要是这类建筑物尚在施工过程中，条件较差，不宜居住，如将员工集体宿舍设在其中，存在很大的安全事故隐患。施工现场临时搭建的建筑物，如办公用房、宿舍、食堂、仓库、卫生间、淋浴室等，也必须稳固、安全、整洁，并满足消防要求。目前，很多施工工地都采用装配式的活动房屋。这种房屋具有密封严密、隔热保温、防水防火、运输方便、使用周期长等优点。但是，施工单位应当选择正规生产厂家的具有产品合格证的产品，防止因活动厂房质量不合格导致生产安全事故的发生。

4. 对施工现场周边的安全防护措施

《建设工程安全生产管理条例》规定，施工单位对因建设工程施工可能造成损害的毗邻建筑物、构筑物和地下管线等，应当采取专项防护措施。在城市市区内的建设工程，施工单位应当对施工现场实行封闭围挡。

建设工程施工多为露天，高处作业，对周围环境特别是毗邻的建筑物、构筑物和地下管线等可能会造成损害。因此，施工单位有责任、有义务采取相应的安全防护措施，确保毗邻的建筑物、构筑物和地下管线等不受损坏。施工现场实行封闭管理，主要是解决"扰民"和"民扰"问题。施工现场采用密耳式安全网、围墙、围栏等封闭起来，既可以防止施工中的不安全因素扩散到场外，也可以起到保护环境、美化市容、文明施工的作用，还可以防盗、防砸打损害物品等。

5. 危险作业的施工现场安全管理

《安全生产法》规定，生产经营单位进行爆破、吊装等危险作业，应当安排专门人员进行现场安全管理，确保操作规程的遵守和安全措施的落实。

爆破、吊装等作业具有较大危险性，容易发生事故。因此。作业人员必须严格按照操作规程进行操作，施工单位也应当采取必要的防范措施，安排专门人员进行作业现场的安全管理。现场安全管理人员一方面可以检查作业现场的各项安全措施是否得到落实，另一方面可以监督作业人员是否严格遵守有关操作规程，及时对作业现场有关情况进行协调，发现事故隐患及时采取措施进行紧急排除。

6. 安全防护设备，机械设备等的安全管理

《建设工程安全生产管理条例》规定，施工单位采购、租赁的安全防护用具、机械设备、施工机具及配件，应当具有生产(制造)许可证、产品合格证，并在进入施工现场前进行查验。施工现场的安全防护用具、机械设备、施工机具及配件必须由专人管理，定期进行检查、维修和保养，建立相应的资料档案，并按照国家有关规定及时报废。

安全防护用具、机械设备、施工机具及配件质量的好坏，直接关系到施工作业人员的人身安全。因此，绝不能让不合格的产品流入施工现场。同时，还要加强日常的检查、维修和保养以保障这些设备和产品的正常使用和运转。

7. 施工起重机械设备等的安全使用管理

《建设工程安全生产管理条例》规定，施工单位在使用施工起重机械和整体提升脚手架、模板等自升式架设设施前，应当组织有关单位进行验收，也可以委托具有相应资质的检验检测机构进行验收；使用承租的机械设备和施工机具及配件的，由施工总承包单位、分包单位、出租单位和安装单位共同进行验收，验收合格的方可使用。

近年来，由于对施工现场使用的起重机械、整体提升脚手架、模板(主要指提升或爬升模板)等自升式架设设施管理不善或使用不当等，造成的重大伤亡事故时有发生。因此，必须依法对其加强使用管理。特别是施工起重机械，是国务院《特种设备安全监察条例》所规定的特种设备，使用单位应当按照安全技术规范的定期检验要求，在安全检验合格有效期届满前 1 个月向特种设备检验检测机构做出定期检验要求。未经定期检验或者检验不合格的特种设备，不得继续使用。

7.4.3　施工现场消防安全职责和应采取的消防安全措施

《消防法》规定，机关、团体、企业、事业等单位应当履行下列消防安全职责：①落实消防安全责任制，制定本单位的消防安全制度、消防安全操作规程并制定灭火和应急疏散预案；②按照国家标准，行业标准配置消防设施、器材，设置消防安全标志，并定期组织检验、维修，确保完好有效；③对建筑消防设施每年至少进行一次全面检测，确保完好有效，检测记录应当完整准确，存档备查；④保障疏散通道、安全出口、消防车通道畅通，保证防火防烟分区、防火间距符合消防技术标准；⑤组织防火检查，及时消除火灾隐患；⑥组织进行有针对性的消防演练；⑦法律、法规规定的其他消防安全职责，单位的主要负责人是本单位的消防安全责任人。

《建设工程安全生产管理条例》规定，施工单位应当在施工现场建立消防安全责任制度，确定消防安全责任人，制定用火、用电、使用易燃易爆材料等各项消防安全管理制度和操作规程，设置消防通道、消防水源，配备消防设施和灭火器材，并在施工现场入口处设置明显标志。

1. 在施工现场建立消防安全责任制，确定消防安全责任人

施工单位的主要负责人是本单位的消防安全责任人；项目负责人则应是本项目施工现场的消防安全责任人。同时，要在施工现场实行和落实逐级防火责任制、岗位防火责任制，各部门、各班组负责人以及每个岗位人员都应当对自己管辖工作范围内的消防安全负责，切实做到"谁主管，谁负责，谁在岗，谁负责"。

重点工程的施工现场多定为消防安全重点单位，按照《消防法》的规定，除应当履行所有单位都应当履行的职责外，还应当履行下列消防安全职责：①确定消防安全管理人，组织实施本单位的消防安全管理工作；②建立消防档案，确定消防安全重点部位，设置防火标志，实行严格管理；③实行每日防火巡查，并建立巡查记录；④对职工进行岗前消防安全培训，定期组织消防安全培训和消防演练。

2. 制定各项消防安全管理制度和操作规程

近年来，施工现场的火灾时有发生，甚至出现了特大恶性火灾事故。其原因主要是施

工单位的消防安全管理制度和消防安全操作规程不健全，或者是形同虚设。因此，施工单位必须制定消防安全管理制度和操作规程，如用火用电制度、易燃易爆危险物品管理制度、消防安全检查制度、消防设施维护保养制度、消防值班制度、消防教育培训制度等。同时，要结合施工现场的实际，制定施工过程中预防火灾的操作规程，确保消防安全。

施工现场大都存在可燃物和火源、电源，稍有不慎就会发生火灾。为此，要制定严格的用火用电制度，如禁止在具有火灾、爆炸危险的场所使用明火，包括焊接、切割、热处理、烘烤、冶炼等明火作业，也包括炉灶及灼热的炉体、烟筒、电热器以及吸烟、明火取暖、明火照明等。同时，不得擅自降低消防技术标准施工，不能使用防火性能不符合国家标准的建筑构件，材料包括装饰装修材料施工等。

易燃易爆危险物品，包括易燃易爆化学物品和民用爆炸物品。易燃易爆危险物品具有较大的火灾危险性和破坏性，如果在储存、运输或者使用等过程中不严加管理，极易造成严重灾害事故。易燃易爆化学物品是指国家标准《危险货物品名表》(GB 12265—90)中以燃烧爆炸为主要特性的压缩气体、液化气体、易燃液体、易燃固体、自燃物品、遇湿易燃物品和氧化剂、有机过氧化物以及毒害品、腐蚀品中部分易燃易爆化学物品。这类物品受到摩擦、撞击、振动、高热或其他因素的影响，即可引起燃烧和爆炸。民用爆炸物品包括各种炸药、雷管、导火索、非电导爆系统、起爆药、岩石混凝土爆破剂、黑色火药、烟火剂以及公安部认为需要管理的其他爆炸物品。对于施工现场的这些物品，必须制定严格的安全管理制度和操作规程，作业人员要严格按照安全管理制度和操作规程的要求进行作业，保证安全施工。

3. 设置消防通道、消防水源，配备消防设施和灭火器材

消防通道，是指供消防人员和消防车辆等消防装备进入施工现场能够通行的道路。消防河道应保证道路的宽度、限高和道路的设置，满足消防车通行和灭火作业需要的基本要求。消防水源，是指市政消火栓、天然水源取水设施、消防蓄水池和消防供水管网等消防供水设施。消防供水设施应当保证设施数量、水量、水压等满足灭火需要，保证消防车到达火场后能够就近利用消防供水设施，及时扑救火灾，控制火势蔓延的基本要求。消防设施，一般是指固定的消防系统和设备，如火灾自动报警系统、各类自动灭火系统、消防栓、防火门等。消防器材，是指可移动的灭火器材、自救逃生器材，如灭火器，防烟面罩、缓降器等。

对于消防设施和器材应当定期组织检验、维修，确保其完好、有效，以发挥预防火灾和扑灭初期火灾的作用。

4. 在施工现场入口处设置明显标志

消防安全标志，是指用以表达与消防有关的安全信息的图形符号或者文字标志，包括火灾报警和手动控制标志、火灾时疏散途径标志、灭火设备标志、具有火灾爆炸危险的物质或场所标志等。消防安全标志应当按照《消防安全标志设置要求》(GB 15630—1995)、《消防安全标志》(GB 13495—1992)设置。

7.4.4 办理意外伤害保险的规定

《建筑法》规定，建筑施工企业必须为从事危险作业的职工办理意外伤害保险，支付保险费。

《建设工程安全生产管理条例》进一步规定，施工单位应当为施工现场从事危险作业的人员办理意外伤害保险。意外伤害保险费由施工单位支付。实行施工总承包的，由总承包单位支付意外伤害保险费。意外伤害保险期限自建设工程开工之日起至竣工验收合格止。

1. 建筑职工意外伤害保险是法定的强制性保险

施工单位对施工现场从事危险作业的人员办理意外伤害保险是法定的强制性保险，是由施工单位作为投保人直接或者通过保险经纪公司与保险公司订立保险合同，支付保险费，以本单位从事危险作业的人员作为被保险人，当被保险人在施工作业中发生意外伤害事故时，保险公司须依照合同约定向被保险人或者受益人支付保险金。

施工现场从事危险作业的人员，是指在施工现场从事如高处作业、深基坑作业、爆破作业等危险性较大的岗位的作业人员。

《安全生产法》规定，生产经营单位必须依法参加工伤社会保险，为从业人员缴纳保险费。根据这一规定，施工单位还须为员工办理工伤保险。工伤保险与意外伤害保险不尽相同。工伤保险是社会保险的一种，实际上是一种全社会的互助机制，通过这种机制保障企业员工在受事故伤害和患职业病时能够获得医疗救治、经济补偿以及职业康复的权利。意外伤害保险则是针对施工现场从事危险作业的特殊人群。由于工作岗位的特殊性，这些职工所面临的危害要比其他人员大得多，给予他们更多的保障，减少其后顾之忧，是非常必要的。

2003年，建设部《关于加强建筑意外伤害保险工作的指导意见》中指出，建筑施工企业应当为施工现场从事施工作业和管理的人员，在施工活动过程中发生的人身意外伤亡事故提供保障，办理建筑意外伤害保险、支付保险费。范围应当覆盖工程项目。已在企业所在地参加工伤保险的人员，从事现场施工时仍可参加建筑意外伤害保险。

2. 意外伤害保险的保险期限和最低保险金额

保险期限应涵盖工程项目开工之日到工程竣工验收合格之日。提前竣工的，保险责任自行终止。因延长工期的，应当办理保险顺延手续。

各地建设行政主管部门要结合本地区实际情况，确定合理的最低保险金额，最低保险金额要能够保障施工伤亡人员得到有效的经济补偿。施工企业办理建筑意外伤害保险时，投保的保险金额不得低于此标准。

3. 意外伤害保险的保险费及费率

保险费应当列入建筑安装工程费用。保险费由施工企业支付，施工企业不得向职工摊派。

施工企业和保险公司双方应本着平等协商的原则，根据各类风险因素商定建筑意外伤害保险费率，提倡差别费率和浮动费率。差别费率可与工程规模、类型、工程项目风险程度和施工现场环境等因素挂钩。浮动费率可与施工企业安全生产业绩、安全生产管理状况等因素挂钩。对重视安全生产管理、安全业绩好的企业可采用下浮费率；对安全生产业绩差、安全管理不善的企业可采用上浮费率。通过浮动费率机制，激励投保企业安全生产的积极性。

4. 意外伤害保险的投保

施工企业应在工程项目开工前,办理完投保手续。鉴于工程建设项目施工工艺流程中各工种调动频繁、用工流动性大,投保应实行不记名和不计人数的方式。工程项目中有分包单位的由总承包施工企业统一办理,分包单位合理承担投保费用。业主直接发包的工程项目由承包企业直接办理。

各级建设行政主管部门要强化监督管理,把在建工程项目开工前是否投保建筑意外伤害保险情况作为审查企业安全生产条件的重要内容之一;未投保的工程项目,不予发放施工许可证。

投保人办理投保手续后,应将投保有关信息以布告形式张贴于施工现场,告之被保险人。

5. 意外伤害保险的索赔

建筑意外伤害保险应规范和简化索赔程序,搞好索赔服务。各地建设行政主管部门要积极创造条件,引导投保企业在发生意外事故后即向保险公司提出索赔,使施工伤亡人员能够得到及时、足额的赔付。各级建设行政主管部门应设置专门电话接受举报,凡被保险人发生意外伤害事故,企业和工程项目负责人隐瞒不报、不索赔的,要严肃查处。

6. 意外伤害保险的安全服务

施工企业应当选择能提供建筑安全生产风险管理、事故防范等安全服务和有保险能力的保险公司,以保证事故后能及时补偿与事故前能主动防范。目前还不能提供安全风险管理和事故预防的保险公司,应通过建筑安全服务中介组织向施工企业提供与建筑意外伤害保险相关的安全服务。建筑安全服务中介组织必须拥有一定数量、专业配备、具备建筑安全知识和管理经验的专业技术人员。

安全服务内容可包括施工现场风险评估、安全技术咨询、人员培训、防灾防灾设备配置、安全技术研究等。施工企业在投保时可与保险机构商定具体服务内容。

7.4.5 违法行为应承担的法律责任

施工现场安全防护违法行为应承担的主要法律责任如下。

1. 施工现场安全防护违法行为应承担的法律责任

《建筑法》规定,建筑施工企业违反本法规定,对建筑安全事故隐患不采取措施予以消除的,责令改正,可以处以罚款;情节严重的,责令停业整顿,降低资质等级或者吊销资质证书;构成犯罪的,依法追究刑事责任。

《建设工程安全生产管理条例》规定,施工单位有下列行为之一的,责令限期改正;逾期未改正的,责令停业整顿,并处 5 万元以上 10 万元以下的罚款;造成重大安全事故,构成犯罪的,对直接责任人员,依照刑法有关规定追究刑事责任:①施工前未对有关安全施工的技术要求作出详细说明的;②未根据不同施工阶段和周围环境及季节、气候的变化,在施工现场采取相应的安全施工措施,或者在城市市区内的建设工程的施工现场未实行封闭围挡的;③在尚未竣工的建筑物内设置员工集体宿舍的;④施工现场即可搭建的建筑物不符合安全使用要求的；⑤未对因建设工程施工可能造成损害的毗邻建筑物、构筑物和地下管线等采取专项防护措施的。施工单位有以上规定第④项、第⑤项行为，造成损失的，依法承担赔偿责任。

施工单位有下列行为之一的，责令限期改正；逾期未改正的，责令停业整顿，并处 10 万元以上 30 万元以下的罚款；情节严重的，降低资质等级，直至吊销资质证书；造成重大安全事故，构成犯罪的，对直接责任人员，依照刑法有关规定追究刑事责任事；造成损失的，依法承担赔偿责任：①安全防护用具、机械设备、施工、机具及配件等进入施工现场前未经查验或者查验不合格就投入使用的；②使用未经验收或验收不合格的施工起重机械和整体提升脚手架、模板等自升式架设设施的；③委托不具有相应资质的单位承担施工现场安装、拆卸施工起重机械和整体提升脚手架、模板等自升式架设设施的；④在施工组织设计中未编制安全技术措施、施工现场临时用电方案或者专项施工方案的。

《安全生产法》规定，生产经营单位有下列行为之一的，责令限期改正；逾期未改正的，责令停止建设或者停产停业整顿，可以并处 5 万元以下的罚款；造成严重后果，构成犯罪的，依照刑法有关规定追究刑事责任：①未在有较大危险因素的生产经营场所和有关设施、设备上设置明显的安全警示标志的；②安全设备的安装、使用、检测、改造和报废不符合国家标准或者行业标准的；③来对安全设备进行经常性维护、保养和定期检测的；④未为从业人员提供符合国家标准或者行业标准的劳动防护用品的；⑤特种设备以及危险物品的布置、运输工具未经取得专业资质的机构检测、检验合格，取得安全使用证或者安全标志，投入使用的；⑥使用国家明令淘汰、禁止使用的危及生产安全的工艺、设备的。

2. 施工现场消防安全行为应承担的法律责任

《消防法》规定，建筑施工企业不按照消防设计文件和消防技术标准施工，降低消防施工质量的，责令改正或者停止施工，并处 1 万元以上 10 万元以下罚款。

单位违反本法规定，有下列行为之一的，责令改正，处 5000 元以上 5 万元以下罚款：①消防设施、器材或者消防安全标志的配置、设置不符合国家标准、行业标准，或者未保持完好有效的；②损坏、挪用或者擅自拆除、停用消防设施、器材的；③占用、堵塞、封闭疏散通道、安全出口或者有其他妨碍安全疏散行为的；④埋压、圈占、遮挡消火栓或者占用防火间距的；⑤占用、堵塞、封闭消防车通道，妨碍消防车通行的；⑥人员密集场所在门窗上设置影响逃生和灭火救援的障碍物的；⑦对火灾隐患经公安机关消防机构通知后不及时采取措施消除的。

有下列行为之一，尚不构成犯罪的，处 10 日以上 15 日以下拘留，可以并处 500 元以下罚款；情节较轻的，处警告或者 500 元以下罚款：①指使或者强令他人违反消防安全规定，冒险作业的；②过失引起火灾的；③在火灾发生后阻拦报警，或者负有报告职责的人员不及时报警的；④扰乱火灾现场秩序，或者拒不执行火灾现场指挥员指挥，影响灭火救援的；⑤故意破坏或者伪造火灾现场的；⑥擅自拆封或者使用被公安机关消防机构查封的场所、部位的。

当事人逾期不执行停产停业、停止使用、停止施工决定的，由作出决定的公安机关消防机构强制执行。

3. 施工现场食品安全违法行为应承担的法律责任

《食品安全法》规定，违反本法规定，有下列情形之一的，由有关主管部门按照各自职责分工，责令改正给予警告；拒不改正的，处2000元以上2万元以下罚款；情节严重的，责令停产停业，直至吊销许可证：①未对采购的食品原料和生产的食品、食品添加剂、食品相关产品进行检验；②未按规定要求储存、销售食品或者清理库存食品；③进货时未查验许可证和相关证明文件；④安排患有痢疾、伤寒、病毒性肝炎等消化道传染病的人员，以及患有活动性肺结核、化脓性或者渗出性皮肤病等有碍食品安全的疾病的人员从事接触直接入口食品的工作。

7.5 施工安全事故的应急救援与调查处理

7.5.1 生产安全事故的等级划分标准

明确生产安全事故的分级，区分不同事故级别所规定的报告和调查处理要求，是顺利开展生产安全事故报告和调查处理工作的前提，也是规范生产安全事故报告和调查处理的必然要求。

国务院《生产安全事故报告和调查处理条例》规定，根据生产安全事故(以下简称事故)造成的人员伤亡或者直接经济损失，事故一般分为以下等级：①特别重大事故，是指造成30人以上死亡，或者100人以上重伤(包括急性工业中毒，下同)，或者1亿元以上直接经济损失的事故；②重大事故，是指造成10人以上30人以下死亡。或者50人以上100人以下重伤，或者5000万元以上1亿元以下直接经济损失的事故；③较大事故，是指造成3人以上10人以下死亡，或者10人以上50人以下重伤，或者1000万元以上5000万元以下直接经济损失的事故；④一般事故，是指造成3人以下死亡，或者10人以下重伤或者1000万元以下直接经济损失的事故。所称的"以上"包括本数，所称的"以下"不包括本数。

《生产安全事故报告和调查处理条例》还规定，没有造成人员伤亡，但是社会影响恶劣的事故，国务院或者有关地方人民政府认为需要调查处理的，依照本条例的有关规定执行。

1. 事故等级划分的要素

事故等级划分要素的界定，应当从各类事故侵犯的相关主体、社会关系和危害后果等方面来考虑。《生产安全事故报告和调查处理条例》所规定的事故分级要素有3个，可以单独适用。

1) 人员伤亡的数量(人身要素)

安全生产和事故调查处理都要以人为本，最大限度地保护从业人员和其他人员的生命安全。生产安全事故危害的最严重后果，就是造成人员的死亡、重伤(中毒)。因此，人员伤亡数量应当列为事故分级的第一要素。

2) 直接经济损失的数额(经济要素)

生产安全事故不仅造成人员伤亡，还经常造成直接经济损失。要保护国家、单位和人民群众的财产权，还应根据造成直接经济损失的多少来划分事故等级。

3) 社会影响(社会要素)

有些生产安全事故的伤亡人数、直接经济损失数额虽然达不到法定标准,但是造成了恶劣的社会影响、政治影响和国际影响,也应当列为特殊事故进行调查处理,这是维护社会稳定的需要。

2. 事故等级划分的补充性规定

《生产安全事故报告和调查处理条例》规定,国务院安全生产监督管理部门可以会同国务院有关部门,制定事故等级划分的补充性规定。

这是因为生产经营活动涉及各个行业和众多领域,而不同行业和领域的事故都有各自特点,事故的原因和损失情况也比较复杂,差异较大,很难用同一个标准来划分不同行业或者领域的事故等级。因此,针对一些特殊行业或者领域的实际情况,授权国务院安全生产监督管理部门可以会同国务院有关部门,除了执行对事故等级划分的一般性规定之外,还可以根据行业或者领域的特殊性,制定事故等级划分的补充性规定。

需要注意的是,所谓"补充性规定",应当理解为《生产安全事故报告和调查处理条例》所规定的标准为最低标准。例如,造成30人以上死亡的为特别重大事故,但对于某些行业或者领域,可以依法规定造成30人以下某个数量段的死亡事故也作为特别重大事故。

3. 社会影响恶劣的事故

《生产安全事故报告和调查处理条例》中对于社会影响恶劣的事故没有明确其事故等级,在实践中可以根据其社会影响和危害程度的大小,对照相应等级的事故进行调查处理。

在实践中,确实存在着一些生产安全事故没有造成人员死亡或者重伤的损害后果,甚至也很难说造成了多大的直接经济损失,但是该事故对经济、社会潜在的负面影响和无形损失却是巨大的,造成了恶劣的社会影响。例如,严重影响周边单位和居民正常的生产生活,社会反应强烈;事故造成较大的国际影响;事故对公众健康构成潜在威胁;等等。对于这类事故,如果国务院或者有关地方人民政府认为需要调查处理的依照《生产安全事故报告和调查处理条例》的有关规定执行。

7.5.2 施工生产安全事故应急救援预案的规定

《建设工程安全生产管理条例》规定,施工单位应当制定本单位生产安全事故应急救援预案,建立应急救援组织或者配备应急救援人员,配备必要的应急救援器材、设备,并定期组织演练。

施工单位应当根据建设工程施工的特点、范围,对施工现场易发生重大事故的部位、环节进行监控,制定施工现场生产安全事故应急救援预案。实行施工总承包的,由总承包单位统一组织编制建设工程生产安全事故应急救援预案,工程总承包单位和分包单位按照应急救援预案,各自建立应急救援组织或者配备应急救援人员,配备救援器材、设备,并定期组织演练。

1. 制定施工生产安全事故应急救援预案的基本要求

施工生产安全事故多具有突发性、紧迫性的特点,如果事先做好充分的应急准备工作,就可以在短时间内组织起有效抢救,防止事故扩大,减少人员伤亡和财产损失。

1) 施工生产安全事故应急救援预案的主要作用

施工生产安全事故应急救援预案,是指施工单位根据本单位的实际情况,针对可能发生的事故类别、性质、特点和范围等,制定的事故发生时组织、技术措施和其他应急措施。

施工生产安全事故应急救援预案主要有以下作用:①事故预防。通过危险辨识、事故后果分析采用技术和管理手段降低事故发生的可能性,使可能发生的事故控制在局部,防止事故蔓延;②应急处理。一旦发生事故,有应急处理程序和方法,能快速反应处理故障或将事故消除在萌芽状态;③抢险救援。采用预定现场抢险和抢救的方式,控制或减少事故造成的损失。

2) 施工生产安全事故应急救援预案的类型

施工生产安全事故应急救援预案分为施工单位的生产安全事故应急救援预案和施工现场生产安全事故应急救援预案两大类。

《突发事件应对法》还规定,建筑施工单位应当制定具体应急预案,并对生产经营场所、有危险物品的建筑物、构筑物及周边环境开展隐患排查,及时采取措施消除隐患,防止发生突发事件。

3) 应急救援组织和应急救援器材设备

施工单位应当建立应急救援组织或者配备应急救援人员,配备必要的应急救援器材、设备,进行经常性维护、保养,保证正常运转,并定期组织演练。

4) 总分包单位的职责分工

实行施工总承包的,由总承包单位统一组织编制建设工程生产安全事故应急救援预案,工程总承包单位和分包单位按照应急救援预案,各自建立应急救援组织或者配备应急救援人员并配备救援器材、设备,并定期组织演练。

《安全生产法》还规定,生产经营单位的主要负责人具有组织制定并实施本单位的生产安全事故应急救援预案的职责。

2. 生产安全事故应急救援预案的编制、评审等

《突发事件应对法》规定,应急预案应当根据本法和其他有关法律、法规的规定,针对突发事件的性质、特点和可能造成的社会危害,具体规定突发事件应急管理工作的组织指挥体系与职责和突发事件的预防与预警机制、处置程序、应急保障措施以及事后恢复与重建措施等内容。

1) 应急预案的编制

国家安全生产监督管理总局《生产安全事故应急预案管理办法》规定,生产经营单位应当根据有关法律、法规和《生产经营单位安全生产事故应急预案编制导则》,结合本单位的危险源状况、危险性分析情况和可能发生的事故特点,制定相应的应急预案。

生产经营单位的应急预案按照针对情况的不同,分为综合应急预案、专项应急预案和现场处置方案。生产经营单位编制的综合应急预案、专项应急预案和现场处置方案之间应当相互衔接,并与所涉及的其他单位的应急预案相互衔接。

综合应急预案。应当包括本单位的应急组织机构及其职责、预案体系及响应程序、事故预防及应急保障、应急培训及预案演练等主要内容;专项应急预案,应当包括危险性分析、可能发生的事故特征、应急组织机构与职责、预防措施、应急处置程序和应急保障等

内容；现场处置方案，应当包括危险性分析、可能发生的事故特征、应急处置程序、应急处置要点和注意事项等内容。

应急预案的编制应当符合下列基本要求：①符合有关法律、法规、规章和标准的规定；②结合本地区、本部门、本单位的安全生产实际情况；③结合本地区，本部门、本单位的危险性分析情况；④应急组织和人员的职责分工明确，并有具体的落实措施；⑤有明确、具体的事故预防措施和应急程序，并与其应急能力相适应；⑥有明确的应急保障措施，并能满足本地区、本部门、本单位的应急工作要求；⑦预案基本要素齐全、完整，预案附件提供的信息准确；⑧预案内容与相关应急预案相互衔接。应急预案应当包括应急组织机构和人员的联系方式、应急物资储备清单等附件信息。

此外，《消防法》规定，企业应当履行落实消防安全责任制，制定本单位的消防安全制度、消防安全操作规程，制定灭火和应急疏散预案的消防安全职责。《职业病防治法》规定，用人单位应当建立、健全职业病危害事故应急救援预案。《特种设备安全监察条例》规定，特种设备使用单位应当制定事故应急专项预案，并定期进行事故应急演练。《使用有毒物品作业场所劳动保护条例》规定，从事使用有毒物品作业的用人单位，应当配备应急救援人员和必要的应急救援器材、设备，制定事故应急救援预案，并根据实际情况变化对应急救援预案适时进行修订，定期组织演练。

2) 应急预案的评审

《生产安全事故应急预案管理办法》规定，建筑施工单位应当组织专家对本单位编制的应急预案进行评审。评审应当形成书面纪要并附有专家名单。

应急预案的评审应当注重应急预案的实用性、基本要素的完整性、预防措施的针对性、组织体系的科学性、响应程序的操作性、应急保障措施的可行性、应急预案的衔接性等内容。

施工单位的应急预案经评审后，由施工单位主要负责人签署公布。

3) 应急预案的备案

中央管理的总公司(总厂、集团公司、上市公司)的综合应急预案和专项应急预案，报国务院国有资产监督管理部门、国务院安全生产监督管理部门和国务院有关主管部门备案；其所属单位的应急预案分别抄送所在地的省、自治区、直辖市或者设区的市人民政府安全生产监督管理部门和有关主管部门备案。

其他生产经营单位中涉及实行安全生产许可的，其综合应急预案和专项应急预案，按案属关系报所在地县级以上地方人民政府安全生产监督管理部门和有关主管部门备案。

生产经营单位申请应急预案备案，应当提交以下材料：①应急预案备案申请表；②应急预案评审或者论证意见；③应急预案文本及电子文档。

对于实行安全生产许可的生产经营单位，已经进行应急预案备案登记的，在申请安全生产许可证时，可以不提供相应的应急预案，仅提供应急预案备案登记表。

4) 应急预案的培训

生产经营单位应当采取多种形式开展应急预案的宣传教育，普及生产安全事故预防、避险、自救和互救知识，提高从业人员安全意识和应急处置技能。

生产经营单位应当组织开展本单位的应急预案培训活动，使有关人员了解应急预案内容，熟悉应急职责，应急程序和岗位应急处置方案。应急预案的要点和程序应当张贴在应急地点和应急指挥场所，并设有明显的标志。

  5) 应急预案的演练

  生产经营单位应当制订本单位的应急预案演练计划，根据本单位的事故预防重点，每年至少组织一次综合应急预案演练或者专项应急预案演练，每半年至少组织一次现场处置方案演练。

  应急预案演练结束后，应急预案演练组织单位应当对应急预案演练效果进行评估，撰写应急预案演练评估报告，分析存在的问题，并对应急预案提出修订意见。

  6) 应急预案的修订

  生产经营单位制定的应急预案应当至少每 3 年修订一次，预案修订情况应有记录并归档。

  有下列情形之一的，应急预案应当及时修订：①生产经营单位因兼并、重组、转制等导致案属关系、经营方式、法定代表人发生变化的；②生产经营单位生产工艺和技术发生变化的；③周围环境发生变化，形成新的重大危险源的；④应急组织指挥体系或者职责已经调整的；⑤依据的法律、法规、规章和标准发生变化的；⑥应急预案演练评估报告要求修订的；⑦应急预案管理部门要求修订的。

  生产经营单位应当及时向有关部门或者单位报告应急预案的修订情况，并按照有关应急预案报备程序重新备案。

  生产经营单位应当按照应急预案的要求配备相应的应急物资及装备，建立使用状况档案，定期检测和维护，使其处于良好状态。

7.5.3 施工生产安全事故报告及采取相应措施的规定

  《建筑法》规定，施工中发生事故时，建筑施工企业应当采取紧急措施减少人员伤亡和事故损失，并按照国家有关规定及时向有关部门报告。

  《建设工程安全生产管理条例》进一步规定，施工单位发生生产安全事故，应当按照国家有关伤亡事故报告和调查处理的规定，及时、如实地向负责安全生产监督管理的部门、建设行政主管部门或者其他有关部门报告；特种设备发生事故的，还应当同时向特种设备安全监督管理部门报告。实行施工总承包的建设工程，由总承包单位负责上报事故。

  1. 事故报告的基本要求

  《安全生产法》规定，生产经营单位发生生产安全事故后，事故现场有关人员应当立即报告本单位负责人。单位负责人接到事故报告后，应当迅速采取有效措施，组织抢救，防止事故扩大，减少人员伤亡和财产损失，并按照国家有关规定立即如实报告当地负有安全生产监督管理职责的部门，不得隐瞒不报、谎报或者拖延不报并不得故意破坏事故现场、毁灭有关证据。

  1) 事故报告的时间要求

  《生产安全事故报告和调查处理条例》规定，事故发生后，事故现场有关人员应当立即向本单位负责人报告；单位负责人接到报告后，应当于 1 小时内向事故发生地县级以上人民政府安全生产监督管理部门和负有安全生产监督管理职责的有关部门报告。情况紧急时，事故现场有关人员可以直接向事故发生地县级以上人民政府安全生产监督管理部门和负有安全生产监督管理职责的有关部门报告。

所谓事故现场，是指事故具体发生地点及事故能够影响和波及的区域，以及该区域内的物品、痕迹等所处的状态。所谓有关人员，主要是指事故发生单位在事故现场的有关工作人员，可以是事故的负伤者，或是在事故现场的其他工作人员，对于发生人员死亡或重伤无法报告，且事故现场又没有其他工作人员时，任何首先发现事故的人都负有立即报告事故的义务。所谓立即报告，是指在事故发生后的第一时间用最快捷的报告方式进行报告。所谓单位负责人，可以是事故发生单位的主要负责人，也可以是事故发生单位主要负责人以外的其他分管安全生产工作的副职领导或其他负责人。

在一般情况下，事故现场有关人员应当先向本单位负责人报告事故，这符合企业内部管理的规章制度，也有利于企业应急救援工作的快速启动。但是，事故是人命关天的大事，在情况紧急时允许事故现场有关人员直接向安全生产监督管理部门和负有安全生产监督管理职责的有关部门报告。

事故报告应当及时、准确、完整，任何单位和个人对事故不得迟报、漏报、谎报或者瞒报。

2) 事故报告的内容要求

报告事故应当包括下列内容：①事故发生单位概况；②事故发生的时间，地点以及事故现场情况；③事故的简要经过；④事故已经造成或者可能造成的伤亡人数(包括下落不明的人数)和初步估计的直接经济损失；⑤已经采取的措施；⑥其他应当报告的情况。

事故发生单位概况，应当包括单位的全称、所处地理位置、所有制形式和隶属关系、生产经营范围和规模、持有各类证照情况、单位负责人基本情况以及近期生产经营状况等。该部分内容应以全面、简洁为原则。

报告事故发生的时间应当具体。报告事故发生的地点要准确到事故发生的中心地点外，还应当报告事故所波及的区域。报告事故现场的情况应当全面，不仅应当报告现场的总体情况，还应当报告现场的人员伤亡情况、设备设施的毁损情况；不仅应当报告事故发生后的现场情况，还应当尽量报告事故发生前的现场情况，便于前后比较，分析事故原因。

对于人员伤亡情况的报告，应当遵守实事求是的原则，不作无根据的猜测，更不能隐瞒实际伤亡人数。对直接经济损失的初步估算，主要指事故所导致的建筑物毁损、生产设备设施和仪器仪表损坏等。人员伤亡情况和经济损失情况直接影响事故等级的划分，并决定事故的调查处理等后续重大问题，因此报告时应当谨慎细致，力求准确。

已经采取的措施，主要是指事故现场有关人员、事故单位负责人以及已经接到事故报告的安全生产管理部门等，为减少损失、防止事故扩大和便于事故调查所采取的应急救援和现场保护等具体措施。

对于其他应当报告的情况，则应根据实际情况而定。如较大以上事故，还应当报告事故所造成的社会影响、政府有关领导和部门现场指挥等有关情况。

3) 事故补报的要求

事故报告后出现新情况的，应当及时补报。自事故发生之日起30日内，事故造成的伤亡人数发生变化的，应当及时补报。道路交通事故、火灾事故自发生之日起7日内，事故造成的伤亡人数发生变化的，应当及时补报。

2. 发生事故后应采取的相应措施

《建设工程安全生产管理条例》规定，发生生产安全事故后，施工单位应当采取措施防止事故扩大，保护事故现场。需要移动现场物品时，应当做出标记和书面记录，妥善保管有关证物。

1) 组织应急抢救工作

《生产安全事故报告和调查处理条例》规定，事故发生单位负责人接到事故报告后，应当立即启动事故相应应急预案，或者采取有效措施，组织抢救，防止事故扩大，减少人员伤亡和财产损失。

事故发生后，生产经营单位应当立即启动相关应急预案，采取有效处置措施，组织开展先期应急工作，控制事态发展。对危险化学品泄漏等可能对周边群众和环境产生危害的事故，生产经营单位应当在向地方政府及有关部门进行报告的同时，及时向可能受到影响的单位、职工、群众发出预警信息，标明危险区域。组织、协助应急救援队伍和工作人员救助受害人员，疏散、撤离、安置受到威胁的人员，并采取必要措施防止发生次生、衍生事故。应急处置工作结束后，各企业应尽快组织恢复生产，生活秩序，配合事故调查组进行调查。

2) 妥善保护事故现场

事故发生后，有关单位和人员应当妥善保护事故现场以及相关证据，任何单位和个人不得破坏事故现场、毁灭相关证据。因抢救人员、防止事故扩大以及疏通交通等原因，需要移动事故现场物件的，应当做出标志，绘制现场简图并做出书面记录，妥善保存现场重要痕迹、物证。

事故现场是追溯判断发生事故原因和事故责任人责任的客观物质基础。从事故发生到事故调查组赶赴现场，往往需要一段时间，而在这段时间里，许多外界因素，如对伤员救护、险情控制、周围群众围观等都会给事故现场造成不同程度的破坏，甚至还有故意破坏事故现场的情况。事故现场保护的好坏，将直接决定和影响事故现场勘察。如果事故现场保护不好，一些与事故有关的证据就难以找到，不便于查明事故的原因，从而影响事故调查处理的进度和质量。

事故现场保护的主要任务就是要在现场勘察之前，维持现场的原始状态，既不要减少任何痕迹、物品，也不能增加任何痕迹、物品。任何单位和个人，都不得破坏事故现场，毁灭相关证据。

保护事故现场，应当根据事故现场的具体情况和周围环境，划定保护区范围并布置警戒，必要时将事故现场封锁起来，禁止一切人进入保护区。即使是保护现场的人员工也不要无故进入，更不能擅自进行勘察，或者随意触摸、移动事故现场的任何物品。

特殊情况需要移动事故现场物件的。必须同时满足以下条件：①移动物件的目的是出于抢救人员、防止事故扩大以及疏通交通的需要；②移动物件必须经过事故单位负责人或者组织事故调查的安全生产监督管理部门和负有安全生产监督管理职责的有关部门的同意；③移动物件应当做出标志，绘制现场简图，拍摄现场照片，对被移动物件应当贴上标签，并作出书面记录；④移动物件应当尽量使现场少受破坏。

3. 事故的调查

《安全生产法》规定，事故调查处理应当按照实事求是、尊重科学的原则，及时、准确地查清事故原因，查明事故性质和责任，总结事故教训，提出整改措施，并对事故责任者提出处理意见。

1) 事故调查的管辖

《生产安全事故报告和调查处理条例》规定，特别重大事故由国务院或者国务院授权有关部门组织事故调查组进行调查。

重大事故、较大事故、一般事故分别由事故发生地省级人民政府、设区的市级人民政府、县级人民政府负责调查。省级人民政府、设区的市级人民政府、县级人民政府可以直接组织事故调查组进行调查，也可以授权或者委托有关部门组织事故调查组进行调查。未造成人员伤亡的一般事故，县级人民政府也可以委托事故发生单位组织事故调查组进行调查。

上级人民政府认为必要时，可以调查由下级人民政府负责调查的事故。

事故发生之日起 30 日内(道路交通事故、火灾事故自发生之日起 7 日内)，因事故伤亡人数变化导致事故等级发生变化，依照规定应当由上级人民政府负责调查的，上级人民政府可以另行组织事故调查组进行调查。

特别重大事故以下等级事故，事故发生地与事故发生单位不在同一个县级以上行政区域的，由事故发生地人民政府负责调查，事故发生单位所在地人民政府应当派人参加。

2) 事故调查组的组成与职责

根据事故的具体情况，事故调查组由有关人民政府、安全生产监督管理部门、负有安全生产监督管理职责的有关部门、监察机关、公安机关以及工会派人组成，并应当邀请人民检察院派人参加。事故调查组可以聘请有关专家参与调查。

事故调查组成员应当具有事故调查所需要的知识和专长，并与所调查的事故没有直接利害关系。事故调查组组长由负责事故调查的人民政府指定；事故调查组组长主持事故调查组的工作。

事救调查组履行下列职责：①查明事故发生的经过、原因、人员伤亡情况及直接经济损失；②认定事故的性质和事故责任；③提出对事故责任者的处理建议；④总结事故教训，提出防范和整改措施；⑤提交事故调查报告。

3) 事故调查组的权利与纪律

事故调查组有权向有关单位和个人了解与事故有关的情况，并要求其提供相关文件、资料，有关单位和个人不得拒绝。事故发生单位的负责人和有关人员在事故调查期间不得擅离职守，并应当随时接受事故调查组的询问，如实提供有关情况。事故调查中发现涉嫌犯罪的，事故调查组应当及时将有关材料或者其复印件移交司法机关处理。

事故调查中需要进行技术鉴定的，事故调查组应当委托具有国家规定资质的单位进行技术鉴定。必要时，事故调查组可以直接组织专家进行技术鉴定。技术鉴定所需时间不计入事故调查期限。

事故调查组成员在事故调查工作中应当诚信公正、恪尽职守，遵守事故调查组的纪律，保守事故调查的秘密。未经事故调查组组长允许，事故调查组成员不得擅自发布有关事故的信息。

4) 事故调查报告的期限与内容

事故调查组应当在事故发生之日起 60 日内提交事故调查报告；特殊情况下，经负责事故调查的人民政府批准，提交事故调查报告的期限可以适当延长，但延长的期限最长不超过 60 日。

事故调查报告应当包括下列内容：①事故发生单位概况；②事故发生经过和事故救援情况；③事故造成的人员伤亡和直接经济损失；④事故发生的原因和事故性质；⑤事故责任的认定以及对事故责任者的处理建议；⑥事故防范和整改措施。

事故调查报告应当附具有关证据材料，事故调查组成员应当在事故调查报告上签名。

查清事故发生的经过和事故原因，是事故调查的首要任务。事故原因有可能是自然原因，即所谓"天灾"，也有可能是人为原因，即所谓"人祸"，更多情况下则是自然原因和人为原因共同造成的。事故性质则是指事故是人为事故还是自然事故，是意外事故还是责任事故。如果纯属自然事故或者意外事故，则不需要认定事故责任。如果是人为事故和责任事故，就应当查明哪些人员对事故负有责任，并确定其责任程度。事故责任分为直接责任、间接责任以及主要责任、次要责任。

4. 事故的处理

1) 事故处理时限

《生产安全事故报告和调查处理条例》规定，重大事故、较大事故、一般事故，负责事故调查的人民政府应当自收到事故调查报告之日起 15 日内做出批复；特别重大事故，30 日内做出批复，特殊情况下，批复时间可以适当延长，但延长的时间最长不超过 30 日。

2) 对事故调查报告批复的落实

有关机关应当按照人民政府的批复，依照法律、行政法规规定的权限和程序，对事故发生单位和有关人员进行行政处罚，对负有事故责任的国家工作人员进行处分。

事故发生单位应当按照负责事故调查的人民政府的批复，对本单位负有事故责任的人员进行处理。

负有事故责任的人员涉嫌犯罪的，依法追究刑事责任。

需要强调的是，事故发生单位负责处理的对象是本单位对事故发生负有责任的人员。这种处理是根据本单位的规章制度所做的内部处理，包括两种情况：一是本单位有关人员对事故发生负有责任，但其行为尚未构成犯罪，也不属于法律、行政法规规定的应当给予行政处罚或者处分的行为，事故发生单位可以根据本单位有关规章制度对负有事故责任的人员进行相应处理；二是对事故发生负有责任的人员已经涉嫌犯罪，或者依照法律、行政法规应当由有关机关给予行政处罚或处分的，事故发生单位也可以根据本单位的规章制度作出相应处理。

3) 事故发生单位落实防范和整改措施

事故发生单位应当认真吸取事故教训，落实防范和整改措施，防止事故再次发生。防范和整改措施的落实情况应当接受工会和职工的监督。

安全生产监督管理部门和负有安全生产监督管理职责的有关部门应当对事故发生单位落实防范和整改措施的情况进行监督检查。

事故调查处理的最终目的是预防和减少事故。应该说，事故的调查不是为了调查事故而调查事故,事故的处理也不是为了追究责任而追究责任,其实质是要在查明事故原因、认定事故责任的基础上,提出防范和整改措施,进而防止事故的再次发生。因此,事故发生单位应当认真吸取事故教训,落实防范和整改措施,防止事故再次发生。

4) 处理结果的公布

事故处理的情况由负责事故调查的人民政府或者其授权的有关部门、机构向社会公布,依法应当保密的除外。

多年的实践表明,事故调查处理的"四不放过"原则是行之有效的,即事故原因未查清不放过,事故责任者未受到处理不放过,事故责任人和周围群众未受到教育不放过,防范措施未落实不放过。"四不放过"原则应当继续在实践中贯彻。

7.5.4 违法行为应承担的法律责任

施工安全事故应急救援与调查处理违法行为应承担的主要法律责任如下。

1) 制定事故应急救援预案违法行为应承担的法律责任

《特种设备安全监察条例》规定,特种设备使用单位未制定特种设备事故应对专项预案的,由特种设备安全监督管理部门责令限期改正;逾期未改正的,处 2000 元以上 2 万元以下罚款;情节严重的,责令停止使用或者停产停业整顿。

《生产安全事故应急预案管理办法》规定,生产经营单位应急预案未按照本办法规定备案的,由县级以上安全生产监督管理部门给予警告,并处 3 万元以下罚款。

2) 事故报告及采取相应措施违法行为应承担的法律责任

《安全生产法》规定,生产经营单位主要负责人在本单位发生重大生产安全事故时,不立即组织抢救或者在事故调查处理期间擅离职守或者逃匿的,给予降职、撤职的处分,对逃匿的处 15 日以下拘留;构成犯罪的,依照刑法有关规定追究刑事责任。生产经营单位主要负责人对生产安全事故隐瞒不报、谎报或者拖延不报的,依照以上规定处罚。

《生产安全事故报告和调查处理条例》规定,事故发生单位主要负责人有下列行为之一的,处上一年年收入 40%~80%的罚款,属于国家工作人员的,并依法给予处分;构成犯罪的,依法追究刑事责任:①不立即组织事故抢救的;②迟报或者漏报事故的;③在事故调查处理期间擅离职守的。

事故发生单位及其有关人员有下列行为之一的,对事故发生单位处 100 万元以上 500 万元以下的罚款;对主要负责人、直接负责的主管人员和其他直接责任人员处上一年年收入 60%~100%的罚款;属于国家工作人员的,并依法给予处分;构成违反治安管理行为的,由公安机关依法给予治安管理处罚;构成犯罪的,依法追究刑事责任:①谎报或者瞒报事故的;②伪造或者故意破坏事故现场的;③转移、隐匿资金、财产,或者销毁有关证据、资料的;④拒绝接受调查或者拒绝提供有关情况和资料的;⑤在事故调查中作伪证或者指使他人作伪证的;⑥事故发生后逃匿的。

《特种设备安全监察条例》规定,发生特种设备事故,有下列情形之一的,对单位,由特种设备安全监督管理部门处 5 万元以上 20 万元以下罚款,对主要负责人,由特种设备安全监督管理部门处 4000 元以上 2 万元以下罚款;属于国家工作人员的,依法给予处分;触犯刑律的,依照刑法关于重大责任事故罪或者其他罪的规定,依法追究刑事责任:①特种设备使用单位的主要负责人在本单位发生特种设备事故时,不立即组织抢救或者在事故调查处理期间擅离职守或者逃匿的；②特种设备使用单位的主要负责人对特种设备事故隐瞒不报、谎报或者拖延不报的。

《职业病防治法》规定，用人单位在发生或者可能发生急性职业病危害事故时，未立即采取应急救援和控制措施或者未按照规定及时报告的，由卫生行政部门给予警告，责令限期改正，逾期不改正的，处 5 万元以上 20 万元以下的罚款；情节严重的，责令停止产生职业病危害的作业，或者提请有关人民政府按照国务院规定的权限责令关闭。

《刑法》第一百三十九条第二款规定，在安全事故发生后，负有报告职责的人员不报或者谎报事故情况，贻误事故抢救，情节严重的，处 3 年以下有期徒刑或者拘役；情节特别严重的，处 3 年以上 7 年以下有期徒刑(《刑法修正案(六)》)。

3) 事故调查违法行为应承担的法律责任

《生产安全事故报告和调查处理条例》规定，参与事故调查的人员在事故调查中有下列行为之一的，依法给予处分；构成犯罪的，依法追究刑事责任：①对事故调查工作不负责任，致使事故调查工作有重大疏漏的；②包庇、袒护负有事故责任的人员或者借机打击报复。

4) 事故责任单位及主要负责人应承担的法律责任

《安全生产法》规定，生产经营单位发生生产安全事故造成人员伤亡、他人财产损失的，应当依法承担赔偿责任；拒不承担或者其负责人逃匿的，由人民法院依法强制执行。生产安全事故的责任人应依法承担赔偿责任，经人民法院依法采取执行措施后，仍不能对受害人给予足额赔偿的，应当继续履行赔偿义务；受害人发现责任人有其他财产的，可以随时请求人民法院执行。

《生产安全事故报告和调查处理条例》规定，事故发生单位对事故发生负有责任的，依照下列规定处以罚款：①发生一般事故的，处 10 万元以上 20 万元以下的罚款；②发生较大事故的，处 20 万元以上 50 万元以下的罚款；③发生重大事故的，处 50 万元以上 200 万元以下的罚款；④发生特别重大事故的，处 200 万元以上 500 万元以下的罚款。

事故发生单位主要负责人未依法履行安全生产管理职责，导致事故发生的，依照下列规定处以罚款，属于国家工作人员的，并依法给予处分；构成犯罪的，依法追究刑事责任：①发生一般事故的，处上一年年收入 30%的罚款；②发生较大事故的，处上一年年收入 40%的罚款；③发生重大事故的，处上一年年收入 60%的罚款；④发生特别重大事故的，处上一年年收入 80%的罚款。

事故发生单位对事故发生负有责任的，由有关部门依法暂扣或者吊销其有关证照；对事故发生单位负有事故责任的有关人员，依法暂停或者撤销其与安全生产有关的执业资格、岗位证书；事故发生单位主要负责人受到刑事处罚或者撤职处分的，自刑罚执行完毕或者受处分之日起，5 年内不得担任任何生产经营单位的主要负责人。

7.6 建设单位和相关单位的建设工程安全责任制度

7.6.1 建设单位相关的安全责任

建设单位是建设工程项目的投资方或建设方，在整个工程建设中居于主导地位。但长期以来，对建设单位的监督管理不够重视，对其安全责任也没有明确规定，由于建设单位的行为不规范，直接或者间接导致安全事故的发生是有着不少惨痛教训的。因此，《建设工程安全生产管理条例》中明确规定，建设单位必须遵守安全生产法律、法规的规定，保证建设工程安全生产，依法承担建设工程安全生产责任。

1. 依法办理有关批准手续

《建筑法》规定，有下列情形之一的，建设单位应当按照国家有关规定办理申请批准手续：①需要临时占用在规划批准范围以外场地的；②可能损坏道路、管线、电力、邮电通信等公共设施的；③需要临时停水、停电、中断道路交通的；④需要进行爆破作业的；⑤法律、法规规定需要办理报批手续的其他情形。

这是因为上述活动不仅涉及工程建设的顺利进行和施工现场作业人员的安全，也会影响到周边区域人们的安全或是正常的工作生活，还需要有关方面给予支持和配合。因此，为了保证因工程建设活动所涉及的有关重要设施的安全，避免因建设工程施工影响正常的社会生活秩序，建设单位应当向有关部门申请办理批准手续。

2. 向施工单位提供真实、准确和完整的有关资料

《建筑法》规定，建设单位应当向建筑施工企业提供与施工现场相关的地下管线资料，建筑施工企业应当采取措施加以保护。

《建设工程安全生产管理条例》进一步规定，建设单位应当向施工单位提供施工现场及毗邻区域内供水、排水、供电、供气、供热、通信、广播电视等地下管线资料，气象和水文观测资料，相邻建筑物和构筑物、地下工程的有关资料，并保证资料的真实、准确、完整。

建设工程施工前，施工单位必须搞清楚施工现场及毗邻区域内地下管线的详细情况，否则因施工造成地下管线的破坏，不仅会导致人员伤亡和经济损失，还会影响周边地区单位和居民的工作与生活。地下管线资料应包括线路管道在地下的走向及其地下埋没深度等数据。如果建设单位缺少这些资料，可以向有关部门或者单位查询，有关部门或者单位应当依法及时提供。同时，建设单位还应当提供气象和水文观测资料。这主要是考虑施工周期比较长，大部分时间又是露天作业，受气候条件的影响相当大。在不同的季节、天气和水文条件下，采取的施工安全技术措施和费用是不同的。对于相邻的建筑物，构筑物和地下工程，如果缺乏有关资料，在施工中也有可能会对其造成损坏，乃至发生安全事故。

建设单位必须保证所提供资料的真实、准确、完整，不能伪造或篡改，并应能满足施工安全作业的需要。

3. 不得提出违法要求和随意压缩合同工期

《建设工程安全生产管理条例》规定，建设单位不得对勘察、设计、施工、工程监理等单位提出不符合建设工程安全生产法律、法规和强制性标准规定的要求，不得压缩合同约定的工期。

建设单位对整个建设工程活动居于主导作用，但并不意味着建设单位可以想怎么干就怎么干。它必须遵守国家有关的法律、法规和强制性标准。由于市场竞争相当激烈，一些勘察、设计，施工、工程监理单位为了承揽到业务，往往对建设单位提出的要求尽量满足，

这就造成某些建设单位为了追求利益最大化而提出一些非法要求。在工程的勘察、设计、施工、监理过程中，建设单位也会提出一些要求，包括明示或者暗示相关单位进行不符合法律、法规和强制性标准的活动，而有些单位为了自身利益也存在着侥幸心理，会采取诸如挤压工程中一些"软性费用"等办法来应对，而安全生产费用是最容易被挤掉的。建设工程安全生产的强制性标准比较多，如《建筑施工安全检查标准》(JGJ 59—1999)、《建筑施工现场临时用电安全技术规范》(JGJ 46—1988)、《建筑施工高处作业安全技术规范》(JGJ 80—1991)等。对于这些标准，参与建设工程活动的各方都必须严格执行。

合理工期是指在正常建设条件下，采取科学合理的施工工艺和管理方法，以现行国家颁布的工期定额为基础，结合项目建设的具体情况而确定的使投资方与各参建单位均能获得满意的经济效益的工期。合理工期要以工期定额为基础，但不要求与工期定额完全一致，可以根据施工条件、技术水平等作适当调整。例如，不同的季节，不同的地区、不同的结构、不同的设计要求、不同的施工方法等，都会对施工工期产生影响。合同约定的工期是建设单位与施工单位在工期定额的基础上，经过双方平等协商而共同约定的工期。建设单位不能片面为了早日发挥项目的效益，迫使施工单位大量增加人力、物力投入或是简化施工程序，随意压缩合同约定的工期，任何违背科学和客观规律的行为都是生产安全事故隐患，最终将会导致生产安全事故的发生。当然，在符合有关法律、法规和强制性标准的规定，并编制了赶工技术措施等前提下，建设单位与施工单位就提前工期的技术措施和提前工期奖等协商一致后，是可以对合同工期进行适当调整的。

4. 编制工程概算时应当确定建设工程安全费用

建设单位在编制工程概算时，应当确定建设工程安全作业环境及安全施工措施所需费用。

多年的实践表明，忽略安全投入成本、淡化安全经济观是导致建设工程安全生产事故的重要原因之一。一些地方政府和建设单位、施工单位没有充分认识到安全投入成本与经济效益之间的关系，单纯追求经济效益，置安全生产于不顾。由于事先不重视对安全生产的投入，不把安全事故和职业危害消灭在萌芽状态，一旦发生事故就要花费高额的资金进行补救，而且将造成恶劣的社会影响，甚至会毁掉企业。有研究成果显示，安全保障措施的预防性投入效果与事故整改效果的关系比是1∶5的关系。安全就是效益，这是所有企业管理者都应该建立的安全经济观。

工程概算是指在初步设计阶段，根据初步设计的图纸、概算定额或概算指标、费用定额及其他有关文件，概略计算的拟建工程费用。建设单位在编制工程概算时，应当确定建设工程安全作业环境及安全施工措施所需费用，并向施工单位提供相应的费用。

5. 不得要求购买、租赁和使用不符合安全施工要求的用具设备等

建设单位不得明示或者暗示施工单位购买、租赁、使用不符合安全施工要求的安全防护用具、机械设备、施工机具及配件、消防设施和器材。

由于建设工程的投资、投资效益以及工程质量后果等都是由建设单位承担或最终承担，建设单位对工程建设的各个环节都非常关心，包括对材料设备的采购、租赁等，建设单位或多或少都要对施工单位产生影响。这就要求建设单位与施工单位在合同中应当明确约定双方的权利义务，包括采用哪种供货方式等。无论施工单位在购买、租赁还是使用有关安全生产的材料设备时，建设单位都不得采用明示或者暗示的手段对施工单位施加影响，提

出不符合安全施工条件的要求。

6. 申领施工许可证时应当提供有关安全施工措施的资料

按照《建筑法》的规定，申请领取施工许可证应当具备的条件之一，就是"有保证工程质量和安全的具体措施"。

《建设工程安全生产管理条例》进一步规定，建设单位在领取施工许可证时，应当提供建设工程有关安全施工措施的资料。依法批准开工报告的建设工程，建设单位应当自开工报告批准之日起15日内，将保证安全施工的措施报送建设工程所在地的县级以上地方人民政府建设行政主管部门或者其他有关部门备案。

建设单位在申请领取施工许可证时，应当提供建设工程有关安全施工措施资料，一般包括工程中标通知书，工程施工合同，施工现场总平面布置图，临时设施规划方案和已搭建情况，施工现场安全防护设施搭设(设置)计划、施工进度计划、安全措施费用计划，专项安全施工组织设计(方案、措施)，拟进入施工现场使用的施工起重机械设备(塔式起重机、物料提升机、外用电梯)的型号、数量，工程项目负责人、安全管理人员及特种作业人员持证上岗情况，建设单位安全监督人员名册、工程监理单位人员名册，以及其他应提交的材料。

7. 依法实施装修工程和拆除工程

《建筑法》规定，涉及建筑主体和承重结构变动的装修工程，建设单位应当在施工前委托原设计单位或者具有相应资质条件的设计单位提出设计方案；没有设计方案的，不得施工。《建筑法》还规定，房屋拆除应当由具备保证安全条件的建筑施工单位承担。

《建设工程安全生产管理条例》进一步规定，建设单位应当将拆除工程发包给具有相应资质等级的施工单位。建设单位应当在拆除工程施工15日前，将下列资料报送建设工程所在地的县级以上地方人民政府建设行政主管部门或者其他有关部门备案：①施工单位资质等级证明；②拟拆除建筑物、构筑物及可能危及毗邻建筑的说明；③拆除施工组织方案；④堆放、清除废弃物的措施。

实施爆破作业的，应当遵守国家有关民用爆炸物品管理的规定。

8. 建设单位违法行为应承担的法律责任

《建设工程安全生产管理条例》规定，建设单位未提供建设工程安全生产作出环境及安全施工措施所需费用的，责令限期改正；逾期未改正的，责令该建设工程停止施工。

建设单位未将保证安全施工的措施或者拆除或者拆除工程的有关资料报送有关部门备案的，责令限期改正，给予警告。①对勘察、设计、施工工程监理等单位提出不符合安全生产法律、法规和强制性标准规定的要求的；②要求施工单位压缩合同约定的工期的；③将拆除工程发包给不具有相应资质等级的施工单位的。

7.6.2 勘察、设计单位相关的安全责任

建设工程安全生产是一个系统工程。工程勘察、设计作为工程建设的重要环节，对于保障安全施工有着重要影响。

1. 勘察单位的安全责任

《建设工程安全生产管理条例》规定，勘察单位应当按照法律、法规和工程建设强制

性标准进行勘察，提供的勘察文件应当真实、准确，满足建设工程安全生产的需要。勘察单位在勘察作业时，应当严格执行操作规程，采取措施保证各类管线、设施和周边建筑物、构筑物的安全。

工程勘察是工程建设的先行官。工程勘察成果是建设工程项目规划、选址、设计的重要依据，也是保证施工安全的重要因素和前提条件。因此，勘察单位必须按照法律、法规的规定以及工程建设强制性标准的要求进行勘察，并提供真实、准确的勘察文件，不能弄虚作假。

勘察单位在进行勘察作业时，也易发生安全事故。为了保证勘察作业人员的安全，要求勘察人员必须严格执行操作规程。同时，还应当采取措施保证各类管线、设施和周边建筑物、构筑物的安全。这也是保证施工作业人员和相关人员安全的需要。

2. 设计单位的安全责任

工程设计是工程建设的灵魂。在建设工程项目确定后，工程设计就成为工程建设中最重要、最关键的环节，对安全施工有着重要影响。

1) 按照法律、法规和工程建设强制性标准进行设计

《建设工程安全生产管理条例》规定，设计单位应当按照法律、法规和工程建设强制性标准进行设计，防止因设计不合理导致生产安全事故的发生。

工程建设强制性标准是工程建设技术和经验的总结与积累，对保证建设工程质量和安全起着至关重要的作用；从一些生产安全事故的原因分析，涉及设计单位责任的，主要是没有按照强制性标准进行设计，由于设计不合理导致施工过程中发生了安全事故。因此，设计单位在设计过程中必须考虑施工生产安全，严格执行强制性标准。

2) 提出防范生产安全事故的指导意见和措施建议

设计单位应当考虑施工安全操作和防护的需要，对涉及施工安全的重点部位和环节在设计文件中注明，并对防范生产安全事故提出指导意见。采用新结构、新材料、新工艺的建设工程和特殊结构的建设工程，设计单位应当在设计中提出保障施工作业人员安全和预防生产安全事故自救措施建议。

设计单位的工程设计文件对保证建设工程结构安全非常重要。同时，设计单位在编制设计文件时，还应当结合建设工程的具体特点和实际情况，考虑施工安全作业和安全防护的需要，为施工单位制定安全防护措施提供技术保障。特别是对采用新结构、新材料、新工艺的建设工程和特殊结构的建设工程，设计单位应当在设计中提出保障施工作业人员安全和预防生产安全事故的措施建议。在施工单位作业前，设计单位还应当就设计意图、设计文件向施工单位做出说明和技术交底，并对防范生产安全事故提出指导意见。

3) 对设计成果承担责任

设计单位和注册建筑师等注册执业人员应当对其设计负责。

"谁设计，谁负责"，这是国际通行做法。如果由于设计责任造成事故的，设计单位要承担法律责任，还要对造成的损失进行赔偿。建筑师、结构工程师等注册执业人员应当在设计文件上签字盖章，对设计文件负责，也要承担相应的法律责任。

3. 勘察、设计单位应承担的法律责任

《建设工程安全生产管理条例》规定，勘察单位、设计单位有下列行为之一的，责令

限期改正，处 10 万元以上 30 万元以下的罚款；情节严重的，责令停业整顿，降低资质等级，直至吊销资质证书；造成重大安全事故，构成犯罪的，对直接责任人员，依照刑法有关规定追究刑事责任；造成损失的，依法承担赔偿责任：①未按照法律、法规和工程建设强制性标准进行勘察、设计的；②采用新结构、新材料、新工艺的建设工程和特殊结构的建设工程，设计单位未在设计中提出保障施工作业人员安全和预防生产安全事故的措施建议的。

注册执业人员未执行法律、法规和工程建设强制性标准的，责令停止执业 3 个月以上 1 年以下；情节严重的，吊销执业资格证书，5 年内不予注册；造成重大安全事故的，终身不予注册；构成犯罪的，依照刑法有关规定追究刑事责任。

7.6.3 工程监理、检验检测单位相关的安全责任

1. 工程监理单位的安全责任

工程监理是监理单位受建设单位的委托，依照法律、法规和建设工程监理规范的规定，对工程建设实施的监督管理。监理单位在施工合同签订前，主要是协助建设单位做好施工招标准备的各项工作；在施工合同签订后，监理单位则在建设单位的委托和授权范围内，以施工承包合同为依据，对工程的施工进行全面的监督和管理。但在实践中，一些监理单位只注重对施工质量、进度和投资的监控，不重视对施工安全的监督管理，往往也未配备安全专业人员，只是由监控质量的工程师代管。这就使得施工现场因违章指挥、违章作业而发生的伤亡事故局面未能得到有效控制。因此，需要依法加强施工安全监理工作，进一步提高工程监理的水平。

1) 对安全技术措施或专项施工方案进行审查

《建设工程安全生产管理条例》规定，工程监理单位应当审查施工组织设计中的安全技术措施或者专项施工方案是否符合工程建设强制性标准。

施工组织设计中须包含安全技术措施和施工现场临时用电方案，对基坑支护与降水工程、土方开挖工程、模板工程、起重吊装工程、脚手架工程、拆除、爆破工程等达到一定规模的危险性较大的分部分项工程，还应当编制专项施工方案。工程监理单位要对这些安全技术措施和专项施工方案进行审查，审查的重点在是否符合工程建设强制性标准；对于达不到强制性标准的，应当要求施工单位进行补充完善。

2) 依法对施工安全事故隐患进行处理

工程监理单位在实施监理过程中，发现存在安全事故隐患的，应当要求施工单位整改；情况严重的，应当要求施工单位暂时停止施工，并及时报告建设单位。施工单位拒不整改或者不停止施工的，工程监理单位应当及时向有关主管部门报告。

工程监理单位受建设单位的委托，作为公正的第三方，有权要求施工单位对存在的安全事故隐患进行整改，有权要求施工单位暂时停止施工，并依法向建设单位和有关主管部门报告。

3) 对建设工程安全生产承担监理责任

工程监理单位和监理工程师应当按照法律、法规和工程建设强制性标准实施监理，并对建设工程安全生产承担监理责任。

工程监理单位有下列行为之一的，责令限期改正；逾期未改正的，责令停业整顿，并处 10 万元以上 30 万元以下的罚款；情节严重的，降低资质等级，直至吊销资质证书；造成重大安全事故，构成犯罪的，对直接责任人员，依照刑法有关规定追究刑事责任；造成损失的，依法承担赔偿责任：①未对施工组织设计中的安全技术措施或者专项施工方案进行审查的；②发现安全事故隐患未及时要求施工单位整改或者暂时停止施工的；③施工单位拒不整改或者不停止施工，未及时向有关主管部门报告的；④未依照法律、法规和工程建设强制性标准实施监理的。

2. 设备检验检测单位的安全责任

检验检测机构对检测合格的施工起重机械和整体提升脚手架、模板等自升式架设设施，应当出具安全合格证明文件，并对检测结果负责。

1) 设备检验检测单位的职责

《特种设备安全监察条例》规定，特种设备的监督检验、定期检验、无损检测应当由经核准的特种设备检验检测机构进行。

特种设备检验检测机构，应当依照规定进行检验检测工作，对其检验检测结果、鉴定结论承担法律责任。

特种设备检验检测机构进行特种设备检验检测。发现严重事故隐患或者能耗严重超标的，应当及时告知特种设备使用单位，并立即向特种设备安全监督管理部门报告。

2) 设备检验检测单位违法行为应承担的法律责任

特种设备检验检测机构，在进行特种设备检验检测中，发现严重事故隐患或者能耗严重超标，未及时告知特种设备使用单位，并未向特种设备安全监督管理部门报告的，由特种设备安全监督管理部门处 2 万元以上 10 万元以下罚款；情节严重的，撤销其检验检测资格。特种设备检验检测机构和检验检测人员，出具虚假的检验检测结果、鉴定结论或者检验检测结果、鉴定结论严重失实的，由特种设备安全监督管理部门对检验检测机构没收违法所得，处 5 万元以上 20 万元以下罚款，情节严重的，撤销其检验检测资格；对检验检测人员处 5000 元以上 5 万元以下罚款，情节严重的，撤销其检验检测资格，触犯刑律的，依照刑法关于中介组织人员提供虚假证明文件罪、中介组织人员出具证明文件重大失实罪或者其他犯罪的规定，依法追究刑事责任。

特种设备检验检测机构和检验检测人员出具虚假的检验检测结果、鉴定结论或者检验检测结果、鉴定结论严重失实，造成损害的，应当承担赔偿责任。

特种设备检验检测机构和检验检测人员利用检验检测工作故意刁难特种设备生产、使用单位，由特种设备安全监督管理部门责令改正；拒不改正的，撤销其检验检测资格。

3. 机械设备等单位相关的安全责任

1) 提供机械设备和配件单位的安全责任

《建设工程安全生产管理条例》规定，为建设工程提供机械设备和配件的单位，应当按照安全施工的要求配备齐全有效的保险、限位等安全设施和装置。

施工机械设备是施工现场的重要设备。随着工程规模的扩大和施工工艺的提高，其在施工中的地位和作用越来越突出。但是，施工现场所使用的机械设备产品质量不容乐观，有的安全保险和限位装置不齐全或是失灵，有的在设计和制造上存在重大质量缺陷，导致施工安全事故时有发生。为此，为建设工程提供施工机械设备和配件的单位，应当配齐有效的保险、限位等安全设施和装置，并保证灵敏可靠，以保障施工机械设备的安全使用，减少施工机械设备事故的发生。

　　2) 出租机械设备和施工机具及配件单位的安全责任

　　出租的机械设备和施工机具及配件，应当具有生产(制造)许可证、产品合格证。出租单位应当对出租的机械设备和施工机具及配件的安全性能进行检测，在签订租赁协议时，应当出具检测合格证明。禁止出租检测不合格的机械设备和施工机具及配件。

　　近年来，我国的机械设备租赁市场发展很快，越来越多的施工单位是通过租赁方式获取所需的机械设备和施工机具及配件。这对于降低施工成本、提高机械设备等使用率是有着积极作用的，但也存在着出租的机械设备等安全责任不明确，造成生产安全事故无法追究有关单位责任的问题，因此，必须明确出租单位的安全责任。出租单位必须出租合格产品，还应当对出租的机械设备和施工机具及配件的安全性能进行检测，签订租赁协议时应当出具检测合格证明。这对于保障出租产品的安全性能，以及发生生产安全事故的责任追究，都是至关重要的。

　　3) 施工起重机械和自升式架设设施安装、拆卸单位的安全责任

　　施工起重机械，是指施工中用于垂直升降或者垂直升降并水平移动重物的机械设备，如塔式起重机、施工外用电梯、物料提升机等。自升式架设设施，是指通过自有装置可将自身升高的架设设施，如整体提升脚手架、模板等。

　　(1) 安装、拆卸施工起重机械和自升式架设设施必须具备相应的资质。

　　《建设工程安全生产管理条例》规定，在施工现场安装、拆卸施工起重机械和整体提升脚手架、模板等自升式架设设施，必须由具有相应资质的单位承担。

　　施工起重机械和自升式架设设施等的安装、拆卸是特殊专业施工，具有高度的危险性。与相关分部分项工程的施工安全具有较大关系，稍有不慎极易造成群死群伤的重大安全事故。因此，按照《建筑业企业资质管理规定》和《建筑业企业资质等级标准》的规定，从事起重设备安装，附着升降脚手架等施工活动的单位，应当按照资质条件申请资质，经审查合格，取得专业承包资质证书后，方可在其资质等级许可的范围内从事安装、拆卸活动。

　　(2) 编制拆装方案、制定安全措施和现场监督。

　　《建设工程安全生产管理条例》规定，安装、拆卸施工起重机械和整体提升脚手架、模板等自升式架设设施，应当编制拆装方案、制定安全施工措施，并由专业技术人员现场监督。

　　施工起重机械的安装单位在进行安装、拆卸作业前，应当根据施工起重机械的安全技术标准、使用说明书、施工现场环境、辅助起重机械设备条件等，制定施工方案和安全技术措施。脚手架工程属高处作业，制定施工方案时必须有完善的安全防护措施，要按规定设置安全网、安全护栏、安全挡板，操作人员上下架子要有保证安全的扶梯、爬梯或斜道，并需有良好的防电、避雷等安全措施。在制定模板工程的安全施工措施时，应当根据不同材质模板和不同形式模板的特殊要求，严格执行有关的技术规范，并要求作业人员按照施工方案进行作业。

　　起重机械和自升式架设设施施工方案，应当在安装拆卸前向全体作业人员按照施工方案要求进行安全技术交底。安装、拆卸单位专业技术人员应按照自己的职责，在作业现场

实行全过程监控。

(3) 出具自检合格证明、进行安全使用说明、办理验收手续的责任。

施工起重机械和整体提升脚手架、模板等自升式架设设施安装完毕后，安装单位应当自检，出具自检合格证明，并向施工单位进行安全使用说明，办理验收手续并签字。

施工起重机械和自升式架设设施安装单位在安装完毕后，应当对零部件、构件、总成、安全保护装置等按照安全技术规范进行严格的自检，自检应当有记录，填写检验记录表。自检合格后应当向施工单位出具检验合格证明，并以书面形式将有关安全性能和使用过程中应注意的安全事项向施工单位作出说明，填写安全的技术交底书。安装单位和施工单位应当按照国家有关标准、规程所规定的检验项目进行双方验收，做好验收记录，并由双方负责人签字。

(4) 依法对施工起重机械和自升式架设设施进行检测。

施工起重机械和整体提升脚手架、模板等自升式架设设施的使用达到国家规定的检验检测期限的，必须经具有专业资质的检验检测机构检测。经检测不合格的，不得继续使用。

(5) 机械设备等单位违法行为应承担的法律责任。

《建设工程安全生产管理条例》规定，为建设工程提供机械设备和配件的单位，未按照安全施工的要求配备齐全有效的保险、限位等安全设施和装置的，责令限期改正，处合同价款1倍以上3倍以下的罚款；造成损失的，依法承担赔偿责任。

出租单位出租未经安全性能检测或者经检测不合格的机械设备和施工机具及配件的，责令停业整顿，并处5万元以上10万元以下的罚款；造成损失的，依法承担赔偿责任。

施工起重机械和整体提升脚手架、模板等自升式架设设施安装、拆卸单位有下列行为之一的，责令限期改正，处5万元以上10万元以下的罚款；情节严重的，责令停业整顿，降低资质等级，直至吊销资质证书；造成损失的，依法承担赔偿责任：①未编制拆装方案，制定安全施工措施的；②未由专业技术人员现场监督的；③未出具自检合格证明或者出具虚假证明的；④未向施工单位进行安全使用说明，办理移交手续的。

施工起重机械和整体提升脚手架、模板等自升式架设设施安装、拆卸单位有以上规定的第①项、第③项行为，经有关部门或者单位职工提出后，对事故隐患仍不采取措施，因而发生重大伤亡事故或者造成其他严重后果，构成犯罪的，对直接责任人员，依照刑法有关规定追究刑事责任。

7.6.4　政府部门安全监督管理的相关规定

1. 建设工程安全生产的监督管理体制

《建设工程安全生产管理条例》规定，国务院负责安全生产监督管理的部门依照《中华人民共和国安全生产法》的规定，对全国安全生产工作实施综合监督管理。县级以上地方各级人民政府负责安全生产监督管理的部门，依照《中华人民共和国安全生产法》的规定，对本行政区域内安全生产工作实施综合监督管理。

国务院建设行政主管部门对全国的建设工程安全生产实施监督管理。国务院铁路、交通、水利等有关部门按照国务院规定的职责分工，负责有关专业建设工程安全生产的监督管理。

县级以上地方人民政府建设行政主管部门对本行政区域内的建设工程安全生产实施监

督管理。县级以上地方人民政府交通、水利等有关部门在各自的职责范围内,负责本行政区域内的专业建设工程安全生产的监督管理。

建设行政主管部门或者其他有关部门可以将施工现场的监督检查委托给建设工程安全监督机构具体实施。

2. 审核发放施工许可证应当对安全施工措施进行审查

建设行政主管部门在审核发放施工许可证时,应当对建设工程是否有安全施工措施进行审查,对没有安全施工措施的,不得颁发施工许可证。

建设行政主管部门或者其他有关部门对建设工程是否有安全施工措施进行审查时,不得收取费用。

3. 履行安全监督检查职责时有权采取的措施

县级以上人民政府负有建设工程安全生产监督管理职责的部门在各自的职责范围内履行安全监督检查职责时,有权采取下列措施:①要求被检查单位提供有关建设工程安全生产的文件和资料;②进入被检查单位施工现场进行检查;③纠正施工中违反安全生产要求的行为;④对检查中发现的安全事故隐患,责令立即排除,重大安全事故隐患排除前或者排除过程中无法保证安全的,责令从危险区域内撤出作业人员或者暂时停止施工。

4. 组织制定特大事故应急救援预案和重大生产安全事故的抢救工作

《安全生产法》规定,县级以上地方各级人民政府应当组织有关部门制定本行政区域内特大生产安全事故应急救援预案,建立应急救援体系。

有关地方人民政府和负有安全生产监督管理职责的部门负责人接到重大生产安全事故报告后,应当立即赶到事故现场,组织事故抢救。

5. 淘汰严重危及施工安全的工艺设备材料及受理检举、控告和投诉

《建设工程安全生产管理条例》规定,国家对严重危及施工安全的工艺、设备、材料实行淘汰制度。具体目录由国务院建设行政主管部门会同国务院其他有关部门制定并公布。

县级以上人民政府建设行政主管部门和其他有关部门应当及时受理对建设工程生产安全事故及安全事故隐患的检举、控告和投诉。

习 题

请判断造成下列事故的正确原因,并在相应的括号内打"√"。

1. 某工地在三层楼施工,工人在搬动砖块,由于该作业层未满铺脚手架,而只有少数脚手板,并且有的接头处无固定,工人王某在搬了三次砖后,一脚踏在一块未固定的探头板上,立时倾翻,将王某掉下,造成大腿骨折。

事故原因分析:

(1) 作业层脚手架未铺满,而且接头处未做固定。(   )

(2) 未对脚手架验收。(   )

(3) 作业层跳板下没有搭设大眼安全网,造成人员坠落。(   )

(4) 施工现场缺乏管理，作业层跳板未满铺，也无人制止。（　）

2. 某住宅建筑采用双排钢管脚手架，当施工进入外装修阶段，正值连阴雨季节，由于脚手架地基回填土处理不好，无排水设施，立杆直接立在地面上，夜里地基下沉，造成大面积脚手架倒塌，幸好无人施工，没有造成人员伤亡。

事故原因分析：

(1) 脚手架基础没按规定进行加固、夯实、承载力未满足要求。（　）

(2) 脚手架验收不到位。（　）

(3) 脚手架底部无防水措施，违反了脚手架底面标高应高于自然地坪 50mm 的规定。（　）

(4) 脚手架搭设未经主管部门审批。（　）

3. 某 12 层高的公寓工程，在建筑物的四周搭设了一道 40m 的封圈形扣件式钢管外脚手架，外装修以后，就将脚手架拆除。拆除时，将拆下来的构件向地面抛掷，当拆到 30m 高时，往下掷一根钢管，刚好打在路过此处戴着安全帽的施工员头上，安全帽破碎，施工员当场死亡。

事故原因分析：

(1) 违反了拆除脚手架时构配件严禁向地面抛掷的规定。（　）

(2) 拆除脚手架没有按规定编制拆除方案，没有确定对拆下的构配件的运输方法。（　）

(3) 拆除脚手架时没有设置警戒区域专人监护。（　）

(4) 施工员安全意识差，对抛掷构配件的行为没能制止，造成伤害了自己。（　）

4. 某市建筑装潢公司油漆工吴某、王某二人将一架无防滑包脚的竹梯放置在高 3m 多的大铁门上。吴某爬上竹梯用喷枪向大门喷油漆，王某在下面扶梯子。工作一段时间油漆不够，吴某叫王某到存放油漆点调油漆，吴某在梯上继续工作。突然竹梯失重向右侧滑倒，导致吴某(未戴安全帽)坠落后脑着地，经送医院抢救无效死亡。

事故原因分析：

(1) 竹梯无防滑措施。（　）

(2) 吴某施工作业时未戴安全帽。（　）

(3) 王某离开，使竹梯无专人扶梯。（　）

(4) 吴某高处作业未使用安全带。（　）

5. 某建筑工地进行主体施工，搭设脚手架外侧未挂设密目式安全网，当日风很大，张某从楼底下经过，突然从五楼楼板边缘处掉下一块长为 1m、截面 4cm×6cm 的方木，正好击中张某头部×(未戴安全帽)，经送医院抢救无效死亡。

事故原因分析：

(1) 主要是风太大吹落方木所致。（　）

(2) 脚手架外侧未按规定挂设密目式安全网。（　）

(3) 张某违章未戴安全帽。（　）

(4) 违反高空作业中所有物料均应堆放平稳的规定。（　）

6. 某建筑工地于某和工友张某在六层架设脚手架，当于某去接张某传过来的架管时，由于探身过大，脚下打滑从六层处摔下，当场死亡。经现场勘察，于某和张某未戴安全带和安全帽。

事故原因分析：

(1) 作业前未进行安全交底。（ ）

(2) 于某高处作业未使用安全带。（ ）

(3) 于某和张某二人搭设脚手架人数不够，脚手架搭设应当至少三人进行。（ ）

(4) 于某和张某未佩戴安全帽。（ ）

7. 某高层住宅工地，由于进行清理墙面未经施工负责人同意将15层的电梯井预留口防护网拆掉，作业完毕未进行恢复。抹灰班张某上厕所随便在转弯处解手，不小心从电梯井预留口掉了下去，当场摔死。经现场勘察，电梯井内设防护网。

事故原因分析：

(1) 未经施工负责人同意随便拆除安全防护设施，在作业完毕未立即恢复。（ ）

(2) 全部责任由张某自负。（ ）

(3) 电梯井内未按规定设挂防护平网。（ ）

(4) 张某未将拆除的防护网恢复。（ ）

8. 某建筑公司施工的二号宿舍楼工程，一名作业人员杨某在进行抹灰作业时，不慎踩滑从六楼窗外18.5m高处脚手架上坠落地面死亡。经现场勘查和问询有关人员，杨某所在作业面上无安全平网，杨某坠落前一只脚踏在脚手板(只有一块，未固定)上，另一只脚站在比脚手板低30cm的五层窗遮阳板上。

事故原因分析：

(1) 未按规定搭设安全网进行防护。（ ）

(2) 未按规范架设脚手板，脚手架未固定。（ ）

(3) 杨某应当自行搭设脚手架，再进行抹灰作业。（ ）

(4) 杨某违章作业。（ ）

9. 某施工现场，一工人徒手推一运转小铁车辗过一段地面上的电焊机电源线，一声爆炸，该工人倒地身亡。

事故原因分析：

(1) 小车将电缆线辗断，电缆破皮漏电二人手扶小铁车触电死亡。（ ）

(2) 电焊机的开关箱中无漏电保护器或漏电保护器失灵。（ ）

(3) 电焊机电源电缆线不应敷设在地面上，应埋地或架设。（ ）

(4) 该推车的工人未戴安全帽绝缘手套。（ ）

10. 某工地，早晨上班，土建队的木工班继续拆除热电厂蒸发站工程7m高的混凝土平台模板，当一名工人从4～5轴线中间的钢窗进入操作地点时，他左手攀着钢窗立管跃入室内，突然喊了一声"电着我了"。该班长立即跑去找电工切断电源线，但因电源来自安装队使用的卷扬机上的电源线，土建队电工不清楚，直到七八分钟后，才切断电源，触电工人经抢救无效死亡。经查拆除的模板钢支架由4.8m处落下，一端砸断了卷扬机的电源线，另一端倒在拆下的钢管上，钢管又搭在铁窗上。

事故原因分析：

(1) 事故的直接原因是卷扬机电源线被轧断后，又与钢管相连，使钢窗带电，工人手扶钢窗触电死亡。（ ）

(2) 模板拆除前,虽然编写了拆除方案,也做了交底,但对作业环境存在的隐患,没有考虑。(   )

(3) 在拆除方案中,对拆下的钢管和钢支架等如何从高处放下,没有提出具体措施,才造成钢模板从4.8m落下,轧断了电源线。(   )

(4) 卷扬机与开关箱之间的距离超过了规定的3m。(   )

实　　训

一、工程概况

某住宅小区工程,为砖砌体结构,抗震设防烈度为六度,基础为钢筋混凝土条型基础。层高1~6层为2.8m,地下室2.150m,建筑高度为19.5m。

二、要求

请根据项目概况和规范要求制定临边和高处作业安全防护措施。

三、参考方案

(一)临边高处作业防护措施

1. 尚未安装栏杆或栏板的阳台与挑平台周边,雨篷与挑檐边,无外脚手架的屋面与楼层边,都必须设置防护栏杆。

2. 临边防护栏杆杆件的规格及连接,应符合要求:钢管横杆及栏杆柱均采用Φ48×3.5的管材,以扣件固定。

3. 搭设临时防护栏杆时,必须符合下列要求:

(1) 楼层楼面周边、楼梯口和梯段边、脚手架、建筑物通道的两侧边以及各种垂直运输接料平台等必须设置防护,防护采用钢管栏杆,栏杆由立杆及两道横杆组成,上横杆离地高度1.0~1.2m,下横杆离地高度0.5~0.6m,立杆间距1.5m,并加挂安全网,设踢脚板,作警戒色标记,加挂警示牌,施工过程中如需拆除防护设施,施工过程中安全员监督指导,施工完后立即恢复。

(2) 栏杆柱在基坑四周固定时,采用钢管打入地面50~70cm深,钢管离边口的距离,不应小于50cm。在混凝土楼面、屋面或墙面固定时,可用预埋件与钢管或钢筋焊牢。

4. 防护栏杆必须由上而下用安全网封闭,或在栏杆下边设置严密固定的高度不低于18cm的挡脚板或40cm的挡脚笆,挡脚板或挡脚笆上如有孔眼不应大于25mm,板与笆下边距离地面的空隙不应大于10mm。

5. 临近小区路边的外脚手架外侧每层设置不小于2m宽的安全挡板进行封闭。

6. 防护栏杆的拆除:临边防护栏杆的拆除应在防护区域的作业停止后,方可拆除。拆除前必须经项目部安全员同意并对拆除人员进行安全技术交底,拆除时必须有质安员在场进行监督指挥。拆除下来的材料不能乱抛乱扔,必须堆放整齐。

(二)高处作业防护措施

1. 建筑物出入口防护。建筑物的出入口搭设长3~6m、宽于出口通道两侧各1m的双层防护棚,棚顶铺脚手板,两层间距不小于500mm,非出入口处及通道两侧严密封闭。

2. 临边施工区域对人或物构成威胁的地方均支搭防护棚,以保证人、物的安全防护棚的标准符合基本规范。

3. 高处作业用凳、木凳保证牢固平稳,人字梯间拉接保险,两凳间需搭设脚手板间距不大于 2m,禁止两人上凳操作,脚手板材质合格,单块板宽不小于 250mm。

4. 高处作业严禁投掷物料。

5. 进行攀登作业时,作业人员要从规定的通道上下,不能在阳台之间等非规定通道进行攀登,也不得任意利用吊车车臂架等施工设备进行攀登。

6. 进行悬空作业时,要设有牢靠的作业立足处,并视具体情况设防护栏杆,搭设脚手架、操作平台,使用马凳,张挂安全网或其他安全措施;作业所用索具、脚手板、吊篮、吊笼、平台等设备,均需经技术鉴定方能使用。

7. 进行交叉作业时,注意不得在上下同一垂直方向上操作,下层作业的位置必须处于根据上层高度确定的可能坠落范围之外。不符合以上条件时,必须设置安全防护层。

8. 结构施工自二层起,凡人员进出的通道口(包括井架、施工电梯的进出口),均应搭设安全防护棚。高度超过 24m 时,防护棚应设双层。

9. 建筑施工进行高处作业之前,应进行安全防护设施的检查和验收。验收合格后,方可进行高处作业。

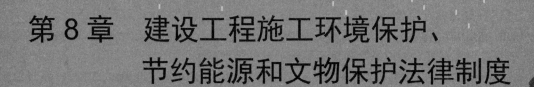

第8章 建设工程施工环境保护、节约能源和文物保护法律制度

学习任务

- ◆ 熟悉环境保护法的任务、作用、目的。
- ◆ 掌握环境影响评价制度、"三同时"制度。
- ◆ 掌握噪声、大气、水、固体废物污染的防治。
- ◆ 熟悉节能管理的基本思路。
- ◆ 掌握建筑节能制度。
- ◆ 掌握建筑节能主体的节能义务。
- ◆ 掌握施工节能的相关规定。

学习目标

知识要点	能力目标
环境保护基本制度	熟练掌握环境保护法律制度
施工现场环境保护制度、施工现场噪声污染防治的规定	熟练应用施工现场噪声污染防治、施工现场废气、废水污染防治
施工现场废气、废水污染防治的规定	
施工现场文物保护	能够依法对工程建设过程中涉及的文物进行保护

核心概念

环境保护、三同时、噪声污染、节能、文物保护等

引导案例

近年来,因为施工单位隐匿不报,城市建设过程中发现的文物古迹遭受不可逆转破坏的现象屡见不鲜,难以计数的宝贵的"文化记忆"在挖掘机的长臂下毁弃,城市考古正面临城市建设"抢工期"的巨大挑战。2013年3月,南京南站附近G07地块施工,挖掘机毁坏了5座六朝古墓。在施工被叫停后,考古工作者在G07地块上清理出五六座六朝时期的砖室墓和土坑墓。可惜的是,这些古墓均被挖掘机严重挖伤,陪葬文物受损。最终,南京市相关文物执法部门对该开发商开出了50万元的行政处罚。

第8章 建设工程施工环境保护、节约能源和文物保护法律制度

8.1 建设工程施工环境保护法律制度

8.1.1 施工现场噪声污染防治的规定

环境噪声，是指在工业生产、建筑施工、交通运输和社会生活中所产生的干扰周围生活环境的声音。环境噪声污染，则是指产生的环境噪声超过国家规定的环境噪声排放标准，并干扰他人正常生活、工作和学习的现象。

在工程建设领域，环境噪声污染的防治主要包括两个方面：一是建设项目环境噪声污染的防治；二是施工现场环境噪声污染的防治。前者主要是解决建设项目建成后使用过程中可能产生的环境噪声污染问题，后者则是要解决建设工程施工过程中产生的施工噪声污染问题。

1. 建设项目环境噪声污染的防治

一些建设项目如城市道桥、铁路(包括轻轨)、工业厂房等，其建成后的使用可能会对周围环境产生噪声污染。因此，建设单位必须在建设前期就规定环境噪声污染的防治措施，并在建设过程中同步建设环境噪声污染防治设施。

《环境噪声污染防治法》规定，新建、改建、扩建的建设项目，必须遵守国家有关建设项目环境保护管理的规定。

建设项目可能产生环境噪声污染的，建设单位必须提出环境影响报告书，规定环境噪声污染的防治措施，并按照国家规定的程序报环境保护行政主管部门批准。环境影响报告书中，应当有该建设项目所在地单位和居民的意见。

建设项目的环境噪声污染防治设施必须与主体工程同时设计、同时施工、同时投产使用。例如，建设经过已有的噪声敏感建筑物集中区域的高速公路和城市高架、轻轨道路等有可能造成环境噪声污染的，应当设置声屏障或者采取其他有效的控制环境噪声污染的措施；在已有的城市交通干线的两侧建设噪声敏感建筑物的，建设单位应当按照国家规定间隔一定距离，并采取减轻、避免交通噪声影响的措施等。

建设项目在投入生产或者使用之前，其环境噪声污染防治设施必须经原审批环境影响报告书的环境保护行政主管部门验收；达不到国家规定要求的，该建设项目不得投入生产或者使用。

2. 施工现场环境噪声污染的防治

施工噪声，是指在建设工程施工过程中产生的干扰周围生活环境的声音。随着城市化进程的不断加快及工程建设的大规模开展，施工噪声污染问题日益突出，尤其是在城市人口稠密地区的建设工程施工中产生的噪声污染，不仅影响周围居民的正常生活，而且损害城市的环境形象。施工单位与周围居民因噪声而引发的纠纷也时有发生，群众投诉日渐增多。因此，应加强施工现场噪声管理，采取有效措施防治施工噪声污染。

1) 排放建筑施工噪声应当符合建筑施工场界环境噪声排放标准

《环境噪声污染防治法》规定，在城市市区范围内向周围生活环境排放建筑施工噪声的工地应当符合国家规定的建筑施工场界环境噪声排放标准。

所谓噪声排放,是指噪声源向周围生活环境辐射噪声。按照《建筑施工场界噪声限值》(GB 12523—2011)的规定,建筑施工过程中场界环境噪声不得超过表8-1中规定的排放限值。

表8-1 建筑施工场界环境噪声排放限值

单位:dB

昼间	夜间
70	55

注:1. "昼间"是指早6点至晚22点之间的时段;"夜间"是指晚22点至次日早6点之间的时段。
2. 建筑施工场界是由有关部门批准的建筑施工场地边界或建筑施工过程中实际使用的施工场地边界。

2) 使用机械设备可能产生环境噪声污染的申报

《环境噪声污染防治法》规定,在城市市区范围内,建筑施工过程中使用机械设备,可能产生环境噪声污染的,施工单位必须在工程开工15日以前向工程所在地县级以上地方人民政府环境保护行政主管部门申报该工程的项目名称、施工场所和期限、可能产生的环境噪声值以及所采取的环境噪声污染防治措施的情况。

国家对环境噪声污染严重的落后设备实行淘汰制度。国务院经济综合主管部门应当会同国务院有关部门公布限期禁止生产、禁止销售、禁止进口的环境噪声污染严重的设备名录。

3) 禁止夜间进行产生环境噪声污染施工作业的规定

《环境噪声污染防治法》规定,在城市市区噪声敏感建筑物集中区域内,禁止夜间进行产生环境噪声污染的建筑施工作业,但抢修、抢险作业和因生产工艺上要求或者特殊需要必须连续作业的除外。因特殊需要必须连续作业的,必须有县级以上人民政府或者其有关主管部门的证明。以上规定的夜间作业,必须公告附近居民。

4) 政府监管部门的现场检查

《环境噪声污染防治法》规定,县级以上人民政府环境保护行政主管部门和其他环境噪声污染防治工作的监督管理部门、机构,有权依据各自的职责对管辖范围内排放环境噪声的单位进行现场检查。

被检查的单位必须如实反映情况,并提供必要的资料。检查部门、机构应当为被检查的单位保守技术秘密和业务秘密。检查人员进行现场检查,应当出示证件。

3. 交通运输噪声污染的防治

由于建设工程施工有着大量的运输任务,还会产生交通运输噪声。所谓交通运输噪声,是指机动车辆、铁路机车、机动船舶、航空器等交通运输工具在运行时所产生的干扰周围生活环境的声音。

《环境噪声污染防治法》规定,在城市市区范围内行驶的机动车辆的消声器和喇叭必须符合国家规定的要求。机动车辆必须加强维修和保养,保持技术性能良好,防治环境噪声污染。

警车、消防车、工程抢险车、救护车等机动车辆安装、使用警报器,必须符合国务院公安部门的规定;在执行非紧急任务时,禁止使用警报器。

4. 对产生环境噪声污染企业事业单位的规定

《环境噪声污染防治法》规定，产生环境噪声污染的企业事业单位，必须保持防治环境噪声污染的设施的正常使用；拆除或者闲置环境噪声污染防治设施的，必须事先报经所在地的县级以上地方人民政府环境保护行政主管部门批准。

产生环境噪声污染的单位，应当采取措施进行治理，并按照国家规定缴纳超标准排污费。征收的超标准排污费必须用于污染的防治不得挪作他用。

对于在噪声敏感建筑物集中区域内造成严重环境噪声污染的企业事业单位，限期治理。被限期治理的单位必须按期完成治理任务。

8.1.2 施工现场废气、废水污染防治的规定

在工程建设领域，对于废气、废水污染的防治，也包括建设项目和施工现场两大方面。

1. 大气污染的防治

大气污染是指大气中一些物质的含量达到有害的程度以至破坏生态系统和人类正常生存和发展的条件，对人或物造成危害的现象。如果不对大气污染物的排放总量加以控制和防治，将会严重破坏生态系统和人类生存条件。

《大气污染防治法》规定，新建、扩建、改建向大气排放污染物的项目，必须遵守国家有关建设项目环境保护管理的规定。

1) 施工现场大气污染的防治

《大气污染防治法》的相关规定：城市人民政府应当采取绿化责任制、加强建设施工管理、扩大地面铺装面积、控制渣土堆放和清洁运输等措施，提高人均占有绿地面积，减少市区裸露地面和地面尘土；在城市市区进行建筑施工或者从事其他产生扬尘污染活动的单位，必须按照当地环境保护的规定，采取防治扬尘污染的措施。运输、装卸、储存能够散发有毒有害气体或者粉尘物质的，必须采取密闭措施或者其他防护措施；在人口集中地区存放煤炭、煤矸石、煤渣、煤灰、砂石、灰土等物料，须采取防燃、防尘措施，防止污染大气。严格限制向大气排放有毒物质的废气和粉尘；确需排放的，必须经过净化处理，不超过规定的排放标准。

施工现场大气污染的防治，重点是防治扬尘污染。对于扬尘控制，建设部《绿色施工导则》中规定：

(1) 运送土方、垃圾、设备及建筑材料等，不污损场外道路。运输容易散落、飞扬、流漏的物料的车辆，必须采取措施封闭严密，保证车辆清洁。施工现场出口应设置洗车槽。

(2) 土方作业阶段，采取洒水、覆盖等措施，达到作业区目测扬尘高度小于 15m，不扩散到场地外。

(3) 结构施工、安装、装饰装修阶段。作业区目测扬尘高度小于 0.5m。对易产生扬尘的堆放材料应采取覆盖措施；对粉末状材料应封闭存放；场区内可能引起扬尘的材料及建筑垃圾搬运应有降尘措施，如覆盖、洒水等；浇筑混凝土前，清理灰尘和垃圾时尽量使用吸尘器，避免使用吹风器等易产生扬尘的设备；机械剔凿作业时可用局部遮挡、掩盖、水淋等防护措施；高层域多层建筑清理垃圾应搭设封闭性临时专用道或采用容器吊运。

(4) 施工现场非作业区达到目测无扬尘的要求。对现场易飞扬物质采取有效措施，如洒水、地面硬化、围挡、密网覆盖、封闭等，防止扬尘产生。

(5) 构筑物机械拆除前，做好扬尘控制计划。可采取清理积尘、拆除体洒水、设置隔挡等措施。

(6) 构筑物爆破拆除前，做好扬尘控制计划。可采用清理积尘、淋湿地面、预湿墙体、屋面敷水袋、楼面蓄水、建筑外设高压喷雾状水系统、搭设防尘排栅和直升机投水弹等综合降尘。选择风力小的天气进行爆破作业。

(7) 在场界四周隔挡高度位置测得的大气总悬浮颗粒物(TSP)月平均浓度与城市背景值的差值不大于 $0.08mg/m^3$。

2) 对向大气排放污染物单位的监管

《大气污染防治法》规定，向大气排放污染物的单位，必须按照国务院环境保护行政主管部门的规定向所在地的环境保护行政主管部门申报拥有的污染物排放设施、处理设施和在正常作业条件下排放污染物的种类、数量、浓度，并提供防治大气污染方面的有关技术资料。

排污单位排放大气污染物的种类、数量、浓度有重大改变的，应当及时申报；其大气污染物处理设施必须保持正常使用，拆除或者闲置大气污染物处理设施的，必须事先报经所在地的县级以上地方人民政府环境保护行政主管部门批准。

向大气排放污染物的，其污染物排放浓度不得超过国家和地方规定的排放标准。在人口集中地区和其他依法需要特殊保护的区域内，禁止焚烧沥青、油毡、橡胶、塑料、皮革、垃圾以及其他产生有毒有害烟尘和恶臭气体的物质。

2. 水污染的防治

水污染，是指水体因某些物质的介入，而导致其化学、物理、生物或者放射性等方面特性的改变，从而影响水的有效利用，危害人体健康或者破坏生态环境，造成水质恶化的现象。水污染防治包括江河、湖泊、运河、渠道、水库等地表水体以及地下水体的污染防治。

《水污染防治法》规定，水污染防治应当坚持预防为主、防治结合、综合治理的原则，优先保护饮用水水源，严格控制工业污染、城镇生活污染，防治农业水源污染，积极推进生态治理工程建设，预防、控制和减少水环境污染和生态破坏。

1) 建设项目水污染的防治

《水污染防治法》规定，新建、改建、扩建直接或者间接向水体排放污染物的建设项目和其他水上设施，应当依法进行环境影响评价。

建设单位在江河、湖泊新建、改建、扩建排污口的，应当取得水行政主管部门或者流域管理机构同意；涉及通航、渔业水域的，环境保护主管部门在审批环境影响评价文件时，应当征求交通、渔业主管部门的意见。

建设项目的水污染防治设施，应当与主体工程同时设计、同时施工、同时投入使用。水污染防治设施应当经过环境保护主管部门验收，验收不合格的，该建设项目不得投入生产或者使用。

禁止在饮用水水源一级保护区内新建、改建、扩建与供水设施和保护水源无关的建设项目；已建成的与供水设施和保护水源无关的建设项目，由县级以上人民政府责令拆除或者关闭。禁止在饮用水水源二级保护区内新建、改建、扩建排放污染物的建设项目；已建成的排放污染物的建设项目，由县级以上人民政府责令拆除或者关闭。

禁止在饮用水水源保护区内新建、扩建对水体污染严重的建设项目；改建建设项目，不得增加排污量。

2) 施工现场水污染的防治

《水污染防治法》规定，排放水污染物，不得超过国家或者地方规定的水污染物排放标准和重点水污染物排放总量控制指标。

直接或者间接向水体排放污染物的企业事业单位和个体工商户，应当按照国务院环境保护主管部门的规定，向县级以上地方人民政府环境保护主管部门申报登记拥有的水污染物排放设施、处理设施和在正常作业条件下排放水污染物的种类、数量和浓度，并提供防治水污染方面的有关技术资料。

禁止向水体排放油类、酸液、碱液或者剧毒废液。禁止在水体清洗装储过油类或者有毒污染物的车辆和容器。禁止向水体排放、倾倒放射性固体废物或者含有高放射性和中放射性物质的废水。向水体排放含低放射性物质的废水，应当符合国家有关放射性污染防治的规定和标准。

禁止向水体排放、倾倒工业废渣、城镇垃圾和其他废弃物。禁止将含有汞、镉、砷、铬、铅、氰化物、黄磷等的可溶性剧毒废渣向水体排放、倾倒或者直接埋入地下。可溶性剧毒废渣的场所，应当采取防水、防渗漏、防流失的措施。禁止在江河、湖泊、运河、渠道、水库及其高水位线以下的滩地和岸坡堆放、存储固体废弃物或者其他污染物。

在饮用水水源保护区内，禁止设置排污口，在风景名胜区水体、重要渔业水体和其他具有特殊经济文化价值的水体的保护区内，不得新建排污口。在保护区附近新建排污口，应当保证保护区水体不受污染。

禁止利用渗井、渗坑、裂隙和溶洞排放、倾倒含有毒污染物的废水、含病原体的污水和其他废弃物。禁止利用无防渗漏措施的沟渠、坑塘等输送或者存储含有毒污染物的废水、含病原体的污水和其他废弃物。

兴建地下工程设施或者进行地下勘探、采矿等活动，应当采取防护性措施，防止地下水污染。人工回灌补给地下水，不得恶化地下水质。

建设部《绿色施工导则》进一步规定，水污染控制：①施工现场污水排放应达到国家标准《污水综合排放标准》；②在施工现场应针对不同的污水，设置相应的处理设施，如沉淀池、隔油池、化粪池等；③污水排放应委托有资质的单位进行废水水质检测，提供相应的污水检测报告；④保护地下水环境。采用隔水性能好的边坡支护技术。在缺水地区或地下水位持续下降的地区，基坑降水尽可能少地抽取地下水；当基坑开挖抽水量大于50万立方米时，应进行地下水回灌，并避免地下水被污染；⑤对于化学品等有毒材料、油料的储存地，应有严格的隔水层设计，做好渗漏液收集和处理。

3) 施工现场污水处理措施

(1) 现场道路和材料堆放场地周边，设排水沟，流向大门处冲洗槽沉淀池，沉淀后利用；不能利用的污水，沉淀后方可排入城市小区污水管道。

(2) 定时由专人清理排水沟，现场内不得存有污水、烂泥。

(3) 厕所、浴室应设置简易有效的化粪池，产生的污水经下水管排放要经过化粪池，排向市政污水管网，化粪池应有专人定期清理。

(4) 施工现场临时食堂，要设置简易有效的隔油池，产生的污水经下水管道排放要经过隔油池，平时加强管理，定期掏油，防止污染。

(5) 施工现场要设置专用的油漆油料库，油料库内严禁放置其他物资，库房地面和墙面要做防渗漏的特殊处理，储存、使用和保管要专人负责，防止油料的跑、冒、滴、漏，污染水体。

(6) 搅拌机的废水排放控制。凡在施工现场进行搅拌作业的，必须在搅拌机前台及运输车清洗处设置沉淀池；排放的废水要排入沉淀池内，经二次沉淀后，方可排入市污水管线或回收用于洒水降尘；经处理的泥浆水，严禁直接排入城市排水设施和河流。

(7) 乙炔发生罐污水排放控制。施工现场由于气焊使用乙炔发生罐产生的污水严禁随地倾倒，要求专用容器集中存放，倒入沉淀池处理，以免污染环境。

4) 发生事故或者其他突发性事件的规定

《水污染防治法》规定，企业事业单位发生事故或者其他突发性事件，造成或者可能造成水污染事故的，应当立即启动本单位的应急方案，采取应急措施，并向事故发生地的县级以上地方人民政府或者环境保护主管部报告。

8.1.3 施工现场固体废物污染防治的规定

《固体废物污染环境防治法》规定，国家对固体废物污染环境的防治，实行减少固体废物的产生量和危害性、充分合理利用固体废物和无害化处置固体废物的原则，促进清洁生产和循环经济发展。

固体废物，是指在生产、生活和其他活动中产生的丧失原有利用价值或者虽未丧失利用价值但被抛弃或者放弃的固态、半固态和置于容器中的气态的物品、物质以及法律、行政法规规定纳入固体废物管理的物品、物质。固体废物污染环境，是指固体废物在产生、收集、储存、运输、利用、处置的过程中产生的危害环境的现象。

1. 建设项目固体废物污染环境的防治

《固体废物污染环境防治法》规定，建设产生固体废物的项目以及建设储存、利用、处置固体废物的项目，必须依法进行环境影响评价，并遵守国家有关建设项目环境保护管理的规定。

建设项目的环境影响评价文件确定需要配套建设的固体废物污染环境防治设施，必须与主体工程同时设计、同时施工、同时投入使用。固体废物污染环境防治设施必须经原审批环境影响评价文件的环境保护行政主管部门验收合格后，该建设项目方可投入生产或者使用。对固体废物污染环境防治设施的验收应当与对主体工程的验收同时进行。

在国务院和国务院有关主管部门及省、自治区、直辖市人民政府划定的自然保护区、风景名胜区、饮用水水源保护区、基本农田保护区和其他需要特别保护的区域内，禁止建设工业固体废物集中储存、处置的设施、场所和生活垃圾填埋场。

2. 施工现场固体废物污染环境的防治

施工现场的固体废物主要是建筑垃圾和生活垃圾。固体废物又分为一般固体废物和危险废物。所谓危险废物,是指列入国家危险废物名录或者根据国家规定的危险废物鉴别标准和鉴别方法认定的具有危险特性的固体废物。

1) 一般固体废物污染环境的防治

《固体废物污染环境防治法》规定,产生固体废物的单位和个人,应当采取措施,防止或者减少固体废物对环境的污染。

收集、储存、运输、利用、处置固体废物的单位和个人,必须采取防扬散、防流失、防渗漏或者其他防止污染环境的措施;不得擅自倾倒、堆放、丢弃、遗撒固体废物。禁止任何单位或者个人向江河、湖泊、运河、渠道、水库及其最高水位线以下的滩地和岸坡等法律、法规规定禁止倾倒、堆放废弃物的地点倾倒、堆放固体废物。

转移固体废物出省、自治区、直辖市行政区域储存、处置的,应当向固体废物移出地的省、自治区、直辖市人民政府环境保护行政主管部门提出申请。移出地的省、自治区、直辖市人民政府环境保护行政主管部门应当经接受地的省、自治区、直辖市人民政府环境保护行政主管部门同意后,方可批准转移该固体废物出省、自治区、直辖市行政区域。未经批准的,不得转移。

工程施工单位应当及时清运工程施工过程中产生的固体废物,并按照环境卫生行政主管部门的规定进行利用或者处置。

2) 危险废物污染环境防治的特别规定

对危险废物的容器和包装物以及收集、储存、运输、处置危险废物的设施、场所,必须设置危险废物识别标志。以填埋方式处置危险废物不符合国务院环境保护行政主管部门规定的,应当缴纳危险废物排污费。危险废物排污费用于污染环境的防治,不得挪作他用。

禁止将危险废物提供或者委托给无经营许可证的单位从事收集、储存、利用、处置的经营活动。运输危险废物,必须采取防止污染环境的措施,并遵守国家有关危险货物运输管理的规定。禁止将危险废物与旅客在同一运输工具上载运。

收集、储存、运输、处置危险废物的场所、设施、设备和容器、包装物度其他物品转作他用时,必须经过消除污染的处理,方可使用。

产生、收集、储存、运输、利用、处置危险废物的单位,应当制定意外事故的防范措施和应急预案,并向所在地县级以上地方人民政府环境保护行政主管部门备案;环境保护行政主管部门应当进行检查。因发生事故或者其他突发性事件,造成危险废物严重污染环境的单位,必须立即采取措施消除或者减轻对环境的污染危害,及时通报可能受到污染危害的单位和居民,并向所在地县级以上地方人民政府环境保护行政主管部门和有关部门报告,接受调查处理。

3) 施工现场固体废物的减量化和回收再利用

《绿色施工导则》规定,制订建筑垃圾减量化计划,如住宅建筑,每万平方米的建筑垃圾不宜超过 400 吨。

加强建筑垃圾的回收再利用,力争建筑垃圾的再利用和回收率达到 30%,建筑物拆除产生的废弃物的再利用和回收率大于 40%。对于碎石类、土石方类建筑垃圾,可采用地基填埋、铺路等方式提高再利用率,力争再利用率大于 50%。

施工现场生活区设置封闭式垃圾容器,施工场地生活垃圾实行袋装化,及时清运。对建筑垃圾进行分类,并收集到现场封闭式垃圾站,集中运出。

8.2 施工节约能源制度

8.2.1 节约能源的规定

在工程建设领域，节约能源主要包括建筑节能和施工节能两个方面。

建筑节能是解决建设项目建成后使用过程中的节能问题，如《民用建筑节能条例》规定，"民用建筑节能，是指在保证民用建筑使用功能和室内热环境质量的前提下，降低其使用过程中能源消耗的活动"。施工节能则是要解决施工过程中的节约能源问题，如《绿色施工导则》规定，"绿色施工是指工程建设中，在保证质量、安全等基本要求的前提下，通过科学管理和技术进步，最大限度地节约资源与减少对环境负面影响的施工活动，实现四节一环保(节能、节地、节水、节材和环境保护)"。

1. 合理使用与节约能源的一般规定

1) 节能的产业政策

《节约能源法》规定，国家实行有利于节能和环境保护的产业政策，限制发展高耗能、高污染行业，发展节能环保型产业。

国家对落后的耗能过高的用能产品、设备和生产工艺实行淘汰制度。禁止使用国家明令淘汰的用能设备、生产工艺。国家鼓励企业制定严于国家标准、行业标准的企业节能标准。

2) 用能单位的法定义务

用能单位应当按照合理用能的原则，加强节能管理，制订并实施节能计划和节能技术措施，降低能源消耗。用能单位应当建立节能目标责任制，对节能工作取得成绩的集体、个人给予奖励。用能单位应当定期开展节能教育和岗位节能培训。

用能单位应当加强能源计量管理，按照规定配备和使用经依法检定合格的能源计量器具。用能单位应当建立能源消费统计和能源利用状况分析制度，对各类能源的消费实行分类计量和统计，并确定能源消费统计数据真实、完整。任何单位不得对能源消费实行包费制。

3) 循环经济的法律要求

循环经济是指在生产、流通和消费等过程中进行的减量化、再利用、资源化活动的总称。减量化，是指在生产、流通和消费等过程中减少资源消耗和废物产生。再利用，是指将废物直接作为产品或者经修复、翻新、再制造后继续作为产品使用，或者将废物的全部或者部分作为其他产品的部件予以使用。资源化，是指将废物直接作为原料进行利用或者对废物进行再生利用。

《循环经济促进法》规定，发展循环经济应当在技术可行、经济合理和有利于节约资源，保护环境的前提下，按照减量化优先的原则实施。在废物再利用和资源化过程中，应当保障生产安全，保证产品质量符合国家规定的标准，并防止产生再次污染。

企业事业单位应当建立健全管理制度，采取措施，降低资源消耗，减少废物的产生量和排放量，提高废物的再利用和资源化水平。

国务院循环经济发展综合管理部门会同国务院环境保护等有关主管部门，定期发布鼓励、限制和淘汰的技术、工艺、设备、材料和产品名录。禁止生产、进口、销售列入淘汰名录的设备、材料和产品，禁止使用列入淘汰名录的技术、工艺、设备和材料。

2. 建筑节能的规定

《节约能源法》规定，国家实行固定资产投资项目节能评估和审查制度。不符合强制性节能标准的项目，依法负责项目审批或者核准的机关不得批准或者核准建设，建设单位不得开工建设；已经建成的，不得投入生产、使用。

国家鼓励在新建建筑和既有建筑节能改造中使用新型墙体材料等节能建筑材料和节能设备，安装和使用太阳能等可再生能源利用系统。

建筑工程的建设、设计、施工和监理单位应当遵守建筑节能标准。

1) 采用太阳能、地热能等可再生能源

《民用建筑节能条例》规定，国家鼓励和扶持在新建建筑和既有建筑节能改造中采用太阳能、地热能等可再生能源。

在具备太阳能利用条件的地区，有关地方人民政府及其部门应当采取有效措施，鼓励和扶持单位、个人安装使用太阳能热水系统、照明系统、供热系统、采暖制冷系统等太阳能利用系统。

2) 新建建筑节能的规定

国家推广使用民用建筑节能的新技术、新工艺、新材料和新设备，限制使用或者禁止使用能源消耗高的技术、工艺、材料和设备。国家限制进口或者禁止进口能源消耗高的技术、材料和设备。

建设单位、设计单位、施工单位不得在建筑活动中使用列入禁止使用目录的技术、工艺、材料和设备。

(1) 施工图审查机构的节能义务。施工图设计文件审查机构应当按照民用建筑节能强制性标准对施工图设计文件进行审查，经审查不符合民用建筑节能强制性标准的，县级以上地方人民政府建设主管部门不得颁发施工许可证。

(2) 建设单位的节能义务。建设单位不得明示或者暗示设计单位、施工单位违反民用建筑节能强制性标准进行设计、施工；不得明示或者暗示施工单位使用不符合施工图设计文件要求的墙体材料、保温材料、门窗、采暖制冷系统和照明设备。

按照合同约定由建设单位采购墙体材料、保温材料、门窗、采暖制冷系统和照明设备的，建设单位应当保证其符合施工图设计文件要求。

建设单位组织竣工验收，应当对民用建筑是否符合民用建筑节能强制性标准进行查验；对不符合民用建筑节能强制性标准的，不得出具竣工验收合格报告。

(3) 设计单位、施工单位、工程监理单位的节能义务。设计单位、施工单位、工程监理单位及其注册执业人员，应当按照民用建筑节能强制性标准进行设计、施工、监理。

施工应当对进入施工现场的墙体材料、保温材料、门窗、采暖制冷系统和照明设备进行查验，不符合施工图设计文件要求的，不得使用。

工程监理单位发现施工单位不按照民用建筑节能强制性标准施工的，应当要求施工单位改正；施工单位拒绝改正的，工程监理单位应当及时报告建设单位，并向有关主管部门报告。

墙体、屋面的保温工程施工时，监理工程师应当按照工程监理规范的要求，采取旁站、巡视和平行检验等形式实施监理。未经监理工程师签字，墙体材料、保温材料、门窗、采暖制冷系统照明设备不得在建筑上使用或者安装，施工单位不得进行下一道工序的施工。

3) 既有建筑节能的规定

既有建筑节能改造，是指对不符合民用建筑节能强制性标准的既有建筑的围护结构、供热系统、采暖制冷系统、照明设备和热水供应设施等实施节能改造的活动。

实施既有建筑节能改造，应当符合民用建筑节能强制性标准，优先采用遮阳、改善通风等低成本改造措施。既有建筑围护结构的改造和供热系统的改造应当同步进行。

3. 施工节能的规定

《循环经济促进法》规定，建筑设计、建设、施工等单位应当按照国家有关规定和标准，对其设计、建设、施工的建筑物及构筑物采用节能、节水、节地、节材的技术工艺和小型、轻型、再生产品。有条件的地区，应当充分利用太阳能、地热能、风能等可再生能源。

1) 节材与材料资源利用

《循环经济促进法》规定，国家鼓励利用无毒无害的固体废物生产建筑材料，鼓励使用散装水泥，推广使用预拌混凝土和预拌砂浆。禁止损毁耕地烧砖。在国务院或者省、自治区、直辖市人民政府规定的期限和区域内，禁止生产、销售和使用黏土砖。

《绿色施工导则》进一步规定，图纸会审时，应审核节材与材料资源利用的相关内容，达到材料损耗率比定额损耗率降低30%；根据施工进度、库存情况等合理安排材料的采购、进场时间和批次，减少库存；现场材料堆放有序；储存环境适宜，措施得当；保管制度健全，责任落实；材料运输工具适宜，装卸方法得当，防止损坏和遗撒；根据现场平面布置情况就近卸载，避免和减少二次搬运；采取技术和管理措施提高模板、脚手架等的周转次数，优化安装工程的预留、预埋，管线路径等方案；应就地取材，施工现场500km以内生产的建筑材料用量占建筑材料总重量的70%以上。

此外，还分别就结构材料、围护材料、装饰装修材料、周转材料提出了明确要求。例如，结构材料节材与材料资源利用的技术要点是：①推广使用预拌混凝土和商品砂浆。准确计算采购数量、供应频率、施工速度等，在施工过程中动态控制。结构工程使用散装水泥；②推广使用高强钢筋和高性能混凝土，减少资源消耗；③推广钢筋专业化加工和配送；④优化钢筋配料和钢构件下料方案。钢筋及钢结构制作前应对下料单及样品进行复核，无误后方可批准下料；⑤优化钢结构制作和安装方法。大型钢结构宜采用工厂制作，现场拼装；宜采用分段吊装、整体提升、滑移、顶升等安装方法，减少方案的措施用材量；⑥采取数字化技术，对大体积混凝土、大跨度结构等专项施工方案进行优化。

2) 节水与水资源利用

《循环经济促进法》规定，国家鼓励和支持使用再生水。企业应当发展串联用水系统和循环用水系统，提高水的重复利用率。企业应当采用先进技术、工艺和设备，对生产过程中产生的废水进行再生利用。

《绿色施工导则》进一步对提高用水效率、非传统水源利用和安全用水作出规定。

(1) 提高用水效率：①施工中采用先进的节水施工工艺；②施工现场喷洒路面、绿化浇灌不宜使用市政自来水。现场搅拌用水、养护用水应采取有效的节水措施，严禁无措施浇水养护混凝土；③施工现场供水管网应根据用水量设计布置，管径合理、管路简捷，采取有效措施减少管网和用水器具的漏损；④现场机具、设备、车辆冲洗用水必须设立循环用水装置。施工现场办公区、生活区的生活用水采用节水系统和节水器具，提高节水器具配置比率。项目临时用水应使用节水型产品，安装计数装置，采取针对性的节水措施；⑤施工现场建立再利用水的收集处理系统，使水资源得到梯级循环利用；⑥施工现场分别对生活区用水与工程用水确定用水定额指标，并分别计量管理；⑦大型工程的不同单项工程、不同标段、不同分包生活区，凡具备条件的应分别计量用水量。在签订不同标段分包或劳务合同时，将节水定额指标纳入合同条款，进行计量考核；⑧对混凝土搅拌站点等用水集中的区域和工艺点进行专项计量考核。施工现场建立雨水、中水或可再利用水的搜集利用系统。

(2) 非传统水源利用：①优先采用中水搅拌、中水养护，有条件的地区和工程应收集雨水养护；②处于基坑降水阶段的工地，宜优先采用地下水作为混凝土搅拌用水、养护用水、冲洗用水和部分生活用水；③现场机具、设备、车辆冲洗、喷洒路面，绿化浇灌等用水，优先采用非传统水源，尽量不使用市政自来水；④大型施工现场，尤其是雨量充沛地区的大型施工现场建立雨水收集利用系统，充分收集自然降水用于施工和生活中适宜的部位；⑤力争施工中非传统水源和循环水的再利用量大于30%。

(3) 安全用水：在非传统水源和现场循环再利用水的使用过程中，应制定有效的水质检测与卫生保障措施，确保避免对人体健康、工程质量以及周围环境产生不良影响。

3) 节能与能源利用

《绿色施工导则》对节能措施、机械设备与机具、生产、生活及办公临时设施、施工用电及照明分别作出规定。

(1) 节能措施：①制定合理施工能耗指标，提高施工能源利用率；②优先使用国家、行业推荐的节能、高效、环保的施工设备和机具，如选用变频技术的节能施工设备等；③施工现场分别设定生产、生活、办公和施工设备的用电控制指标，定期进行计量、核算、对比分析，并有预防与纠正措施；④在施工组织设计中，合理安排施工顺序、工作面，以减少作业区域的机具数量，相邻作业区充分利用共有的机具资源。安排施工工艺时，应优先考虑耗用电能的或其他能耗较少的施工工艺。避免设备额定功率远大于使用功率或超负荷使用设备的现象；⑤根据当地气候和自然资源条件，充分利用太阳能、地热等可再生能源。

(2) 机械设备与机具：①建立施工机械设备管理制度，开展用电、用油计量，完善设备档案，及时做好维修保养工作，使机械设备保持低耗、高效的状态；②选择功率与负载相匹配的施工机械设备，避免大功率施工机械设备低负载长时间运行。机电安装可采用节电型机械设备，如逆变式电焊机和能耗低、效率高的手持电动工具等，以利节电。机械设备宜使用节能型油料添加剂，在可能的情况下，考虑回收利用，节约油量；③合理安排工序，提高各种机械的使用率和满载率，降低各种设备的单位耗能。

(3) 生产、生活及办公临时设施：①利用场地自然条件，合理设计生产，生活及办公临时设施的体形、朝向、间距和窗墙面积比，使其获得良好的日照、通风和采光；南方地区可根据需要在其外墙窗设遮阳设施;②临时设施宜采用节能材料,墙体、屋面使用隔热性能好的材料,减少夏天空调、冬天取暖设备的使用时间及耗能量;③合理配置采暖、空调、风扇数量,规定使用时间,实行分段分时使用,节约用电。

(4) 施工用电及照明:①临时用电优先选用节能电线和节能灯具,临电线路合理设计、布置,临电设备宜采用自动控制装置。采用声控、光控等节能照明灯具;②照明设计以满足最低照度为原则,照度不应超过最低照度的20%。

4) 节地与施工用地保护

《绿色施下导则》对临时用地指标、临时用地保护、施工总平面布置分别作出规定。

(1) 临时用地指标:①根据施工规模及现场条件等因素合理确定临时设施,如临时加工厂、现场作业棚及材料堆场、办公生活设施等的占地指标。临时设施的占地面积应按用地指标所需的最低面积设计;②要求平面布置合理、紧凑,在满足环境、职业健康与安全及文明施工要求的前提下尽可能减少废弃地和死角,临时设施占地面积有效利用率大于90%。

(2) 临时用地保护:①应对深基坑施工方案进行优化,减少土方开挖和回填量,最大限度地减少对土地的扰动,保护周边自然生态环境;②红线外临时占地应尽量使用荒地、废地,少占用农田和耕地。工程完工后,及时对红线外占地恢复原地形、地貌,使施工活动对周边环境的影响降至最低;③利用和保护施工用地范围内原有绿色植被。对于施工周期较长的现场,可按建筑永久绿化的要求,安排场地新建绿化。

4. 施工总平面布置

施工总平面布置应做到以下几项。

①施工总平面布置应做到科学、合理,充分利原有建筑物、构筑物、道路、管线为施工服务;②施工现场搅拌站、仓库、加工厂、作业棚、材料堆场等布置应尽量靠近已有交通路线或即将修建的正式或临时交通线路,缩短运输距离;③临时办公和生活用房采用经济、美观、占地面积小、对周边地貌环境影响较小,且适合于施工平面布置动态调整的多层轻钢活动板房、钢骨架水泥活动板房等标准化装配式结构。生活区与生产区应分开布置,并设置标准的分隔设施;④施工现场围墙可采用连续封闭的轻钢结构预制装配式活动围挡,减少建筑垃圾,保护土地;⑤施工现场道路按照永久道路和临时道路相结合的原则布置。施工现场内形成环形通路,减少道路占用土地;⑥临时设施布置应注意远近结合(本期工程与下期工程),努力减少和避免大量临时建筑拆迁和场地搬迁。

8.2.2 施工节能技术进步和激励措施的规定

1. 节能技术进步

《节约能源法》规定,国家鼓励、支持节能科学技术的研究、开发、示范和推广。促进节能技术创新与进步。

1) 政府政策引导

国务院管理节能工作的部门会同国务院科技主管部门发布节能技术政策大纲,指导节能技术研究、开发和推广应用。县级以上各级人民政府应当把节能技术研究开发作为政府科技投入的重点领域,支持科研单位和企业开展节能技术应用研究,制定节能标准,开发节能共性和关键技术,促进节能技术创新与成果转化。

国务院管理节能工作的部门会同国务院有关部门制定并公布节能技术、节能产品的推广目录,引导用能单位和个人使用先进的节能技术、节能产品。

国务院管理节能工作的部门会同国务院有关部门组织实施重大节能科研项目、节能示范项目、重点节能工程。

2) 政府资金扶持

《循环经济促进法》规定,国务院和省、自治区、直辖市人民政府设立发展循环经济的有关专项资金,支持循环经济的科技研究开发、循环经济技术和产品的示范与推广、重大循环经济项目的实施、发展循环经济的信息服务等。

国务院和省、自治区、直辖市人民政府及其有关部门应当将循环经济重大科技攻关项目的自主创新研究、应用示范和产业化发展列入国家或者省级科技发展规划和高技术产业发展规划,并安排财政性资金予以支持。

利用财政性资金引进循环经济重大技术、装备的,应当制定消化、吸收和创新方案,报有关主管部门审批并由其监督实施;有关主管部门应当根据实际需要建立协调机制,对重大技术、装备的引进和消化、吸收、创新实行统筹协调,并给予资金支持。

2. 节能激励措施

按照《节约能源法》《循环经济促进法》的规定,主要有以下相关的节能激励措施。

1) 财政安排节能专项资金

中央财政和省级地方财政安排节能专项资金,支持节能技术研究开发、节能技术和产品的示范与推广、重点节能工程的实施、节能宣传培训、信息服务和表彰奖励等。

国家通过财政补贴支持节能照明器具等节能产品的推广和使用。

2) 税收优惠

国家对生产、使用列入国务院管理节能工作的部门会同国务院有关部门制定并公布的节能技术、节能产品推广目录的需要支持的节能技术、节能产品,实行税收优惠等扶持政策。

国家运用税收等政策,鼓励先进节能技术、设备的进口,控制在生产过程中耗能高、污染重的产品的出口。

国家对促进循环经济发展的产业活动给予税收优惠,并运用税收等措施鼓励进口先进的节能、节水、节材等技术、设备和产品,限制在生产过程中耗能高、污染重的产品的出口。

企业使用或者生产列入国家清洁生产、资源综合利用等鼓励名录的技术、工艺、设备或者产品的,按照国家有关规定享受税收优惠。

3) 信贷支持

国家引导金融机构增加对节能项目的信贷支持,为符合条件的节能技术研究开发、节能产品生产以及节能技术改造等项目提供优惠贷款。国家推动和引导社会有关方面加大对节能的资金投入,加快节能技术改造。

对符合国家产业政策的节能、节水、节地、节材、资源综合利用等项目工金融机构应当给予优先贷款等信贷支持,并积极提供配公金融服务。

对生产、进口、销售或者使用列入淘汰名录的技术、工艺、设备、材料或者产品的企业，金融机构不得提供任何形式的授信支持。

4) 价格政策

国家实行有利于节能的价格政策，引导施工单位和个人节能。国家运用财税、价格等政策，支持推广电力需求侧管理、合同能源管理、节能自愿协议等节能办法。

国家实行有利于资源节约和合理利用的价格政策，引导单位和个人节约和合理使用水、电、气等资源性产品。

5) 表彰奖励

各级人民政府对在节能管理、节能科学技术研究和推广应用中有显著成绩以及检举严重浪费能源行为的单位和个人，给予表彰和奖励。

企业事业单位应当对在循环经济发展中作出突出贡献的集体和个人给予表彰和奖励。

8.2.3 违法行为应承担的法律责任

施工节约能源违法行为应承担的主要法律责任如下。

1. 违反建筑节能标准违法行为应承担的法律责任

《节约能源法》规定，设计单位、施工单位、监理单位违反建筑节能标准的，由建设主管部门责令改正，处 10 万元以上 50 万元以下罚款；情节严重的，由颁发资质证书的部门降低资质等级或者吊销资质证书；造成损失的，依法承担赔偿责任。

《民用建筑节能条例》规定，施工单位未按照民用建筑节能强制性标准进行施工的，由县级以上地方人民政府建设主管部门责令改正，处民用建筑项目合同价款 2%以上 4%以下的罚款；情节严重的，由颁发资质证书的部门责令停业整顿，降低资质等级或者吊销资质证书；造成损失的，依法承担赔偿责任。

注册执业人员未执行民用建筑节能强制性标准的，由县级以上人民政府建设主管部门责令停止执业 3 个月以上 1 年以下；情节严重的，由颁发资格证书的部门吊销执业资格证书，5 年内不予注册。

2. 使用黏土砖及其他施工节能违法行为应承担的法律责任

《循环经济促进法》规定，在国务院或者省、自治区、直辖市人民政府规定禁止生产、销售、使用黏土砖的期限或者区域内生产、销售或者使用黏土砖的，由县级以上地方人民政府指定的部门责令限期改正；有违法所得的，没收违法所得；逾期继续生产、销售的，由地方人民政府工商行政管理部门依法吊销营业执照。

《民用建筑节能条例》规定，施工单位有下列行为之一的，由县级以上地方人民政府建设主管部门责令改正，处 10 万元以上 20 万元以下的罚款；情节严重的，由颁发资质证书的部门责令停业整顿，降低资质等级或者吊销资质证书；造成损失的，依法承担赔偿责任：①未对进入施工现场的墙体材料、保温材料、门窗、采暖制冷系统和照明设备进行查验的；②使用不符合施工图设计文件要求的墙体材料、保温材料、门窗、采暖制冷系统和照明设备的；③使用列入禁止使用目录的技术、工艺、材料和设备的。

《节约能源法》规定，用能单位未按照规定配备、使用能源计量器具的，由产品质量监督部门责令限期改正；逾期不改正的，处1万元以上5万元以下罚款。

瞒报、伪造、篡改能源统计资料或者编造虚假能源统计数据的，依照《中华人民共和国统计法》的规定处罚。

无偿向本单位职工提供能源或者对能源消费实行包费制的，由管理节能工作的部门责令限期改正；逾期不改正的，处5万元以上20万元以下罚款。

进口列入淘汰名录的设备、材料或者产品的，由海关责令退运，可以处10万元以上100万元以下的罚款。进口者不明的，由承运人承担退运责任，或者承担有关处置费用。

8.3 施工文物保护制度

8.3.1 受国家保护的文物范围

1. 国家保护文物的范围

《文物保护法》规定，在中华人民共和国境内，下列文物受国家保护：①具有历史、艺术、科学价值的古文化遗址、古墓葬、古建筑、石窟寺和石刻、壁画；②与重大历史事件、革命运动或者著名人物有关的以及具有重要纪念意义、教育意义或者史料价值的近代现代重要史迹、实物、代表性建筑；③历史上各时代珍贵的艺术品、工艺美术品；④历史上各时代重要的文献资料以及具有历史、艺术、科学价值的手稿和图书资料等；⑤反映历史上各时代、各民族社会制度、社会生产、社会生活的代表性实物。

具有科学价值的古脊椎动物化石和古人类化石同文物一样受国家保护。

2. 文物保护单位和文物的分级

《文物保护法》规定，古文化遗址、古墓葬、古建筑、石窟寺、石刻、壁画、近代现代重要史迹和代表性建筑等不可移动文物，根据它们的历史、艺术、科学价值，可以分别确定为全国重点文物保护单位，省级文物保护单位，市、县级文物保护单位。

历史上各时代重要实物、艺术品、文献、手稿、图书资料、代表性实物等可移动文物，分为珍贵文物和一般文物；珍贵文物分为一级文物、二级文物、三级文物。文物工作贯彻保护为主、抢救第一、合理利用、加强管理的方针。

3. 属于国家所有的文物范围

中华人民共和国境内地下、内水和领海中遗存的一切文物，属于国家所有。国有文物所有权受法律保护，不容侵犯。

1) 属于国家所有的不可移动文物范围

古文化遗址、古墓葬、石窟寺属于国家所有。国家指定保护的纪念建筑物、古建筑、石刻、壁画、近代现代代表性建筑等不可移动文物，除国家另有规定的以外，属于国家所有。

国有不可移动文物的所有权不因其所依附的土地所有权或者使用权的改变而改变。

2) 属于国家所有的可移动文物范围

下列可移动文物，属于国家所有：①中国境内出土的文物，国家另有规定的除外；

②国有文物收藏单位以及其他国家机关、部队和国有企业、事业组织等收藏、保管的文物；③国家征集、购买的文物；④公民、法人和其他组织捐赠给国家的文物；⑤法律规定属于国家所有的其他文物。

属于国家所有的可移动文物的所有权不因其保管、收藏单位的终止或者变更而改变。

4. 属于集体所有和私人所有的文物保护范围

《文物保护法》规定，属于集体所有和私人所有的纪念建筑物、古建筑和祖传文物以及依法取得的其他文物，其所有权受法律保护。文物的所有者必须遵守国家有关文物保护的法律、法规的规定。

5. 有下列事迹的单位或者个人，由国家给予精神鼓励或者物质奖励

(1) 认真执行文物保护法律、法规，保护文物成绩显著的。
(2) 为保护文物与违法犯罪行为作坚决斗争的。
(3) 将个人收藏的重要文物捐献给国家或者为文物保护事业作出捐赠的。
(4) 发现文物及时上报或者上交，使文物得到保护的。
(5) 在考古发掘工作中作出重大贡献的。
(6) 在文物保护科学技术方面有重要发明创造或者其他重要贡献的。
(7) 在文物面临破坏危险时，抢救文物有功的。
(8) 长期从事文物工作，作出显著成绩的。

8.3.2 在文物保护单位保护范围和建设控制地带施工的规定

《文物保护法》规定，一切机关、组织和个人都有依法保护文物的义务。

1. 文物保护单位的保护范围

《文物保护法实施条例》规定，文物保护单位的保护范围，是指对文物保护单位本体及周围一定范围实施重点保护的区域。文物保护单位的保护范围，应当根据文物保护单位的类别、规模、内容以及周围环境的历史和现实情况合理划定，并在文物保护单位本体之外保持一定的安全距离，确保文物保护单位的真实性和完整性。

全国重点文物保护单位和省级文物保护单位自核定公布之日起1年内，由省、自治区、直辖市人民政府划定必要的保护范围，作出标志说明，建立记录档案，设置专门机构或者指定专人负责管理。

设区的市、自治州级和县级文物保护单位自核定公布之日起1年内，由核定公布该文物保护单位的人民政府划定保护范围，作出标志说明，建立记录档案，设置专门机构或者指定专人负责管理。

文物保护单位的标志说明，应当包括文物保护单位的级别、名称、公布机关、公布日期、立标机关、立标日期等内容。民族自治地区的文物保护单位的标志说明，应当同时用规范汉字和当地通用的少数民族文字书写。

2. 文物保护单位的建设控制地带

《文物保护法实施条例》规定，文物保护单位的建设控制地带，是指在文物保护单位

的保护范围外，为保护文物保护单位的安全、环境、历史风貌对建设项目加以限制的区域。文物保护单位的建设控制地带，应当根据文物保护单位的类别、规模、内容以及周围环境的历史和现实情况合理划定。

全国重点文物保护单位的建设控制地带，经省、自治区、直辖市人民政府批准，由省、自治区、直辖市人民政府的文物行政主管部门会同城乡规划行政主管部门划定并公布。

省级、设区的市、自治州级和县级文物保护单位的建设控制地带，经省、自治区、直辖市人民政府批准，由核定公布该文物保护单位的人民政府的文物行政主管部门会同城乡规划行政主管部门划定并公布。

3. 在文物保护单位保护范围和建设控制地带施工的规定

《文物保护法》规定，在文物保护单位的保护范围和建设控制地带内，不得建设污染文物保护单位及其环境的设施，不得进行可能影响文物保护单位安全及其环境的活动。对已有的污染文物保护单位及其环境的设施，应当限期治理。

1) 承担文物保护单位的修缮、迁移、重建工程的单位应当具有相应的资质证书

《文物保护法实施条例》规定，承担文物保护单位的修缮、迁移、重建工程的单位，应当同时具备文物行政主管部门发给的相应等级的文物保护工程资质证书和建设行政主管部门发给的相应等级的资质证书。其中，不涉及建筑活动的文物保护单位的修缮、迁移、承建，应当由取得文物行政主管部门发给的相应等级的文物保护工程资质证书的单位承担。

申领文物保护工程资质证书，应当具备下列条件：①有取得文物博物专业技术职务的人员；②有从事文物保护工程所需的技术设备；③法律、行政法规规定的其他条件。

申领文物保护工程资质证书，应当向省、自治区、直辖市人民政府文物行政主管部门或者国务院文物行政主管部门提出申请。省、自治区、直辖市人民政府文物行政主管部门或者国务院文物行政主管部门应当自收到申请之日起 30 个工作日内作出批准或者不批准的决定。决定批准的，发给相应等级的文物保护工程资质证书；决定不批准的，应当书面通知当事人并说明理由。

2) 在历史文化名城名镇名村保护范围内从事建设活动的相关规定

《历史文化名城名镇名村保护条例》规定，在历史文化名城、名镇、名村保护范围内禁止进行下列活动：①开山、采石、开矿等破坏传统格局和历史风貌的活动；②占用保护规划确定保留的园林绿地、河湖水系、道路等；③修建生产、储存爆炸性、易燃性、放射性、毒害性、腐蚀性物品的工厂、仓库等；④在历史建筑上刻画、涂污。

在历史文化名城、名镇、名村保护范围内进行下列活动，应当保护其传统格局、历史风貌和历史建筑；制定保护方案，经城市、县人民政府城乡规划主管部门会同同级文物主管部门批准，并依照有关法律、法规的规定办理相关手续：①改变园林绿地、河湖水系等自然状态的活动；②在核心保护范围内进行影视摄制、举办大型群众性活动；③其他影响传统格局、历史风貌或者历史建筑的活动。

在历史文化街区、名镇、名村核心保护范围内，不得进行新建、扩建活动。但是，新建、扩建必要的基础设施和公共服务设施除外。

在历史文化街区、名镇、名村核心保护范围内，拆除历史建筑以外的建筑物、构筑物或者其他设施的，应当经城市、县人民政府城乡规划主管部门会同同级文物主管部门批准。

任何单位或者个人不得损坏或者擅自迁移、拆除历史建筑。

3) 在文物保护单位保护范围和建设控制地带内从事建设活动的相关规定

《文物保护法》规定，文物保护单位的保护范围内不得进行其他建设工程或者爆破、钻探、挖掘等作业。但是，因特殊情况需要在文物保护单位的保护范围内进行其他建设工程或者爆破、钻探、挖掘等作业的，必须保证文物保护单位的安全。并经核定公布该文物保护单位的人民政府批准，在批准前应当征得上一级人民政府文物行政部门同意；在全国重点文物保护单位的保护范围内进行其他建设工程或者爆破、钻探、挖掘等作业的，必须经省、自治区、直辖市人民政府批准，在批准前应当征得国务院文物行政部门同意。

在文物保护单位的建设控制地带内进行建设工程，不得破坏文物保护单位的历史风貌；工程设计方案应当根据文物保护单位的级别，经相应的文物行政部门同意后，报城乡建设规划部门批准。

4) 文物修缮保护工程的设计施工管理

《文物保护法实施细则》规定，全国重点文物保护单位和国家文物局认为有必要由其审查批准的省、自治区、直辖市级文物保护单位的修缮计划和设计施工方案，由国家文物局审查批准。省、自治区、直辖市级和县、自治县、市级文物保护单位的修缮计划和设计施工方案，省、自治区、直辖市人民政府文物行政管理部门审查批准。文物修缮保护工程应当接受审批机关的监督和指导。工程竣工时，应当报审批机关验收。

文物修缮保护工程的勘察设计单位，施工单位应当执行国家有关规定，保证工程质量。

8.3.3 施工发现文物报告和保护的规定

《文物保护法》规定，地下埋藏的文物，任何单位或者个人都不得私自发掘。考古发掘的文物，任何单位或者个人不得侵占。

1. 配合建设工程进行考古发掘工作的规定

进行大型基本建设工程，建设单位应当事先报请省、自治区、直辖市人民政府文物行政部门组织从事考古发掘的单位在工程范围内有可能埋藏文物的地方进行考古调查、勘探。

确因建设工期紧迫或者有自然破坏危险，对古文化遗址、古墓葬急需进行抢救发掘的，由省、自治区、直辖市人民政府文物行政部门组织发掘，并同时补办审批手续。

2. 施工发现文物的报告和保护

《文物保护法》规定，在进行建设工程或者在农业生产中，任何单位或者个人发现文物，应当保护现场，立即报告当地文物行政部门，文物行政部门接到报告后，如无特殊情况，应当在24小时内赶赴现场，并在7日内提出处理意见。

依照以上规定发现的文物属于国家所有，任何单位或者个人不得哄抢、私分、藏匿。

《文物保护法实施细则》进一步规定，在进行建设工程中发现古遗址、古墓葬必须发掘时，由省、自治区、直辖市人民政府文物行政管理部门组织力量及时发掘；特别重要的建设工程和跨省，自治区、直辖市的建设工程范围内的考古发掘工作，由国家文物局组织实施，发掘未结束前不得继续施工。

在配合建设工程进行的考古发掘工作中，建设单位、施工单位应当配合考古发掘单位，保护出土文物或者遗迹的安全。

8.3.4 违法行为应承担的法律责任

对施工中文物保护违法行为应承担的主要法律责任如下。

1. 哄抢、私分国有文物等违法行为应承担的法律责任

《文物保护法》规定，有下列行为之一，构成犯罪的，依法追究刑事责任：①盗掘文化遗址、古墓葬的；②故意或者过失损毁国家保护的珍贵文物的；③擅自将国家馆藏文物出售或者私自送给外国有关单位或者个人的；④将国家禁止出境的珍贵文物私自出售或者送给外国人的；⑤以牟利为目的倒卖国家禁止经营的文物的；⑥走私文物的；⑦盗窃、哄抢、私分或者非法侵占国有文物的；⑧应当追究刑事责任的其他妨害文物管理行为。

造成文物灭失、损毁的，依法承担民事责任。构成违反治安管理行为的，由公安机关依法给予治安管理处罚。构成走私行为，尚不构成犯罪的，由海关依照有关法律、行政法规的规定给予处罚。

有下列行为之一，尚不构成犯罪的，由县级以上人民政府文物主管部门会同公安机关追缴文物；情节严重的，处5000元以上5万元以下的罚款：①发现文物隐匿不报或者拒不上交的；②未按照规定移交拣选文物的。

2. 在文物保护单位的保护范围和建设控制地带内进行建设工程违法行为应承担的法律责任

《文物保护法》规定，有下列行为之一，尚不构成犯罪的，由县级以上人民政府文物主管部门责令改正，造成严重后果的，处5万元以上50万元以下的罚款；情节严重的，由原发证机关吊销资质证书：①擅自在文物保护单位的保护范围内进行建设工程或者爆破、钻探、挖掘等作业的；②在文物保护单位的建设控制地带内进行建设工程，其工程设计方案未经文物行政部门同意、报城乡建设规划部门批准，对文物保护单位的历史风貌造成破坏的；③擅自迁移、拆除不可移动文物的；④擅自修缮不可移动文物，明显改变文物原状的；⑤擅自在原址重建已全部毁坏的不可移动文物，造成文物破坏的；⑥施工单位未取得文物保护工程资质证书，擅自从事文物修缮、迁移、重建的。

刻画、涂污或者损坏文物尚不严重的，或者损毁依法设立的文物保护单位标志的，由公安机关或者文物所在单位给予警告，可以并处罚款。

在文物保护单位的保护范围内或者建设控制地带内建设污染文物保护单位及其环境的设施的，或者对已有的污染文物保护单位及其环境的设施未在规定的期限内完成治理的，由环境保护行政部门依照有关法律、法规的规定给予处罚。

3. 历史文化名城名镇名村保护范围内违法行为应承担的法律责任

《历史文化名城名镇名村保护条例》规定，在历史文化名城、名镇、名村保护范围内有下列行为之一的，由城市、县人民政府城乡规划主管部门责令停止违法行为、限期恢复原状或者采取其他补救措施；有违法所得的，没收违法所得；逾期不恢复原状或者不采取其他补救措施的，城乡规划主管部门可以指定有能力的单位代为恢复原状或者采取其他补救措施工所需费用由违法者承担；造成严重后果的，对单位并处50万元以上100万元以下的罚款，对个人并处 5 万元以上 10 万元以下的罚款；造成损失的，依法承担赔偿责任：①开山、采石、开矿等破坏传统格局和历史风貌的；②占用保护规划确定保留的园林绿地、河湖水系、道路等的；③修建生产、储存爆炸性、易燃性、放射性、毒害性、腐蚀性物品的工厂、仓库等的。

未经城乡规划主管部门会同同级文物主管部门批准，有下列行为之一的，由城市、县人民政府城乡规划主管部门责令停止违法行为、限期恢复原状或者采取其他补救措施；有违法所得的，没收违法所得；逾期不恢复原状或者不采取其他补救措施的，城乡规划主管部门可以指定有能力的单位代为恢复原状或者采取其他补救措施，所需费用由违法者承担；造成严重后果的，对单位并处 5 万元以上 10 万元以下的罚款，对个人并处 1 万元以上 5 万元以下的罚款；造成损失的，依法承担赔偿责任：①改变园林绿地、河湖水系等自然状态的；②进行影视摄制、举办大型群众性活动的；③拆除历史建筑以外的建筑物、构筑物或者其他设施的；④对历史建筑进行外部修缮装饰、添加设施以及改变历史建筑的结构或者使用性质的；⑤其他影响传统格局、历史风貌或者历史建筑的。有关单位或者个人经批准进行上述活动，但是在活动过程中对传统格局、历史风貌或者历史建筑构成破坏性影响的，依照以上规定予以处罚。

损坏或者擅自迁移、拆除历史建筑的，由城市、县人民政府城乡规划主管部门责令停止违法行为、限期恢复原状或者采取其他补救措施；有违法所得的，没收违法所得；逾期不恢复原状或者不采取其他补救措施的，城乡规划主管部门可以指定有能力的单位代为恢复原状或者采取其他补救措施，所需费用由违法者承担；造成严重后果的，对单位并处 20 万元以上 50 万元以下的罚款，对个人并处 10 万元以上 20 万元以下的罚款；造成损失的，依法承担赔偿责任。

擅自设置、移动、涂改或者损毁历史文化街区、名镇、名村标识牌的，由城市、县人民政府城乡规划主管部门责令限期改正，逾期不改正的，对单位处 1 万元以上 5 万元以下的罚款，对个人处 1000 元以上 1 万元以下的罚款。

习 题

一、单项选择题

1. 可能产生环境噪声污染的，应当由(　　)提出环境影响报告书。
   A. 项目经理　　　　　　　　　　B. 建设单位
   C. 施工单位　　　　　　　　　　D. 环境保护行政主管部门
2. 环境保护"三同时"制度是指建设项目需要配套的环境保护设施，必须与主体工程(　　)。
   A. 同时设计、同时评价、同时投产使用　B. 同时投资、同时施工、同时竣工验收
   C. 同时设计、同时施工、同时投产使用　D. 同时投资、同时施工、同时竣工验收
3. 关于施工现场环境噪声污染防治的说法，正确的是(　　)。
   A. 国家对环境噪声污染严重的落后设备实行淘汰制度
   B. 土石方施工阶段，噪声限值是昼间 70dB，夜间 55dB

C. 打桩施工阶段，噪声限值是昼间80dB，夜间禁止施工
D. 在城市市区噪声敏感建筑物集中区域内，禁止夜间进行任何产生环境噪声污染的建筑施工作业

4. 按照《建筑施工场界噪声限值》(GB 12523—1990)的规定，打桩施工阶段噪声限值是昼间(　　)，夜间(　　)。
   A. 85、禁止　　　B. 75、55　　　C. 70、55　　　D. 62、55

5. 某大型项目由于未进行配套环境保护措施的技术论证，其环境影响评价文件未获批准，关于该项目的立项和开工，下列说法中正确的是(　　)。
   A. 可以先批准立项，但建设单位不得开工
   B. 不得批准立项，建设单位不得开工
   C. 不得批准立项，但建设单位可以先开工
   D. 可以先批准立项，建设单位可以先开工

6. 在城市市区噪声敏感区域内，禁止夜间进行生产噪声污染的施工作业，但个别情况除外，必须(　　)。
   A. 向附近居民支付赔偿费用　　B. 公告附近居民
   C. 报经环境行政主管部门审批　　D. 与居民代表进行协商

7. 《环境噪声污染防治法》规定，在城市市区噪声敏感建筑物集中区域内，禁止夜间进行产生环境噪声污染的建筑施工作业，因特殊原因必须连续作业的，必须有县级以上人民政府或者有关主管部门的证明，但以下夜间施工无须取得证明的是(　　)。
   A. 配合建设单位24小时联动试车　　B. 为避免冬期施工进行抢工
   C. 自来水管道爆裂进行抢修　　D. 亚运会开幕时间临近必须抢工

8. 结构施工、安装装饰装修阶段，达到作业区目测扬尘高度小于(　　)，不扩散到厂区外。
   A. 0.1m　　　B. 0.3m　　　C. 0.5m　　　D. 1m

9. 下列各项，《水污染防治法》未作禁止规定的是(　　)。
   A. 向水体排放热水　　B. 向水体排放、倾倒剧毒废物
   C. 向水体排放油类、酸液、碱液　　D. 向水体排放和倾倒工业废渣、城市垃圾

10. 我国《固体废物污染防治法》中第三章对于固体废物污染环境问题做了有关规定，下列选项叙述不正确的是(　　)。
    A. 禁止境外废物进境倾倒、堆放
    B. 禁止向水体排放油类、酸类废液
    C. 禁止将危险物与旅客用同一运输工具运载
    D. 禁止经中华人民共和国过境转移危险废物

11. 生产环境噪声污染的企事业单位在拆除或(　　)环境噪声污染防治设施时，必须事先经过所在地县级以上地方政府环境保护行政主管部门批准。
    A. 维修　　　B. 检测　　　C. 闲置　　　D. 使用

12. 根据《节约能源法》的规定，以下不属于用能单位能源消费方式的是(　　)。
    A. 分类计量　　B. 包费制　　C. 分类统计　　D. 利用状况分析

13. 某建筑设计注册执业人员在施工图纸设计过程中严重违反了民用建筑节能强制性

标准的规定,造成严重后果,按照《民用建筑节能条例》的规定,可由颁发资格证书的部门吊销职业资格证书( )内不予注册。

  A. 3个月 B. 1年 C. 3年 D. 5年

14. 历史上各个时期的重要实物、艺术品、文献、手稿、图书资料、代表性实物等可移动文物分为( )和( )。

  A. 一般文物、重点文物 B. 一般文物、珍贵文物
  C. 一级文物、珍贵文物 D. 二级文物、三级文物

15. 下列可移动文物中不属于国家所有的是( )。

  A. 中国境内出土的文物,国家另有规定的除外 B. 国有文物收藏单位的文物
  C. 民众自有文物 D. 国家购买的文物

16. 在全国重点文物保护单位的保护范围内进行爆破、钻探、挖掘作业的,必须经( )批准。

  A. 县级人民政府 B. 省级人民政府
  C. 国务院 D. 省级文物行政部门

17. 在建设工程中发现文物应立即报告当地文物行政部门,文物行政部门接到报告后无特殊情况应在24小时之内赶赴现场,并在( )日内提出处理意见。

  A. 5 B. 6 C. 7 D. 10

18. 某施工单位擅自拆迁、拆除不可移动文物,不构成犯罪的,处以( )。

  A. 由省级以上人民政府文物主管部门责令改正
  B. 由县级以上人民政府文物主管部门责令改正
  C. 50万元以上罚款
  D. 由国家文物主管部门责令改正

二、多项选择题

1. 建设项目中防治污染的设施,必须与主体工程同时( )。

  A. 立项 B. 竣工 C. 设计
  D. 施工 E. 投入使用

2. 为了有效地防治扬尘大气污染,施工现场采取比较得当的措施包括( )。

  A. 运送土方车辆密闭严密 B. 施工现场出口设置洗车槽
  C. 堆放的土方洒水、覆盖 D. 建筑垃圾分类堆放 E. 地面硬化处理

3. 我国《固体废物污染防治法》中对危险废物污染的规定,下列叙述正确的有( )。

  A. 禁止危险物和非危险物混存
  B. 禁止经中华人民共和国过境转移危险物
  C. 禁止将危险物与旅客用同一运输工具运载
  D. 禁止进口不能用作原料的固体废弃物
  E. 禁止向水体排放和倾倒工业废渣及城市垃圾

4. 根据施工现场固体废物的减量化和回收再利用的要求,施工单位应采取的有效措施包括( )。

  A. 生活垃圾袋装化 B. 建筑垃圾分类化 C. 建筑垃圾及时清运

D. 设置封闭式垃圾容器　　　　E. 建筑垃圾集中化

5. (　　)不得在建筑活动中使用列入禁止使用目录的技术、工艺、材料和设备。

　　A. 建设单位　　　　B. 监理单位　　　　C. 设计单位
　　D. 勘察单位　　　　E. 施工单位

6. 某省辖区某市市区内发现的古文化遗址被确定为全国重点文物保护单位，则其建设控制地带由(　　)划定。

　　A. 文物行政主管部门　　　　B. 文物行下主管部门　　　　C. 级规划行政主管部门
　　D. 规划行政主管部门　　　　E. 国家文物局

实训 8.1　准备建筑施工噪声排放申报材料

1. 建筑施工排放污染物申报登记办理凭证；
2. 《建筑施工噪声许可证》申请登记表；
3. 《建筑施工计划表》；
4. 要求环境监理的项目应提交环境监理噪声污染防治方案和环境监理机构定期审核意见。因地质、地形等条件限制确需使用锤击桩机、蒸汽桩机的，须提交建设部门或有地质勘探资质单位的证明材料。标准楼层混凝土需连续浇灌不宜留施工缝的须提交施工设计方案、图纸复印件并验原件。

实训 8.2　制定施工现场扬尘污染防治方案

本工程为商住楼房，框架结构。基础为挖孔灌注桩和独立柱基。具体编制内容可参考如下：

1. 编制依据；
2. 工程概况；
3. 具体措施。

第 9 章 解决建设工程纠纷法律制度

学习任务

- ◆ 了解建设工程纠纷主要种类。
- ◆ 熟悉民事诉讼制度。
- ◆ 掌握仲裁制度。
- ◆ 熟悉调解制度。
- ◆ 熟悉和解制度。
- ◆ 掌握矛盾争议制度。
- ◆ 熟悉行政复议和行政诉讼制度。

学习目标

知识要点	能力目标
建设工程纠纷的主要种类及法律解决途径	能够根据纠纷选择合适的解决纠纷的方式
民事诉讼制度	能够编写起诉书及独立进行诉讼
仲裁制度	能够独立进行仲裁的申请、受理、开庭和裁决执行
调解制度及和解制度	能够独立进行和解或者调解
行政复议制度 行政诉讼制度	能够独立进行行政复议和行政诉讼

核心概念

民事诉讼、仲裁、调解、和解、争议评审、行政复议、行政诉讼

 引导案例

甲公司开发某地产项目，乙建筑公司经过招标程序中标并签订了施工总承包合同。施工中乙公司将水电安装工程分包给丙水电设备建筑安装公司。丙公司又将部分水电安装的施工劳动作业分包给包工头蔡某。施工中因甲公司拖欠乙公司工程款，继而乙公司拖欠丙公司工程款，丙公司拖欠蔡某的劳务费。当蔡某得知这个情况后，在起诉丙公司的同时，将甲公司也起诉到法院要求支付被拖欠的劳务费。甲公司认为自己与蔡某没有合同关系，

遂提出诉讼主体异议,丙公司认为蔡某不具备劳务施工资质,不具备签约能力,合同无效,也不能成为原告。

(1) 蔡某可否在起诉丙公司的同时也起诉甲公司即发包方?
(2) 可否起诉乙公司?
(3) 甲公司、乙公司、丙公司与蔡某之间的关系是怎样的?
(4) 它们之间是否具有法律效力?

9.1 建设工程纠纷主要种类和法律解决途径

所谓法律纠纷,是指公民、法人、其他组织之间因人身、财产或者其他法律关系的发生的对抗冲突(或者争议),主要包括民事纠纷、行政纠纷、刑事纠纷。民事纠纷是平等主体间的有关人身财产权的纠纷;行政纠纷是行政机关之间或者行政机关,同公民法人和其他组织之间,由于行政行为而产生的纠纷;刑事纠纷是因犯罪而产生的纠纷。

9.1.1 建设工程纠纷的主要种类

建设工程项目通常具有投资大、建造周期长、技术要求高、协作关系复杂和行政监管严格等特点,因而在建设工程领域里常见的是民事纠纷和行政纠纷。

1. 建设工程民事纠纷

建设工程民事纠纷是指正在建设工程活动中平等主体之间发生的以民事权利义务法律关系为内容的争议。民事纠纷可分为两大类:一类是财产关系方面的民事纠纷,如合同纠纷、损害赔偿纠纷的等;另一类是人身关系的民事纠纷,如名誉权纠纷、继承权纠纷等。

民事纠纷的特点有三:第一,民事纠纷主体之间的法律地位平等;第二,民事纠纷的内容是对民事权利义务的争议;第三,民事纠纷的可处分性。主要是针对有关财产关系的民事纠纷,而有关人身关系的民事纠纷多具有不可处分性。在建设工程领域,较为普遍和重要的民事纠纷,主要是合同纠纷和侵权纠纷。

合同纠纷,是指因合同的生效、解释、履行、变更、终止等行为而引起合同当事人之间的所有争议。合同纠纷的内容主要表现在争议主体对于导致合同法律关系产生、变更与消灭的法律事实以及法律关系的内容有着不同的观点与看法。合同纠纷的范围涵盖了一项合同从成立到终止的整个过程。在建设工程领域合同纠纷主要有工程总承包合同纠纷、工程勘察合同纠纷、工程设计合同纠纷、工程施工合同纠纷、工程监理合同纠纷、工程分包合同纠纷、材料设备采购合同纠纷以及劳动合同纠纷等。

侵权纠纷,是指一方当事人对另一方侵权而产生的纠纷。在建设工程领域也易发生侵权纠纷,如施工单位在施工中未采取相应防范措施造成他方损害而产生的侵权纠纷、未经许可使用他方的专利、工法等而造成的知识产权侵权纠纷等。

发包人和承包人就有关工期质量、造价等产生的建设工程合同争议,是建设工程领域最常见的民事纠纷。

2. 建设工程行政纠纷

建设工程行政纠纷，是在建设工程活动中行政机关之间或行政机关同公民、法人和其他组织之间由于行政行为而引起的纠纷，包括行政争议和行政案件。在行政法律关系中，行政机关对公民、法人和其他组织形式行政管理职权，应当依法行政；公民、法人和其他组织也应当自发约束自己的行为，做到自觉守法。在各种行政纠纷中，既有因行政机关超越职权、滥用职权、行政不作为、违反法定程序、事实认定错误、适用法律错误等所引起的纠纷，也有公民、法人或者其他组织逃避监督管理、非法抗拒监督管理或误解法律规定等而产生的纠纷。

行政机关的行政行为具有以下特征。

(1) 行政行为是执行法律的行为。任何行政行为均须有法律根据，具有从属法律性，没有法律的明确规定或者授权，行政主体不得做出任何行政行为。

(2) 行政行为具有一定的裁量性。这是由立法技术本身的局限性和行政管理的广泛性、变动性、应变性所决定的。

(3) 行政主体在实施行政行为时具有单方意志性，不必与行政相对方协商或征得其同意，即可依法自主作出。

(4) 行政行为是以国家强制力保障实施的，带有强制性。行政相对方必须服从并配合行政行为，否则行政主体将予以制裁或者强制执行。

(5) 行政行为以无偿为原则，以有偿为例外。只有当特定行政相对人承担了特别公共负担，或者分享了特殊公共利益时，方可为有偿的。

在建设工程领域，行政机关易引发行政纠纷的具体行政行为主要有以下几种。

(1) 行政许可，即行政机关根据公民、法人或者其他组织的申请，经依法审查，准予其从事特定活动的行政管理行为，如施工许可、专业人员职业资格注册、企业资质等级核准、安全生产许可等。行政许可引发的行政纠纷，通常是行政机关的行政不作为、违反法定程序等。

(2) 行政处罚，是指行政机关或其他行政主体依法定职权和程序对违反行政法规尚未构成犯罪的相对人给予行政制裁的具体行政行为。常见的行政处罚为警告、罚款、没收违法所得、取消投标资格、责令停止施工、责令停业整顿、降低资质等级、吊销资质证书等。行政处罚易导致的行政纠纷，通常是行政处罚超越职权、滥用职权、违反法定程序、事实认定错误、适用法律错误的等。

(3) 行政奖励，即行政机关依照条件和程序，给国家社会和建设事业作出重大贡献的个人和单位，给予物质或精神鼓励的具体行政行为，如表彰建设系统先进集体、劳动模范和先进工作者等。行政奖励引发的行政纠纷，通常是违反程序、滥用职权、行政不作为等。

(4) 行政裁决，即行政机关或法定授权的组织，依照法律授权，对平等主体之间发生的与行政管理活动密切相关的特定的民事纠纷被进行审查，并作出裁决的具体行政行为，如对特定的侵权纠纷、损害赔偿纠纷、权属纠纷、国有资产权纠纷以及劳动工资、经济补偿纠纷等的裁决。行政裁决引发的行政纠纷，经常是行政裁决违反法定程序、事实认定错误、适用法律错误等。

9.1.2 民事纠纷的法律解决途径

民事纠纷的法律解决途径主要有和解、调节、仲裁、诉讼四种。如《合同法》规定，当事人可以通过和解或者调解解决合同争议。当事人不愿和解、调解或者和解、调解不成的，可以根据仲裁协议向仲裁机构申请仲裁，涉外合同的当事人可以根据仲裁协议向中国仲裁机构或者其他仲裁机构申请仲裁，当事人没有订立仲裁协议或者仲裁协议无效的，可以向人民法院起诉，只能应当履行发生法律效力的判决，仲裁裁决调解书，拒不履行的，对方可以申请人民法院执行。

1. 和解

和解是民事纠纷的当事人在自愿互谅的基础上，就已经发生的争议进行协商妥协与让步并达成协议，自行解决争议的一种方式。通常它不仅从形式上要求当事人之间的对抗，还从心理上消除对抗。

和解可以在民事纠纷的任何阶段进行，无论是否已经进入诉讼或仲裁程序，只要终审裁判未生效或者仲裁裁决未作出，当事人均可自行和解。如诉讼当事人之间为处理和结束诉讼而达成了解决争议问题的妥协或协议，这结果是撤回起诉或中止诉讼而无须判决。和解也可与仲裁、诉讼程序相结合：当事人达成和解协议的，已提出仲裁的，可以请求仲裁庭根据和解协议作出裁决书或调解书；已提起诉讼的，可以请求法院在和解协议基础上制作调解书，或者当事人双方达成和解协议，由法院记录在卷。

2. 调解

调解是指双方当事人以外的第三方应纠纷当事人的请求，以法律、法规和政策或合同约定，以及社会公德为依据，对纠纷双方进行疏导劝说，促使他们相互谅解，进行协商，自愿达成协议解决纠纷的活动。

调解的主要方式是人民调解、行政调解、仲裁调解、司法调解、行业调解以及专业机构调解。

3. 仲裁

仲裁是当事人根据在纠纷发生前或纠纷发生后达成的协议，自愿将纠纷提交第三方作出裁决，纠纷各方都有义务执行该裁决的一种解决纠纷的方式。仲裁机构和法院不同。法院行使国家所赋予的审判权，向法院起诉，不需要双方当事人在诉讼前达成协议，只要一方当事人向有审判权管辖的法院起诉，经法院受理后，另一方必须应诉。仲裁机构通常是民间团体的性质其受理案件的管辖权来自双方协议，没有协议就无权受理仲裁。但是，有效的仲裁协议，可以排除法院的管辖权；纠纷发生后，一方当事人提起仲裁的，另一方必须仲裁。

根据《仲裁法》的规定，该法的调整范围仅限于民商事仲裁，即平等主体的公民、法人和其他组织之间发生的合同纠纷和其他财产权纠纷、劳动争议仲裁等不受仲裁法的调整，依法应当由行政机关处理的行政争议等不能仲裁。

仲裁的基本特点如下。

1) 自愿性

当事人的自愿性是仲裁最突出的特点。仲裁是最能够充分体现当事人意思自治原则的争议解决方式。仲裁以当事人的自愿为前提，即是否将纠纷提交仲裁、向哪个仲裁委员会申请仲裁、仲裁庭如何组成仲裁员的选择，以及仲裁的审理方式、开庭形式等，都是在当事人自愿的基础上，由当事人协商确定的。

2) 专业性

专家裁案，是民商事仲裁的重要特点之一。民商事仲裁往往涉及不同行业的专业知识，如建设工程纠纷的处理，不仅涉及与工程建设有关的法律法规，还常常需要运用大量的工程造价、工程质量方面的专业知识，以及熟悉建筑业自身特有的交易习惯和行业惯例。仲裁机构的仲裁员是来自各行业具有一定专业水平的专家，精通专业知识，熟悉行业规则，对公正高效处理纠纷，确保仲裁结果公正准确，发挥着关键作用。

3) 独立性

《仲裁法》规定，仲裁委员会独立于行政机关，与行政机关没有隶属关系，仲裁委员会之间也没有隶属关系。

在仲裁过程中，仲裁庭独立进行仲裁，不受任何行政机关、社会团体和个人干涉，也不受其他仲裁机构的干涉，具有独立性。

4) 保密性

仲裁以不公开审理为原则。同时，当事人及其代理人、证人、翻译、仲裁员、仲裁庭咨询的专家和指定的鉴定人、仲裁委员会的工作人员要遵守保密义务，不得对外界透露案件实体和程序的有关情况。因此，可以有效地保护当事人的商业秘密和商业信誉。

5) 快捷性

仲裁实行一裁终局制度，仲裁裁决一经作出即发生法律效力。仲裁裁决不能上诉，使得当事人之间的纠纷能够迅速解决。

4. 诉讼

民事诉讼是指人民法院在当事人和其他诉讼参与人的参加下，以审理、裁判、执等行方式解决民事纠纷的活动，以及由此产生的各种诉讼关系的总和。参与人包括原告、被告、第三人、证人、鉴定人、勘验人等。

在我国《民事诉讼法》是调整和规范法院及诉讼参与人的各种民事诉讼活动的基本法律，民事诉讼的基本特征有以下几点。

1) 公权性

民事诉讼是由人民法院代表国家意志行使的司法审判权，通过司法手段解决平等民事主体之间的纠纷。在法院主导下，诉讼参与人围绕民事纠纷的解决，进行着能产生法律后果的活动。它不同于群众自治组织性质的人民调解委员会，以调解方式解决纠纷，也不同于民间性质的仲裁委员会仲裁方式解决纠纷。

民事诉讼主要是法院与纠纷当事人之间的关系，但也涉及其他诉讼参与人，包括证人、鉴定人、翻译人员、专家辅助人员、协助执行人等，在诉讼和解时还表现为纠纷当事人之间的关系。

2) 程序性

民事诉讼是依照法定程序进行的诉讼活动，无论是法院还是当事人和其他诉讼参与人，都需要严格按照法律规定的程序和方式实施诉讼行为，违反诉讼程序常常会引起一定的法律后果，或者达不到合同目的，如法院的裁判被上级的法院核销，当事人失去为某种诉讼行为的权利等。

民事诉讼范围，一审程序、二审程序和执行程序三大诉讼阶段。并非每个案件都要经过这三个阶段，有的案件一审就终结，有的需要二审终结，有的不需要启动运行程序。但如果案件需要经历诉讼全部过程，按照上述顺序依次进行。

3) 强制性

强制性是公权力的重要属性。民事诉讼的强制性表现在案件的受理上，又反映在裁决的执行上。调解仲裁应建立在当事人自愿的基础上，只有一方当事人不愿意进行，调解和仲裁将不会发生。但民事诉讼不同，只要原告的起诉符合法定条件，无论被告是否愿意，诉讼都会发生。此外和解、调解协议的履行，依靠当事人的自觉，不具有强制执行的效力，但法院的裁判则具有强制执行的效力，一方当事人不履行判决或裁定，另一方当事人可以申请法院强制执行。

9.1.3 行政纠纷的法律解决途径

行政纠纷的法律解决途径主要有两种，即行政复议和行政诉讼。

1. 行政复议

行政复议是公民、法人和其他组织，认为行政机关的具体行政行为侵犯其合法权益，依法请求法定的行政复议机关审查该具体行政行为的合法性和适当性，该复议机关依照法定程序对该具体行政行为进行审查，并作出行政复议解决定的法律制度。这是公民、法人或其他组织通过行政救济途径解决行政争议的一种方法。

行政复议的基本特点是：①提出行政复议的必须是认为行政机关行使职权的行为，侵犯其合法权益的公民、法人和其他组织；②当事人提出行政复议，必须是在行政机关已作出行政决定之后，若行政机关尚未作出决定，不存在复议问题，复议的任务是解决行政争议，而不是解决民事或其他争议；③当事人对行政机关的行政决定不服从，只能按照法律规定，向有行政复议权的行政机关申请复议；④行政复议以书面审查为主，不调解为原则。行政复议的结论作出后，即具有法律效力。法律未规定复议决定为终局裁决的当事人，对复议决定不服从的，可以按照行政诉讼法的规定向人民法院提请诉讼。

2. 行政诉讼

除法律法规定，必须先申请行政复议的以外，行政纠纷的当事人可以自主选择申请行政复议，还是提起行政诉讼。行政诉讼是公民、法人或其他组织依法请求法院对行政机关具体行政行为的合法性进行审查，并依法裁判的法律制度。

行政诉讼的主要特征是：①行政诉讼是法院解决行政机关实施具体行政行为时，与公民、法人或其他组织发生的争议；②行政诉讼，为公民、法人或其他组织提供法律救济的同时，具有监督行政机关依法行政的功能；③行政诉讼的被告与原告是恒定的，即被告只能是行政机关，原告则是作为行政行为相对人的公民、法人或其他组织，不可能互易诉讼身份。

9.2 民事诉讼制度

9.2.1 民事诉讼的法院管辖

民事诉讼中的管辖是指各级法院之间和同级法院之间受理的第一审民事案件的分工和权限。

1. 级别管辖

级别管辖，是指按照一定的标准，划分上下级别法院之间受理第一审民事案件的分工和权限。我国法院有四级，分别是基层人民法院、中级人民法院、高级人民法院和最高人民法院，每一级均受理一审民事案件。我国《民事诉讼法》主要根据案件的性质、复杂程度和案件影响来确定级别管辖。但实践中，争议标的金额的大小，往往是确定级别管辖的重要依据，各地人民法院确定的级别管辖争议标的数额标准不尽相同。

根据《全国各省、自治区、直辖市高级人民法院和中级人民法院管辖第一审民商事案件标准》高级人民法院管辖下列第一审民商事案件：

广东高级人民法院可管辖诉讼标的额在 3 亿元以上的第一审民商事案件，以及诉讼标的额在 2 亿元以上，且当事人一方住所地不在本辖区或者涉外、涉港澳台的第一审民商事案件。

北京、上海、江苏、浙江高级人民法院可管辖诉讼标的额在 2 亿元以上的一审民商事案件，以及诉讼标的额 1 亿元以上，且当事人一方住所地不在本辖区或者涉外、涉港澳台的第一审民商事案件。

天津、重庆、山东、福建、湖北、湖南、河南、辽宁、吉林、黑龙江、广西、安徽、江西、四川、海南、云南高级人民法院，可管辖诉讼标的额在 1 亿元以上的一审民商事案件，以及诉讼标的额在 5000 万元以上且当事人一方住所地不在本辖区或者涉外、涉港澳台的第一审民商事案件。

甘肃、贵州、新疆、内蒙古高级人民法院和新疆生产建设兵团法院，可管辖诉讼标的额在 5000 万元以上的第一审民商事案件，以及诉讼标的额在 2000 万元以上且当事人一方住所地不在本辖区或者涉外、涉港澳台的第一审民商事案件。

青海、宁夏高级人民法院可管辖诉讼标的额在 2000 万元以上的第一审民商事案件，以及诉讼标的额在 1000 万元以上且当事人一方住所地不在本辖区或者涉外、涉港澳台的第一审民商事案件。

西藏高级人民法院管辖诉讼标的额在 2000 万元以上的第一审民商事案件，以及诉讼标的额在 500 万元以上且当事人一方住所地不在本辖区或者涉外、涉港澳台的第一审民商事案件。

中级人民法院管辖的第一审民商事案件由高级人民法院自行确定，并经最高人民法院批准。

2. 地域管辖

地域管辖是指按照各法院的辖区和民事案件的隶属关系，划分同等级法院受理第一审民商事案件的分工和权限。地域管辖实际上是以法院与当事人、诉讼标的以及法律事实之间的隶属关系和关联关系来确定的，主要包括一般地域管辖、特殊地域管辖、专属管辖。

3. 移送管辖和指定管辖

1) 移送管辖

人民法院发现受理的案件不属于本院管辖的，应当移送有管辖权的人民法院，受移送的人民法院应当受理。受移送的人民法院认为受移送的案件依照规定不属于本院管辖的，应当报请上级人民法院指定管辖，不得再自行移送。

2) 指定管辖

有管辖权的人民法院由于特殊原因，不能行使管辖权的，由上级人民法院指定管辖。人民法院之间因管辖权发生争议，由争议双方协商解决；协商不成的，报请其共同上级人民法院指定管辖。

9.2.2 民事诉讼当事人和代理人

1. 当事人

民事诉讼中的当事人，是指因民事权利和义务发生争议，以自己的名义进行诉讼，请求人民法院进行裁判的公民、法人或者其他组织。狭义的民事诉讼当事人包括原告和被告。广义的民事诉讼当事人包括原告、被告、共同诉讼人和第三人。

2. 诉讼代理人

诉讼代理人，是指根据法律规定或当事人的委托，代理当事人进行民事诉讼活动的人。与代理分为法定代理、委托代理和指定代理相一致，诉讼代理人通常也可以分为法定诉讼代理人、委托诉讼代理人和指定诉讼代理人。在建设工程领域，最常见的是委托诉讼代理人。

9.2.3 民事诉讼证据的种类、保全和应用

证据，是指在诉讼中能够证明案件真实情况的各种资料。当事人要证明自己提出的主张，需要向法院提供相应的证据资料。

掌握证据的种类才能正确收集证据；掌握证据的保全才能不使对自己有利的证据灭失；掌握证据的应用才能真正发挥证据的作用。

1. 证据的种类

根据民事诉讼法的规定，根据表现形式的不同，民事证据有以下 7 种，分别是书证、物证、视听资料、证人证言、当事人的陈述、鉴定结论、勘验笔录。

2. 证据的保全

证据保全，是指证据可能灭失或者以后难以取得的情况下，法院根据申请人的申请或

依职权,对证据加以固定和保护的制度。

3. 证据的应用

1) 举证时限

所谓举证时限,是指法律规定或法院、仲裁机构指定的当事人能够有效举证的期限。举证时限是一种限制当事人诉讼行为的制度,其主要目的在于促使当事人积极举证,提高诉讼效率,防止当事人违背诚实信用原则,在证据上搞"突然袭击"或拖延诉讼。

举证时限制度对当事人举证的有效性和法院裁判有很大的影响。如果当事人没有在法律规定或法院、仲裁机构指定的期限内提交证据,将视为当事人放弃举证权利,法院、仲裁机构有权利不组织质证或不予接受,当事人将承担举证不能的法律后果。

人民法院在送达案件受理通知书和应诉通知书的同时向当事人送达举证通知书,举证通知书应当载明人民法院根据案件情况指定的举证期限以及逾期提供证据的法律后果。在适用一审普通程序审理民事案件时,人民法院指定当事人提供证据,证明其主张的基础事实的限制,该期限不得少于30日。但是人民法院在征得双方当事人同意后,指定的举证期限可以少于30日。举证期限届满后,针对某一特定事实或特定证据或者基于特定原因,人民法院可以根据案件的具体情况,酌情指定当事人提供证据或者反证据期限,该期限不受不得少于30日的限制;利用简易程序审理的案件,人民法院指定的举证期限可以少于30日。

当事人应当在举证期限内向法院提交证据材料,当事人在举证期限内不提交的,视为放弃举证权利。当事人逾期提交的证据材料,法院审理时不组织质证,但对方当事人同意质证的除外。当事人增加、变更诉讼请求或者提起反诉的,也应当在举证期限届满前提出。当事人在举证期限内提交证据材料确有困难的,应在举证期限内申请延期举证,经法院批准可以适当延长举证期限。

2) 证据交换

证据交换是指在诉讼答辩期届满后开庭审理前,在法院的主持下,当事人之间相互明示其持有证据的过程。证据交换制度的设立,有利于当事人之间明确争议焦点,集中辩论;有利于法院尽快了解案件争议焦点,集中审理;有利于当事人尽快了解对方的事实依据,促进当事人进行和解和调解。

法院对于证据较多或者复杂疑难的案件,应当组织当事人在答辩期届满后,开庭审理前交换证据。法院组织当事人交换证据的,交换证据之日举证期限届满。当事人申请延期举证经法院准许的,证据交换日相应延续。

证据交换应当在审判人员的主持下进行。在证据交换的过程中,审判人员对当事人无异议的事实、证据应当记录在卷;对有异议的证据,按照需要证明的事实分类记录在卷,并记载异议的理由。通过证据交换,确定双方当事人争议的主要问题。

3) 质证

质证是指当事人在法庭的主持下,围绕证据的真实性、合法性、关联性以及证明力有无及证明力大小,进行质疑、说明与辩驳的过程。证据应在法庭上出示,由当事人质证。未经质证的证据,不能作为认定案件事实的依据。

(1) 书证、物证、视听资料的质证。

对书证、物证、视听资料进行质证时,当事人有权要求出示证据的原件或者原物。但有下列情况之一的除外:①出示原件或者原物确有困难并经人民法院准许出示复制件或者复制品的;②原件或者原物已不存在,但有证据证明复制件、复制品与原件或原物一致的。

(2) 证人、鉴定人和勘验人的质证。

证人应当出庭做证。证人却有困难不能出庭的,经法院许可,证人可以提交书面证言或者视听资料或者通过双向视听传输技术手段做证。

4) 认证

认证,即证据的审核认定,是指法院对经过质证或者当事人在证据交换中认可的各种证据材料作出审查判断,确认其能否作为认定案件事实的依据。认证是正确认定案件事实的前提和基础,其具体内容是对证据有无证明力大小进行审查确认。

法院及审判人员对证据的审核认定遵循以下规则。

(1) 对单一证据的审核认定。

①证据是否原件、原物,复印件、复制品与原件、原物是否相符;②证据与本案事实是否相关;③证据的形式、来源是否符合法律规定;④证据的内容是否真实;⑤证人或者提供证据的人,与当事人有无利害关系。

(2) 不能作为或不能单独作为认定案件事实依据的证据。

①未成年人所作的与其年龄和智力状况不相当的证言;②与一方当事人或者其代理人有利害关系的证人出具的证言;③存有疑点的视听资料;④无法与原件、原物核对的复印件、复制品;⑤无正当理由未出庭做证的证人证言。

(3) 可以作为认定案件事实依据的证据。

①一方当事人提出的下列证据,对方当事人提出异议但没有足以反驳的相反证据的,法院应当确认其证明力:书证原件或者与书证原件核对无误的复印件、照片、副本、节录本;物证原物或者与物证原物核对无误的复制件、照片、录像资料等;有其他证据佐证并以合法手段取得的、无疑点的视听资料或者与视听资料核对无误的复制件;一方当事人申请人民法院依照法定程序制作的对物证或现场的勘验笔录;②法院委托鉴定部门作出的鉴定结论,当事人没有足以反驳的相反证据和理由的,可以认定其证明力;③一方当事人提出的证据,另一方当事人认可或者提出的相反证据不足以反驳的,法院可以确认其证明力;④诉讼过程中,当事人在起诉状、答辩状、陈述及其委托代理人的代理词中承认的对己方不利的事实和认可的证据,法院应当予以确认,但当事人反悔并有相反证据足以推翻的除外;⑤有证据证明一方当事人持有证据无正当理由拒不提供,如果对方当事人主张该证据的内容不利于证据持有人,可以推定该主张成立。

(4) 数个证据对同一事实的证明力。

①国家机关、社会团体依职权制作的公文书证的证明力一般大于其他书证;②物证、档案、鉴定结论、勘验笔录或者经过公证、登记的书证,其证明力一般大于其他书证、视听资料和证人证言;③证人提供的对于其亲戚或者其他密切关系的当事人有力的证言,其证明力一般小于其他证人证言。

9.2.4 民事诉讼时效

1. 诉讼时效

诉讼时效是指民事权利受到侵害的权利人在法定的时效期间内不行使权利,当时效期间届满时,权利人将失去诉讼权利,即诉讼权利归于消灭。

2. 不适用于诉讼时效的情形

当事人可以对债权请求权提出的诉讼时效抗辩,但对下列债权请求诉讼时效抗辩的,法院不予支持:①支付存款本金及利息请求权;②兑付国债、金融债券以及向不特定对象发行的企业债券本息请求权;③基于投资关系产生的缴付出资请求权;④其他依法不适用诉讼时效规定的债权请求权。

3. 诉讼时效期间的种类

诉讼时效期间通常可划分为 4 类。

(1) 普通诉讼时效,即向人民法院请求保护民事权利的期间。普通诉讼时效期间通常为 2 年。

(2) 短期诉讼时效。下列诉讼时效期间为 1 年:身体受到伤害要求赔偿的;延付或拒付租金的;出售质量不合格的商品未声明的;寄存财物被丢失或毁损的。

(3) 特殊诉讼时效。特殊诉讼时效不是由民法规定的,而是由特别法规定的诉讼时效。例如,《合同法》规定,因国际货物买卖合同和技术进口合同争议的时效期间为 4 年;《海商法》规定,就海上货物运输向承运人要求赔偿的请求权,时效期间为一年。

(4) 权利的最长保护期限。诉讼时效期间从知道或应当知道权利被侵害时起计算。但是,从权利被害之日起超过 20 年的,法院不予保护。

4. 诉讼时效期间的起算

诉讼时效期间从知道或者应当知道权利被侵害时起计算。

(1) 人身损害赔偿的诉讼时效期间,伤害明显的,从受伤害之日起算;伤害当时未曾发现,后经检查确诊并能证明是由侵害引起的,从伤势确诊之日起算。

(2) 当事人约定同一债务分期履行的,诉讼时效期间从最后一期履行期限届满之日起计算。

(3) 未约定履行期限的合同,可以确定履行期限的诉讼时效期间,从履行期限届满之日起计算;不能确定履行期限的,诉讼时效期间从债权人要求债务人履行义务的宽限期届满之日起计算,但债务人在债权人第一次向其主张权利之时明确表示不履行义务的,诉讼时效期间从债务人明确表示不履行义务之日起计算。

(4) 返还不当得利请求权的诉讼时效期间,从当事人一方知道或者应当知道不当得利事实及对方当事人之日起计算。

(5) 管理人因无因管理行为产生的给付必要管理费用、赔偿损失请求权的诉讼时效期间,从无因管理行为结束并且管理人知道或者应当知道本人之日起计算。本人因不当无因管理行为产生的赔偿损失请求权的诉讼时效期间,从其知道或者应当知道管理人及损害事实之日起计算。

5. 诉讼时效中止和中断

1) 诉讼时效中止

在诉讼时效期间的最后 6 个月内,因不可抗力或者其他障碍不能行使请求权的,诉讼时效中止。从中止时效的原因消除 3 日起，诉讼时效期间继续计算。

诉讼时效中止应当同时满足两个条件：①权利人由于不可抗力或者其他障碍，不能行使请求权；②导致权利人不能行使请求权的事由发生在诉讼时效期间的最后 6 个月内。

诉讼时效中止，即诉讼时效期间暂时停止计算。在导致诉讼时效中止的原因消除后，也就是权利人开始可以行使请求权时起，诉讼时效期间继续计算。

2) 诉讼时效中断

诉讼时效因提起诉讼、当事人一方提出要求或者同意履行义务而中断。从中断时起，诉讼时效期间重新计算。

9.2.5 民事诉讼的审判程序

审判程序是人民法院审理案件适用的程序，可以分为一审程序、二审程序和审判监督程序。

1. 一审程序

一审程序包括普通程序和简易程序。普通程序是民事诉讼当事人进行第一审民事诉讼和人民法院审理第一审民事案件所通常适用的诉讼程序。

适用普通程序审理的案件，应当在立案之日起 6 个月内审结。有特殊情况需要延长的，由本院院长批准，可以延长 6 个月；还需要延长的，报请上级法院批准。

1) 起诉和受理

(1) 起诉。

起诉必须符合下列条件：①原告是与本案有直接利害关系的公民、法人和其他组织；②有明确的被告；③有具体的诉讼请求、事实和理由的；④属于人民法院受理民事诉讼的范围和受诉人民法院管辖。

起诉方式，应当以书面起诉为原则，以口头起诉为例外。在工程实践中，基本都是采用书面起诉方式。起诉应当向人民法院提交起诉状，并按照被告人数提出副本。

起诉状应当记明下列事项：①当事人的姓名、性别、年龄、民族、职业、工作单位和住所，法人或者其他组织的名称、住所和法定代表人或者主要负责人的姓名、职务；②诉讼请求及所依据的事实和理由；③证据和证据来源、证人姓名和住所。起诉状中最好写明案由。

(2) 受理。

法院收到的起诉状，经审查，认为符合起诉条件的，应当在七日内立案，并通知当事人；认为不符合起诉条件的，应当在七日内裁定不予受理；原告对裁定不服的，可以提起上诉。

人民法院应当在立案之日起 5 日内将起诉状副本发送被告，被告在收到之日起 15 日内提出答辩状。被告提出答辩状的，人民法院应当在收到之日起 5 日内将答辩状副本发送原告。被告不提出答辩状的，不影响人民法院审理。

2) 开庭审理

(1) 法庭调查。

法庭调查，是在法庭上出示与案件有关的全部证据，对案件事实进行全面调查并由当事人进行质证的程序。

法庭调查按照下列程序进行：①当事人陈述；②告知证人的权利义务，证人做证，宣读未到庭的证人证言；③出示书证、物证和视听资料；④宣读鉴定结论；⑤宣读勘验笔录。

(2) 法庭辩论。

法庭辩论，是当事人及其诉讼代理人在法庭上行使辩论权，针对有争议的事实和法律问题进行辩论的程序。法庭辩论的目的，是通过当事人及其诉讼代理人的辩论，对有争议的问题逐一进行审查和核实，借此查明案件的真实情况和正确适用法律。

(3) 法庭笔录。

书记员应当将法庭审理的全部活动记入笔录，由审判人员和书记员签名。

法庭笔录应当当庭宣读，也可以告知当事人和其他诉讼参与人当庭或者5日内阅读。当事人和其他诉讼参与人认为对自己的陈述记录有遗漏或者差错的，有权申请补正。如果不予补正，应当将申请记录在案。法庭笔录由当事人和其他诉讼参与人签名或者盖章。

(4) 宣判。

法庭辩论终结，应当依法作出判决。根据《民事诉讼法》的规定，判决前能够调解的，还可以进行调解。调解书经双方当事人签收后，即具有法律效力。调解不成的，如调解未达成协议或者调解书送达前一方反悔的，法院应当及时判决。

原告经传票传唤，无正当理由拒不到庭的，或者未经法庭许可中途退庭的，可以按撤诉处理，被告反诉的，可以缺席判决。被告经传票传唤，无正当理由拒不到庭的，或者未经法庭许可中途退庭的，可以缺席判决。

法院一律公开宣告判决，同时必须告知当事人上诉权利、上诉期限和上诉的法院。最高人民法院的判决、裁定，以及超过上诉期没有上诉的判决裁定，是发生法律效力的判决、裁定。

2. 二审程序

二审程序(又称上诉程序或终审程序)是指由于民事诉讼当事人不服地方各级人民法院尚未生效的第一审判决或裁定，在法定上诉期间内，向上一级人民法院提起上诉而引起的诉讼程序。由于我国实行两审终审制，上诉案件经二审法院审理后作出的判决、裁定，终审的判决裁定，诉讼程序即告终结。

1) 上诉期间

当事人不服从人民法院第一审判决的，有权在判决书送达之日起十五日内向上一级人民法院提起上诉。不服地方人民法院第一审裁定的，有权在裁定书送达之日起10日内向上一级人民法院提起上诉。

2) 上诉状

当事人提起上诉，应当递交上诉状。上诉状应当通过原审法院提出，并按照对方当事人数提出副本。

3) 二审法院对上述案件的处理

二审人民法院对上诉案件，经过审理，按照下列情形，分别处理。

(1) 原判决认定事实清楚，适用法律正确的，判决驳回上诉，维持原判决。

(2) 原判决适用法律错误的，依法改判。

(3) 原判决认定事实错误，或者原判决认定事实不清、证据不足的，裁定撤销原判决，发回原审人民法院重审，或者查清事实后改判。

(4) 原判决违反法定程序，可能影响案件正确判决的，裁定撤销原判决，发回原审人民法院重审。

二审法院作出的具有给付内容的判决，具有强制执行力。如果有履行义务的当事人，拒不履行，对方当事人有权向法院申请强制执行。

对于发回原审法院重审的案件，原审法院仍将按照一审程序进行审理。因此，当事人对重审案件的判决、裁定，仍然可以上诉。

9.2.6 民事诉讼的执行程序

1. 执行程序的概念

执行程序，是指人民法院的执行机构依照法定的程序，对发生法律效力并具有给付内容的法律文书，以国家强制力为后盾，依法采取强制措施，迫使具有给付义务的当事人履行其给付义务的行为。

2. 执行根据

执行根据是当事人申请执行，人民法院移交执行以及人民法院采取强制措施的依据。执行根据是执行程序发生的基础，没有执行根据，当事人不能向人民法院申请执行，人民法院也不得采取强制措施。

执行根据主要有：①人民法院制作的发生法律效力的民事判决书、裁定书以及生效的调解书等；②人民法院作出的具有财产给付内容的发生法律效力的刑事判决书、裁定书；③仲裁机构制作的依法由人民法院执行的生效仲裁裁决书、仲裁调解书；④公证机关依法作出的赋予强制执行效力的公证债权文书；⑤人民法院作出的先予执行的裁定、执行回转的裁定以及承认并协助执行外国判决、裁定或裁决的裁定；⑥我国行政机关作出的法律明确规定由人民法院执行的行政决定。

3. 执行程序

1) 申请

人民法院作出的判决、裁定等法律文书，当事人必须履行。如果无故不履行，另一方当事人可向有管辖权的人民法院申请强制执行。申请强制执行应提交申请强制执行书，并附作为执行根据的法律文书。申请强制执行，还须遵守申请执行期限。申请执行的期间为二年。申请执行时效的中止、中断，适用法律有关诉讼时效中止、中断的规定。这里的期间，从法律文书规定履行期间的最后一日起计算；法律文书规定分期履行的，从规定的每次履行期间的最后一日起计算；法律文书未规定履行期间的，从法律文书生效之日起计算。

2) 执行

对于具有执行内容的生效裁判文书，由审判该案的审判人员将案件直接交付执行人员，随即开始执行程序。提交执行的案件有三类，具有给付或者履行内容的生效民事判决裁定，包括先予执行的抚恤金医疗费用等，具有财产执行内容的刑事判决书裁定书，审判人员认为涉及国家集体或公民重大利益的案件。

3) 向上一级人民法院申请执行

人民法院自收到申请执行书之日起超过 6 个月未执行的,申请知情人可以向上一级人民法院申请执行。上一级人民法院经审查,可以责令原人民法院在一定期限内执行,也可以决定由本院执行,或者指令其他人民法院执行。

9.3 仲裁制度

仲裁是解决民商事纠纷的重要方式之一,具有下列三项基本制度。

1. 协议仲裁制度

仲裁协议是当事人仲裁自愿的体现。当事人申请仲裁、仲裁委员会受理仲裁、仲裁庭对钟裁案件的审理和裁决,都必须以当事人依法订立的仲裁协议为前提。《仲裁法》规定,没有仲裁协议,一方申请仲裁的,仲裁委员会不予受理。

2. 或裁或审制度

仲裁和诉讼是两种不同的争议解决方式,当事人只能选用其中的一种。《仲裁法》规定,"当事人达成仲裁协议,一方向人民法院起诉的,人民法院不予受理,但仲裁协议无效的除外"。因此,有效的仲裁协议可以排除法院对案件的司法管辖权,只有在没有仲裁协议或者仲裁协议无效的情况下,法院才可以对当事人的纠纷予以受理。

3. 一裁终局制度

仲裁实行一裁终局的制度。裁决做出后,当时人就同一纠纷再申请仲裁或者向人民法院起诉的,仲裁委员会或者人民法院不予受理。

9.3.1 仲裁协议

1. 仲裁协议的形式

仲裁协议是指当事人自愿将已经发生或者可能发生的争议通过仲裁解决的书面协议。

仲裁协议应当采用书面形式,口头方式达成的仲裁意思表示无效。仲裁协议既可以表现为合同中的仲裁条款,也可以表现为独立于合同而存在的仲裁协议书。在实践中,合同中的仲裁条款是最常见的仲裁协议形式。

2. 仲裁协议的内容

仲裁协议应当具有下列内容:①请求仲裁的意思表示;②仲裁事项;③选定的仲裁委员会。这三项内容必须同时具备,仲裁协议才能有效。

仲裁事项,可以是当事人之间合同履行过程中的或与合同有关的一切争议,也可以是合同中某一特定问题的争议;既可以是事实问题的争议,也可以是法律问题的争议,其范围取决于当事人的约定。

3. 仲裁协议的效力

1) 对当事人的法律效力

仲裁协议一经有效成立,即对当事人产生法律约束力。发生纠纷后,当事人只能向仲裁协议中所约定的仲裁机构申请仲裁，而不能就该纠纷向法院提起诉讼。

2) 对法院的约束力

有效的仲裁协议排除法院的司法管辖权。当事人达成仲裁协议，一方向人民法院起诉未声明有仲裁协议，经民法院受理后，另一方在首次开庭前提交仲裁协议的，人民法院应当驳回起诉，但仲裁协议无效的除外。

3) 对仲裁机构的法律效力

一般协议是仲裁委员会受理仲裁案件的基础，是仲裁庭审理和裁决案件的依据。没有有效的仲裁协议，仲裁委员会将不能获得仲裁案件的管辖权。同时，仲裁委员会只能对当事人在仲裁协议中约定的争议事项进行仲裁，对超出仲裁协议约定范围的其他争议事项无权仲裁。

4) 仲裁协议的独立性

仲裁协议独立存在，合同的变更、解除、终止或者无效，不影响仲款协议的效力。

9.3.2 仲裁的申请和受理

1. 申请仲裁的条件

当事人申请仲裁，应当符合下列条件：①有仲裁协议；②有具体的仲请求和事实、理由；③属于仲裁委员会的受理范围。

2. 申请仲裁的方式

当事人申请仲裁，应当向仲裁委员会递交仲裁协议，仲裁申请书及副本。其中，仲裁申请书应当载明下列事项：①当事人的姓名、性别、年龄、职业、工作单位和住所，法人或者其他组织的名称、住所和法定代表人或者主要负责人的姓名、职务；②仲裁请求和所依据的事实、理由；③证据和证据来源、证人姓名和住所。

3. 审查与受理

仲裁委员会收到仲裁申请书之日起 5 日内，认为符合受理条件的应当受理，并通知当事人；认为不符合受理条件的，应当书面通知当事人不予受理，并说明理由。仲裁委员会受理仲裁申请后，应当在仲裁规则规定的期限内将仲裁规则和仲裁员名册送达申请人，并将仲裁申请书副本和仲裁规则、仲裁员名册送达被申请人。被申请人收到仲裁申请书副本后，应当在仲裁规则规定的期限内向仲规委员会提交答辩书。仲裁委员会收到答辩书后，应当在仲裁规定的期限内将答辩书副本送达申请人，被申请人未提交答辩书的，不影响仲裁程序的进行。被申请人有权提出反请求。

9.3.3 仲裁的开庭和裁决

1. 仲裁庭的组成

仲裁庭的组成形式包括合议仲裁庭和独任仲裁庭两种，即仲裁庭可以由 3 名仲裁员或者 1 名仲裁员组成。

1) 合议仲裁庭

当事人约定由 3 名仲裁员组成仲裁庭的，应当各自选定或者各自委托仲裁委员会主任指定 1 名仲裁员，第 3 名仲裁员由当事人共同选定或者共同委托仲裁委员会主任指定。第 3 名仲裁员是首席仲裁员。

2) 独任仲裁庭

当事人约定 1 名仲裁员成立仲裁庭的，应当由当事人共同选定或者共同委托仲裁委员会主任指定仲裁员。但是，当事人没有在仲裁规定的期限内约定仲裁庭的组成方式或者选定仲裁员的，由仲裁委员会主任指定。

2. 开庭和审理

仲裁应当开庭进行，当事人可以协议不开庭。当事人应当对自己的主张提供证据。仲裁庭认为有必要收集的证据，可以自行收集。证据应当在开庭时出示，当事人可以质证。当事人在仲裁过程中有权进行辩论。

仲裁庭可以作出缺席裁决。申请人无正当理由开庭时不到庭的，或在开庭审理时未经仲裁庭许可中途退庭的，视为撤回仲裁申请；如果被申请人提出了反请求，不影响仲裁庭就反请求进行审理，并作出裁决。被申请人无正当理由开庭时不到庭的，或在开庭审理时未经仲裁庭许可中途退庭的，仲裁庭可以进行缺席审理，并作出裁决；如果被申请人提出了反请求，视为撤回反请求。

为了保护当事人的商业秘密和商业信誉，仲裁不公开进行，但涉及国家秘密的除外。

3. 仲裁中的和解与调解

当事人申请仲裁后，可以自行和解，达成和解协议的，可以请求仲裁庭根据和解协议做出裁决书，也可以撤回仲裁申请。当事人达成和解协议，撤回仲裁申请后反悔的，仍可以根据仲裁协议申请仲裁。

仲裁庭在做出裁决前，可以先行调解，当事人自愿调解的、仲裁庭应当调解，调解不成的，应当及时作出裁决，调解达成协议的，仲裁庭应当制作调解书或者根据协议的结果制作裁决书。调解书与裁决书具有同等法律效力。调解书经双方当事人签收后，即发生法律效力。在调解书签收前当事人反悔的，仲裁庭应当及时作出裁决。

4. 仲裁裁决

仲裁裁决应当按照多数仲裁员的意见作出，少数仲裁员的不同意见可以记入笔录。仲裁庭不能形成多数意见时，裁决应当按照首席仲裁员的意见作出，裁决书自作出之日起发生法律效力。

裁决书的效力是：①裁决书一裁终局。当事人不得就已经裁决的事项再申请仲裁，也不得就此提起诉讼；②仲裁裁决具有执行力，一方当事人不履行的，对方当事人可以到法院申请强制执行；③仲裁裁决在所有《承认和执行外国仲裁裁决公约》缔约国(或地区)可以得到承认和执行。

9.3.4 仲裁裁决的执行

1. 仲裁裁决的强制执行力

仲裁裁决作出后，当事人应当履行裁决。一方当事人不履行的，另一方当事人可以依照民事诉讼法的有关规定，向人民法院申请执行。

仲裁裁决的强制执行应当向有管辖权的法院提出申请。被执行人在中国境内的，国内仲裁裁决由被执行人住所地或被执行人财产所在地的人民法院执行；涉外仲裁裁决，由被执行人住所地或被执行人财产所在地的中级人民法院执行。

申请仲裁裁决强制执行必须在法律规定的期限内提出。申请执行的期间为两年。申请执行时效的中止、中断，适用法律有关诉讼时效中止、中断的规定。申请仲裁裁决强制执行的期限，自仲裁判决书规定履行期限或仲裁机构的仲裁规则规定履行期间的最后 1 日起计算。仲裁裁决书规定分期履行的，依规定的每次履行期间的最后 1 日起计算。

2. 仲裁裁决的不予执行

被申请人提出证据证明裁决有下列情形之一的，经人民法院组成合议庭审查核实，裁定不予执行：①当事人在合同中没有仲裁条款或者事后没有达成书面仲裁协议的；②裁决的事项不属于仲裁协议的范围或者仲裁机构无权仲裁的；③仲裁庭的组成或者仲裁的程序违反法定程序的；④认定事实的主要证据不足的；⑤适用法律确有错误的；⑥仲裁员在仲裁该案时有索贿受贿、徇私舞弊、枉法裁决行为的。

仲裁裁决被法院依法裁定不予执行的，当事人就该纠纷可以重新达成仲裁协议，并依据该仲裁协议申请仲裁，也可以向法院提起诉讼。

9.4 调解与和解制度

9.4.1 调解

我国的调解方式主要是人民调解、行政调解、仲裁调解、法院调解和专业机构调解等。

1. 人民调解

人民调解是指人民调解委员会通过说服、疏导等方式，促使当事人在平等协商基础上自愿达成调解协议，解决民间纠纷的活动。人民调解制度作为一种司法辅助制度，是人民群众自己解决纠纷的法律制度，也是一种具有中国特色的司法制度。

1) 人民调解的原则和人员机构

人民调解的基本原则是：①当事人自愿原则；②当事人平等原则；③合法原则；④尊重当事人权利原则。

人民调解的组织形式是人民调解委员会。人民调解委员会是村民委员会和居民委员会下设的调解民间纠纷的群众性自治组织，在人民政府和基层人民法院指导下进行工作。人民调解委员会由 3~9 人组成，设主任 1 人，必要时可以设副主任若干人。

人民调解员由人民调解委员会委员和人民调解委员会聘任的人员担任。人民调解员应当具备的基本条件是：①公道正派；②热心人民调解工作；③具有一定文化水平；④有一定的法律知识和政策水平；⑤成年公民。

2) 人民调解的程序和调解协议

人民调解应当遵循的程序是：①当事人申请调解；②人民调解委员会主动调解；③指

定调解员或由当事人选定调解员进行调解；④达成协议；⑤调解结束。

经人民调解委员会调解达成调解协议的，可以制作调解协议书。当事人认为无须制作调解协议的，可以采取口头协议的方式，人民调解员应当记录协议内容。经人民调解委员会调解达成的调解协议具有法律约束力，当事人应当按照约定履行。当事人就调解协议的履行或者调解协议的内容发生争议的，一方当事人可以向法院提起诉讼。

经人民调解委员会调解协议后，双方当事人认为有必要的，可以自调解协议生效之日起30日内共同向人民法院申请司法确认。人民法院依法确认调解协议有效，一方当事人拒绝履行或者未全部履行的，对方当事人可以向人民法院申请强制执行。

2. 行政调解

行政调解是指国家行政机关应纠纷当事人的请求，依据法律、法规和政策，对属于其职权管辖范围内的纠纷，通过耐心地说服教育，使纠纷的双方当事人互相谅解，在平等协商的基础上达成一致协议，促成当事人解决纠纷。

行政调解分为两种：①基层人民政府，即乡、镇人民政府对一般民间纠纷的调解。②国家行政机关依照法律规定对某些特定民事纠纷或经济纠纷或劳动纠纷等进行的调解。

行政调解属于诉讼外调解。行政调解达成的协议也不具有强制约束力。

3. 仲裁调解

仲裁调解是仲裁机构对受理的仲裁案件进行的调解。

仲裁庭在作出裁决前，可以先行调解。当事人自愿调解的，仲裁庭应当调解。调解不成的，应当及时作出裁决。调解达成协议的，仲裁庭应当制作调解书或者根据协议的结果作裁决书。调解书与裁决书具有同等法律效力。调解书经双方当事人签收后，即发生法律效力。在调解书签收前当事人反悔的，仲裁庭应当及时作出裁决。

调解可以在仲裁程序中进行，即在征得当事人同意后，仲裁庭在仲裁程序进行过程中担任调解员的角色，对其审理的案件进行调解，以解决当事人之间的争议。

4. 法院调解

法院调解是人民法院对受理的民事案件、经济纠纷案件和轻微刑事案件在双方当事人自愿的基础上进行的调解，是诉讼内调解，法院调解书经双方当事人签收后，即具有法律效力，效力与判决书相同。

1) 调解方法

人民法院进行调解，可以由审判员一人主持，也可以由合议庭主持，并尽可能就地进行。人民法院进行调解，可以用简便方式通知当事人、证人到庭。人民法院进行调解，可以邀请有关单位和个人协助。被邀请的单位和个人，应当协助人民法院进行调解。

2) 调解协议

调解达成协议，必须双方自愿，不得强迫。调解协议的内容不得违反法律规定。调解达成协议，人民法院应当制作调解书。调解书应当写明诉讼请求、案件的事实和调解结果。调解书由审判员、书记员署名，加盖人民法院印章，送达双方当事人。调解书经双方当事人签收后，即具有法律效力。

调解未达成协议或者调解书送达前一方反悔的，人民法院应当及时判决。

5. 专业机构调解

专业机构调解是当事人在发生争议前或争议后，协议约定由指定的具有独立调解规则的机构按照其调解规则进行调解。所谓调解规则，是指调解机构、调解员以及调解当事人之间在调解过程中所应遵守的程序性规范。

专业调解机构进行调解达成的调解协议对当事人双方均有约束力。目前，具有独立调解规则的专业调解机构并不多。专业调解机构备有调解员名单，供当事人在个案中指定。

调解员由专业调解机构请经济、贸易、金融、投资、知识产权、工程承包、运输、保险、法律等领域里具有专门知识及实际经验、公道正派的人士担任。

9.4.2 和解

和解与调解的区别在于和解是当事人之间自愿协商，达成协议，没有第三人参加，而调解是在第三人主持下进行疏导、劝说，使之相互谅解，自愿达成协议。

1. 和解的类型

和解的应用很灵活，可以在多种情形下达成和解协议。

1) 诉讼前的和解

诉讼前的和解是指发生诉讼以前，双方当事人互相协商达成协议，解决双方的争执。这是一种民事法律行为，是当事人依法处分自己民事实体权利的表现。和解成立后，当事人所争执的权利即归确定，所抛弃的权利随即消失，当事人不得任意反悔要求撤销。但是，如果和解所依据的文件，事后发现是伪造或涂改的；和解事件已为法院判决所确定，而当事人于和解时不知情的；当事人对重要的争执有重大误解而达成协议的，当事人都可以要求撤销和解。

2) 诉讼中的和解

诉讼中的和解是当事人在诉讼进行中互相协商，达成协议，解决双方的争执。这种和解在法院作出判决前，当事人都可以进行。当事人可以就整个诉讼标的达成协议，也可以就诉讼的个别问题达成协议。诉讼阶段的和解没有法律效力。当事人和解后，可以请求法院调解，制作调解书，经当事人签名盖章产生法律效力，从而结束诉讼程序的全部或一部。结束全部程序的，即视为当事人撤销诉讼。

3) 执行中的和解

执行中的和解是在发生法律效力的民事判决、裁定后，法院在执行中，当事人互相协达成协议，解决双方的争执。在执行中，双方当事人自行和解达成协议的，执行员应当将协议内容记入笔录，由双方当事人签名或者盖章。一方当事人不履行和解协议的，人民法院可以根据对方当事人的申请，恢复对原生效法律文书的执行。

4) 仲裁中的和解

当事人申请仲裁后，可以自行和解。和解是双方当事人的自愿行为，不需要仲裁庭的参与。达成和解协议的，可以请求仲裁庭根据和解协议作出裁决书，也可以撤回仲裁申请。当事人达成和解协议，撤回仲裁申请后又反悔的，可以根据仲裁协议申请仲裁。

2. 和解的效力

和解达成的协议不具有强制约束力，如果一方当事人不按照和解协议执行，另一方当事人不可以请求人民法院强制执行，但可以向法院提起诉讼，也可以根据约定申请仲裁。

法院或仲裁庭通过对和解协议的审查，对于意思真实而又不违反法律强制性或禁止性规定的和解协议予以支持，也可以支持遵守协议方要求违反协议方就不执行该和解协议承担违约责任的请求。但是，对于一方非自愿作出的或违反法律强制性或禁止性规定的和解协议不予支持。

9.5 行政复议和行政诉讼

9.5.1 行政复议范围和行政诉讼范围

1. 行政复议范围

行政复议是为防止和纠正违法的或者不当的具体行政行为，保护公民、法人和其他组织的合法权益，保障和监督行政机关依法行使职权。只要是公民、法人或者其他组织认为行政机关的具体行政行为侵犯其合法权益，就有权向行政机关提出行政复议申请。

根据《行政复议法》的规定，有11项可申请行政复议的具体行政行为，结合建设工程实践，以下7种尤为重要。

(1) 对行政机关作出的警告、罚款、没收违法所得、没收非法财物、责令停产停业、暂扣或者吊销许可证、暂扣或者吊销执照、行政拘留等行政处罚决定不服的。

(2) 对行政机关作出的限制人身自由或者查封、扣押、冻结财产等行政强制措施决定不服的。

(3) 对行政机关作出的有关许可证、执照、资质证、资格证等证书变更、中止、撤销的决定不服的。

(4) 认为行政机关侵犯合法的经营自主权的。

(5) 认为行政机关违法集资、征收财物、摊派费用或者违法要求履行其他义务的。

(6) 认为符合法定条件，申请行政机关颁发许可证、执照、资质证、资格证等证书，或者申请行政机关审批、登记有关事项，行政机关没有依法办理的。

(7) 认为行政机关的其他具体行政行为侵犯其合法权益的。

此外，公民、法人或者其他组织认为行政机关的具体行政行为所依据的下列规定不合法，在对具体行政行为申请行政复议时，可以一并向行政复议机关提出对该规定的审查申请：①国务院部门的规定；②县级以上地方各级人民政府及其他工作部门的规定；③乡、镇人民政府的规定。但以上规定不含国务院部、委员会规章和地方人民政府规章。规章的审查依照法律、行政法规办理。

下列事项应按规定的纠纷处理方式解决，不能提起行政复议：①不服行政机关作出的行政处分或者其他人事处理决定的，应当依照有关法律、行政法规的规定提起申诉；②不服行政机关对民事纠纷作出的调解或者其他处理，应当依法申请仲裁或者向法院提起诉讼。

2. 行政诉讼范围

行政诉讼范围是指那些行政争议可以进入行政诉讼加以解决。该受案范围确定了行政机关行政行为受司法监督的限度，以及公民、法人或其他组织获得司法救济的范围。

法院受理公民、法人和其他组织对下列具体行政行为不服提起的诉讼：①对拘留、罚款、吊销许可证和执照、责令停产停业、没收财产等行政处罚不服的；②对限制人身自由(如强制隔离、强制约束)或者对财产的查封、扣押、冻结等行政措施不服的；③认为行政机关侵犯法律规定的经营自主权的；④认为符合法定条件申请行政机关颁发许可证和执照，行政机关拒绝颁发或者不予答复的；⑤申请行政机关履行保护人身法、财产权的法定职责，行政机关拒绝履行或者不予答复的；⑥认为行政机关没有依法发给抚恤金的(如伤残抚恤金、遗嘱抚恤金、福利金、救济金等)；⑦认为行政机关违法要求履行义务的(如财产业务、行为义务，典型表现为乱收费、乱摊派)；⑧认为行政机关侵犯其他人身权、财产权的；⑨法律、法规可以提起行政诉讼的其他行政的其他行政案件。

但是，法院不受理公民、法人或者其他组织对下列事项提起的诉讼：①国防、外交等国家行为；②行政法规、规章或者行政规章制定，发布的具有普遍约束力的决定、命令；③行政机关对行政机关工作人员的奖惩、任免等决定；④法律规定由行政机关最终裁决的具体行政行为。

9.5.2 行政复议的申请、受理和决定

1. 行政复议申请

公民、法人或者其他组织认为具体行政行为侵犯其合法权益的，可以自知道该具体行政行为之日起 60 日内提出行政复议申请；但法律规定的申请期限超过 60 日的除外。因不可抗力或者其他正当理由耽误法定申请期限的，申请期限自障碍消除之日起继续计算。

依法申请行政复议的公民、法人或者其他组织是申请人。作出具体行政行为的行政机关是申请人。申请人可以委托代理人代为参加行政复议。申请人申请行政复议，可以书面申请，也可以口头申请。

对于行政复议，应当按照《行政复议法》的规定向有权受理的，或者法律、法规规定应当先向行政复议机关申请行政复议，对行政复议决定不服再向人民法院提起行政诉讼的，在法定行政复议期限内不得向人民法院提起行政诉讼。公民、法人或者其他组织向人民法院提起行政诉讼，人民法院已经依法受理的，不得申请行政复议。

2. 行政复议受理

行政复议机关收到行政复议申请后，应当在 5 日内进行审查，依法决定是否受理，并书面告知申请人；对符合行政复议申请条件，但不属于本机关受理范围的，应当告知申请。

在行政复议期间，行政机关不停止执行该具体行政行为，但有下列情形之一的，可以停止执行：①被申请人认为需要停止执行的；②行政复议机关认为需要停止执行的；③申请人申请停止执行，行政复议机关认为其要求合理，决定停止执行的；④法律规定停止执行的。

3. 行政复议决定

行政复议原则上采取书面审查的方法，但申请人提出要求或者行政复议机关负责法制工作的机构认为有必要时，可以向有关组织和人员调查情况，听取申请人、被申请人和第三人的意见。行政复议决定作出前，申请人要求撤回行政复议申请的，经说明理由，可以撤回；撤回行政复议申请的，行政复议终止。

行政复议机关应当在受理行政复议申请之日起 60 日内作出行政复议决定,其主要类型有以下几类。

(1) 对于具体行政行动认定事实清楚,证据确凿,适用依据正确,程序合法,内容适当的,决定维持。

(2) 对于被申请人不履行法定职责的,决定其在一定期限内履行。

(3) 对于具体行政行为有下列情形之一的,决定撤销、变更或者确定该具体行政行为违法:①主要事实不清、证据不足的;②适用依据错误的;③违反法定程序的;④超越或者滥用职权的;⑤具体行政行为明显不当的。对于决定撤销或者确定该具体行政行为违法的,可以责令被申请人在一定期限内重新作出具体行政行为。

习 题

一、单项选择题

1. 小赵某跟随同乡的包工头周某进城务工两年。现赵某欲对拖欠其工资 3 万元的包工头周某提起诉讼,以下说法正确的是( )。
   A. 此案应由中级人民法院管辖
   B. 此案应由赵某住所地人民法院管辖
   C. 此案应由周某住所地人民法院管辖
   D. 此案应由周某租住房屋所在地人民法院管辖

2. 我国《民事诉讼法》确定级别管辖的根据不包括( )。
   A. 案件的性质   B. 复杂程度   C. 争议金额的大小   D. 当事人的年龄

3. 在不违反民事诉讼法对级别管辖和专属管辖规定的情况下,合同双方当事人可在书面合同中协议选择的人民法院不包括( )。
   A. 合同履行地   B. 合同纠纷发生地
   C. 合同签订地   D. 标的物所在地

4. 根据我国《民事诉讼法》,当事人可以对下列人员申请回避的是( )。
   A. 仲裁员、书记员、证人、鉴定人   B. 书记员、翻译人员、鉴定人、勘验人
   C. 证人、审判员、书记员、勘验人   D. 调解员、仲裁员、鉴定人、勘验人

5. 多名劳务工人共同委托律师甲代理其进行民事诉讼讨要工资,授权委托书中仅写明代理权限是"全权代理",以此授权书,下列关于甲的代理权限的说法,错误的是( )。
   A. 甲获得了特别授权   B. 甲没有获得特别授权
   C. 甲无权行使实体性诉讼权利   D. 甲具有程序性的诉讼权利

6. 某房地产开发商拖欠施工企业部分工程款,在多次催要未果的情形下,施工企业决定采用诉讼方式解决问题,起诉前,施工企业欲对开发商所有的一处房产进行保全,则以下说法正确的是( )。
   A. 人民法院在接受申请后,必须在 3 日内作出裁定
   B. 开发商不服人民法院财产保全裁定的,可申请复议一次,复议期间停止裁定的执行
   C. 申请人在人民法院采取保全措施 15 日内不起诉,人民法院应当解除财产保全

D. 申请有错误的,人民法院应当赔偿被申请人因财产保全所遭受的损失

7. 民事诉讼中,在必要时可以裁定先予执行的情形不包括( )。
   A. 追索抚恤金的
   B. 追索贷款的
   C. 追索劳动报酬的
   D. 追索医疗费用的

8. 下列关于民事诉讼期间的说法,错误的是( )。
   A. 对一审裁定不服的上诉期是 10 日
   B. 对一审判决不服的上诉期是 15 日
   C. 一审普通程序的审理期限是 6 个月
   D. 再审应当在判决、裁定发生法律效力之日起 1 年内提出

9. 根据《民事诉讼法》的相关规定,起诉必须符合的条件不包括( )。
   A. 原告是与本案有直接利害关系的公民、法人或其他组织
   B. 有明确的被告
   C. 有书面的起诉书
   D. 属于人民法院受理民事诉讼的范围和受诉人民法院管辖

10. 采用普通程序开庭审理民事纠纷过程中,准备开庭后正确的审理顺序是( )。
    A. 法庭调查、法庭辩论、宣判、法庭笔录
    B. 法庭调查、法庭辩论、合议庭评议、宣判
    C. 法庭辩论、法庭调查、法庭笔录、宣判
    D. 法庭辩论、法庭笔录、法庭调查、宣判

11. 工人甲在现场作业时摔伤,将所在单位乙公司起诉,现公司对于人民法院作出的要求其先予支付部分工伤员工医疗费用的裁定表示不服,则下列说法正确的是( )。
    A. 公司可以自作出裁定之日起 15 日内上诉
    B. 公司可以自收到裁定之日起 10 日内上诉
    C. 公司可以自收到裁定之日起 15 日内上诉
    D. 公司对此先予支付裁定不得上诉

12. 项目经理甲因劳资纠纷被工人乙起诉,人民法院作出判决后,甲表示不服,准备起诉,则下列说法错误的是( )。
    A. 甲为上诉人
    B. 应在判决之日起 15 日内上诉
    C. 甲已口头表示上诉,可在上述期后补交上诉状
    D. 上级人民法院接到上诉状后,认为符合法定条件,应当立案审理

13. 二审法院对一起工程欠款纠纷作出发回重审的裁定,则以下说法错误的是( )。
    A. 重审法院不应是原一审法院
    B. 重审法院作出的裁定是可以上诉的
    C. 重审法院作出的判决是可以上诉的
    D. 重审法院应该按照一审程序审理此案

14. 某建设工程合同纠纷经第二审人民法院审理,裁定发回原审人民法院重审,下列不属于发回重审原因的是( )。
    A. 认定事实不清
    B. 违反法定程序
    C. 证据不足
    D. 适用法律错误

15. 关于民事诉讼过程中申请强制执行的期限,下列说法正确的是( )。
    A. 双方当事人是个人的为 1 年
    B. 一方当事人是个人的为 1 年

C. 双方当事人是法人的为 6 个月　　　D. 申请执行的期限为 2 年
16. 经当事人申请，下列人员应当进行回避的是(　　)。
    A. 陪审员张某与被告公司法定代表人是高中同学
    B. 审判员刘某曾受到法院的纪律处分
    C. 证人王某与原告李某有亲戚关系
    D. 鉴定人陈某系审判员刘某的大学同学
17. 甲公司根据生效判决书向法院申请强制执行，执行开始后，甲与乙达成和解协议，和解协议约定，将 80 万元债务减少 70 万元，协议生效之日起 1 个月内还清。协议生效一个月后，乙公司并未履行协议约定，下列做法正确的是(　　)。
    A. 甲就乙违反协议的行为，向乙住所地法院提起民事诉讼
    B. 由法院执行和解协议
    C. 由法院依职权恢复原判决的执行
    D. 甲向法院申请恢复原判决的执行
18. 北方建筑公司承揽了某住宅小区的施工项目，由于拖欠农民工工资，被 30 位农民工告上了法庭。此案应到(　　)所在地法院起诉。
    A. 原告　　　B. 被告　　　C. 原告或被告　　　D. 项目
19. 诉讼进行中，如果原告发现(　　)与被告有利害关系，不可以申请回避。
    A. 审判人员　　　B. 书记员　　　C. 翻译人员　　　D. 原告的辩护律师
20. 某施工单位拖欠农民工工资 5 万元，被 30 位农民工告上法庭，审判结果农民工胜诉，施工单位不服而上诉。其上诉期限为(　　)天。
    A. 7　　　B. 10　　　C. 15　　　D. 30

二、多项选择题

1. 关于民事诉讼中的级别管辖。下列说法正确的有(　　)。
   A. 级别管辖，是划分同级法院受理第一审民事案件的分工和权限
   B. 诉讼审判程序为两级终审，因此我国法院也只有两级
   C. 最高人民法院为终审法院，因此只受理二审案件
   D. 争议标的金额的大小，往往是确定级别管辖的重要依据
   E. 只有第一审民事案件才涉及级别管辖的问题
2. 建设工程合同纠纷的当事人可根据《民事诉讼法》的规定，协议选择(　　)法院管辖。
   A. 发包人住所地　　　B. 承包人住所地　　　C. 合同签订地
   D. 施工行为地　　　E. 合同变更地
3. 诉讼代理人是代理当事人进行民事诉讼活动的人，下列能够作为诉讼代理人的包括(　　)。
   A. 律师　　　B. 法官　　　C. 限制民事行为能力人
   D. 当事人的近亲属　　　E. 所在单位推荐的人
4. 下列有关诉讼财产保全的说法，正确的有(　　)。
   A. 须在诉讼过程中由当事人提出申请
   B. 必要时人民法院可以依职权执行

C. 财产保全措施有查封、扣押、拍卖等方法
D. 财产保全限于请求的范围或者与本案有关的财物
E. 人民法院可以责令申请人提供担保

5. 下列关于先予执行的条件,正确的有(   )。
   A. 当事人之间权利义务关系明确
   B. 申请人有实现权利的迫切需要
   C. 人民法院依职权适用
   D. 被申请人有履行能力
   E. 在提起诉讼之前

6. 房屋开发公司与建材公司签订一份装饰材料购销合同,后因该批装饰材料质量问题,双方发生纠纷,起诉至人民法院。人民法院经过审理后,判决建材公司退还货款。建材公司不服上诉,二审法院经审理认为上诉请求不成立,判决维持原判决。该判决产生的法律效力有(   )。
   A. 双方的购销合同解除
   B. 双方的装饰材料质量争议消灭
   C. 人民法院非经法定审判监督程序,不得撤销该判决
   D. 建材公司不履行义务时,房屋开发公司可申请人民法院强制执行
   E. 二审法院审理后,诉讼程序即告终结

7. 下列解决纠纷的文书中,具有强制约束力、可以作为执行依据的法律文书包括(   )。
   A. 当事人自愿达成的和解协议
   B. 仲裁调解书
   C. 公证债权文书
   D. 民事判决书
   E. 民事裁定书

三、案例分析题

1. 复兴小学学生王星,曾在某省小学生围棋比赛中获得瓷质奖杯一个。1994年,复兴小学为筹办校庆,校领导委托王星的班主任刘玉华到王星家借其奖杯用于校展览。在展出过程中,来宾李东与陈帆因为争相观看奖杯,不慎在交接时将奖杯摔碎。事后,王星之父王加强多次找复兴小学校长方明及班主任刘玉华索赔,但都遭到了拒绝。

   问:如王加强起诉,请列明诉讼参加人的地位。为什么?

2. 某县基层人民法院判决了贾良诉吴真的名誉侵权赔偿案。3月1日向双方当事人送达了判决书。3月16日,吴真向某市中级人民法院递交了上诉状,提出上诉。某市中级人民法院将上诉状退给吴真,告知其上诉状应当向某县基层人民法院提出。某县基层人民法院于3月18日收到上诉状以后,3月25日向贾良送达了上诉状副本,并要求贾良于10日内提交答辩状,贾良在4月2日提交答辩状时声称吴真的上诉行为已过上诉期,其上诉不应当受理。某基层人民法院认为贾良的答辩有理,吴真的上诉过期属实,于是裁定驳回吴真的上诉。

   问:本案中,两级法院的做法哪些不符合我国民事诉讼法的规定?并简述理由。

3. 李刚父亲死亡,留有遗产房屋四间,李刚从外地回故乡准备将父亲遗留房屋卖掉,其堂弟李江表示不满,认为李刚长期在外,自己曾对死去的伯父尽过赡养义务,也应享有此房的继承权。李江诉诸法院,一审法院经过审理认为:李江确实对死者尽过赡养义务,但李刚是法定继承人,所以房产判李刚。李江不服,提出上诉。二审法院认为:一审法院

在认定案件的事实方面是清楚的,但对李江是否享有继承权在适用法律上是错误的,于是传唤双方当事人到庭进行调解,未达成协议后,裁定撤销原判决,发回重审。

问:二审法院做法是否准确?

实训　模拟法庭

模拟法庭是指在教师的指导下由学生扮演法官、检察官、律师、案件的当事人、其他诉讼参与人等,以司法审判中的法庭审判为参照,模拟审判某一案件的活动。通过亲身参与,将所学到的法学理论知识、司法基本技能等综合运用于实践;通过分析和研究案例,模拟案件的处理,解释法律规定,掌握案情与法律之间的关系,了解熟悉法学理论,活学活用,以达到理论和实践相统一。

一、目的和要求

通过模拟法庭庭审活动让同学了解法庭审理案件的整个流程和细节,在具备理论素养的基础上培养实务操作能力、表达能力、应变能力和团结协作能力,提高专业素养和综合素养。

二、情景描述

××物资公司诉xx中心小学买卖合同纠纷案

××年12月,甲某以××××建筑工程公司名义承建××中心小学教学楼工程,工程款也由甲某以××建筑工程公司名义领取。其间,甲某因建教学楼向××物资公司购买钢材,经××年6月23日双方结算,甲某欠物资公司钢材款61000元,由甲某出具欠条一张。××年2月1日,甲某书面表示其所欠物资公司钢材款愿意由中心小学直接付给物资公司。中心小学也于同日作出书面表示,甲某因承建该校教学楼所欠物资公司钢材款,同意物资公司要求,在今后拨付给甲某的工程款中扣除后,直接转汇给物资公司。之后,中心小学向××建筑公司(甲某)支付教学楼工程款110000元,仅扣下11000元付给物资公司。甲某至今仍欠物资公司钢材款50000元未付。

三、庭审程序

(1) 庭前准备;

(2) 法庭调查阶段;

(3) 法庭辩论阶段;

(4) 法庭判决。

参 考 文 献

[1] 全国一级建造师执业资格考试用书. 建设工程法规及相关知识[M]. 4版. 北京：中国建筑工业出版社，2014.
[2] 全国二级建造师执业资格考试用书. 建设工程法规及相关知识[M]. 4版. 北京：中国建筑工业出版社，2014.
[3] 曹林同. 建筑法规[M]. 北京：教育科学出版社，2014.
[4] 许崇华. 建设工程法规[M]. 武汉：华中科技大学出版社，2014.
[5] 刘仁辉. 建设法规[M]. 南京：东南大学出版社，2010.
[6] 隋灵灵. 建筑法规学习指导[M]. 北京：人民交通出版社，2012.
[7] 冷超群. 建筑法规[M]. 南京：南京大学出版社，2013.
[8] 赵海玲. 建筑工程法律法规[M]. 北京：清华大学出版社，2014.
[9] 中国建筑房地产律师在线 https：//www.baidu.com/.
[10] 中国房地产建设工程律师网 http：//www.luyingzhong.com/.
[11] 中国建造师网 http：//www.coc.gov.cn/.
[12] 大家论坛 http：//club.topsage.com/.